हिन्दी भाषा की संरचना

हिन्दी भाषा की संरचना

भोलानाथ तिवारी

वाणी प्रकाशन

प्रकाशन के उत्कृष्टतम 60 वर्ष

पेपरबैक पहला संस्करण : 1999
पेपरबैक दूसरा संस्करण : 2015
पेपरबैक तीसरा संस्करण : 2018
पेपरबैक चौथा संस्करण : 2023

vaniprakashan.com

वाणी प्रकाशन
4695, 21-ए, दरियागंज, नयी दिल्ली-110 002
फ़ोन : +91 11 23273167, 23275710

शाखाएँ
अशोक राजपथ, पटना-800 004, बिहार
कॉफ़ी हाउस कैम्पस, महात्मा गांधी मार्ग, इलाहाबाद-211 001, उत्तर प्रदेश
महात्मा गांधी अन्तरराष्ट्रीय हिन्दी विश्वविद्यालय, वर्धा-442 001, महाराष्ट्र
36/ए, शेक्सपियर सरणी, रानी बिरला गर्ल्स कॉलेज के पास, कोलकाता-700 017, प. बंगाल
sales@vaniprakashan.in
vaniprakashan@gmail.com

Hindi Bhasha Ki Sanrachna
by Bholanath Tiwari

ISBN : 978-93-5000-409-8
Linguistics

मूल्य : ₹ 225

आर. टेक ऑफ़सेट प्रिंटर्स, दिल्ली-110 032 में मुद्रित

वाणी प्रकाशन का लोगो मक़बूल फ़िदा हुसेन की कूची से

दो शब्द

हिन्दी भाषा और नागरी लिपि की संरचना पर फुटकर रूप से तो कार्य हुए हैं, किन्तु सभी बातों को समेटते हुए यह प्रथम प्रयास है। पहले अध्याय का सम्बन्ध ध्वनि-संरचना से है, जिसमें हिन्दी ध्वनियों से सम्बद्ध मुख्य सभी समस्याएँ ले ली गई हैं; साथ ही हिन्दी अनुतान का आरेखों की सहायता से विश्लेषण किया गया है। दूसरा अध्याय शब्द-संरचना का है। इसमें समासों के अध्ययन को परम्परागत ढंग से समेटने के साथ-साथ, नये ढंग से भी उनके अध्ययन का प्रयास है। तीसरा अध्याय रूप-रचना का है, जिसमें संज्ञा और विशेषण के अपवादों को पहली बार पूरे विस्तार से लिया गया है; साथ ही हिन्दी के संख्यावाचक विशेषणों के रूपिमिक विश्लेषण का भी यहाँ पहला ही प्रयास है। अगले दो अध्यायों का सम्बन्ध वाक्य तथा अर्थ-संरचना से है। इनमें भी कई बातें नई हैं। अन्तिम अध्याय नागरी लिपि के लेखिमिक विश्लेषण का है, जो पूर्णत: प्रथम प्रयास है। मैं नहीं कह सकता कि अपने इन नये प्रयासों में, मैं कितना सफल हूँ।

पुस्तक में संरचना के विश्लेषण का मूल आधार संरचनात्मक पद्धति है। रूपान्तरक प्रजनक व्याकरण के कुछ तत्त्वों को मैंने अवश्य लिया है, किन्तु लेखन-पद्धति में उसका उपयोग प्राय: नहीं किया गया है। वस्तुत: अपने अधिसंख्य पाठकों को दृष्टि में रखते हुए मुझे ऐसा करना अनिवार्य जान पड़ा, क्योंकि उनकी पहुँच उस पद्धति तक अभी प्राय: नहीं के बराबर है।

मित्रवर डॉ० रवीन्द्रनाथ श्रीवास्तव से इस पुस्तक के लेखन में मुझे बहुत सहायता मिली है। उनका मैं हृदय से आभारी हूँ। मुकुल प्रियदर्शिनी से भी मुझे इस पुस्तक के लेखन में अनेक प्रकार से सहायता मिली है।

प्रूफ़ की कई भूलें रह गई हैं, जिनके लिए मुझे दुख है। शुद्धिपत्र का उपयोग प्राय: लोग नहीं करते, अत: नहीं दे रहा हूँ।

यह पुस्तक का संशोधित संस्करण है।

—भोलानाथ तिवारी

विषय-सूची

अध्याय एक

ध्वनि-संरचना

हिन्दी ध्वनियाँ

हिन्दी में निम्नांकित ध्वनियों का प्रयोग होता है :

स्वर : अ, आ, ऑ, इ, ई, उ, ऊ, ए, ऐ, ओ, औ

व्यंजन : क ख ग घ ङ

च छ ज झ ञ

ट ठ ड ढ ण

त थ द ध न न्ह

प फ ब भ म म्ह

य र ल ल्ह ब व

स श ह

ड़ ढ़

क़ ख़ ग़ ज़ फ़

इन ध्वनियों के सम्बन्ध में निम्नांकित बातें ध्यान देने की हैं—

(1) कुछ परम्परागत पुस्तकों में दिए जाने के बावजूद ऋ, ॠ, ॡ, अं, अः हिन्दी में स्वर नहीं हैं। ऋ उच्चारण में 'र्+इ' अर्थात् 'रि' है, ॠ तथा 'ॡ' उच्चारण में 'री' तथा 'ल्री' हैं, साथ ही इनका हिन्दी में प्रयोग भी प्रायः नहीं होता। 'अं' 'अ+ –' अर्थात् अ+ङ् (अंक), अ+ञ् (चंचल), अ+ण् (पंडित), अ+न् (संत) तथा अ+म् (सम्पूर्ण), अर्थात् अ+नासिक्य व्यंजन (ङ, भ, ण, न, म) है। 'अः' 'अ ह्' ('प्रायः' का उच्चारण 'प्रायह्' होता है) है, अर्थात् यह भी स्वर+व्यंजन (ह्) है।

(2) ऑ का प्रयोग कॉफ़ी, डॉक्टर आदि हिन्दी में प्रयुक्त 15-16 अँग्रेज़ी शब्दों में होता है।

(3) न्ह, म्ह, ल्ह, लिखने में संयुक्त व्यंजन हैं, किन्तु वास्तविक उच्चारण में ये क्रमशः न, म, ल के वैसे ही महाप्राण हैं, जैसे क का ख या ज का झ आदि। अर्थात् न, म, ल अल्पप्राण हैं, तो न्ह, म्ह, ल्ह उनके महाप्राण। अल्पप्राण उन व्यंजनों

को कहते हैं; जिनके उच्चारण में मुंह से कम हवा निकलती है। इसके विपरीत महाप्राण वे हैं जिनके उच्चारण में अधिक हवा मुंह से निकलती है। हिन्दी में अल्पप्राण-महाप्राण के जोड़े इस प्रकार हैं : क-ख, ग-घ, च-छ, ज-झ, त-थ, द-ध, न-न्ह, प-फ, ब-भ, म-म्ह, ल-ल्ह, ढ़-ड़। शेष क़, ङ, ञ, ण, य, र, व अल्पप्राण हैं। इनके महाप्राण हिन्दी में नहीं हैं। संघर्षी व्यंजनों (फ़, व़, स, ज़, श, ख़, ग़, ह) पर प्राणत्व की दृष्टि से विचार नहीं किया जाता।

(4) क़, ख़, ग़, ज़, फ़ का प्रयोग प्राय: आगत शब्दों में ही होता है।

(5) मानक हिन्दी के सभी स्वर मूल हैं। अपवादस्वरूप 'य' के पहले की ऐ (वैयाकरण, तैयार, भैया) संयुक्त स्वर 'अ+इ' है तो 'व' के पहले का 'औ' (कौवा, उठौवा) संयुक्त स्वर 'अ+उ'। यों संस्कृत परम्परा के तो प्राय: सभी लोग ऐ, औ को क्रमश: संयुक्त स्वर 'अइ' तथा 'अउ' ही बोलते हैं तथा पूर्वी क्षेत्रों के लोग क्रमश: 'अएँ' और 'अओं', किन्तु मानक हिन्दी में ये स्वर प्राय: मूल हैं।

(6) 'ष' लेखन में है पर उच्चारण में नहीं है, अत: उसे ध्वनियों में नहीं रखा गया है। 'ष' के स्थान पर हम लोग 'श' का ही उच्चारण करते हैं।

(7) हिन्दी लिपि में एक अक्षर 'व' है, किन्तु उच्चारण में दो व हैं : व (दन्तोष्ठ्य संघर्षी) तथा व (द्वयोष्ठ्य अर्ध स्वर)। ऊपर की सूची में दोनों अलग-अलग दिए गए हैं।

(8) क्ष, त्र, ज्ञ संयुक्त व्यंजन हैं।

हिन्दी ध्वनियों का वर्गीकरण

स्वर : (1) जीभ के भाग के आधार पर

(अ) अग्र—इ, ई, ए, ऐ
(आ) मध्य—अ
(इ) पश्च—उ, ऊ, ओ, औ, आ, ऑ

(2) जीभ के उठने या नीचे रहने के आधार पर

(अ) संवृत : ई, इ, ऊ, उ
(आ) अर्धसंवृत : ए, ओ
(इ) अर्धविवृत : ऐ, अ, औ, ऑ
(ई) विवृत : आ

(3) मात्रा (काल) के आधार पर

(अ) ह्रस्व—अ, इ, उ
(आ) दीर्घ—आ, ई, ऊ, ए, ऐ, औ, ऑ

(4) ओष्ठों की स्थिति के आधार पर

(अ) वृत्तमुखी—ऊ, उ, ओ, औ, ऑं
(आ) अवृत्तमुखी—ई, इ, ए, ऐ, अ, आ

व्यंजन : (1) स्थान के आधार पर

(अ) द्वयोष्ठ्य—प, भ, ब, भ, म, म्ह, व
(आ) दन्तोष्ठ्य—फ़, व़
(इ) दन्त्य—त, थ, द, ध
(ई) वर्त्स्य—न, न्ह, र, ल, ल्ह, स, ज़
(उ) तालव्य—च, छ, ज, झ, ञ, य, श
(ऊ) पूर्वतालव्य—ट, ठ, ड, ढ, ण, ड़, ढ़। इन्हें प्रायः मूर्धन्य कहते हैं, किन्तु अब इनका उच्चारण मूर्धा से नहीं होता।
(ए) कोमलतालव्य—क, ख, ग, घ, ङ, ख़, ग़
(ऐ) अलिजिह्वीय—क़। इसे जिह्वामूलीय भी कहते हैं।
(ओ) स्वरयंत्रमुखी—ह। विसर्ग भी ध्वनि के स्तर पर 'ह' ही है।

(2) प्रयत्न के आधार पर

(अ) स्पर्श—क, ख, ग, घ, क़; ट, ठ, ड, ढ; त, थ, द, ध, प, फ, ब, भ।
(आ) संघर्षी—फ़, व़, स, ज़, श, ख़, ग़, ह।
(इ) स्पर्श-संघर्षी—च, छ, ज, झ
(ई) नासिक्य—ङ, ञ, ण, न, न्ह, म, म्ह।
(उ) पार्श्विक—ल, ल्ह
(ऊ) प्रकंपित—र
(ए) उत्क्षिप्त—ड़, ढ़
(ऐ) संघर्षहीन सप्रवाह—य, व। इन्हें प्रायः अर्धस्वर कहते हैं।

(3) घोषत्व के आधार पर

(अ) अघोष—क, ख, च, छ, ट, ठ, त, थ, प, फ, स, श, क़, ख़, फ़
(आ) घोष—ग, घ, ङ, ज, झ, ञ, ड, ढ, ड़, ढ़, ण, द, ध, न, न्ह, ब, भ, म, म्ह, य, र, ल, ल्ह, व (द्वयोष्ठ्य अर्धस्वर), व़ (दंतोष्ठ्य संघर्षी)।

हिन्दी में कुछ व्यंजन जोड़े ऐसे हैं जिनमें पहला अघोष है तो दूसरा घोष है :

क-ग, च-ज, ट-ड, प-ब, स-ज, फ़-द, ख़-ग। 'ह' घोष व्यंजन है, किन्तु मेरे अनुसार हिन्दी में प्रयुक्त आदि ह (जैसे 'हम', 'हद' हाथ आदि में) अघोष होता है अर्थात् लिपि चिह्न न होने के बावजूद हिन्दी में अघोष तथा घोष दोनों 'ह' हैं। संस्कृत में विसर्ग अघोष है, किन्तु हिन्दी में वह घोष (ह) है।

(4) प्राणत्व के आधार पर

अल्पप्राण—क, ग, ङ, च, ज, ञ, ट, ड, ण, ड़, त, द, न, प, ब, म, य, र, ल, व।

महाप्राण—ख, घ, छ, झ, ठ, ढ, ढ़, थ, ध, फ, भ, म्ह, ल्ह।

इनके जोड़ों का उल्लेख ऊपर हो चुका है।

हिन्दी स्वनिम-व्यवस्था

हिन्दी-स्वनिम

भाषा के दो स्तर होते हैं : कथ्य (content) तथा अभिव्यक्ति (expression)। कथ्य पक्ष ही भाषा का लक्ष्य होता है, तथा अभिव्यक्ति पक्ष कथ्य को कहने का साधन मात्र। अभिव्यक्ति में दो मूलभूत इकाइयाँ होती हैं : स्वनिम (phoneme) तथा रूपिम (morpheme)। इन दोनों में भी स्वनिम अपेक्षाकृत अधिक मूलभूत इकाई है।

स्वनिम किसी भाषा की ध्वन्यात्मक दृष्टि से समान, ऐसी भाषणध्वनियों (speech sounds) के वर्ग को कहते हैं, जो आपस में वितरण (distribution) की दृष्टि से अव्यतिरेकी (noncontrastive) हों। ये समान ध्वनियाँ उपस्वन (allophone) कहलाती हैं।

स्वनिम और उपस्वन में निम्नांकित अन्तर हैं : (1) स्वनिम प्रभेदक (distinctive) होता है। अर्थात् भाषा-विशेष के स्वनिमों में, उस भाषा में अर्थभेद करने की क्षमता होती है। उदाहरण के लिए हिन्दी में 'काना' और 'गाना' में अर्थ का अन्तर 'क' और 'ग' के कारण है। अर्थात् 'क', 'ग' हिन्दी में अर्थ-भेदक हैं। ये स्वनिम हैं। इसके विपरीत उपस्वन में यह क्षमता नहीं होती। यदि एक उपस्वन के स्थान पर किसी शब्द में दूसरे उपस्वन का प्रयोग कर दिया जाय तो अर्थ में कोई अन्तर नहीं पड़ेगा। इसीलिए कहा जाता है कि उपस्वन अभेदक (non-distinctive) होते हैं, अर्थात् स्वनिम स्वयं प्रभेदक भाषा-ध्वनि होते हैं तथा अभेदक भाषा-ध्वनियों (अर्थात् उपस्वन) के प्रतिनिधि होते हैं। (2) उपस्वन की सत्ता भौतिक होती है, किन्तु स्वनिम की सत्ता मानसिक होती है। उपस्वन के आधार पर ही स्वनिम का भावन करते हैं। वह उपस्वनों के आधार पर ही भावित या सूक्ष्मित (abstracted) रूप होता है। (3) उपस्वन व्यक्ति के समान हैं तो स्वनिम जाति के समान। जैसे किसी जाति के सदस्य व्यक्ति होते हैं, वैसे ही स्वनिम जाति के सदस्य उपस्वन होते

हैं। (4) एक भाषा के स्वनिम आपस में वितरण की दृष्टि से व्यतिरेकी (contrastive) या विरोधी होते हैं, किन्तु एक स्वनिम के उपस्वन आपस में या तो परिपूरक वितरण (complementary distribution) में होते हैं या मुक्त वितरण (Free-Variation) में। (5) एक भाषा के स्वनिम आपस में ध्वन्यात्मक दृष्टि से मिलते-जुलते नहीं होते, किन्तु एक स्वनिम के उपस्वन आपस में ध्वन्यात्मक दृष्टि से प्रायः मिलते-जुलते होते हैं। (6) स्वनिम भाषा में महत्त्वपूर्ण (significant) होते हैं किन्तु उपस्वन का वह महत्त्व नहीं होता। (7) स्वनिम अननुमेय (unpredictable) होते हैं, किन्तु उपस्वन अनुमेय (predictable) होते हैं।

संक्षेप में, स्वनिम किसी भाषा की वह अर्थभेदक ध्वन्यात्मक इकाई है, जो भौतिक यथार्थ न होकर मानसिक यथार्थ होती है तथा जिसके एकाधिक ऐसे उपस्वन होते हैं, जो ध्वन्यात्मक दृष्टि से मिलते-जुलते, अर्थभेदकता में असमर्थ तथा आपस में या तो परिपूरक या मुक्त वितरण में होते हैं।

दो ध्वनियाँ (या स्वन) एक ही स्थिति में आएँ और अर्थ में भेद न हो तो दोनों का वितरण **मुक्त वितरण** कहलाता है, या दोनों **मुक्त परिवर्तन** (Free variant) कहलाती हैं। दो ध्वनियाँ यदि दो भिन्न स्थितियों में आए तथा एक स्थिति में आने पर अर्थ में कोई परिवर्तन न ला सकें तो उनका वितरण **परिपूरक वितरण** कहलाता हैं। दो ध्वनियाँ यदि एक ही स्थिति में आएँ और अर्थ में परिवर्तन लाएँ तो उनका **वितरण, विरोधी** या **व्यतिरेकी वितरण** कहलाता है। अर्थात् वे एक-दूसरे के विरोधी होते हैं। प्रथम दोनों वितरण उपस्वन के होते हैं तथा दूसरा स्वनिमों का।

दो ध्वनियों में विरोध या व्यतिरेक दिखाने के लिए प्रायः न्यूनतम विरोधी युग्म (minimal pair) का प्रयोग होता है। जैसे काना-गाना। इन युग्म से स्पष्ट है कि क और ग एक ही स्थिति में आ सकते है, और आकर अर्थ में अन्तर प्रकट करते हैं, अतः काना-गाना न्यूनतम विरोधी युग्म (ऐसा जोड़ा जिसके शब्दों के अर्थ अलग-अलग हों तथा जिनमें केवल एक ध्वनि का अन्तर हो) है। इस न्यूनतम विरोधी युग्म से यह स्पष्ट है कि क-ग में विरोध है, वे अर्थभेदक है, अतः दोनों स्वनिम हैं।

स्वनिम दो प्रकार के होते है : खंड्य स्वनिम (segmental phoneme) तथा खंड्येतर स्वनिम (suprasegmental phoneme)। खंड्य स्वनिम का उच्चारण स्वतंत्र रूप से हो सकता है। इसमें किसी भाषा के स्वर तथा व्यंजन स्वनिम आते हैं। इसके विपरीत खंड्येतर स्वनिम उन्हें कहते हैं जो, इनसे इतर हों, अर्थात् जिनका स्वतन्त्र रूप से उच्चारण न हो सके, जो अपने उच्चारण के लिए खंड्य स्वनिम पर ही आधारित हों। दीर्घता (length), अनुनासिकता (nasalization), बलाघात (stress) अनुतान (Intonation) तथा संगम या विवृति (juncture) खंड्येतर स्वनिम के अन्तर्गत आते हैं। खंड्येतर स्वनिम प्रायः अक्षर (syllable) या अक्षर से बड़ी इकाई पर होते हैं, अक्षर से छोटी इकाई पर नहीं। कुछ लोगों की मान्यता यह है कि खंड्येतर स्वनिम को स्वनिम कहना ठीक नहीं क्योंकि उनका स्वतंत्र रूप से

उच्चारण नहीं हो सकता। वे स्वनिमिक (phonemic) अर्थात् अर्थभेदक होते हैं।

हिन्दी में भी स्वनिम दो प्रकार के हैं : खंड्य तथा खंड्येतर। खंड्य स्वनिम दो प्रकार के हैं : स्वर स्वनिम, व्यंजन स्वनिम। खंड्येतर पाँच प्रकार के हैं : दीर्घता, अनुनासिकता, बलाघात, अनुतान, संगम।

स्वर स्वनिम

हिन्दी में मुख्य या केन्द्रीय (central) स्वर स्वनिम दस हैं :

ई				ऊ
	इ		उ	
ए				ओ
ऐ		अ		औ
			आ	

इन सभी के न्यूनतम विरोधी युग्म हिन्दी में प्राप्त हैं—

	ई	इ	ए	ऐ	अ	आ	औ	ओ	उ	ऊ
ई	—	मिल	मेल	मैल	मल	माल	तौर	कोट	सुर	कूट
		मील	मील	मील	मील	मील	तीर	कीट	सीर	कीट
इ	—	—	मेल	मैल	मल	माल	तौल	मोल	पुल	ऊन
			मिल	मिल	मिल	मिल	तिल	मिल	पिल	इन
ए	—	—	—	मैल	मल	माल	तौल	मोल	सुर	तूल
				मेल	मेल	मेल	तेल	मेल	सेर	तेल
ऐ	—	—	—	—	पर	पार	ग़ौर	मोल	सुर	फूल
					पैर	पैर	ग़ैर	मैल	सैर	फैल
अ	—	—	—	—	—	माल	तौल	मोल	कुल	फूल
						मल	तल	मल	कल	फल
आ	—	—	—	—	—	—	तौल	मोल	कुल	ऊन
							ताल	माल	काल	आन
औ	—	—	—	—	—	—	—	लोटना	लुटा	लूट
								लौटना	लौटा	लौट
ओ	—	—	—	—	—	—	—	—	लुटा	लूट
									लोटा	लोट
उ	—	—	—	—	—	—	—	—	—	चूना
										चुना
ऊ	—	—	—	—	—	—	—	—	—	—

सामान्यत: लोग अँग्रेज़ी शब्दों में ऑ (ऑफ़िस) के स्थान पर आ (आफ़िस) बोलते हैं, किन्तु सुशिक्षित लोग ऑ ही बोलते हैं, और उनकी भाषा में ऑ भी स्वनिम है। उनकी भाषा से आ-ऑ के न्यूनतम विरोधी युग्म देखे जा सकते हैं : बाल-बॉल (गेंद), काफ़ी (पर्याप्त), कॉफ़ी, हाल (हालचाल)-हॉल (बड़ा कमरा)। इस ऑ को हिन्दी का अकेन्द्रीय स्वर स्वनिम माना जा सकता है। इस तरह हिन्दी में दस तो केन्द्रीय स्वर या मुख्य स्वर स्वनिम हुए तथा एक अकेन्द्रीय या गौण स्वर स्वनिम।

हिन्दी के सभी स्वरों के अनुनासिक रूप भी मिलते हैं : हँसना, दाँत, सिंघाड़ा, सींचना, सुँघाना, ऊँट, गेंद, भैंस, सोंठ, धौंस। पश्चिमी हिन्दी क्षेत्र में ये अनुनासिक स्वर दस न होकर आठ ही हैं। वहाँ एँ तथा ऐं दोनों को 'ऐं' तथा 'ओं' और 'औं' दोनों को 'औं' बोलते हैं। बहुत से लोग हिन्दी के दस मौखिक स्वरों को दस स्वनिम तथा अनुनासिक स्वरों को दस अलग स्वनिम मानने के पक्ष में हैं, किन्तु अधिक सुविधाजनक यह होगा, दस स्वर स्वनिम तथा एक अनुनासिकता स्वनिम माना जाए तथा अनुनासिक स्वरों को मौखिक स्वर और अनुनासिकता के योग से बना स्वीकार किया जाए।

स्वरानुक्रम

हिन्दी में मुख्यत: निम्नांकित स्वरानुक्रम शब्द के आदि, मध्य तथा अन्त में मिलते हैं (य, व छोड़ दिए गए हैं) :

आउ	आउंस, आउट	आओ	आओ, आओगे
आए	जाए, आए, आएगा	आइ	आइसक्रीम, बाइस्कोप
आई	आई, भलाई	आआ	आया, गाया, खाया
अअ	तअल्लुक़, तअज्जुब	अई	रईस, सईस, गई
अउ	अढ़उल	अऊ	शऊर, गऊ
अइ	सइन	आअ	बाअसर
आइ	नुमाइश, पैमाइश	आई	क़साईखाना, सत्ताईस, नाई
आउ	पाउडर	आऊ	ताऊन, खाऊ
आए	लाएगा, जाएगा, गाए	आओ	खाओगे, पाओगे, आओ, खाओ
इअ	इन्सानियत, सड़ियल	इआ	बनियान, हथियाना।
इउ	चिउड़ा	इऊ	पिऊँगा
इए	चलिए, पढ़िए, दिए		
इओ	भाइयो, पिओगे, जियो	ईअ	शरीयत, तबीयत
ईआ	मनीआर्डर	उअ	सुअवसर, दुअन्नी, मुअत्तल
उआ	पुआल, जुआरी, हुआ	उइ	घुइयाँ
उई	छुई-मुई	उए	छुएगा, हुए

उओ	छुओगे, साधुओ		
एअ	बेअक़्ल, बेअदब	एआ	बेआबरू, खेया
एइ	बेइज़्ज़त	एई	बेईमान, लेई
एए	खेएगा, खेए	एऊ	जनेऊवाला
ऐआ	गवैया	ओआ	दोआबा ('दुआबा' भी), खोया
ओइ	कोइरी	ओए	रोएगा, सोएगा
ओऊ	रोऊँगा		रोए
ओओ	रोओगे, सोओ	औए	कौएवाला
अआ	गया		
		अए	नए, गए
		इआ	दिया, लिया
		उई	रुई, सुई, हुई
		एओ	खेओ
		ओई	रोई, लोई, कोई
औआ	हौआ, कौआ, पौआ	औओ	कौओ

तीन स्वर के

आइए	जाइए, आइए, गाइएगा	आइओ	भाइयो
इआइ	बनियाइन, डिप्टियाइन	उआइ	मुआइना
उआई	गुरुआई, बुआई	एइए	खेइए, सेइए
ओइया	रसोइआ	ओइए	रोइए, सोइए

संयुक्त स्वर

कुछ स्वरों के उच्चारण में जीभ स्थिर रहती है, अर्थात् वह एक स्थान पर रहती है। ऐसे स्वरों को मूल स्वर कहते हैं। इसके विपरीत कुछ स्वरों के उच्चारण में जीभ एक स्वर-स्थान से दूसरे स्वर स्थान की ओर जाती है, अर्थात् इनके उच्चारण में जीभ स्थिर न रहकर चलती रहती है। जीभ की चल-अवस्था में उच्चरित ये स्वर संयुक्त स्वर कहलाते हैं, क्योंकि इनके उच्चारण में दो स्वरों का संयुक्त रूप होता है। जीभ एक स्वर-स्थान से चलकर दूसरे स्वर स्थान तक या उसकी ओर जाती है।

हिन्दी में मूल स्वर और संयुक्त स्वर की दृष्टि से कुछ कहने के पूर्व इनकी स्थिति का संक्षिप्त ऐतिहासिक परिचय उपयोगी होगा—

	वैदिक संस्कृत	लौकिक संस्कृत	पालि-प्राकृत-अपभ्रंश	प्राचीन हिन्दी
ए	संयुक्त स्वर (अइ)	मूल स्वर	मूल स्वर	मूल स्वर
ऐं	संयुक्त स्वर (आइ)	संयक्त स्वर (अइ)	प्रयोग में नहीं था	संयुक्त स्वर (अएँ)
ओ	संयुक्त स्वर (अउ)	मूल स्वर	मूल स्वर	मूल स्वर
औ	संयुक्त स्वर (आउ)	संयुक्त स्वर (अउ)	प्रयोग में नहीं था	संयुक्त स्वर (अओँ)

ऊपर ए, ऐ, ओ, औ की वैदिक काल से प्राचीन हिन्दी तक की स्थिति स्पष्ट की गई है। वैदिक स्थिति के आधार पर ही संस्कृत तथा हिन्दी आदि के व्याकरणों में इन चारों को संयुक्त स्वर या संध्यक्षर लिखा मिलता है। वस्तुतः हिन्दी तो क्या संस्कृत में भी ये चारों संयुक्त स्वर नहीं थे। वैदिकी में ये चारों संयुक्त स्वर थे, और इनका उच्चारण क्रमशः अइ, आइ, अउ, आउ था। संस्कृत में केवल दो संयुक्त स्वर रह गए थे : ऐ, औ। इनके उच्चारण क्रमशः थे अइ, अउ। पालि प्राकृत, अपभ्रंश काल में एक भी संयुक्त स्वर नहीं था। हिन्दी के जन्म के साथ-साथ दो संयुक्त स्वर विकसित हुए : ऐ, औ, जिनके उच्चारण क्रमशः अएँ, अओँ थे, किन्तु यह स्थिति प्राचीन हिन्दी की है। आज हिन्दी में स्थिति निम्नांकित है—

	पश्चिमी हिन्दी प्रदेश	पूर्वी हिन्दी प्रदेश
ऐ	I. मूल स्वर II. नैया, भैया, वैयाकरण जैसे शब्दों में 'अइ' उच्चारण वाला संयुक्त स्वर	I. संयुक्त स्वर (अएँ) II नैया, भैया वैयाकरण जैसे शब्दों में अइ उच्चारण वाला संयुक्त स्वर
औ	I. मूल स्वर II. कौआ जैसे शब्दों में 'अउ' उच्चारण वाला संयुक्त स्वर	I. संयुक्त स्वर (अओं) II. कौआ जैसे शब्दों में अउ उच्चारण वाला संयुक्त स्वर

अर्थात् पश्चिमी हिन्दी प्रदेश में संयुक्त स्वर एक भी नहीं है, केवल गैया, भैया, रवैया, ततैया, तैयार, वैयाकरण, नैया नौआ, कनकौआ, कौआ जैसे कुछ शब्दों में (ये शब्द वे हैं जिनमें 'य' के पूर्व 'ऐ' तथा 'व' के पूर्व 'औ' आता है।) संयुक्त स्वर ऐ, औ की सत्ता अइ, अउ रूप में है। पूर्वी हिन्दी प्रदेश में ऐ, औ संयुक्त स्वर है। नैया, कौआ जैसे शब्दों में ये संयुक्त स्वर पश्चिमी हिन्दी प्रदेश की ही भाँति अइ, अउ हैं, किन्तु अन्य शब्दों में ये संयुक्त स्वर अएँ, अओं हैं।

मध्य प्रदेश में तथा कुछ अन्य क्षेत्रों में भी कुछ लोग इन स्थितियों, अर्थात् रवैया, कौआ जैसे शब्दों में संयुक्त स्वर अइ, अउ न बोलकर स्वरानुक्रम (vowel sequence) अइ, अउ बोलते हैं : रवैया = र् + अ + व् + अ + इ + (य) + आ, कौआ = क् + अ + उ + (व) + आ। किन्तु ऐसा अपवाद है।

व्यंजन स्वनिम

हिन्दी में मुख्य या केन्द्रीय (central) स्वनिम 35 हैं :

प	त	—	च	ट	क
फ	थ	—	छ	ठ	ख
ब	द	—	ज	ड	ग
भ	ध	—	झ	ढ	घ
म	—	न	—	ण	—
म्ह	—	न्ह	—	—	—
—	—	र	—	—	—
—	—	—	—	ड़	—
—	—	—	—	ढ़	—
—	—	ल	—	—	—
—	—	ल्ह	—	—	—
—	—	स	श	—	ह
व	—	—	य	—	—

इनके एक ही चार्ट में न्यूनतम विरोधी युग्म दिखाए तो जा सकते हैं, किन्तु ऐसा चार्ट बहुत बड़ा हो जाएगा, अतः स्थान और प्रयत्न के आधार पर अलग-अलग लिया जा रहा है :

स्थान पर आधारित

ओष्ठ्य	**दंत्य-वर्त्स्य**	**तालव्य**	**कोमलतालव्य-स्वरयंत्रमुखी**
पली	तान	चाल	काल { कड़ा
फली	थान	छाल	खाल { खड़ा
बली	दान	जाल	गाल { गड़ा
भली	धान	झाल	घाल { घड़ा
मली	रान	टाला	हाल
वली	लान	ठाला	
कुमार	सान	डाला	
कुम्हार	कान	ढाला	
	कान्ह	बाट	
	आला	बाड़	
	आल्हा	बाढ़	
		बाण	
		गढ़ना	
		गड़ना	
		गणना	
		लौंडा	
		लौंड़ा	
		बाटी	
		बाड़ी	
		बाढ़ी	
		वाणी	

प्रयत्न पर आधारित

अघोष अल्प० स्पर्श, स्पर्श-संघ०	**घोष अल्प० स्पर्श, स्पर्श-संघ०**	**अघोष महा० स्पर्श, स्पर्श-संघ०**	**घोष महा० स्पर्श, स्पर्श-संघ०**
काल	गाल	खन	घोला
चाल	जाल	छन	झोला
टाल	डाल	ठन	ढोला
ताल	दाल	थन	भोला

पाल	बाल	फन	घड़ी
			झड़ी
			धड़ी
			ढाक
			धाक
			आधा
			आभा

अनुनासिक	**पार्श्विक**	**संघर्षी**	**अर्ध स्वर**	**उत्क्षिप्त-पार्श्विक-प्रकंपित**
कान	आला	साल	यार	पड़ा
काम	आल्हा	शाल	वार	पढ़ा
कण		हाल		पला
कम				परा
अणुवाद				
अनुवाद				
कुमार				
कुम्हार				
कान				
कान्ह				

(**अंतस्थ** : यह, वह, रह, लह)

क़, ख़, ग़, ज़, फ़

अधिकांश हिन्दी-भाषी इनका प्रयोग नहीं करते। इनके स्थान पर वे क्रमश: 'क, ख, ग, ज, फ' बोलते हैं। इसका अर्थ यह है कि हिन्दी भाषा के बहुप्रचलित स्वरूप में, ऑ स्वर की भाँति ही इन व्यंजनों का भी स्थान नहीं है।

कुछ लोग 'क़, ख़, ग़, ज़, फ़' का प्रयोग कभी करते हैं, कभी नहीं करते। इनकी भाषा में कुछ भाषाशास्त्रियों ने 'क़, ख़, ग़, ज़, फ़' को 'क, ख, ग, ज, फ' का मुक्त-परिवर्त माना है। किन्तु ऐसी मान्यता ग़लत है। 'क़, ख़, ग़, ज़, फ़' के स्थान पर ही 'क', 'ख' आदि प्रयुक्त होते हैं, 'क', 'ख' आदि के स्थान पर 'क़', 'ख़' आदि नहीं आते। अत: इन्हें मुक्त परिवर्त नहीं कहा जा सकता। जापानी में 'र' के स्थान पर 'ल' तथा 'ल' के स्थान पर 'र' आ सकता है, अत: उसमें र-ल मुक्त परिवर्त हैं। हिन्दी में इन्हें केवल **एकांगी मुक्त परिवर्त** ही कहा जा सकता है। 'ग़ुल' के स्थान पर 'गुल' आ सकता है, किन्तु 'गुल' के स्थान पर 'ग़ुल' नहीं।

कुछ बहुत थोड़े लोग 'क़, ख़, ग़, ज़, फ़' का प्रयोग बड़ी सावधानी से करते हैं। उनकी भाषा में ये पाँचों व्यंजन स्वनिम हैं, क्योंकि इनके स्थान पर जो ध्वनियाँ

सामान्यतः प्रयुक्त होती हैं, उनके साथ इनके न्यूनतम विरोधी युग्म उनकी भाषा में उपलब्ध हैं : ताक (ताकना)-ताक़ (दीवाल का आला); खैर (कत्था)-ख़ैर (ख़ैरियत); खाना (भोजन)-ख़ाना (का ख़ाना); खोरी-ख़ोरी, खोर-ख़ोर, बेगम-बेग़म, ग़ौर-गौर, बाग (घोड़े की बाग)-बाग़ (उपवन); राज-राज़, जरा-ज़रा, जीना-ज़ीना, गज़-गज, सजा-सज़ा, फन (साँप का फन)-फ़न (हुनर)।

इनमें 'क़' 'ख़' 'ग़' तो केवल अरबी-फ़ारसी-तुर्की शब्दों में आते हैं। 'ज़' 'फ़' इनके अतिरिक्त अंग्रेज़ी आदि यूरोपीय भाषाओं से हिन्दी में गृहीत शब्दों में भी आते हैं।

'क़' 'ख़' 'ग़' का प्रयोग अपेक्षाकृत कम लोग करते हैं, किन्तु 'ज़' 'फ़' का काफ़ी लोग करते हैं। इसके दो कारण हैं। एक तो यह कि अंग्रेज़ी शिक्षा की देश में व्यवस्था है, अतः इनका ठीक उच्चारण सीखने-सिखाने पर ध्यान दिया जाता है, किन्तु 'क़' 'ख़' 'ग़' के बारे में यह बात नहीं है; दूसरे 'ज़' फ़' हिन्दी के ध्वन्यात्मक ढाँचे के अनुकूल पड़ते हैं, अतः भाषा की व्यवस्था ने उन्हें सहज रूप में स्वीकार कर लिया है। अनुकूल पड़ने की बात इसलिए कही जा रही है कि हिन्दी में अघोष-घोष के जोड़े में ही बहुत-सी ध्वनियाँ हैं, जैसे 'क-ग' 'च-ज' 'ट-ड' 'प-ब' आदि। हिन्दी में 'स' ध्वनि पहले से थी, किन्तु उसका घोष रूप 'ज़' नहीं था, इसी तरह 'व' ध्वनि थी, किन्तु उसका अघोष रूप 'फ़' नहीं था। 'ज़-फ़' के आने से ये खंडित जोड़े पूरे हो गए; स-ज़, फ़-व।

स्वरों के प्रसंग में केंद्रीय स्वनिम (core phoneme) की चर्चा ऊपर की जा चुकी है। व्यंजनों की स्थिति यह है : **केन्द्रीय स्वनिम** : क, ख, ग, घ, च, छ, ज, झ, ट, ठ, ड, ढ, ण, ड़, ढ़, त, थ, द, ध, न, न्ह, प, फ, ब, भ, म, म्ह, य, र, ल, ल्ह, व, श, स, ह। **अकेन्द्रीय स्वनिम** : क़, ख़, ग़, ज़, फ़।

संयुक्त व्यंजन तथा व्यंजन-अनुक्रम

हिन्दी में संयुक्त व्यंजन (या व्यंजन-गुच्छ) के सम्बन्ध में एकाधिक प्रकार के विचार व्यक्त किए गए हैं : (क) कुछ लोग संयुक्त व्यंजन केवल उन्हें मानते हैं जो विभिन्न शब्दों की वर्तनी में संयुक्त व्यंजन के रूप में लिखे जाते हैं। जैसे क्षेत्र में 'क्ष'—क्+ष्, त्रुटि में 'त्र'—त्+र्, विज्ञ में 'ज्ञ'—ग्+य्, पद्म में' द्म—द्+म्, वाक्य में 'क्य'—क्+य्, या विद्यार्थी में 'द्य'—द्+य् आदि। (ख) कुछ दूसरे लोग चक्का, लग्गी, बच्चा, रस्सा, बल्ला आदि के क्क, ग्ग, च्च, स्स, ल्ल आदि को भी संयुक्त व्यंजन मानते हैं। उनके अनुसार इनमें क्रमशः दो 'क', दो 'ग', दो 'च', दो 'स' तथा दो 'ल' आदि का संयोग है। (ग) कुछ लोग उन सभी दो व्यंजनों को भी संयुक्त व्यंजन मान लेते हैं जो मध्यवर्ती 'अ' के लोप से एक दूसरे के समीप आ गए हैं। जैसे श्रमसाध्य 'म्स', अनुकरणशील में 'ण्श' या पढ़ना' में 'ढ़्न'। (घ) कुछ लोग मध्य या अंत्य स्थिति के ऐसे सारे दो व्यंजनों के गुच्छ को तीन व्यंजनों का गुच्छ मानते हैं जिसमें दूसरा सदस्य व, र, ल, य, या कभी-कभी न या ह है। जैसे इक्यासी, कल्याण, पत्रा, विप्लव, विद्वान्, अग्नि, नन्हा आदि में।

जैसा कि अन्यत्र भी संकेत किया गया है, उपर्युक्त से अंशतः मेरी विनम्र असहमति है। जहाँ तक 'क' का प्रश्न है, मैं उन सभी को संयुक्त व्यंजन मानने के पक्ष में नहीं हूँ जो वर्तनी में संयुक्त हैं। उदाहरण के लिए 'साहित्यिक' में 'त्य' को मैं त + य का संयुक्त रूप नहीं मानता, क्योंकि इस शब्द में 'त्य' का उच्चारण 'त्य' न होकर 'त्त' होता है। 'ख' को आगे स्पष्ट किया जा रहा है कि स्वनिक (phonetic) दृष्टि से ये दीर्घ व्यंजन हैं। शब्दांत में तो इनकी दीर्घता (धम्म, विषण्ण, अन्न, गप्प, फक्क) सभी दृष्टियों से स्पष्ट है, हाँ मध्य स्थिति में होने पर आक्षरिक विभाजन में ये दो में खंडित हो जाते हैं : पक्-का, लग्-गी। इस आधार पर मध्य में आने वालों को स्वनिमिक (Phonological) स्तर पर दो का योग माना जा सकता है। किन्तु ध्वन्यात्मक स्तर पर ये भी दीर्घ ही हैं। मैंने इस ग्रन्थ में ध्वन्यात्मक आधार पर ही इन्हें दीर्घ माना है, तथा दीर्घता को स्वनिमिक कहा है। यदि इन्हें दीर्घ न मानकर संयुक्त व्यंजन माना जाय तो हिन्दी में दीर्घता स्वनिमिक नहीं हो सकती। जहाँ तक 'ग' अर्थात् मध्यवर्ती 'अ' के लोप से एक-दूसरे के समीप आए व्यंजनों का प्रश्न है, ऐसे सभी को संयुक्त व्यंजन नहीं कहा सकता। इनमें बहुतों को मैं व्यंजन-अनुक्रम (Consonent sequence) कहने के पक्ष में हूँ। 'प्राणमय' और 'मृण्मय' के उच्चारण में थोड़ा अन्तर है। पहले में 'ण म' केवल एक के बाद एक आ गए हैं जबकि दूसरे में वे मिलकर संयुक्त हो गए हैं। हाँ, यह अवश्य है कि बहुत से लोगों के उच्चारण में 'ण म' 'ण्म' के पास पहुँच जाता है या 'ण्म' हो जाता है, और सम्भव है, आगे चलकर ऐसी स्थिति के व्यंजन-अनुक्रम 'संयुक्त व्यंजन' में परिवर्तित हो जाएँ। किन्तु अभी अ-लुप्तज व्यंजनों को संयुक्त व्यंजन का सदस्य मान लेना हिन्दी के मानक उच्चारण की दृष्टि से समीचीन नहीं है।

'व्यंजन-अनुक्रम' तथा 'संयुक्त व्यंजन' के अन्तर पर कुछ विस्तार से विचार करके, बात को और भी स्पष्ट किया जा सकता है। तीन शब्द लें। (1) कमल, (2) कमला, (3) अम्ल। पहले में 'म्' तथा 'ल्' व्यंजन के बीच 'अ' है। दूसरे में 'म्' 'ल्' के बीच उच्चारण में 'अ' नहीं है, 'म्' के तुरन्त बाद 'ल्' व्यंजन आ गया है, इस तरह इसमें 'म्' 'ल्' अनुक्रम (sequence) के रूप में आए हैं। तीसरे में 'म्' और 'ल्' पूर्णतः मिल गए हैं। इस तरह 'कमला' में 'म्' 'ल्' व्यंजन-अनुक्रम (consonent sequence) तथा अम्ल में 'म्' 'ल्' का व्यंजन-संयोग है, और वे संयुक्त व्यंजन या व्यंजन-गुच्छ (consonent cluster) हैं। हिन्दी में कमला की तरह ही बकता, पगला, लगना, तथा सपना आदि में भी क्रमशः 'क्'-'त्', 'ग्'-'ल्', 'ग्'-'न' तथा 'प्'-'न' के व्यंजन-अनुक्रम हैं तथा वक्ता, आंग्ल, लग्न तथा स्वप्न में क्रमशः उन्हीं व्यंजनों के संयोग या संयुक्त व्यंजन है।

व्यंजन-अनुक्रम तथा संयुक्त व्यंजन में मुख्यतः अन्तर है : (1) अनुक्रम में दो व्यंजनों की स्वतन्त्र सत्ता होती है, वे दो इकाई होते हैं, किन्तु संयुक्त में दोनों मिलकर एक हो जाते हैं, उनकी एक इकाई हो जाती है। (2) अनुक्रम में दोनों की सम्मिलित

मात्रा बड़ी होती है, किन्तु संयुक्त में दोनो के मिलकर एक इकाई होने से मात्रा छोटी हो जाती है। बकता-बक्ता, बनना-बन्ना, सुनना-सुन्ना जैसे शब्दों को ध्यान से बोलें या सुनें तो पाएँगे कि इन युग्मों में अनुक्रम के उच्चारण में अधिक समय लगता है तथा उनकी तुलना में संयुक्त व्यंजनों में कम। (3) समान ढाँचे के शब्दों में अनुक्रम के पूर्व का स्वर मात्रा में कुछ बड़ा होता है, तथा उसके उच्चारण में मांसपेशियाँ कुछ दृढ़ होती हैं। (4) प्रजनक स्वनिमविज्ञान (generative phonology) की दृष्टि से कहें तो कह सकते हैं कि अनुक्रमों में सर्वत्र मूलतः 'अ' है जो स्वनिमिक नियमों के अनुसार लुप्त हो गया है। कमल-कमला, सिमटना-सिमटा, निकलना-निकला तथा फिसलना-फिसला जैसे युग्मों में यह बात स्पष्ट रूप से देखी जा सकती हैं। इसके विपरीत संयुक्त व्यंजनों में मूलतः यह 'अ' नहीं होता।

अनुक्रम तथा संयोग का यह अन्तर धीमी रफ़्तार से बोलने या बल देकर बोलने (तुम्हें तो चलना ही पड़ेगा) में स्पष्ट दीखता है, किन्तु तेज़ी से बोलने में बकता, कमला, चिपटी आदि शब्द क्रमशः बक्ता, कम्ला, चिप्टी आदि भी हो जाते हैं, और उस रूप में अनेक व्यंजन-अनुक्रम, संयुक्त व्यंजन में बदल जाते हैं। इसका आशय यह हुआ कि हिन्दी में व्यंजन-अनुक्रम तथा संयुक्त व्यंजन दोनों की सत्ता तो है, किन्तु इनका अन्तर सतर्क तथा सहज उच्चारणकर्ता में ही अधिक है, असतर्क तथा तेज़ बोलने वाले व्यंजन-अनुक्रम को कभी तो संयुक्त व्यंजन के निकट ला देते हैं, और कभी संयुक्त व्यंजन बना देते हैं। बहुत-से कवियों के कविता-पाठ में भी इन दोनों का अन्तर स्पष्ट रहता है, किन्तु दूसरी ओर तीव्र गति से कविता पढ़ने वालों में भी वही स्थिति हो जाती है, जो तेज़ बोलने वालों में होती है।

अ-लुप्तज व्यंजन-अनुक्रम केवल बीच की ही स्थिति में आते हैं। हिन्दी के कुछ मुख्य उदाहरण हैं : **प**+क (अपकार), ग (अपगति), घ (अपघात), च (उपचार), छ (छपछपाना), ज (उपजाना), ट (निपटाना), म (उपमान), य (उपयोगी), र (अपराध), ल (उपला), व (उपवीत), स (अपसरण), श (अपशब्द), ह (अपहरण), ख़ (तोपख़ाना)। **फ**+क (पुफकार), ल (डफली)। **ब**+क (आबकारी), ग (इसबगोल), ट (उबटन), ड (डबडबाना), त (डूबता), द (रोबदार), प (आबपाशी), र (अबरक), ल (तबला), स (ख़ूबसूरती), ह (शुबहा), ख़ (शराबख़ोरी), ड़ (जबड़ा)। **भ**+क (लाभकारी), च (शुभचिंतक), त (चुभती), द (लाभदायक), न (चुभना), र (उभरा), ल (सँभला), व (चभवाना)। **म**+क (चमकीला), ग (ग़मगीन), घ (जमघट), च (चिलमची), छ (गमछा), ज (श्रमजीवी), झ (समझाना), ट (सिमटा), त (समता), द (आमदनी), ध (समधी), न (कमनीय), प (कमपढ़ा), ब (कमबख़्त), य (कामयाबी), र (कमरा), ल (कमला), व (समवयस्क), ड़ (दमड़ी), स (कमसिन), श (शमशेर), ह (लमहा), ज़ (कमज़ोर), ख़ (कमख़ाब), ग़ (तमग़ा)। यहाँ पवर्ग को लेकर देखा गया। हिन्दी के काफ़ी व्यंजनों का काफ़ी व्यंजनों के साथ उदाहरण लेकर इस प्रकार की स्थिति देखी जा

सकती है। इनमें तत्त्वतः कई प्रकार की स्थितियाँ हैं। यदि दोनों व्यंजनों के पहले और बाद में ह्रस्व स्वर हो (कमपढ़ा, लगभग, डबडबाना), तो प्रायः दोनों व्यंजन केवल एक के बाद एक आते हैं। संयोग नहीं होता। यह बात दूसरी है कि कुछ लोग धाराप्रवाह बोलने में इनको संयुक्त कर देते हैं। यदि दोनों ओर दीर्घ स्वर (लाभकारी) हों तो थोड़ा संयोग-सा हो जाता है। यदि पहले ह्रस्व तथा बाद में दीर्घ स्वर (गमला, कमरा, ममता) हो तो संयुक्तता काफ़ी आ जाती है, किन्तु उतनी नहीं आती जितनी संयुक्त व्यंजन (करता-कर्ता) में होती हैं। वस्तुतः अ-लुप्तज व्यंजन-क्रम अनुक्रम और संयोग के बीच कहाँ है यह बहुत कुछ व्यक्ति तथा बोलने की गति पर निर्भर करता है और इसमें काफ़ी विकल्प की गुंजाइश है। फ़िलहाल परिनिष्ठित उच्चारण में ऐसे क्रमों में अधिकांश को संयुक्त व्यंजन से अलग मानना ही समीचीन होगा।

जहाँ तक 'घ' (पत्रा, इक्यासी आदि में) का प्रश्न है कुछ इसी प्रकार की उच्चारण-परम्परा संस्कृत काल से चली आ रही है (अनचि च, अचोरहाभ्यां द्वे), किन्तु विकल्प से। हिन्दी में मैंने सर्वेक्षण करके देखा है कि अल्पप्राण व्यंजन को तो अधिकांश लोग दीर्घ या द्वित्व करके (उपन्यास— उपन्यास, वाक्यों—वाक्क्यों, योग्यता— योग्ग्यता) बोलते हैं, किन्तु महाप्राण के पूर्व अल्पप्राण लाकर बोलने में (अभ्यास— अब्भ्यास) काफ़ी विकल्प है। लोग 'अभ्यास' भी बोलते हैं, 'अब्भ्यास' भी। संस्कृत परम्परा के लोगों में भी दक्षिण भारत तथा महाराष्ट्र आदि में ही ऐसे उच्चारण की परम्परा विशेष है। आगे संयुक्त व्यंजनों की सूची में इनको द्विव्यंजनीय संयोगों के अन्तर्गत ही रखा है, यद्यपि इन्हें त्रिव्यंजनीय संयोग के रूप में भी बोला जाता है और बोला जा सकता है। ऐसे को ‡ से चिह्नित कर दिया गया है। अर्थात् जिनके साथ ‡ चिह्न हैं, यदि उनमें य, र, ल, व आदि से पूर्व अल्पप्राण है तो उसका दीर्घ उच्चारण हो सकता है, तथा यदि महाप्राण है तो उसके पूर्व उसके अल्पप्राण का आगम हो सकता है।

दो व्यंजन

	आदि	मध्य		अन्त्य
प +	ल प्लुत, प्लावन, प्लेट	‡ आप्लावन,	‡ विप्लव	—
	र प्रकाश, प्राप्त, प्रेस	‡ अभिप्रेत,	‡ अप्रिय	विप्र
	य प्यार, प्याज़	—		प्राप्य, सामीप्य
	फ—	पुप्फुस		—
	त—	सप्ताह		सप्त, गुप्त
	न—	स्वप्नवत		स्वप्न
	स—	—		टॉप्स
फ +	य फ़्यास	—		—

ब +	ल ब्लेड, ब्लाउज़	पब्लिक	—
	र ब्राह्मण, ब्रेक	‡ अब्राह्मण	सब्र, कब्र
	य ब्याह, ब्याज	बिनब्याहा	—
	त—	ज़ब्ती	ज़ब्त
	द—	शताब्दी, शब्दांश	शब्द, अब्द
	ध—	उपलब्धि	स्तब्ध, लुब्ध
	भ—	भब्भड़	—
	ज़—	सब्ज़ी	सब्ज़, जब्ज़, नब्ज़,
	ज—	कुब्जा	कान्यकुब्ज, अब्ज
	श—	हब्शी	—
भ +	र भ्रम, भ्रमण	‡ अभ्रक, ‡ अपभ्रंश	शुभ्र
	य—	‡ अभ्यास, ‡ सभ्यता	सभ्य, सलभ्य
म +	ल म्लेच्छ	इम्ली, इम्ला	अम्ल
	र मृग	‡ अमृत, ‡ सम्राट	आम्र, उम्र
	य म्यान	‡ ग्राम्या	ग्राम्य, सम्य
	व—	संवेदना, संवाद	—
	प—	कंपन, संपदा	भूकंप
	फ—	गुंफित	गुंफ
	ब—	कम्बल	विलंब
	भ—	खंभा	दंभ, कुंभ
	त—	—	सिम्त
	द—	उम्दा	—
	न—	निम्नांकित	निम्न
त +	र त्रुटि	‡ सत्रह, ‡ शत्रु, ‡ कृत्रिम	मित्र, सत्र
	व त्वचा, त्वरा	‡ सत्वर	स्वत्व, द्वित्व
	य त्याग	‡ हत्या, ‡ मृत्यु	सत्य
	ल—	—	क़त्ल
	प—	उत्पादन, उत्पन्न	—
	फ—	उत्फुल्ल	—
	थ—	पत्थर, कत्था	—
	क—	उत्कट, सत्कार	—
	ख—	उत्खनन	—
	म—	आत्मा, ख़ात्मा	आत्म, ख़त्म
	न—	पत्नी	यत्न
	स—	उत्साह, चिकित्सा	उत्स, वीभत्स

थ+	य थ्येटर	‡ कथ्यता, ‡ मिथ्या	कथ्य, तथ्य
द+	य द्युति, द्योतक	‡ उद्योग, ‡ विद्यार्थी	वैद्य, गद्य
	र द्रोह, दृढ़	‡ उद्रेक, भाद्रपद	समुद्र, भद्र, दरिद्र
	व द्वार, द्वारा, द्वीप	‡ उद्वेग ‡ अद्वितीय	—
	ब—	उद्बोधन	—
	ध—	योद्धा, बुद्ध	युद्ध, शुद्ध, बौद्ध
	म—	पद्मा	पद्म
	ग—	उद्गम, सद्गति	—
	भ—	अद्भुत, तद्भव	—
	ग—	उद्गम, सद्गति	—
	भ—	अद्भुत, तद्भव	—
	घ—	उद्घाटन	—
ध+	र ध्रुव	—	—
	व ध्वजा	विध्वंस	—
	य ध्यान	‡ अध्याय, ‡ अध्यक्ष	आराध्य, मध्य
न+	य न्याय, न्यारा	‡ कन्या, ‡ अन्याय	अन्य, धन्य
	र नृप	अनृत, संरचना, संरक्षण	—
	व—	‡ अन्वय, ‡ अन्वेषण	—
	ल—	संलग्न	—
	त—	संतरा, अंतर	संत
	थ—	ग्रंथि, कंथा, ग्रंथकार	ग्रंथ, पंथ
	द—	गंदा, अंदर	बंद
	ध—	अंधा, बंधन	अंध
	म—	उन्माद, उन्मना, जन्मांध	जन्म
	स—	फुंसी	जिस, हंस
	ज़—	मंज़िल	—
च+य	च्यवनप्राश, च्युत	‡ अच्युत	वाच्य, प्राच्य
	छ—	बिच्छू, अच्छा	स्वच्छ
ज+व	ज्वाला	उज्ज्वल	
	य ज्योति, ज्येष्ठ	‡ पूज्या	पूज्य, राज्य
	र जृम्भा	—	वज्र
	झ—	झज्झर	—
ञ+	च—	चंचल, पंचमी	सरपंच, मंच
	छ—	वांछित, पंछी	—
	ज—	जंजाल, मंजन, गंजा	गंज, रंज

	झ—	संझा, झंझट, झंझा	—
	य—	संयम	—
	श—	संशय, पेंशन	अंश, वंश
ट +	र ट्रेन, ट्राम	—	—
	व ट्वीड	—	—
	य ट्यूशन, ट्यूटर	‡ नाट्यशास्त्र, ‡ नाट्यकार	नाट्य
	ठ—	भट्ठी, मट्ठा	लट्ठ
ठ +	य—	‡ पाठ्यक्रम	पाठ्य
ड +	र ड्रिल, ड्रामा, ड्राइवर	—	—
	य ड्योढ़ा	—	—
	ग —	—	खड्ग
	ढ—	गड्ढा	खड्ढ
	म—	कुड्मल	—
	य—	षड्यंत्र	—
ढ +	य—	‡ धनाढ्यता	धनाढ्य
ण +	ट—	अंटी	चंट, घंट
	ठ—	कंठी	कंठ
	ड—	पंडित, अंडा	अंड, दंड
	ढ—	ठंढा, ठंढक	ठढ
	व—	आण्विक	कण्व
	य—	पुण्यभूमि, ‡ पुण्यात्मा	पुण्य, अरण्य
	म—	मृण्मय	—
क +	ल क्लेश, क्लिष्ट,	शक्लों	शक्ल
	र क्रम, क्रिया	‡ विक्रांत	चक्र
	व क्वारा	‡ परिपक्वता	परिपक्व
	य क्या, क्यों	‡ वाक्यांश	वाक्य, शक्य
	त—	वक्ता, भक्ति, शक्ति	भक्त, रक्त, रिक्त
	ख —	अक्खड़, मक्खन, मक्खी	सिक्त
	च—	बुक्चा	—
	स—	अक्सर, अक्सीर	अक्स, टैक्स
	श क्षण	कक्षा, चक्षु, रिक्शा	वक्ष, पक्ष, दक्ष
	म—	—	हुक्म
ख +	य ख्याति	‡ विख्यात	मुख्य
	र ख्रिस्तान	—	—
ग +	ल ग्लानि, ग्लेशियर	—	—

।

	र ग्रह, ग्राम	‡ आग्रह	उग्र, अग्र
	व ग्वाला	—	—
	य ग्यारह, ज्ञात	‡ अज्ञात, भाग्यवान	भाग्य, विज्ञ
	घ—	बग्घी	—
	द—	दिग्दर्शन	—
	न—	‡ अग्नि, ‡ नग्नता	नग्न, लग्न, उद्विग्न
	ध—	मुग्धा	मुग्ध, दुग्ध
	प—	दिग्पाल	—
	य—	—	युग्म
	ण—	रुग्णता	रुग्ण
घ+	र घ्राण	शीघ्रता	शीघ्र, व्याघ्र
	न—	कृतघ्नी	कृतघ्न, विघ्न
	य—	‡ श्लाघ्यता	श्लाघ्य
ङ+	क—	शंका, पंकज	पंक, अंक
	ख—	पंखा, पंखुरी	पंख, शंख
	ग—	रंगीन, कंगन	अंग, संग
	घ—	कंघा	संघ
	म—	वाङ्मय, पराङ्मुख	—
	ह—	संहार	—
र+	प—	खुर्पा, अर्पित	सर्प
	ब—	बर्बाद, अर्बुद	—
	भ—	गर्भिणी, गर्भपात	गर्भ
	म—	धार्मिक, गर्मी	धर्म, कर्म
	त—	कर्ता, बर्तन	धूर्त, शर्त
	थ—	अर्थात्, प्रार्थी	अर्थ, तीर्थ
	द—	पर्दा, गर्दन, सर्दी	दर्द, मर्द, गर्द
	ध—	अर्धांश	अर्ध
	न—	अंतर्नाद, कर्नल	हॉर्न
	ट—	पार्टी, कार्टून	चार्ट, पार्ट, बुशर्ट
	ड—	पोस्टकार्डों, आर्डर,	पोस्टकार्ड, गार्ड
	ण—	वर्णन, पूर्णिमा.	पूर्ण, कर्ण
	च—	ख़र्चा, चर्चा	ख़र्च, चर्च, मिर्च
	छ—	बर्छी	—
	ज—	अर्जित, दर्जा	सर्ज, दर्ज
	झ—	निर्झर	—

	क—	कर्कश, तर्क	पार्क, तर्क
	ख—	मूर्खता	मूर्ख
	ग—	वाममार्गी, स्वर्गवास	मार्ग, स्वर्ग
	घ—	दीर्घायु	अर्घ, दीर्घ
	य—	मर्यादा, आर्या	आर्य, कार्य
	ल—	निर्लज्ज, दुर्लभ	—
	व—	सर्वदा, पर्वत	गर्व, पर्व
	स—	नर्सरी, कुर्सी	नर्स, पर्स
	श—	आदर्शवादी, मार्शल	आदर्श
	ह—	गर्हित, गर्हणा	पूजार्ह
	क़—	कुर्क़ी, बुर्क़ा	कुर्क़, अर्क़
	ख़—	चर्ख़ी, सुर्ख़रू	सुर्ख़, निर्ख़
	ग़—	मुर्ग़ी	मुर्ग़
	ज़—	अर्ज़ी	कर्ज़, फर्ज़, खुदगर्ज़
	फ़—	बर्फ़ी	बर्फ़, सिर्फ़, उर्फ़
ल +	य—	‡ कल्याण	मूल्य, तुल्य
	व—	बिल्वमंगल	बिल्व
	प—	कल्पना	अल्प, गल्प
	फ—	—	गुल्फ
	ब—	अल्बम	बल्ब
	भ—	प्रगल्भता	प्रगल्भ
	म—	इल्मी, ज़ुल्मी	इल्म, ज़ुल्म
	त—	सुल्तान	—
	थ—	उल्था	—
	द—	जल्दी, हल्दी	जल्द, जिल्द
	ट—	बाल्टी	—
	ड—	डाल्डा	रोल्डगोल्ड
	च—	कुल्चा, तबल्ची	—
	छ—	कल्छी	—
	झ—	उलझन	—
	क—	बिल्कुल, उल्का	मुल्क, शुल्क
	ग—	फाल्गुन	—
	स—	जल्सा	—
	ज़—	इल्जाम	—
	फ़—	क़ुल्फ़ी, उल्फ़त	ज़ुल्फ़

व+	र	व्रत, व्रण	विवृत
	य व्यग्र, व्यापार	‡ काव्यांग, ‡ अव्याप्ति	काव्य, द्रव्य, कर्तव्य
श+	य श्याम	‡ वेश्या	अवश्य
	र श्रद्धा	‡ आश्रय, ‡ मिश्रित	मिश्र
	ल श्लोक, श्लील	‡ विश्लेषण, ‡ अश्लील	—
	व श्वेत	‡ विश्वास, ‡ रिश्वत	विश्व
	प—	पुष्पित	पुष्प
	फ—	निष्फल	—
	म श्मशान	चश्मा	चश्मे
	त—	किश्ती, नाश्ता	क़िश्त, गोश्त
	न—	प्रश्नोत्तर	प्रश्न
	ट—	स्पष्टता	स्पष्ट
	ठ—	गोष्ठी	ओष्ठ
	ण—	विष्णु	कृष्ण
	च—	निश्चित, आश्चर्य	पश्च
	छ—	निश्छल	—
	क—	मुश्किल	शुष्क
	क़—	इश्क़िया	इश्क़
स+	य स्याही	‡ हास्यास्पद	हास्य
	र स्रोत	‡ सहस्रों	सहस्र
	ल स्लेट	मुस्लिम	अस्ल
	व स्वाद, स्वर	‡ आस्वाद	ह्रस्व
	प स्पर्श, स्पष्ट	अस्पताल, इस्पात	दिलचस्प
	फ स्फुट, स्फटिक	—	—
	ब—	क़स्बा	—
	म स्मरण	विस्मय, क़िस्मत	भस्म, क़िस्म
	त स्तर	उस्ताद, सस्ता	अस्त, पस्त
	थ स्थान, स्थिति	विस्थापित	स्वस्थ
	द—	तस्दीक़	क़स्द
	न स्नान, स्नेह	हुस्नपरस्त	हुस्न
	ज—	मस्जिद	—
	ट स्टेशन, स्टूल	पोस्टर	पोस्ट
	क स्कूल, स्कंध	चस्का, नमस्कार	वयस्क
	ख स्खलन	निस्खलित	—
	ख़—	मसख़रा	—

ह+	य—	ग्राह्यता	ग्राह्य, सह्य
	र ह्रास, हृदय	—	—
	ल—	आह्लाद	—
	व ह्वेल	आह्वान, गह्वर	जड़ितजिह्व
	न—	चिह्नित	चिह्न
	म—	ब्राह्मण	ब्रह्म
क़+	स—	मक़्सद	नुक़्स
	श—	नक़्शा	नक़्श
	त—	वक़्ती	वक़्त
	ल—	अक़्लमंद	अक़्ल
	फ़—	—	वक़्फ़
ख़+	व ख़्वाब	—	—
	य ख़्याल	—	—
	त—	तख़्ता	सख़्त, दरख़्त
	म—	तख़्मीना	ज़ख़्म
	स—	शख़्सियत	शख़्स
	श—	बख़्शीश, बख़्शना	बख़्श
ग़+	म—	नग़्मा	—
ज़+	य ज़्यादा	—	—
	ल—	नज़्ला	—
	ब—	जज़्बात	जज़्ब
	म	—	नज़्म
फ़+	ल फ़्लैट, फ़्लश	—	—
	र फ़्रांसीसी	—	—
	त—	गुफ़्तगू, हफ़्ता गिरफ़्तार, दफ़्तर	गिरफ़्त, मुफ़्त
	ट—	लेफ़्टिनेंट	लिफ़्ट
	य— फ़्यूज	—	—
	ज़—	लफ़्ज़ी	लफ़्ज़
	स—	अफ़्साना	—

तीन व्यंजन

क+ट+र	—	फ़ैक्ट्री	—
क+त+र	—	वक्तत्व	—

क+श+ण	—	—	तीक्ष्ण
क+श+म	—	लक्ष्मी, यक्ष्मा	सूक्ष्म
क+श+य	—	लक्ष्यार्थ	लक्ष्य, उपलक्ष्य
क+श+व	—	इक्ष्वाकु	—
ग+ध+य	—	—	वैदग्ध्य
ग+भ+र	—	दिग्भ्रम	—
ग+न+य	—	अग्न्यास्त्र	—
ङ+ग+य	—	व्यंग्यार्थ	—
ङ+ग+र	—	संग्राम	—
ङ+क+श	—	आकांक्षा	—
ङ+क+त	—	पंक्ति	—
च+छ+र	—	उच्छृंखल	कृच्छ्र
च+छ+व	—	उच्छ्वास	—
ण+ड+व	—	—	दंड्य
ण+ड+र	—	टुंड्रा	—
ण+ठ+य	—	—	कंठ्य
त+स+न	—	ज्योत्स्ना	—
त+स+य	—	—	मत्स्य
त+म+य	—	तादात्म्यता	तादात्म्य
त+प+र	—	उत्प्रेक्षा	—
त+क+र	—	उत्कृष्ट	—
त+क+श	—	उत्क्षेपण, उत्क्षिप्त	—
त+र+य	—	—	वैचित्र्य
द+भ+र	—	उद्भ्रांत	—
द+ध+र	—	उद्धृत	—
न+त+र	—	मंत्रणा	मंत्र
न+द+य	—	—	वंद्य
न+द+र	—	इन्द्रिय	इन्द्र
न+त+य	—	अंत्येष्टि	अंत्य, दंत्य
न+त+व	—	सांत्वना	—
न+ध+य	—	संध्या	सांध्य
न+ध+र	—	—	रंध्र
न+द+व	—	द्वन्द्वात्मक	द्वन्द्व
न+स+प	—	इंस्पेक्टर	—
न+स+क	—	संस्कार	—

न+स+म	—	संस्मरण	—
न+स+र	—	संसृति	हिंस्र
अ+श+च	—	पुंश्चली	—
अ+श+ल	—	संश्लिष्ट	—
प+त+य	—	प्राप्त्याशा	—
म+भ+र	—	संभ्रम	—
म+व+र	—	संवृत	—
म+प+र	—	सम्प्रति	—
म+प+य	—	—	कम्प्य
र+फ़+य	—	कर्फ़्यू	—
र+द+र	—	आर्द्रता	आर्द्र
र+ध+व	—	ऊर्ध्वता	ऊर्ध्व
र+त+स	—	भर्त्सना	वर्त्स
र+त+र	—	भर्तृहरि	—
र+भ+र	—	निर्भ्रान्त	—
र+श+व	—	पार्श्विक	पार्श्व
र+श+य	—	ईर्ष्या	—
श+ट+र	—	राष्ट्रीय	राष्ट्र
श+प+र	—	निष्प्रभ	—
श+क+र	—	परिष्कृत	—
श+ठ+य	—	—	ओष्ठ्य
स+थ्+य	—	—	स्वास्थ्य
स+त+र	स्त्री	विस्तृत, शस्त्रशस्त्र	वस्त्र, अस्त्र
स+प+र	—	अस्पृश्य	—
स+क+र	—	तिरस्कृत	—
स+म+र	स्मृति	विस्मृत	—

चार व्यंजन

न+त+र+य	—	—	स्वातंत्र्य
र+त+स+य	—	—	वर्त्स्य

ऊपर अधिकांश तो व्यंजन-गुच्छ हैं, किन्तु कुछ ऐसे शब्दों में प्रयुक्त व्यंजन अनुक्रम भी हैं, जिनका उच्चारण अब प्राय: ऐसा होने लगा है कि ये व्यंजन-अनुक्रम काफ़ी कुछ व्यंजन-गुच्छ के समीप पहुँच गए हैं या व्यंजन-गुच्छ हो गए हैं।

दीर्घ व्यंजन

जैसे किसी ह्रस्व स्वर का देर तक उच्चरित रूप उसका दीर्घ रूप होता है.

उसी प्रकार किसी व्यंजन का देर तक उच्चरित रूप भी उसका दीर्घ रूप है। इसी को द्वित्व व्यंजन भी कहते हैं। वस्तुतः इसे ध्वन्यात्मक दृष्टि से दीर्घ व्यंजन कहना ही समीचीन है। पक्का, पत्ता या गद्दी में लिखने में यद्यपि दो 'क्' 'त्' 'द्' लिखते हैं, किन्तु बोलने में अलग-अलग दो ध्वनियाँ न बोलकर एक ही व्यंजन उच्चरित होता है। केवल उसकी मात्रा बढ़ जाती है। स्पर्श या स्पर्श-संघर्षी व्यंजनों में केवल किसी विशेष स्थिति की मात्रा में वृद्धि नहीं होती। समवेत रूप से मात्रा बढ़ जाती है।

सभी व्यंजन अपने मूल या एक रूप में ह्रस्व व्यंजन हैं। हिन्दी में महाप्राण व्यंजनों तथा 'ड़' 'ढ़' 'ङ' 'ञ' आदि कुछ व्यंजनों को छोड़कर अन्य अधिकांश व्यंजनों के दीर्घ रूप मिलते हैं। महाप्राण का दीर्घ रूप उच्चरित नहीं हो सकता, इसीलिए वह किसी भी भाषा में नहीं पाया जाता। महाप्राण को यदि दीर्घ किया जाय तो वह दो व्यंजनों का संयुक्त रूप हो जाता है, जिसका दूसरा सदस्य तो वही महाप्राण व्यंजन होता है, और पहला सदस्य उक्त महाप्राण व्यंजन का अल्पप्राण रूप होता है: अध्धा=अद्धा, अछ्छा=अच्छा, पथ्थर=पत्थर। ह्रस्व व्यंजन की तुलना में दीर्घ व्यंजन दृढ़ होते हैं। हिन्दी के दीर्घ व्यंजनों के कुछ उदाहरण ये हैं—

क़—रुक़्क़ा

क—चक्की, चक्का, मक्का, इक्का, पक्का, मक्कार, धिक्कार, शक्की।

ग—बग्गी, लग्गी, सुग्गा, तिग्गी।

ट—खट्टा, बट्टा, रट्टा, पट्टा, गट्टा, गिट्टी, सिट्टी, लिट्टी, चट्टी, मिट्टी, लट्टू।

ड—अड्डा, लड्डू, गड्डी, कबड्डी, गुड्डी, हड्डी।

त—रत्ती, बित्ता, कुत्ता, बत्ती, पत्ता, गत्ता, सत्ता, दुछत्ती, दुलत्ती।

द कद्दू, रद्दी, बद्दू, गद्दा, गद्दी, लद्दू, चद्दर।

प—गप्पी, चुप्पा, चप्पल, चप्पा, कुप्पी।

ब—अब्बा, पनडुब्बी, गुब्बारा, दब्बू।

च—सच्चा, बच्चा, लुच्चा, कच्ची।

ज—सज्जा, मज्जा, सज्जी, सज्जन, धज्जी, निर्लज्ज।

ण—विषण्ण।

म—अम्मा, चम्मच।

न—पन्ना, इकन्नी, मुन्ना, अधन्ना, विच्छिन्न, भिन्न, छिन्नभिन्न।

र—ग़र्रा, बर्राना, चर्राना, रोज़मर्रा, तर्राना, हर्र।

ल—उल्लू, चुल्लू, बल्ली बिल्ली, मुल्ला, गुल्ला, पिल्ला, मल्ल, अल्ला, चिल्लाना, गुल्ली, शेखचिल्ली।

य—शय्या।

व—फ़व्वारा।

ह—अहहा।

ख़—अख़्ख़ाह ।

श -निश्शंक ।

स—अस्सी, रस्सी, लस्सी, गुस्सा ।

ज़—कज़्ज़ाक क़ज़्ज़ाकी, लज़्ज़त

फ़—लफ़्फ़ाज़ी, लफ़्फ़ाज़

यह उल्लेख्य है कि स्वनिक (Phonetic) स्तर पर या उच्चारण की दृष्टि से ये दीर्घ व्यंजन हैं, किन्तु स्वनिमिक दृष्टि से ये द्वित्व व्यंजन हैं क्योंकि आक्षरिक विभाजन में इन्हें दो में विभक्त कर देते हैं । जैसे चक्-की, खट्-टा, गप्-पी, चम्-मच, निश्-शंक, लफ़्-फ़ाज़ आदि ।

खंड्येतर स्वनिम

चूंकि इनका अलग से उच्चारण नहीं हो सकता, अतः इन्हें स्वनिम न कहकर स्वनिमिक कहना कदाचित अधिक समीचीन होगा, यद्यपि बहुत से लोग इन्हें स्वनिम कहते हैं । हिन्दी में खंड्येतर स्तर पर बलाघात, अनुतान, दीर्घता, अनुनासिकता तथा संगम (विवृति या संहिता) स्वनिम या स्वनिमिक हैं, क्योंकि इनके न्यूनतम विरोधी युग्म उपलब्ध हैं—

बलाघात : मुझे एक खिड़कीवाला मकान चाहिए ।
मुझे एक खिड़कीवाला मकान चाहिए । ('एक' पर बलाघात)

अनुतान : राम गया ।
राम गया ?
राम गया !

दीर्घता : बला-बल्ला, लगी-लग्गी,
आसन-आसन्न, बचा-बच्चा

अनुनासिकता : सास-साँस, गोद-गोंद, सवार-सँवार

संगम : सिरका-सिर का, तुम्हारे-तुम हारे,
होली-हो ली ।

कुछ समस्याएँ

अ-लोप की समस्या

अ-लोप की समस्या दो प्रकार की है : शब्द-मध्य अ के लोप की समस्या और शब्दान्त्य अ-लोप की समस्या । यहाँ दोनों को क्रमशः लिया जा रहा है ।

शब्द-मध्य अ-लोप

शब्द-रचना तथा रूप-रचना में हम प्रायः पाते हैं कि कुछ स्थितियों में मध्य अ लुप्त हो जाता है । उदाहरणार्थ—

	अ है	अ नहीं है
संज्ञा : एकवचन से बहुवचन :	कमल	कमलों
	ख़बर	ख़बरों
	बादल	बादलों
बड़ा से छोटा	कफ़न	कफ़नी
विशेषण से भाव०	वापस	वापसी
संज्ञा के भाव०	बदल	बदली
देश से भाषा	फ़ारस	फ़ारसी
	अरब	अरबी
पु० से स्त्री०	सरल	सरला
विशेषण : संज्ञा से विशेषण० :	चमक	चमकीला
	नक़ल	नक़ली
	नमक	नमकीन
सर्वनाम से विशे०	आपस	आपसी
क्रिया : धातु के पूर्ण कृदंत :	सिमट	सिमटी
	बदल	बदले
	कुतर	कुतरा
	समझ	समझी

इनमें पहले स्तम्भ में वर्तनी में भी तथा उच्चारण में भी दूसरे अक्षर में 'अ' है, किन्तु दूसरे स्तम्भ में वर्तनी में तो 'अ' है, किन्तु उच्चारण में उसका लोप हो गया है।

इसके आधार पर नियम यह (स = स्वर, व = व्यंजन; : = दीर्घ चिह्न) बनाया जा सकता है—

अ→ϕ/स व—व स:

अर्थात् स्वर (ह्रस्व अथवा दीर्घ) के बाद व्यंजन हो, उसके बाद अ हो, फिर व्यंजन हो तथा उसके बाद दीर्घ स्वर हो तो अ का लोप हो जाता है—

स्वर	व्यंजन	अ	व्यंजन	दीर्घ स्वर
अँ	त्	अ	ड़्	ई
अ	च्	अ	ल्	आ
क् अ	म्	अ	र्	आ
ग् अ	म्	अ	ल्	आ
र उ	क	अ	त	आ
आ	प्	अ	स्	ई
ब आ	द्	अ	ल्	ओं
निर्भ ई	क	अ	त्	आ
क्ष अ	म	अ	त	आ

इस सम्बन्ध में निम्नांकित बातें ध्यान देने की हैं—

(1) लुप्त होने वाले 'अ' के पहले के व्यंजन के पहले ह्रस्व स्वर हो या दीर्घ, मौखिक हो या अनुनासिक तथा उसके भी पूर्व कोई ध्वनि आए या न आए, उसका कोई प्रभाव नहीं पड़ता। हर स्थिति में 'अ' का लोप होता है।

(2) शब्द मूल हो (गमला, घपला, कमरा) या यौगिक (नमकीन, चमकीला, बादलों, अचला, सिमटा) इसका भी कोई प्रभाव नहीं पड़ता।

(3) शब्द के पहले अक्षर के 'अ' का लोप कभी नहीं होता। ऊपर जो स्वर-व्यंजन का साँचा दिया गया है, उससे भी स्पष्ट है कि लुप्त होने वाला 'अ' पहले अक्षर में आ ही नहीं सकता।

(4) अ-लोप के लिए आवश्यक है कि उसके पूर्व मूल व्यंजन हो। यदि संयुक्त या दीर्घ (द्वित्व) व्यंजन हो तो 'अ' का लोप नहीं होता: पत्थर-पत्थरों, बिस्तर-बिस्तरों, तस्कर-तस्करी, पुस्तक-पुस्तकीय, सुन्दर-सुन्दरी, भुलक्कड़-भुलक्कड़ी।

(5) यदि उस 'अ' के बाद मूल व्यंजन हो तभी उसका लोप होता है, यदि संयुक्त या (दीर्घ) द्वित्व व्यंजन हो तो नहीं: भिड़न्त-भिड़न्तों, पतंग-पतंगों, पाखंड-पाखंडी, उजड्ड-उजड्डों, कमबख़्त-कमबख़्ती, कम्बलों-कमलों, तमन्ना-तपना।

(6) लुप्त होने वाले 'अ' के पूर्व के व्यंजन के पूर्व रूपिम सीमा नहीं होनी चाहिए। यदि होगी तो अ का लोप नहीं होगा: अनमना, अनगढ़ा, अनकही, चौकठा, बेपढ़ा, बेकली, विमला। यों अब बिचला, निचला आदि के ढाँचे पर अच्‌ला, विम्‌ला जैसे उच्चारण भी सुनाई पड़ने लगे हैं, यद्यपि उन्हें मानक उच्चारण नहीं माना जा सकता।

कुछ लोगों ने सीमित उदाहरणों के आधार पर यह कहा है कि लोप में अंतिम दीर्घ स्वर हमेशा रूपिम-सीमा पर होता है, जैसे आदमी (आदम+ई), कमलों (कमल+ओं), बदली (बदल+ई) में, किन्तु वास्तविकता यह है कि ऐसा होना आवश्यक नहीं है, जैसे गमला, क़मरा, अखरोट, बँगला आदि में दीर्घ स्वर के कारण 'अ' लोप है किन्तु वह दीर्घ स्वर रूपिम-सीमा पर नहीं है।

अन्त में एक बात अवश्य कही जा सकती है। मतलब, खटमल, एटलस, अटकल, मखमल के ढाँचे के शब्दों में अन्त में दीर्घ स्वर नहीं है, किन्तु इनमें भी त, ट, ख आदि के अ का लोप हो रहा है। उच्चारण के स्तर पर ये व्यंजनान्त शब्द हैं और इनके अन्तिम अक्षर का ढाँचा (व्यंजन) स्वर+व्यंजन है। अर्थात् अन्य बातें समान हों, तो दीर्घ स्वर के स्थान पर (व्यंजन) स्वर+व्यंजन के आने पर भी 'अ' का लोप हो जाएगा। ऐसी स्थिति में नियम को यों रखना अधिक उपयुक्त होगा—

अ → ϕ/ सव—वस: अथवा (व) सव

या यदि 'वस:' तथा '(व) सव' को दीर्घ अक्षर कहें तो—

अ → ϕ/ सय—दीर्घ अक्षर

अर्थात् मूल या यौगिक कोई भी शब्द इस ढाँचे का हो, यदि अ के पूर्व और पर के

व्यंजन संयुक्त या दीर्घ नहीं हैं तथा पहले के व्यंजन के पूर्व रूपिम-सीमा नहीं है तो मध्यस्थ 'अ' लुप्त हो जाएगा।

इस तरह इन शब्दों में स्वनिमिक स्तर पर अ होता है, किन्तु उच्चारण या स्वनिक स्तर पर उसका लोप हो जाता है। लड़का, गदहा, सड़ना आदि में मूलत: 'अ' है, इसका स्पष्ट प्रमाण लड़कपन, गदहपन, सड़न आदि में ड़, द, ड़, का उच्चारण है।

अन्त्य अ-लोप

हिन्दी में शब्दान्त्य स्थिति में 'अ' है, अथवा नहीं इस सम्बन्ध में कई प्रकार के मत व्यक्त किए गए हैं।

(क) संस्कृत-परंपरा, लेखन-परंपरा, गुरु तथा वाजपेयी के अनुसार अन्त्य अ है।

(ख) भोलानाथ तिवारी(हिन्दी ध्वनियाँ और उनका उच्चारण, पृ० 47-48) इस दृष्टि से शब्दों के चार वर्ग बनाने के पक्ष में हैं : (1) जिनके अन्त में 'अ' के पूर्व अल्पप्राण स्पर्श एवं स्पर्श-संघर्षी आते हैं। इनमें 'अ' का उच्चारण नहीं होता : आप, दाम, पाप, बात, लाट, नाच, नाक, आग आदि। (2) जिनके अन्त में पार्श्विक (बाल, गाल), कम्पनजात (मार, पर) तथा संघर्षी (बाज़, नाश, साफ़, राह, घास) व्यंजन होते हैं। इनमें हल्की-सी अ-जैसी ध्वनि सुनाई पड़ती है, किन्तु वह 'अ' न होकर इन ध्वनियों के उच्चारण का अन्त्य अंश होता है। (3) इस वर्ग में अन्त में महाप्राण (भूख, लाभ, हाथ), उत्क्षिप्त (दाढ़, पहाड़) तथा अर्धस्वर (राय, नाव) होते हैं। इनमें अ-जैसी अन्त्य ध्वनि और भी स्पष्ट सुनाई पड़ती है, किन्तु वह भी उच्चारण का अन्त्यांश है। इन ध्वनियों की प्रकृति ही ऐसी है कि वह अंश बहुत कुछ अ-जैसा लगता है। (4) इस वर्ग के शब्दों में अन्त में संयुक्त व्यंजन आते हैं (अंक, अर्थ, वर्ग, व्यक्त, खत्म, ब्रह्म, वाक्य, पर्व)। केलाग, गुरु, धीरेन्द्र वर्मा, उदयनारायण तिवारी आदि के अनुसार इनमें 'अ' उच्चरित होता है, किन्तु यहाँ भी वह 'अ' न होकर उच्चारण का अन्त्यांश ही है। वस्तुत: संयुक्त व्यंजनता के बाद उच्चारण-अवयवों का एक-दूसरे से अलग हटना ही 'अ' का प्रभाव डालता है। जिनके अन्त में अर्धस्वर हैं, उनकी प्रकृति में तो 'अ' है ही किन्तु अलग से अ नहीं है, अत: उन्हें यांत वांच कहना होगा, अंत नहीं। इस तरह उच्चारण या स्वनिक (Phonetic) स्तर पर हिन्दी के किसी भी शब्द या रूप में अन्त्य अ नहीं है।

कायमोग्राफ़ तथा स्पेक्टोग्राफ़ यंत्रों पर देखने पर भी यह स्पष्ट हो गया है कि उच्चारण में किसी भी हिन्दी शब्द या रूप में अन्त में अ नहीं है।

(ग) तीसरे वर्ग में रवीन्द्रनाथ श्रीवास्तव आते हैं जिनकी यह मान्यता है कि उच्चारण या स्वनिक स्वर पर तो अन्त्य अ हिन्दी में नहीं होता किन्तु स्वनिमिक स्तर पर इन शब्दों में अन्त में 'अ' है। उनका कहना है कि हिन्दी की पूरी स्वनिम-

व्यवस्था की दृष्टि से अन्त्य 'अ' को मानना सुविधाजनक है। ऐसा मानने से नीर+ज = नीरज जैसे शब्द सरलता से बन जाएँगे। यदि नीर्+ज् मानें तो 'नीर्ज्' शब्द बनेगा 'नीरज' नहीं। ऐसे ही लेख्क, पाठ्क, जल्ज आदि भी।

(घ) चौथे वर्ग में मंजु ओहाला तथा कुछ अन्य लोग आते हैं जो यह मानते हैं कि उच्चारण के स्तर पर तो 'अ' अन्त में नहीं ही है, स्वनिमिक स्तर पर भी उसे अन्त में मानने की आवश्यकता नहीं है। मंजु ओहाला ने श्रीवास्तव की अन्त्य अ होने की मान्यता को निरर्थक और नागरी लिपि तथा हिन्दी वर्तनी के प्रभाव से उत्पन्न माना है।

वास्तविक स्थिति यह है कि स्वनिक या उच्चारण के स्तर पर तो 'अ' नहीं है, यह बात सभी मानते हैं। स्वनिमिक स्तर पर अन्त में 'अ' की सत्ता यदि मानी जाती है तो मात्र भाषा-विश्लेषण की सुविधा के लिए। तात्त्विक बात यह है कि हिन्दी का विश्लेषण किया तो दोनों ही दृष्टियों से जा सकता है। उदाहरण के लिए 'ज' से बनने वाले शब्दों की बात ही लें : (क) यदि यह माना जाए कि अन्त में 'अ' नहीं है तो 'ज' प्रत्यय के दो उपरूप मानने पड़ेंगे : ज्—जो स्वरान्त शब्दों के बाद आता है : अम्बु+ज = अम्बुज; अज्—जो व्यंजनान्त के बाद आता है : जल्+अज्, नीर्+अज, पंक्+अज। (ख) यदि व्यंजनान्त न मानें तो एक ही रूप 'ज' मानकर काम चल जाएगा—अम्बु+ज, पंक+ज, नीर+ज, स्वेद+ज। इस प्रकार हिन्दी संरचना को दोनों ही प्रकार से समझाया जा सकता है। इसका आशय यह है कि इन दोनों मतों में किसी को भी मूलतः ग़लत नहीं माना जा सकता। हाँ, सुविधा का प्रश्न अवश्य महत्त्वपूर्ण है। इसीलिए जिस मान्यता के आधार पर हिन्दी की पूरी संरचना को अधिक सुविधापूर्वक समझाया जा सके, उसी को स्वीकार करना अधिक उचित होगा।

मेरे विचार में स्वनिमिक स्तर पर अन्त्य अ की सत्ता मानना निम्नांकित दृष्टियों से उचित है :

(क) हिन्दी में अनेक ऐसे शब्द हैं जिनमें अन्त्य अ मानकर संधि करते हैं और उनके संधि-जनित रूप इतने प्रचलित है कि व्यंजनान्त मानकर उनको ग़लत मानना या उन बहुप्रचलित शब्दों को शब्द-भंडार से निकालना आसान नहीं है : (1) अ+अ =आ (परमार्थ, रामावतार); (2) अ+इ=ए (नरेन्द्र), (3) अ+उ=ओ (सोदाहरण, चन्द्रोदय), अ+ऋ=अर (सप्तर्षि)। यदि इन्हें व्यंजनान्त मानें तो इनके रूप बनेंगे—परमर्थ, रामवतार, नरिन्द्र, चन्द्रुदय, सप्तृषि, जो बहुत ही अटपटे होंगे। 'धनाभाव' 'धनभाव' हो जाएगा तो 'रामेश्वर' रामिश्वर'।

(ख) सम् और सम दो रूपिम हैं। पहले से संकल्प, संगीत, संचय, संजय, संताप, संपूर्ण, संभावना, संरचना आदि शब्द बनते हैं तो दूसरे से समकालीन, सम-कोण, समतल, समतल्य, समरूप आदि। अब यदि 'सम' को भी 'सम्' मान लें जैसा कि

उच्चारण में है तो सम वाले शब्द संकोण, संकालीन, संतल, संतुल्य, संरूप आदि हो जाएँगे।

(ग) यदि कोई यह कहे कि इन शब्दों को संस्कृत से आगत मान लें तथा तत्सम शब्दों के अलग नियम बनाएँ और हिन्दी के अपने शब्दों के अलग, तो इससे भी बात नहीं बनती। उपरोक्त (ऊपर+उक्त) जैसे तद्भव शब्दों में भी वही संधि है।

(घ) इधर बहुत से नये पारिभाषिक शब्द हिन्दी ने बनाए हैं और उनको भी अन्त्य अ की स्थिति मानकर बनाया गया है: व्यंजनान्त, स्वरान्त, वाक्यांश। ऐसे शब्दों की संख्या हज़ारों है। अन्त्य 'अ' को नकारने से इनकी रचना निराधार हो जाएगी।

(ङ) अभी, कभी, जभी, आदि तो ऐतिहासिक विकास में स्वीकृत हो चुके हैं, किन्तु यदि आज अन्त्य अ को हटा दें तो 'सात+ही' 'साथी' हो जाएगा और 'छुतहा' 'छुथा' या 'मुतहा' 'मुथा'। इस प्रकार इसके दुष्परिणाम दूरगामी होंगे।

(च) अन्त में 'अ' मानने पर क (पाठक, लेखक), न (मनन, लेखन), ज (स्वेदज, अंडज) आदि एक-एक प्रत्यय से काम चल जाता है, यदि व्यंजनान्त मानें तो प्रत्येक के दो-दो रूप (जैसे ज्—अम्बुज; अज्—नीरज) मानने पड़ेंगे। इस प्रकार व्यर्थ का विस्तार होगा। एकल, श्यामल, नीलम आदि में भी वही स्थिति है।

(छ) संस्कृत के तत्सम प्रत्यय क, न, ज आदि ही हैं, यदि शब्दों के अन्त में 'अ' मान लें तो संस्कृत प्रत्ययों को उसी रूप में स्वीकार करने से काम चल जाएगा। यदि व्यंजनान्त मानें तो संस्कृत से आए हिन्दी के अपने शब्दों की रचना के नियम फिर से बनाने होंगे या यह भी हो सकता है कि ऐसी स्थितियों में संस्कृत और हिन्दी के नियम अलग-अलग बनाने का निरर्थक श्रम करना पड़े। संस्कृत हिन्दी के लिए स्रोत भाषा है। उससे जब चाहती है शब्द ले लेती है, या जब चाहती है उसके नियमों के आधार पर नये शब्द बना लेती है। यदि दोनों के लिए अलग नियम बनाने की सुविधा जाती रहेगी तो हमें बार-बार यह सोचना पड़ेगा कि सम्बद्ध शब्द तत्सम हैं या तद्भव।

इस प्रकार स्वनिमिक स्तर पर हिन्दी के शब्दों को व्यंजनान्त न मानकर अकारान्त मानना अनेकानेक दृष्टियों से सुविधाजनक होगा।

सामान्य दृष्टि से यह निर्णय ठीक लगता है किन्तु वास्तविकता यह है कि पूरे प्रश्न पर अभी तक अपेक्षित गहराई से विचार करना बाक़ी है। यदि एक ओर 'महान्+ता' से 'महांता' न बनकर 'महानता' बनता है, तो सम्+तुल्य, से भी 'संतुल्य' न बनकर 'समतुल्य' आदि बन सकता है। दूसरी ओर यदि इतिहास, भूगोल, वेद आदि को अकारान्त मानें तो 'इक' प्रत्यय जोड़ने पर ऐतिहासेक, भौगोलेक, वैदेक आदि शब्द बनेंगे। ऐतिहासिक आदि बनाने के लिए इन्हें व्यंजनान्त मानना पड़ेगा। इस प्रकार सभी बातों और उदाहरणों को लेकर विस्तार से विचार करना अभी शेष है। लगता है कि हिन्दी शब्द-रचना कभी तो स्वनिक स्तर (वेद+इक=वैदिक)

पर होती है, और कभी स्वनिमिक स्तर (मूल+अर्थ=मूलार्थ) और कभी-कभी संस्कृत में अन्त्य 'अ' न होने पर भी उसे लाकर हम रचना (महान्+ता=महानता) करते हैं।

अ-आगम

संस्कृत, अरबी-फ़ारसी, अंग्रेज़ी के शब्दों से हिन्दी में तद्भव बने शब्दों में 'आ' या कभी-कभी विकल्प से 'इ' का आगम हो जाता है :

(क) आदि संयुक्त व्यंजन के बीच में, यदि वह व्यंजन+अर्धस्वर (जैसे क्या, क्यों, ब्याह, प्यार, प्यास, ग्वाला, क्वारा) न हो, तो 'अ' का आगम हो जाता है : प्रदेश-परदेस, प्रचार-परचार, प्रणाम-परनाम, प्राण-परान, भ्रम-भरम, व्रत-बरत। ये संस्कृत-तद्भव होते हैं।

(ख) अंत्य संयुक्त के बीच में भी तद्भव बनने में 'अ' का आगम हो जाता है : धर्म-धरम, कर्म-करम, जन्म-जनम, वर्ष-बरस, तख़्त-तख़त, वक़्त-वक़त, सिफ़्त-सिफ़त, गर्म-गरम, दर्द-दरद। ये संस्कृत तथा फ़ारसी के तद्भव होते हैं।

(ग) कुछ फ़ारसी-अंग्रेज़ी से आए तद्भव शब्दों में विकल्प से 'अ' और 'इ' का आगम हो जाता है—(i) अंग्रेज़ी के आदि संयुक्त व्यंजनों में : ब्लॉक-बलाक-बिलाक, ब्लेड-बलेड-बिलेड, ब्लैक-बलैक-बिलैक, ब्लाउज़-बलाउज़-बिलाउज़, क्लर्क-कलर्क-किलर्क, ड्रामा-डरामा-डिरामा; (ii) फ़ारसी के अंत्य संयुक्त व्यंजनों में : किस्म-किसम-किसिम, जिस्म-जिसम-जिसिम, जिन्स-जिनस (कम प्रयुक्त)-जिसिम।

हिन्दी अर्धस्वर और श्रुति

ध्वनियों का निरपेक्ष रूप में 'स्वर' और 'व्यंजन' में वर्गीकरण किया जाता रहा है, किन्तु गहराई से विचार करने पर यह बात स्पष्ट हुए बिना नहीं रहती कि, ऐसा करना बहुत वैज्ञानिक नहीं है। उदाहरण के लिए संस्कृत के ऋ तथा लृ की बात लें। इन दोनों को संस्कृत में स्वरों में रखा गया है, यद्यपि स्वनिक (Phonetic) या उच्चारण की दृष्टि से ये दोनों स्वर नहीं हैं, अपितु व्यंजन हैं। इसके विपरीत अंग्रेज़ी L, N, M को देखें तो इनकी गणना व्यंजनों में होती है, यद्यपि bottle, bottom तथा button जैसे शब्दों में ये आक्षरिक (syllabic) हैं, अक्षर (syllable) के केन्द्रक (necleus) हैं, अर्थात् स्वर का काम कर रहे हैं, अतः इन शब्दों में ये तीनों ही स्वर हैं।

वस्तुतः ध्वनियों का वर्गीकरण निरपेक्ष रूप में न करके उच्चारण तथा किसी भाषा में प्रकार्य (Function) इन दोनों दृष्टियों से किया जाना चाहिए। तकनीकी रूप में यह भी कहा जा सकता है कि स्वनिक (Phonetic) दृष्टि से वर्गीकरण अलग होना चाहिए तथा स्वनिमिक (phonological) दृष्टि से अलग। इस आधार पर संस्कृत तथा अंग्रेज़ी की उपर्युक्त ध्वनियों की स्थिति इस प्रकार है—

ध्वनि	स्वनिक दृष्टि से	स्वनिमिक दृष्टि से
सं॰ ऋ	व्यंजन	स्वर
सं॰ लृ	व्यंजन	स्वर
अं॰ L	व्यंजन	(क) प्राय: व्यंजन (ख) कभी-कभी स्वर
अं॰ N	व्यंजन	(क) प्राय: व्यंजन (ख) कभी-कभी स्वर
अं॰ M	व्यंजन	(क) प्राय: व्यंजन (ख) कभी-कभी स्वर

एक प्रश्न यह उठता है कि जब ये ध्वनियाँ स्वर तथा व्यंजन दोनों हैं तो क्या कारण है कि संस्कृत में ऋ, लृ को स्वर माना गया है तथा अंग्रेज़ी में L, N, M व्यंजन माने जाते हैं। वस्तुत: इसका उत्तर उपर्युक्त चार्ट से स्पष्ट है। भाषा में उच्चारण या स्वनिक (Phonetic) स्तर का उतना महत्त्व नहीं है, जितना कि स्वनिमिक (Phonological) स्तर या भाषा की स्वनप्रक्रिया (Phonology) का। संस्कृत में स्वनिमिक दृष्टि से 'ऋ' लृ' स्वर हैं—आक्षरिक हैं, अक्षर के केन्द्रक हैं, अत: स्वनिक दृष्टि से व्यंजन होने पर भी ये स्वर माने गए हैं, तथा इसके विपरीत अंग्रेज़ी L, N, M स्वनिमिक स्तर पर प्राय: व्यंजनवत आते हैं, अनारक्षिक हैं, अत: व्यंजन माने गए हैं।

इसीलिए मेरे विचार में ध्वनियों का स्वर और व्यंजन रूप में वर्गीकरण दोनों आधारों पर अलग-अलग होना चाहिए :

स्वनिक स्तर पर वर्गीकरण— स्वर / व्यंजन

स्वनप्रक्रिया स्तर पर वर्गीकरण— स्वर / व्यंजन

कहना न होगा कि स्वनप्रक्रिया स्तर का पता सन्दर्भ तथा प्रकार्य (फंक्शन) से चलता है।

हिन्दी से श्रुति तथा अर्धस्वर में इस दृष्टि से अन्तर है। य, व श्रुति तो मात्र स्वनिक स्तर पर होते हैं, स्वनिमिक स्तर पर या प्रकार्य (फंक्शन) की दृष्टि से उनकी सत्ता नहीं है। इसके विपरीत य, व अर्धस्वर उच्चारण में श्रुति के समान ही होते हुए, प्रकार्य की दृष्टि से स्वनिम हैं।

'श्रुति' का अर्थ है जो सुनाई पड़े। इसके अंग्रेज़ी नाम 'ग्लाइड' (glide) का अर्थ है 'फिसलन'। इसके उच्चारण में जीभ एक स्थान से दूसरे स्थान की ओर फिसलकर जाती है। इस प्रकार 'श्रुति' नाम श्रवण पर आधारित है, तो 'ग्लाइड' नाम उच्चारण में फिसलन पर। यह उल्लेख्य है कि श्रुति (glide) की सत्ता स्वनिक स्तर पर ही होती है, व्याकरण या स्वनिम के स्तर पर वह अर्ध स्वर संज्ञा का अधिकारी होता है। उदाहरण के लिए 'चल' से 'चला' रूप, 'चल' में 'आ' जोड़ने से बना है। ऐसे ही 'पढ़' से 'पढ़ा', 'बैठ' से 'बैठा', 'भाग' से 'भागा' आदि भी। इसी प्रकार यदि 'आ' से रूप बनाना चाहें तो 'आ + आ' = 'आआ' रूप बनेगा। उच्चारण की सुविधा के लिए इसमें 'य' श्रुति आने से 'आया' रूप होगा, जो प्रयुक्त होता है। ध्यान देने की बात है 'आया' के 'य' की सत्ता मात्र उच्चारण या स्वनिक स्तर पर है। व्याकरणिक दृष्टि से यह 'आ' धातु तथा 'आ' प्रत्यय दो ही हैं, अर्थात् व्याकरणिक स्तर पर 'य' की सत्ता नहीं है। अर्थात् इस शब्द में 'य' केवल उच्चारण में है, वह स्वनिम नहीं है और न व्याकरणिक दृष्टि से उसकी सत्ता ही है। इसके विपरीत संज्ञा 'आया' (धाय) में 'य' स्वनिम है। उसकी सत्ता मात्र औच्चारणिक नहीं है। संज्ञाओं में जहाँ इस प्रकार 'य' आएगा, अर्ध स्वर या व्यंजन स्वनिम होगा, किन्तु क्रिया रूपों में वह मात्र श्रुति होगा—

संज्ञा—आया, खोया, दिया, सोया पाया।

क्रिया— आया, खोया, दिया, सोया, पाया।

इस तरह श्रुति रचना के मूल में नहीं होती, किन्तु अर्धस्वर व्यंजन, मूल में होते हैं, उच्चारण के स्तर आ नहीं जाते। ऊपर संज्ञा-क्रिया के उदारहणों में दोनों के 'य' स्वनिक स्तर पर हैं, किन्तु स्वनिमिक स्तर पर केवल संज्ञा वाले हैं, क्रिया वाले नहीं। क्रिया वाले रूपों में 'य' को यदि अर्धस्वर कहना भी हो तो वह पूर्वस्थित अर्धस्वर (inherent semivowel) न होकर उच्चारण की सुविधा के लिए आगत (intrusive) है। फ़र्थ के प्रोज़ोडिक सिद्धान्त के अनुसार क्रिया में 'य' प्रोज़ेडिक है तो संज्ञा में फ़ोनोमैटिक। वे कहते हैं कि इसीलिए एक क्रिया हैं, दूसरा संज्ञा।

एक अक्षर में दो या अधिक स्वर हों, और एक, आक्षरिक हो तो शेष अर्धस्वर होतें हैं। अतः अर्धस्वर भी स्वर होता है, जो विशेष प्रकार के शब्द-साँचे में व्यंजन की तरह अनाक्षरिक हो जाता है। उदाहरणार्थ दह, सह, कह, के साँचे पर वह, यह में व, य व्यंजन है, अर्धस्वर व्यंजन। कौवा (कौड़ा), सुवा (सुला), दुवा (दुखा) का 'व' भी ऐसा ही है।

तो हमने यह देखा कि हर य व हिन्दी में स्वनिम नहीं हैं। जो संज्ञा में आते

हैं वे तो स्वनिम हैं, और जो क्रिया में आते हैं, वे मात्र श्रुति हैं। यदि दोनों को ही अर्धस्वर कहें, तो संज्ञा के य, व अर्धस्वर स्वनिम होते हैं, किन्तु क्रिया के अर्धस्वर स्वनिम नहीं होते।

'हिन्दी में य' और 'व' किस क्रम में अधिक स्पष्ट रूप में आते हैं, यहाँ दिए जा रहे हैं। दोनों में पहले में वे सर्वाधिक कम हैं, तथा क्रमशः उनका आना अधिक स्पष्ट होता जाता है। अर्थात् 'य' सबसे स्पष्ट 13 में आता है तो 'व' 6 में यों 1 से 6 तक 'य' इतना कम है कि उसे नकारा जा सकता है। ऐसे ही व 1 में प्रायः नहीं-सा है।

य

(1) विवृत-संवृत (आ-ई) : मलाई, भलाई, मिलाई, बुनाई
(2) अर्द्ध विवृत-अर्द्ध संवृत (अ-ए) : गए, नए, भए
(3) अर्द्ध संवृत-संवृत (ओ-ई) : सोई, राई, खोई
(4) अर्द्ध संवृत-अर्द्ध संवृत (ए-ए) : खेए, सेए
(5) अर्द्ध विवृत-संवृत (अ-ई) : गई, नई, भई
(6) विवृत-अर्द्ध संवृत (आ-ए) : सुलाए, कराए, आए, लाए
(7) अर्द्ध संवृत-अर्द्ध संवृत (ओ-ए) : सोए, रोए, खोए
(8) संवृत-अर्द्ध-संवृत (इ-ए) : दिए, लिए, पिए, जिए
(9) अर्द्ध-संवृत-विवृत (ओ-आ) : सोया (पूर्वी हिन्दी में सोवा), रोया, खोया (पूर्वी हिन्दी में खोवा)
(10) अर्द्ध संवृत-विवृत (ए-आ) : खेया, सेया
(11) संवृत-अर्ध संवृत (इ ओ) : कवियो, जातियों
(12) अर्द्ध विवृत-विवृत (अ-आ) : गया, नया, भया
(13) संवृत-विवृत (इ-आ) : दिया, लिया, पिया, जिया
(14) विवृत-विवृत (आ-आ) : आया, पाया, साया, लाया

व

(1) विवृत-संवृत (आ-ऊ) : दिखाऊ, विकाऊ, कामचलाऊ
(1) संवृत-संवृत (उ-ई) : हुई, सुई, घुई, रुई
(3) अर्द्ध-संवृत-अर्द्ध संवृत (ए-ओ) : खेओ, सेओ
(4) संवृत-विवृत (उ-आ) : हुआ, दुआ, धुआँ, जुआ
(5) संवृत-अर्द्ध संवृत (उ-ए) : हुए, पुए, जुए
(6) अर्द्ध विवृत-विवृत (औ-आ) : कौआ
(7) संवृत-अर्धविवृत (उ-ओ) : साधुओ, भालुओं

अर्धस्वर का उच्चारण समास होता है किन्तु श्रुति का अनायास : क्रिया-हुवा; संज्ञा-दुवा, कौवा, हौवा।

नासिक्य व्यंजन, अनुस्वार, अनुनासिकता

नासिक्य व्यंजन

हिन्दी में सात नासिक्य व्यंजन हैं : ङ, ञ, ण, न, न्ह, म, म्ह । इनमें 'न्ह' 'म्ह' का प्रयोग बहुत ही थोड़े शब्दों में होता है, अतः इन्हें बाद में लिया जाएगा, पहले शेष पाँच को लिया जा रहा है।

इन पाँच में पहले ण-न-म को लें। इनमें 'ण' का प्रयोग 'न' तथा 'म' की तुलना में सीमित है : (क) 'ण' आदि में नहीं आता, जबकि न, म आते हैं; (ख) 'ण' तद्भव (अपवाद है राणा), देशज तथा विदेशी भाषाओं से आगत शब्दों में नहीं आता, किन्तु न, म आते हैं। अर्थात् 'ण' केवल तत्सम शब्दों में आता है, जबकि न, म सभी प्रकार के शब्दों में आते हैं; (ग) बोलचाल तथा काव्यभाषा में 'ण' के स्थान पर 'न' प्रयोग खूब होता है (गुन, प्रान, चरन, प्रन, बीना, कन) अर्थात् 'न' ण का मुक्त परिवर्त (Free Variant)—जो मुक्त रूप से उसके स्थान पर आ सके) है। इन सबके देखने से लगता है कि 'ण' के स्वनिम होने की सम्भावना कम है, किन्तु इन तीनों के ही न्यूनतम विरोधी युग्म हिन्दी में उपलब्ध हैं : रण(लड़ाई) –रन (क्रिकेट का)—रन (हिन्दी धातु); नाला—माला, कानी—कामी, काम –कान; अनु (उपसर्ग)—अणु, अनुवाद—अणुवाद (दर्शन का एक शब्द), वर्म—वर्ण, कर्म—कर्ण—कर्न (एक प्रकार का टाइप)। ऐसी स्थिति में इन तीनों ही को स्वनिम मानना पड़ेगा।

'ञ', केवल च, छ, ज, झ के पूर्व संयुक्त व्यंजन के प्रथम सदस्य के रूप में आता है (चंचल, वांछा, जंजाल, झंझा), किन्तु 'न' कभी भी इनके पूर्व नहीं आता। चंचल, वांछा, जंजाल, झंझा, इंजन, इंच आदि सभी शब्दों में 'ञ' न जैसा सुनाई पड़ता है, किन्तु वहाँ तालव्य नासिक्य व्यंजन 'ञ' होता है, वर्त्स्य 'न' नहीं। 'अनचाहा' 'अनजाना' शब्दों में 'ऩ' च, ज के पूर्व संयुक्त व्यंजन के प्रथम सदस्य के रूप में आया लगता है किन्तु वास्तविकता यह कि इनमें न+च तथा न+ज के बीच हलका-सा संगम (जंक्चर) है। वहाँ अव्यवहित संक्रमण (स्मूथ (ट्रांज़िशन) नहीं है, जो समस्थानीय ञ+च (चंचल) ञ+ज) (जंजाल) के बीच होता है। अतः यह कहा जा सकता है कि जहाँ 'ञ' आता है, न नहीं आता, तथा जहाँ 'न' आता है 'ञ' नहीं आता।

'ङ' केवल क, ख, ग, घ के पूर्व संयुक्त व्यंजन के प्रथम सदस्य के रूप में आता है (अंक, पंखा, नंगा, जंघा) या वाङ्मय, पराङ्मुख आदि कुछ अपवाद शब्दों में। 'न' इन स्थितियों में भी नहीं आता। तिनका, कनखी, अनगिनत जैसे शब्दों में न+क, न+ख, न+ग के बीच हलका-सा संगम है तथा वहाँ अव्यवहित संक्रमण नहीं है, जो समस्थानीय ङ+क (अंकुर), ङ+ख (पंखा), ङ+ग (गंगा) में है। इस तरह यह स्पष्ट है कि जहाँ 'ङ' आता है वहाँ 'न' नहीं आता तथा जहाँ 'न' आता है वहाँ 'ङ' नहीं आता।

निष्कर्षतः /न/ स्वनिम के तीन उपस्वन हैं—

[ङ] क, ख, ग, घ के पूर्व तथा वाङ्मय आदि कुछ अपवाद शब्दों में।

[ञ] च, छ, ज, झ, के पूर्व।

[न] अन्यत्र

अपने सीमित प्रयोग के बावजूद न्ह, म्ह भी स्वनिम हैं, क्योंकि न, म के साथ इनके न्यूनतम विरोधी युग्म हिन्दी में उपलब्ध हैं : कान-कान्ह, कुमार-कुम्हार। परिणामतः सात नासिक्य व्यंजनों में पाँच (ण, न, न्ह, म, म्ह) स्वनिम हैं, तथा शेष दो (ङ, ञ) उपस्वन।

अनुस्वार

'अनुस्वार' (ं) नासिक्य व्यंजनों (ङ, ञ, ण, न, म) के स्थान पर आने वाली वह ध्वनि-इकाई है, जिसका उच्चारण स्थिति या परिवेश पर आधारित होता है। इसके सम्बन्ध में निम्नांकित बातें ध्यान देने की हैं—

(1) 'ङ, ञ, ण, न, म' के वर्ग को अनुस्वार नहीं कहा जा सकता, क्योंकि 'ञ' को छोड़कर शेष ध्वनियाँ जहाँ-जहाँ आती हैं, वहाँ-वहाँ सर्वत्र अनुस्वार का प्रयोग नहीं किया जा सकता। उदाहरण के लिए वाङ्मय, पराङ्मुख, नाम, बना, सुन, गणना, गुण, महान, सामान, नाम आदि में नासिक्य व्यंजनों के स्थान पर अनुस्वार नहीं आ सकता। कुछ विशेष स्थितियों में ही नासिक्य व्यंजनों के स्थान पर अनुस्वार आ सकता है।

(2) 'अनुस्वार' संयुक्त व्यंजन के प्रथम सदस्य के रूप में क, ख, ग, घ, के पूर्व 'ङ' के स्थान पर (जैसे शंका); च, छ, ज, झ के पूर्व 'ञ' के स्थान पर (जैसे चंचल); ट, ठ, ड, ढ के पूर्व 'ण' के स्थान पर (जैसे पंडित); त, थ, द, ध के पूर्व 'न' के स्थान पर (जैसे सन्त); प, फ, ब, भ के पूर्व म के स्थान पर (जैसे दंभ) तथा अन्त में म के स्थान पर (स्वयं-स्वयम्) यह आ सकता है।

(3) अनुस्वार कुछ उन स्थितियों में भी आ सकता है जहाँ और कोई नासिक्य व्यंजन नहीं आता। जैसे संयम, संरचना, संलाप, संवेदना (इसे कुछ लोग 'संवेदना' रूप में भी लिखते हैं), संशय, संसार, संहार। यों इन सबके साथ भी अनुस्वार का क्रमशः य, र, ल, व, स, श, ह के स्थानानुरूप ही उच्चारण होता है। जैसे संयोग का उच्चारण सयँयोग होता है।

(4) अनुस्वार की शब्दान्त वाली स्थिति (स्वयं, अहं) छोड़कर इसके उच्चारण का परवर्ती व्यंजन पर आधारित होना रूपिम के भीतर (अंक, पंख, चंचल, मंजु कंठ, दंड, अंत, बंद, दंभ, कंबल) भी मिलता है तथा रूपिम-सीमा पर भी—

सं (सम्) = कलन, गीत—संकलन, संगीत

= चि, जय—संचित, संजय

= **तप्त, तुलन—संतप्त, संतुलन**

+बंध, प्रेषण—संबंध, संप्रेषण

(5) 'अनुस्वार' का अर्थ है जो स्वर का अनुसरण करे, अर्थात् स्वर के बाद आए। यह हमेशा स्वर के बाद ही आता है।

(6) शब्दान्त में इसका उच्चारण हमेशा म् होता है : अहं, स्वयं।

इस तरह कुछ विशेष स्थितियों में अनुस्वार का उच्चारण नासिक्य व्यंजन होता है। ऐसे नासिक्य व्यंजन पाँच हैं। इस रूप में अनुस्वार को आर्की स्वनिम (दे० पृ० 50) कहना उपयुक्त है जो विभिन्न परिवेशों में पाँच रूपों (ङ, ञ, ण, न, ञ) में प्रतिफलित होता है।

अनुस्वार के आने की दो स्थितियाँ हैं—

(क) शब्द के बीच में स्वर और व्यंजन के बीच (जैसे पंडित, खंदक)

(ख) शब्दान्त में स्वर के बाद (जैसे स्वयं, अहं)

पहले में इसका उच्चारण परवर्ती व्यंजन पर निर्भर करता है, किन्तु दूसरे में यह 'म' रूप में उच्चरित होता है—

अनुस्वार → { [समस्थानीय नासिक्य] / स्वर—व्यंजन }
{ [द्वयोष्ठ्य नासिक्य] / स्वर—# }

अनुनासिकता

यह न तो स्वर है न व्यंजन। यह इस बात का संकेत है कि जिस स्वर के साथ यह है, उसके उच्चारण में हवा नाक से भी निकल रही है। इसीलिए इसे स्वर-रंजक कहा जा सकता है। यह स्वर को नासिक्यता से रंजित कर देता है। हिन्दी में सभी स्वर अनुनासिक होते हैं : हँसना, साँस, बिंधना, सींचना, उँगली, खूँटा, गेंद, भैंस, गोंद, भौं।

यह उल्लेख्य है कि हिन्दी में यदि शिरोरेखा के ऊपर कोई मात्रा न हो तभी अनुनासिकता का चिह्न चन्द्रबिन्दु (ँ) लगाते हैं, किन्तु यदि शिरोरेखा के ऊपर मात्रा हो तो चन्द्रबिन्दु के स्थान पर भी सुविधा के लिए बिन्दु ही (में, मैं, भोंड़ा) लगाते हैं।

ऐतिहासिक दृष्टि से हिन्दी की अनुनासिकता दो प्रकार की है :

(1) वह जिसका विकास मूलत: नासिक्य व्यंजन से हुआ है। आँकना (अंकन) पूँजी (पुंज), आँजना (अंजन), माँड़ (मंड), काँटा (कंटक), चाँद (चंद्र), दाँत (दंत), बाँधना (बंधन), काँपना (कंपन)। संकेत्य है कि यहाँ नासिक्य व्यंजन के पूर्व का ह्रस्व स्वर दीर्घ में बदल गया है तथा नासिक्य व्यंजन अनुनासिकता में।

(2) जो स्वत: विकसित हो गए हैं : साँप (सर्प), साँस (श्वास), ऊँट (ऊष्ट्र); पूँछ (पुच्छ), भौं (भ्रू)।

अनुनासिकता की स्थिति तीन प्रकार से काम करती है :—

(1) **व्याकरणिक—इस रूप में अनुनासिकता बहुवचन का चिह्न है :**

	एक०	बहु०
संज्ञा	चिड़िया	चिड़ियाँ
	मित्रो (सम्बोधन)	मित्रों (विकृत रूप)
क्रिया	है	हैं
	थी	थीं
	जाती	जातीं
	गई	गईं
	चले	चलें

(2) **स्वनिमिक**—इस रूप में यह स्वनिम या स्वनिमिक है—सवार-सँवार, सास-साँस, विधना-बिंधना, उगली-उँगली, पूछ-पूँछ; गोद-गोंद, चौक-चौंक।

(3) **स्वनिक**—इस रूप में अनुनासिकता मात्र स्वनिक होती है और यह पास के नासिक्य व्यंजन के प्रभाव से होती है। वर्तनी में इसे संकेतित नहीं किया जाता : नाना (नाँनाँ), पान (पाँन), मामा (माँमाँ), नाम (नाँम), नम (नँम), प्राण (प्राँण)। इन शब्दों का उच्चारण करने पर यह स्पष्ट हो जाता है कि सम्बद्ध स्वर यद्यपि मौखिक हैं, किन्तु उच्चारण के स्तर पर वे नासिक्य व्यंजनों के प्रभाव के कारण अनुनासिक हो गए हैं।

अनुनासिकता को भी कुछ सीमित सन्दर्भों में आर्की स्वनिम अनुस्वार से जोड़ा जाता है। उदाहरण के लिए यदि चन्द्र-चाँद, दन्त-दाँत, भंग-भाँग, सिंच-सींच, कम्प-काँप, मंड-माँड, बंध-बाँध को एक ही शब्द के दो रूप मानें, तो यह मानना पड़ेगा कि इनमें आर्की स्वनिम अनुस्वार के ही दो रूप प्रतिफलित हुए हैं : ह्रस्व स्वर तथा व्यंजन के बीच समस्थानीय नासिक्य व्यंजन (ङ, ञ, ण, न, म) तथा दीर्घ स्वर के साथ अनुनासिकता।

ड-ड़

'ड' और 'ड़' को दो स्वनिम मानें या एक स्वनिम के दो उपस्वन—यह एक समस्या है। वस्तुत: दोनों के पक्ष में कुछ-न-कुछ कहने की गुंजाइश है :

(क) [ड़] और [ड] एक ही स्वनिम के दो उपस्वन हैं

[ड़] तथा [ड], दोनों परिपूरक वितरण में हैं, अत: ये /ड/ स्वनिम के दो उपस्वन हैं। इनका वितरण है :

[ड़]—दो स्वरों के बीच (केवल तद्भव और देशज शब्दों में)

[ड]—अन्यत्र

[ड़] के जहाँ तक दो स्वरों के बीच में आने का प्रश्न है, इसकी दो स्थितियाँ

(क) जहाँ स्वनिक (Phonetic) अथवा उच्चारण, वर्तनी तथा स्वनिमिक (Phonological) इन तीनों स्तरों पर 'ड़' स्वरों के बीच होता है। जैसे घोड़ा, गाड़ी, बड़े, दौड़ी, बाड़ा आदि।

(ख) जहाँ वर्तनी तथा स्वनिमिक स्तर पर तो दो स्वरों के बीच होता है किन्तु स्वनिक या उच्चारण के स्तर पर नहीं। इसके दो रूप ये हैं :

(अ) उच्चारण में जहाँ 'ड़' मध्य में आता है : (1) स्वर+ड़+व्यंजन : धड़का, लड़का, छिड़का, तड़पा; (2) व्यंजन+ड़+स्वर : लकड़ी, पकड़ा, पपड़ी। इन शब्दों का उच्चारण है : धड़्का, लड़्का, छिड़्का, तड़्पा, लक्ड़ी, पक्ड़ी, पप्ड़ी। अर्थात् स्वनिक स्तर 'अ' की सत्ता नहीं है। अतः लगता है कि यहाँ 'ड़' दो स्वरों के बीच नहीं है, किन्तु यह वास्तविकता नहीं है। इन शब्दों में स्वनिमिक स्तर पर 'अ' की सत्ता है जो धड़कना, छिड़कना, तड़पना, लकड़हारा, पकड़ना, पपड़ियाना, लड़कपन शब्दों के उच्चारण (और वर्तनी) से स्पष्ट है। स्वनिक स्तर पर ये 'अ' विशिष्ट नियम से लुप्त हो जाते हैं।

(आ) उच्चारण में जहाँ ड़ अन्त में आता है (जकड़, अकड़) उच्चारण के स्तर पर 'ड़' अन्त में है, किन्तु जैसा कि वर्तनी में है, स्वनिमिक स्तर पर अन्त में 'अ' है और स्वनिक या उच्चारण के स्तर पर उसका लोप हो जाता है। जकड़न, अकड़न जैसे शब्दों की वर्तनी और उच्चारण से इस 'अ' की सत्ता स्पष्ट है।

इस प्रकार 'ड़' के दोनों ओर दो स्वरों की सत्ता, उच्चारण स्तर पर न होने के बावजूद, स्वनिमिक स्तर पर है, अतः यह कहना ठीक ही है कि हिन्दी में 'ड़' दो स्वरों के बीच में आता है।

वस्तुतः वर्तनी में जहाँ भी 'अ' है (शब्द-मध्य जैसे 'तगड़ा' में तथा शब्दांत जैसे 'पहाड़' में), उससे कोई लड़कपन, लकड़हारा या जकड़न जैसा शब्द बने या न बने, 'अ' की सत्ता स्वनिमिक स्तर पर माननी पड़ेगी। इससे हिन्दी रूप-रचना के नियम सरल हो जाते हैं, जैसा कि आगे हम देखेंगे।

[ड] के अन्यत्र होने का अर्थ है : (अ) शब्द के आदि (डाली, डोल) में; (आ) मध्य में स्वर-व्यंजन के बीच : गड्ढा, व्यंजन-स्वर के बीच : अंडा; दीर्घ या द्वित्व व्यंजन रूप में : गुड्डी, अड्डा; खड्ड (अन्त में स्वनिमिक स्तर पर अ है); रूपिम सीमा पर : सुडौल, बेडौल, अडिग, निडर; अंग्रेज़ी से आगत शब्दों में दो स्वरों के बीच : राडार, रेडियो, सोडा, पगोडा; हिन्दी के अपने शब्दों में दो स्वरों के बीच यदि पहला स्वर अनुनासिक हो : डोंडी, लौंडा); (इ) अन्त में अंग्रेज़ी से आगत शब्दों में स्वर के बाद : रोड, कोड, पैड (इन्हें भी अकारांत मानें तो ये उदाहरण भी मध्य के हैं)।

इस तरह ये दोनों स्पष्टतः परिपूरक वितरण में हैं। यदि कुछ उदाहरण अपवाद हैं तो वे बहुत कम हैं तथा हिन्दी की पूरी व्यवस्था की दृष्टि से [ड़] तथा [ड] को /ड/ स्वनिम के दो उपस्वन मानना ही उचित है।

ड और ड़ अलग-अलग स्वनिम हैं

इसके पक्ष में निम्नांकित बातें कही जा सकती हैं :

(अ) इन दोनों का एक न्यूनतम विरोधी युग्म उपलब्ध है : लौंडा-लौंडा। (आ) अनुनासिक स्वर तथा मौखिक स्वर के बीच 'ड' आता है (डोंडी), किन्तु कभी-कभी 'ड़' भी आता है : पाँड़े, हाँड़ी, हँड़िया। (इ) सोडा, रेडियो, राडार, पैड, कोड, रोड (यह लार रोड, बेलथरा रोड आदि बहुत से स्टेशनों के नामों में खूब प्रयोग में है। इन शब्दों में इसका अर्थ सड़क है। अलग से 'रोड' के स्थान पर सड़क का प्रयोग हो सकता है, किन्तु अब इन नामों में से इसके निकलने की सम्भावना नहीं है) आदि ऐसे शब्द जो /ड़/ /ड/ के परिपूरक वितरण के नियम को तोड़ते हैं, हिन्दी के शब्द भण्डार के अभिन्न अंग बन चुके हैं, अतः उन्हें अलग इकाई रूप में रखना बहुत उचित नहीं है। और यदि उन्हें सामान्य शब्दों में मानें तो /ड/ /ड़/ परिपूरक वितरण में सिद्ध नहीं होते। (ई) हर हिन्दी भाषी इस बात के प्रति सतर्क है कि ये दोनों हिन्दी की दो अलग-अलग ध्वनियाँ हैं, उन्हें वह अलग-अलग रूप में सरलता से सुनता है तथा एक के स्थान पर दूसरे का प्रयोग करें तो ग़लत मानता है। इस तरह हिन्दी-भाषी जनता के मस्तिष्क में भी ये दोनों अलग हैं, जो वितरण की तुलना में कम महत्त्वपूर्ण नहीं हैं। (उ) हिन्दी भाषा भाषियों के मस्तिष्क में इनकी अलग-अलग सत्ता का सबसे बड़ा प्रमाण यह है कि लेखन में दोनों अलग-अलग लिखे जाते हैं।

इन कारणों से ड ड़ को अलग-अलग स्वनिम मानना उपयुक्त है।

आर्की स्वनिम की संकल्पना तथा ड-ड़ की समस्या

'आर्की स्वनिम' (Archi Phoneme) की संकल्पना मूलतः प्राग सम्प्रदाय की है। मोटे रूप से यदि कोई स्वनिम अलग-अलग स्थितियों में अलग-अलग रूप ले या अलग-अलग रूपों में प्रतिफलित हो तो उसको आर्की स्वनिम कहते हैं। उदाहरण के लिए संस्कृत, हिन्दी आदि भारतीय भाषाओं के अनुस्वार आर्की स्वनिम हैं जो क, ख, ग, घ के पूर्व ङ (कंगन, पंखा, गंगा, जंघा); च, छ, ज, झ के पूर्व ञ (चंचल, झंझा, अंजन आदि); ट, ठ, ड, ढ के पूर्व ण (टंटा, कंठ, डंडा आदि); त, थ, द, ध के पूर्व न (संत, कंथा, अंधा आदि); तथा प, फ, ब, म के पूर्व म (पंप, बंबा, रंभा आदि) रूप में प्रतिफलित होता है। आर्की स्वनिम को अंग्रेज़ी आदि में प्रायः बड़े अक्षर (कैपिटल लेटर) से लिखते हैं। हिन्दी में 'ड' आर्की स्वनिम है जो एक स्थिति में 'ड' रूप में प्रतिफलित होता है तो दूसरी स्थिति में 'ड़' रूप में—

पांडे—पाँड़े
हंडी, हंडिका—हँड़िया
खंडहर—खँड़हर

षंड-साँड़

मंड—माँड़

मंडप—माँड़व, माँड़ो

अर्थात् ड आर्की स्वनिम है जो दो स्वरों के बीच में [ड़] रूप में तथा अन्यत्र [ड] रूप में प्रतिफलित होता है—

$$\text{ड} \rightarrow \begin{Bmatrix} \text{ड़ / स्वर-स्वर} \\ \\ \text{ड} \end{Bmatrix}$$

अर्थात् [ड़] और [ड] उपस्वन हैं।

ढ—ढ़

इनकी स्थिति भी 'ड-ड़'—जैसी ही है। स्वनिमों की सूची में व्यवस्था के लिए यदि ड-ड़ को अलग-अलग स्वनिम माना जाए तो ढ-ढ़ को भी स्वनिम मानना चाहिए और यदि ड़-ड़ को उपस्वन मानें तो इन्हें भी। यों इन्हें एक स्वनिम के दो उपस्वन मानना अधिक उचित है। चूँकि ढ अलग-अलग स्थितियों में ढ और ढ़ दो रूपों में प्रतिफलित होता है :

बुड्ढा-बूढ़ा

गड्ढा-गढ़ा

ढाई-अढ़ाई

मुडढ्-मूढ़

अतः ढ को आर्की स्वनिम कहा जा सकता है, जिसके दो उपस्वन [ढ] तथा [ढ़] हैं :

$$\text{ढ} \rightarrow \begin{Bmatrix} \text{ढ़ / स्वर-स्वर} \\ \text{ढ} \end{Bmatrix}$$

अर्थात् [ढ़] दो स्वरों के बीच : चढ़ाई, पढ़ाई, गढ़ना, (ढ़ के बाद स्वनिमिक स्तर पर 'अ' है जो 'गढ़न' से स्पष्ट है), गढ़ (यहाँ भी अन्त में स्वनिमिक स्तर पर 'अ' है जो 'गढ़न' से स्पष्ट है जैसा कि पीछे 'ड़' के प्रसंग में भी कहा जा चुका है।)

[ढ] आदि में—ढाल, ढक्कन, ढेला, ढोल।

बीच में—(क) रूपिम सीमा पर—बेढव, बेढंगा, निढाल। 'औढरदानी' म भी ऐतिहासिक दृष्टि से ओ ('अप' से) उपसर्ग माना जा सकता है।

(ख) संयुक्त व्यंजन के सदस्य रूप में—बुड्ढा, गड्ढा।

हिन्दी की महाप्राण ध्वनियाँ : मूल संयुक्त

इस बात को लेकर भाषाशास्त्रियों में विवाद है कि अनेक अन्य भाषाओं की तरह हिन्दी के महाप्राण व्यंजनों को एक ध्वनि माना जाय या अल्पप्राण व्यंजन तथा

महाप्राणत्व का योग । आशय यह है कि ख्, छ्, झ् आदि ध्वनियाँ एक मूल ध्वनि हैं, या क्रमशः क्+महाप्राणत्व, च्+महाप्राणत्व, ज्+महाप्राणत्व आदि; अर्थात् सम्बद्ध अल्पप्राण ध्वनि तथा महाप्राणत्व का योग और इस प्रकार संयुक्त व्यंजन या व्यंजन-गुच्छ ।

इस विवाद को लेकर दो-तीन मत सामने आए हैं :

(1) कुछ लोग इन्हें अल्पप्राण व्यंजन तथा महाप्राणत्व का गुच्छ मानते हैं। ऐसों में हॉकिट, ग्लीमन, गम्पर्ज, किशोरीदास वाजपेयी, केलकर आदि के नाम लिए जा सकते हैं ।

(2) परम्परागत रूप में महाप्राण व्यंजनों को एक ध्वनि माना जाता रहा है । ब्राइट संस्कृत में तो महाप्राण व्यंजनों को गुच्छ मानने के पक्ष में है, किन्तु कन्नड़ तथा हिन्दी में उसे वे मूल व्यंजन मानते हैं । रवीन्द्रनाथ श्रीवास्तव का तथा मेरा भी यही मत है ।

(3) महाप्राण के बारे में उपर्युक्त दो के अतिरिक्त एक तीसरा मत भी है । एलेन तथा हाएनिग्ज़वाल्ड ने महाप्राणत्व को रागात्मक तत्व माना है ।

वस्तुतः इन तीनों के पक्ष-विपक्ष में बहुत कुछ कहा गया है तथा और भी बहुत कुछ कहा जा सकता है । यहाँ केवल प्रथम दो को लेकर कुछ मुख्य बातें कही जा रही हैं । जहाँ तक तीसरे का प्रश्न है, इसमें भी दम है, किन्तु ऐसा मानने से विश्लेषण जटिल हो जाएगा, और भाषा-विश्लेषण-पद्धति ऐसी होनी भी आवश्यक है जो बहुत जटिल न हो, अतः केवल प्रथम दो ही यहाँ विचार्य हैं । इन दोनों पर आने के पूर्व एक प्रश्न यह विचारणीय हो सकता है कि क्या कोई ऐसी कसौटी है जिसके आधार पर किसी ध्वनि के मूल ध्वनि या द्विध्वनि-गुच्छ होने का निर्धारण किया जा सके । इस सम्बन्ध में बहुत अधिक सामग्री उपलब्ध नहीं है । केवल शेरबा, त्रुबेत्स-कॉय, मार्तिने, ज़िंदर ग्रीनबर्ग तथा याकोबसन आदि कुछ ही भाषा-शास्त्रियों का ध्यान इधर गया है । शेरबा ने इसके लिए दो कसौटियाँ मानी हैं । यदि ध्वनि केवल दो ध्वनियों का गुच्छ है तो दोनों को उच्चारण में बिना उनकी प्रकृति को बदले दीर्घित किया जा सकता है । साथ ही यदि शब्द का आक्षरिक विभाजन करें तो मूल ध्वनि हमेशा एक या दूसरे अक्षर का अंग होगी । अर्थात् उसे तोड़ा नहीं जा सकता । वह दोनों अक्षरों का अंग नहीं बन सकती । त्रुबेत्सकॉय ने इस पर विस्तार से चर्चा की है और इसके लिए सात आधार माने हैं, जिनमें से अधिक महत्त्वपूर्ण आक्षरिक विभाजन हैं, जिसे ऊपर शेरबा के प्रसंग में दिया जा चुका है । उनके द्वारा प्रस्तुत एक दूसरा आधार यह भी है कि एक मूल ध्वनि के उच्चारण में एक उच्चारण-प्रयत्न होता है, एकाधिक नहीं । मार्तिने का कहना है कि यदि कोई ध्वनि मूलतः दो ध्वनियों का गुच्छा होगी तो सभी सम्भव स्थितियों में उन दोनों के स्थान पर दूसरी ध्वनियों को लाया जा सकता है । ज़िंदर ने मुख्यतः रूपिमिक विभाजन को आधार माना है । ग्रीनबर्ग ने इस सम्बन्ध में जो लिखा है, उसका आशय यह है कि किसी भाषा की

स्वनिमिक व्यवस्था के आधार पर ही इस बात का निर्धारण हो सकता है कि उस विशेष भाषा में किसी महाप्राण व्यंजन को एक मूल व्यंजन मानें या व्यंजन-गुच्छ। याकोबसन, प्रभेदक अभिलक्षणों (Distinctive features) के आधार पर महाप्राण के एक ध्वनि या संयुक्त ध्वनि होने का निर्धारण करते हैं। वस्तुतः उपर्युक्त आधारों में कम ही हैं जो वैज्ञानिक कसौटी पर खरे उतरते हैं। और वास्तविकता यह है कि कोई भी एक ऐसी कसौटी नहीं दी जा सकती, जो सभी भाषाओं में इसके निर्धारण में सफलतापूर्वक कार्य कर सके। नीचे दोनों के पक्ष में कुछ मुख्य बातें कही जा रही हैं :—

महाप्राण व्यंजन व्यंजन-गुच्छ हैं

तर्क चार प्रकार के हैं :

(1) **यंत्र**—ऑसिलोग्राफ़ पर देखने से स्पष्ट पता चलता है कि अल्पप्राण और महाप्राण ध्वनियों में महाप्राणत्व को छोड़ दें तो शेष बातें समान होती हैं। उदाहरण के लिए 'ग्' और 'घ्' को लें तो हम पाते हैं कि दोनों में हवा फेफड़े से आती है, फिर जीभ के पिछले भाग का कोमल तालु से स्पर्श होता है और वह हवा थोड़ी देर के लिए रुक जाती है, उसके बाद जीभ का पिछला भाग झटके से नीचे हटता है और स्फोट (Plosion) या मोचन (release) होता है। इतनी बातें 'ग' 'घ' दोनों में समान हैं। 'गर' और 'घर' दो शब्दों को लें तो 'गर' में तो 'ग्' के इस स्फोट के बाद 'अ' स्वर शुरू हो जाता है किन्तु 'घर' में 'घ्' के इस स्फोट के बाद 'ग्' की तुलना में अतिरिक्त हवा शक्ति के साथ बाहर निकलती है। इस प्रकार, जैसा कि नीचे चित्र में दिखाया गया है, प्राणत्व उच्चारण में अपनी अलग सत्ता रखता है :

ग्——————————→अ————→र

हवा का फेफड़े से आना→स्पर्श————→स्फोट————→स्वर————→

घ्——————————————→अ——→र

हवा का फेफड़े से आना→स्पर्श————→स्फोट———→प्राणत्व→स्वर——→

'घर' के 'घ्' का प्राणत्व 'ग्' और 'अ' के बीच में स्पष्टतः अलग है। इस प्रकार उच्चारण-स्तर पर जब महाप्राणत्व अलग है तो स्पष्ट ही महाप्राण व्यंजन-अल्पप्राण और महाप्राणत्व का योग है।

(2) **इतिहास**—ऐतिहासिक विकास की दृष्टि से जब हम देखते हैं तो ऐसे उदाहरण काफ़ी मिलते हैं जिनमें अल्पप्राण ध्वनि में 'ह्' के संयोग से महाप्राण का विकास हो जाता है। उदाहरण के लिए—

गर्दभ+क	>	गद्दह+अ	>	गदहा	>	गधा
निर्वाह	>	निबाह	>	निभा (ना)		
अव+ही	>	अभी				

जब + ही > जभी
तब + ही > तभी
कब + ही > कभी
सब + ही > सभी
बहिश्ती > भिश्ती
इकहत्तर > इखत्तर (बोलचाल में)
पिचहत्तर > पिछत्तर (बोलचाल में)

इसके विपरीत महाप्राण का विकास 'ह' में भी हो जाता है। कहा जा सकता है कि महाप्राण में से अल्पप्राण के लोप के बाद 'ह्' शेष बच जाता है :—

मुख > मुंह
अरघट्ट > रहँट
कथन > कहना
दधि > दही
वधू > बहू
आभीर > अहीर

यही नहीं, महाप्राण से प्राणत्व निकल जाने पर अल्पप्राण बच जाता है। बोल-चाल में 'भूख' का 'भूक' (मुझे भूक् लगी है, उर्दू में 'भूक' ही लिखते हैं) तथा 'हाथ' का 'हात' ('हात्' में चोट है) हो जाता है। इसी तरह काफ़ी लोग 'ष्ठ' के स्थान पर 'ष्ट' (स्वादिष्ठ-ष्ट, गरिष्ठ-ष्ट, श्रेष्ठ-ष्ट, बलिष्ठ-ष्ट, वसिष्ट) बोलते तथा लिखते हैं।

प्रस्तर > ‡पथ्थर > पत्थर
‡रख्खा > रक्खा
अर्ध > ‡अध्ध > अद्ध (।)
वृश्चिक > ‡बिछ्छी > बिच्छी (भोजपुरी आदि में)

जैसे विकास भी इसी मत के पक्ष में जाते हैं। ‡ कल्पित शब्द हैं।

उपर्युक्त बातों को संक्षेप में यों रखा जा सकता है :—

अल्पप्राण + ह — महाप्राण
महाप्राण — अल्पप्राण = ह
महाप्राण — ह (प्राणत्व) = अल्पप्राण

इससे यह सिद्ध होता है कि 'प्राणत्व' एक प्रकार का 'ह' है, और महाप्राण व्यंजन दो इकाइयों का योग है। इसमें पहली इकाई तो अल्पप्राज व्यंजन है और दूसरी 'ह्' या उसका एक रूप है, जिसे महाप्राणत्व कहा जाता है।

'ष्' ध्वनि विकास में 'ह' होती देखो जाती है (कृष्ण > कान्ह) और 'ष' से युक्त अल्पप्रोण व्यंजन महाप्राण में विकसित हो जाते हैं : शुष्क > सूखा, वाष्प >

वाफ (भोजपुरी), अष्ट > आठ आदि। अतः महाप्राण व्यंजन अल्पप्राण + ह् (प) हैं।

(3) **लिपि**— रोमन या फ़ारसी आदि लिपियों में महाप्राण ध्वनियों को 'ह' के अक्षर ('एच' या 'हे') के योग से लिखते हैं : K Kh G Gh अर्थात् जैसे क, क्ह, ग, ग्ह। इससे भी महाप्राण ध्वनियों का गुच्छ (cluster) होना ध्वनित होता है।

(4) **प्रयोग-व्यवस्था** – अल्पप्राण व्यंजन तो मूल व्यंजन है ही। महाप्राण व्यंजन भाषा में प्रयोग की दृष्टि से अनेक बातों में अल्पप्राण व्यंजनों से अलग हैं, तथा संयुक्त व्यंजनों के अपेक्षाकृत समीप पड़ते हैं। उदाहरणार्थ–

(क) हिन्दी में शब्द संयुक्त व्यंजनों से कम ही प्रारम्भ होते हैं, जबकि मूल व्यंजनों से अधिक होते हैं। महाप्राण व्यंजनों से भी अल्पप्राण की तुलना में कम ही शब्दों का प्रारम्भ होता है। बृहद् हिन्दी कोश के प्रथम संस्करण के अनुसार अल्पप्राण तथा उन्हीं के महाप्राण व्यंजनों से आरम्भ होने वाले शब्दों की मोटे रूप से तुलनात्मक पृष्ठ-संख्याएँ इस प्रकार हैं :—

अल्पप्राण	कुल पृष्ठ	महाप्राण	कुल पृष्ठ
क्	95	ख्	43
ग्	46	घ्	12
च्	44	छ्	12
ज्	40	झ्	9
ट्	8	ठ्	4½
ड्	7	ढ्	3
त्	43	थ्	3
द्	55	ध्	3
प्	124	फ्	18
ब्	60	भ्	30

इन पृष्ठ-संख्याओं में ख के साथ 'ख़', ग के साथ 'ग़', ज के साथ 'ज़' तथा फ के साथ 'फ़' भी शामिल कर लिए गए हैं, क्योंकि सामान्य लोगों की बोलचाल में ये क्रमशः ख, ग, ज, फ ही हो जाते हैं। इस तरह शब्द के आदि में आने की दृष्टि से अल्पप्राण-महाप्राण में अन्तर है, जो मूल व्यंजनों की तुलना में महाप्राणों को संयुक्त व्यंजन की ओर ले जाता है।

(ख) संयुक्त व्यंजन बनाने की दृष्टि से हर महाप्राण व्यंजन अपने अल्पप्राणिक रूप की तुलना में प्रायः कम उर्वर होता है। यहाँ शब्द के आदि में आने वाले संयुक्त व्यंजनों के प्रथम सदस्य होने की दृष्टि से अल्पप्राण-महाप्राण की तुलनात्मक सामग्री (उपर्युक्त) कोश से दी जा रही है। स्पष्टता के लिए कोष्ठक में एक-एक उदाहरण है—

प्रथम सदस्य	द्वितीय सदस्य	पृष्ठ-संख्या
क्	+ य् (क्यारी), र् (क्रम), ल् (क्लेश) व् (क्वारा), ष् (क्षण)	5
ख्	+ य् (ख्याति)	1
ग्	+ य् (ग्यारह), र् (ग्रामीण) ल् (ग्लानि) व् (ग्वाला)	4
घ्	+ र् (घ्राण)	
च्	+ य् (च्युत)	1
छ्	+	
ज्	+ य् (ज्येष्ठ), र् (ज्रृंभ), व् (ज्वर)	3
झ्	+	०
ट्	+ र् (ट्रेन	1
ठ्	+	1
ड्	+ य् (ड्योढ़ा), र् (ड्रेसिंग)	2
ढ्	+	०
त्	+ य् (त्याग), र् (त्रुटि), व् (त्वचा)	3
थ्	+	०
द्	+ य् (द्युति), र् (द्रव), व् (द्वार)	3
ध्	+ य् (ध्यान), र् (ध्रुव), व् (ध्वनि)	3
प्	+	०
फ्	+ य् (प्यास), र् (प्रकाश), ल् (प्लीहा)	3
ब्	+ य् (ब्याह), (ब्राह्मण), ल् (ब्लाउज़)	3
भ्	+ र् (भ्रम)	1

(ग) शब्दों के मध्य तथा अन्त में आने वाले संयुक्त व्यंजनों के प्रथम सदस्य के रूप में महाप्राणों का प्रयोग अल्पप्राणों की तुलना में बहुत कम होता है।

(घ) संयुक्त व्यंजन के द्वितीय सदस्य के रूप में भी महाप्राण अल्पप्राण से बहुत पीछे हैं।

(ङ) दो अल्पप्राण व्यंजनों के संयुक्त व्यंजन मिलते है, किन्तु दो महाप्राण व्यंजनों के नहीं मिलने, अर्थात् वस्तुतः दो सामान्य व्यंजन मिलकर व्यंजन-गुच्छ बना सकते हैं, किन्तु दो महाप्राण मिलकर व्यंजन-गुच्छ नहीं बना सकते। इसीलिए व्यंजन-गुच्छ में महाप्राण व्यंजन के पूर्व अल्पप्राण व्यंजन ही (मक्खी, घग्घर, अच्छा, झज्झर, पट्ठा, गड्ढा' पत्थर, श्रद्धा) आते हैं, महाप्राण नहीं। इस दृष्टि से भी महाप्राण व्यंजन मूल अल्पप्राण व्यंजनों से भिन्न सिद्ध होते हैं।

(च) महाप्राण व्यंजनों के दीर्घ या द्वित्व रूप नहीं मिलते, जबकि अल्पप्राण व्यंजनों के प्रायः मिलते हैं। उच्चारण के स्तर पर यह भी कहा जा सकता है कि

महाप्राण व्यंजनों के दीर्घ या द्वित्व रूप का उच्चारण नहीं हो सकता, जबकि अन्यों के द्वित्व या दीर्घ रूप का उच्चारण हो सकता है। रख्खा, अछ्छा, भम्भड़ जैसे शब्दों का उच्चारण करें तो ये क्रमशः रक्खा, अच्छा, भब्भड़ हो जाएँगे, जबकि इनके अल्पप्राण रूप पक्का, सच्चा, दब्बू उच्चरित हो सकते हैं। इस दृष्टि से भी महाप्राण व्यंजन, अल्पप्राण व्यंजनों से भिन्न हैं।

(छ) समवेत रूप से भाषा में प्रयोग की दृष्टि से भी अल्पप्राण महाप्राण में अन्तर है। अल्पप्राण का प्रयोग बहुत अधिक होता है, जबकि महाप्राण का उसकी तुलना में बहुत ही कम। उल्लेख्य है कि संयुक्त व्यंजन का प्रयोग भी महाप्राण की तरह कम ही होता है।

(ज) एक आधार मात्रा का भी हो सकता है। किसी भाषा में यदि अल्पप्राण तथा महाप्राण व्यंजनों की मात्रा एक हो तो, मात्रा के आधार पर महाप्राण व्यंजनों को अल्पप्राण के समान (मूल) माना जा सकता है। किन्तु स्थिति ऐसी है नहीं। उदाहरण के लिए हिन्दी में सभी अल्पप्राण व्यंजनों की मात्रा से (क-ख, च-छ, ब-भ आदि) उनके महाप्राण रूपों की मात्रा कहीं दीर्घ होती है। ऐसी स्थिति में, मात्रा के आधार पर हिन्दी महाप्राण व्यंजन, अल्पप्राण व्यंजनों से बड़े हैं, अर्थात् मूल नहीं हैं, बल्कि वे व्यंजन-गुच्छ या संयुक्त व्यंजन के अपेक्षाकृत निकट या समान हैं।

महाप्राण व्यंजन मूल व्यंजन है

(1) हिन्दी में महाप्राण व्यंजन प्रायः उन स्थितियों में आते हैं जिनमें व्यंजन गुच्छ (Consonant-cluster) नहीं आते, अपितु केवल मूल व्यंजन ही आते हैं। इस तरह ध्वनियों का वितरण इस बात को स्पष्ट कर देता है कि महाप्राण ध्वनियों को गुच्छ नहीं माना जा सकता। उदाहरण के लिए मध्य स्थिति में महाप्राण व्यंजन उसी स्थिति में आते हैं, जहाँ अल्पप्राण आते हैं—

बकना	रखना
पसीजना	रीझना
कूटना	रूठना
लड़ना	पढ़ना
कतना	कथना
काँपना	हाँफना

ऐसी 'स्थिति' में 'ना' के पूर्व संयुक्त व्यंजन कभी नहीं आते, केवल मूल व्यंजन ही आते हैं, अतः महाप्राणों को स्पर्श + प्राणत्व का योग अर्थात् संयुक्त व्यंजन नहीं माना जा सकता। उन्हें क्, ज्, ट्, ड्, त्, प् आदि की तरह मूल व्यंजन ही मानना पड़ेगा।

(2) हिन्दी में जिन स्थितियों में महाप्राणों से युक्त व्यंजन-गुच्छ आते हैं,

उन स्थितियों में प्रायः तीन व्यंजनों के गुच्छ अहीं आते, किन्तु यदि महाप्राण व्यंजनों को अल्पप्राण व्यंजन · महाप्राणत्व का गुच्छ मानें तो महाप्राण व्यंजन-युक्त गुच्छों को तीन व्यंजनों का गुच्छ मानना पड़ेगा। उदाहरण के लिए हिन्दी में शब्दों की आदि स्थिति में 'स्त्री' जैसे कुछ शब्दों को छोड़ दें तो स्पर्शों के य्, र् आदि के साथ प्रायः दो व्यंजनों के ही गुच्छ मिलते हैं : क्या, ग्यारह, क्वार, ब्याह आदि। यदि महाप्राण को गुच्छ मानें तो ख्याति, घ्राण, ध्यान, भ्राता जैसे शब्दों में आदि में तीन व्यंजनों का गुच्छ मानना पड़ेगा, जो हिन्दी की प्रकृति के प्रतिकूल है, अतः महाप्राण ध्वनियाँ व्यंजन-गुच्छ नहीं हैं।

(3) हिन्दी धातुओं के अन्त में संयुक्त व्यंजन नहीं आते, किन्तु अल्पप्राण और महाप्राण व्यंजन आते हैं : रोक्-सोख्, माँज-रीझ, काँप-हाँफ् आदि। इसका अर्थ यह है कि महाप्राण व्यंजन धातुओं में स्थिति या वितरण की दृष्टि से एक स्वनिम के समान हैं, संयुक्त स्वनिम के समान नहीं।

(4) हिन्दी में आगत, यदि संस्कृत (जैसे भक्त, जन्म), फ़ारसी (जैसे बर्फ़, हुक्म, शक्ल) या अंग्रेज़ी (जैसे पम्प, ट्रस्ट) से गृहीत शब्दों को छोड़ दें, तो हिन्दी के अपने शब्दों के अन्त में संयुक्त व्यंजन प्रायः कम ही आते हैं, किन्तु हिन्दी के अपने शब्दों में महाप्राण व्यंजनों से अन्त होने वाले शब्दों की संख्या काफ़ी है : राख, ईख, बाघ, छाछ, रीछ, बाँझ, साँझ, आठ, साठ, काठ, गाँठ आदि। वस्तुतः (पंचम अनुनासिक + स्पर्श को छोड़कर) इसी कारण गृहीत शब्दों के अन्तिम व्यंजन-गुच्छ प्रायः दो में बँट गए हैं : जनम, हुकुम, भगत, बरफ, शकल। इस तरह शब्दान्त में महाप्राण व्यंजन मूल व्यंजनों से समानता रखते हैं, संयुक्त व्यंजनों से नहीं।

(5) संयुक्त व्यंजन या व्यंजन-गुच्छ के दोनों सदस्य (जैसे 'क्य' में क् और य् या 'प्र' में प् और र्) स्वतन्त्र रूप से उच्चरित हो सकते हैं, किन्तु महाप्राण व्यंजन के केवल प्रथम सदस्य अल्पप्राण व्यंजन का ही स्वतन्त्र उच्चारण हो सकता है, महाप्राणत्व का नहीं। अतः इसे गुच्छ या दो का योग नहीं माना जा सकता।

(6) अल्पप्राण तथा महाप्राण के पूर्ववर्ती स्वर में मात्रा का अन्तर नहीं पड़ता, किन्तु संयुक्त व्यंजन या व्यंजन-गुच्छ के पूर्ववर्ती स्वर की मात्रा अपेक्षाकृत बड़ी होती है : नत-नथ, चक-चख, रुक-रुख किन्तु सत-सत्य-सथ, पक-पक्व-पख, कता-कथा-कत्था, उतर-उधर-उत्तर। इस तरह पूर्ववर्ती स्वर की मात्रा की दृष्टि से भी महाप्राण व्यंजन मूल अल्पप्राण के समान हैं, व्यंजन-गुच्छ के समान नहीं।

(7) उच्चारण के स्तर पर महाप्राण व्यंजन अल्पप्राण की तरह ही एक यत्न (single muscular effort) से उच्चरित होते हैं। संयुक्त व्यंजनों की तरह एकाधिक से नहीं।

(8) सामान्य संयुक्त व्यंजन में एक से अधिक श्वास-प्रवाह अपेक्षित होता है, किन्तु महाप्राण व्यंजनों में ऐसा नहीं होता। उनमें अल्पप्राण की तरह ही एक श्वास-प्रवाह की अपेक्षा होती है।

(9) व्यंजन-गुच्छ या संयुक्त व्यंजनों को अक्षर-विभाजन के समय कभी-कभी तोड़ना पड़ता है। उदाहरण के लिए रक्षक, अच्छा, अन्तिम, कन्दील, इच्छुक, तन्दूर, अन्धेर आदि के अक्षर विभाजन में ऐसा ही करना पड़ेगा, किन्तु महाप्राण व्यंजनों को अक्षर-विभाजन में कभी भी तोड़ा नहीं जा सकता। उदाहरण के लिए उपर्युक्त ढाँचे के अनुरूप ही शब्द (अथक, सभा, कठिन, अधीर, विधुर, अछूत) लें तो हम पाते हैं, कि अक्षर-विभाजन में ये महाप्राण व्यंजन न होकर मूल व्यंजन हैं, अर्थात् दो में विभक्त नहीं किए जा सकते।

(10) कभी-कभी महाप्राणत्व और ह को एक मानते हुए यह भी कहा जाता है कि महाप्राण व्यंजन 'अल्पप्राण व्यंजन + ह' हैं। इसके विरोध में भी अनेक बातें कही जा सकती हैं :

(क) अल्पप्राण + ह तथा महाप्राण में विरोध (contrast) है, अतः महाप्राण अल्पप्राण + ह न होकर अलग व्यंजन हैं। उदाहरण के लिए—

सात ही (सात्ही)—साथी
कोट ही (कोट्ही) कोठी
बीच ही (बीच्ही)—बीछी
बज ही (बज्ही)—बझी
काट ही (काट्ही)—काठी
साज ही (साज्ही)—साझी

यों कुछ उदाहरण ऐसे भी मिलते हैं, जिनमें यह विरोध नहीं है (अब ही—अब्ही—अभी; कब ही—कब्ही—कभी, जब ही—जब्ही—जभी), किन्तु उनकी संख्या नगण्य है।

(ख) हिन्दी में 'ह' के घोष-अघोष होने के सम्बन्ध में विवाद रहा है। धीरेन्द्र वर्मा, उदयनारायण तिवारी, आर्येन्द्र शर्मा तथा चेक विद्वान परिश्का आदि ने आदि, मध्य, अन्त तीनों स्थितियों में 'ह्' का घोष माना है। बाबूराम सक्सेना अन्त्य 'ह' को घोष मानते हैं। इन पंक्तियों का लेकर (हिन्दी भाषा, पृ० 412) भी आदि—'ह' को अघोष तथा मध्य और अन्त्य—ह को घोष मानता रहा है। रवीन्द्रनाथ श्रीवास्तव ने आसिलोग्राफ़ तथा स्पेक्ट्रोग्राफ़ पर प्रयोग करके देखा तो यही परिणाम निकले, अर्थात् हिन्दी 'ह्' आदि स्थिति में अघोष तथा मध्य और अन्त में घोष है। ऐसी स्थिति में यदि महाप्राण को अल्पप्राण···ह् मानें तो ख्, छ्, ठ्, थ्, फ् व्यंजनों को घोष मानना पड़ेगा, जबकि वस्तुतः वे अघोष हैं। अतः महाप्राणों को अल्पप्राण···ह् नहीं माना जा सकता।

(ग) एक बात यह भी उठती है कि यदि महाप्राण ध्वनि अल्पप्राण + ह् का योग है तो उसके उच्चारण में लगने वाला समय अल्पप्राण और ह् के उच्चारण में लगने वाले समय का योग होना चाहिए। रवीन्द्रनाथ श्रीवास्तव द्वारा किए गए प्रयोग इस दृष्टि से बड़े ही महत्वपूर्ण हैं, जिनसे पता चलता है कि 'भर' सब्द में 'भ्'

के उच्चारण में .13 मिलीसेकेंड समय लगता है, 'बर' में 'ब्' के उच्चारण में .115 तथा 'हर' में 'ह्' के उच्चारण में .105। स्पष्ट ही 'ब्' 'ह्' के उच्चारण-समयों का योग .220 मिली सेकेंड है जो 'भ' के उच्चारण-समय से बहुत अधिक है। परिणामतः 'भ्' को 'ब्' 'ह्' का गुच्छ नहीं माना जा सकता।

(घ) यों तो 'ह्' को संघर्षी ध्वनि मानना कुछ लोगों की दृष्टि से विवादास्पद है, किन्तु सामान्यतः इसे स्वरयंत्रमुखी संघर्षी ही कहा जाता है। ऐसी स्थिति में यदि महाप्राण व्यंजनों को अल्पप्राण+ह मानें तो सभी महाप्राणों के अन्तिम अंश को संघर्षी मानना पड़ेगा। ऐसी स्थिति में ख्, ग्, ठ् ढ्, थ्, ध्, फ्, भ् आदि सभी स्पर्श-संघर्षी हो जाएँगे जो कि वे हैं नहीं। निष्कर्षतः इन्हें अल्पप्राण+ह् का गुच्छ नहीं माना जा सकता।

(ङ) ऑसिलोग्राफ़िक चित्रों से यह भी स्पष्ट है कि 'ह्' तथा 'महाप्राणत्व' एक नहीं हैं इन दोनों के चित्रों में अन्तर होता है। अतः महाप्राण व्यंजनों में द्वितीय सदस्य के रूप में 'ह्' की सत्ता स्वीकार्य नहीं है।

(11) हिन्दी के अपने शब्दों में आदि में तीन व्यंजनों का गुच्छ नहीं आता। स्त्री संस्कृत का है, किन्तु महाप्राण-युक्त ध्रुपद, छ्यासठ, छ्यानबे, फ्यास आदि आते हैं जिनमें महाप्राण हैं। यदि महाप्राण को दो का योग मानें तो ये तीन के हो जाएँगे, किन्तु मूल एक व्यंजन है संयुक्त नहीं।

ऊपर की बातें सभी महाप्राण व्यंजनों को लेकर कहीं गई थीं। संस्कृत, पालि, प्राकृत, अपभ्रंश की तुलना में हिन्दी में न्ह, म्ह, ल्ह महाप्राण ध्वनियाँ अतिरिक्त हैं। कुछ लोग हिन्दी में अन्य महाप्राण व्यंजनों को तो मूल व्यंजन मानने के पक्ष में हैं, किन्तु इन्हें क्रमशः न्, म, ल+ह का संयुक्त व्यंजन मानते हैं। इसके लिए जो कारण दिए जाते हैं वे निम्नांकित हैं : (क) अन्य महाप्राण तो शब्द के आदि में आते हैं, किन्तु कुछ संयुक्त व्यंजनों की तरह ये शब्द के आदि में कभी नहीं आते। (ख) अन्य महाप्राण एक सीमा तक संयुक्त व्यंजनों का निर्माण करते है किन्तु इनसे संयुक्त व्यंजनों का निर्माण नहीं होता। (ग) अन्य महाप्राण व्यंजनों की तुलना में कई संयुक्त व्यंजनों की तरह ही, इनका प्रयोग भी बहुत कम होता है। (घ) उच्चारण में अन्य महाप्राणों की तुलना में इनमें अधिक समय लगता है। (ङ) अक्षर-विभाजन में अन्य सभी महाप्राण व्यंजन अक्षुण्ण रहते हैं। वे पूरे के पूरे या तो शीर्षस्वर के पूर्व आते हैं या बाद में किन्तु नन्हा-जैसे शब्दों का अक्षर-विभाजन नन्+हाँ रूप में होता है, अर्थात् ये नये महाप्राण अक्षुण्ण नहीं रह पाते।

वस्तुतः ये पाँचों ही बातें बहुत प्रौढ़ आधारों पर स्थित नहीं हैं। जहाँ तक पहली बात का प्रश्न है, दो बातें कहीं जा सकती हैं। एक तो यह कि हिन्दी की बोलियों में न्हाना, म्हारो, ल्हास जैसे शब्द हैं, अतः परिनिष्ठित हिन्दी में न सही, वृहत्तर हिन्दी में आदि में ये मिलते हैं। दूसरे जहाँ तक तद्भव शब्दों में इनके आदि में आने का प्रश्न है, संयोग से जिन तत्सम व्यंजन-गुच्छों से इनका विकास हुआ था,

आदि स्थिति में संस्कृत में नहीं थे, अतः हिन्दी में भी, आदि स्थिति में, ये इसी ऐतिहासिक कारण से नहीं आए। 'ख', ग' के लिए भी, उपर्युक्त की भाँति ही ऐतिहासिक कारण हैं। जहाँ तक अधिक समय लगने का प्रश्न है, यह शायद इसलिए है कि स्पर्श व्यंजनों के विपरीत न्, म्, ल्, अनव्याहत (Continuant) ध्वनियाँ हैं। अन्तिम में नन्हाँ का विभाजन 'नन्-न्हाँ' रूप में होगा न कि 'नन्-हाँ' रूप में। वस्तुतः हिन्दी में न्ह, म्ह, ल्ह अन्य महाप्राणों की भाँति ही अक्षर-विभाजन में अक्षुण्ण रहते हैं (तु-म्हारा, आ-ल्हा)। इन्हें अलगाया नहीं जा सकता।

इस तरह जैसा कि पीछे भी कहा जा चुका है दोनों के पक्ष-विपक्ष में कहने के लिए काफ़ी गुंजाइश है और हिन्दी ध्वनियों पर विचार, इन दोनों ही मतों में, किसी को भी मानकर, किया जा सकता है, किन्तु हिन्दी ध्वनियों की स्वनिमिक व्यवस्था में संगति, विचार करने की दृष्टि से सुविधा तथा लाघव, आक्षरिक संरचना में महाप्राणों की मूल व्यंजन के समान स्थिति, तथा वितरण-सम्बन्धी विशेषताओं आदि के कारण महाप्राण व्यंजनों को मूल व्यंजन मानना ही अधिक समीचीन है।

अक्षर

'अक्षर' शब्द, सामान्य प्रयोग में वर्णचिह्न (हर्फ़, letter) के लिए चलता है, किन्तु हिन्दी भाषाशास्त्र में इसका प्रयोग अंग्रेज़ी शब्द सिलेब्ल (syllable) के पर्याय रूप में अर्थात् एक विशिष्ट अर्थ में होता है।

'अक्षर' की परिभाषा के विषय में काफ़ी विवाद रहा है। भारतीय तथा पश्चिमी विद्वानों ने अनेक प्रकार से इसे परिभाषित किया है, किन्तु वास्तविकता यह है कि कोई भी एक परिभाषा ऐसी नहीं है जो सभी दृष्टियों से सर्वमान्य हो। उस विवाद में न पड़ते हुए संक्षेप में अक्षर को कुछ इस प्रकार समझाया जा सकता है। फेफड़े हवा को खींचते है तो वह फूलता है तथा फिर वे सिकुड़ते है और हवा बाहर निकलती है। यह प्रक्रिया नियमित होती है। यही साँस का भीतर जाना और बाहर निकलना है। बाहर निकलती या भीतर आती साँस से एक बार में एक या एकाधिक जो ध्वनि या ध्वनियाँ उच्चरित होती हैं उनकी इकाई को अक्षर कहते हैं। दूसरे शब्दों में अक्षर एक ध्वनि या एकाधिक ध्वनियों की वह इकाई है जिसका उच्चारण एक झटके (एक चेस्टपल्स या हृत्स्पंद अथवा एक श्वास-उच्छलन) में होता है। इसमें एक शीर्ष[1] (प्रायः स्वर) अवश्य होता है। उसके पहले या बाद में एक या अधिक ध्वनियाँ (प्रायः व्यंजन), गह्वर रूप में आ भी सकते हैं और नहीं भी। उदाहरण के लिए हिन्दी 'आ' 'कम' 'क्रम' 'आम' 'आम्र' 'व्याप्त' शब्दों का उच्चारण करें तो हम पाएँगे कि इन सभी का उच्चारण एक-एक झटके से होता है। 'आ' में केवल स्वर अर्थात् 'शीर्ष'

1. शीर्ष (Peak) को 'अक्षर-शीर्ष' या 'केन्द्रक' (Nucleus) भी कहते हैं।
2. 'पूर्वगह्वर' अक्षर मे शीर्ष के पहले की ध्वनि या ध्वनियों को कहते हैं तथा, 'परगह्वर' बाद की ध्वनि या ध्वनियों को।

है, 'काम' में आ स्वर (शीर्ष) के पूर्व क् तथा बाद में म् व्यंजन (गह्वर) है, 'क्रम' में 'अ' स्वर के पूर्व दो व्यंजन (क, र) हैं, 'आम' में 'आ' स्वर के पूर्व कोई व्यंजन नहीं है केवल बाद में एक व्यंजन (म) है, 'आम्र' में 'आ' स्वर के बाद दो व्यंजन (म्, र) हैं, तथा 'व्याप्त' में 'आ' स्वर के पहले तथा बाद में दो-दो व्यंजन हैं। ये सभी शब्द एक-एक अक्षर के हैं। यह भी स्पष्ट है कि हर अक्षर में एक शीर्ष अवश्य होता है, पूर्व[2] और पर गह्वर हो भी सकते हैं, नहीं भी।

'अक्षर' के सम्बन्ध में निम्नांकित बातें द्रष्टव्य हैं :—

(क) अक्षर उच्चारण के स्तर पर स्वनिम से उच्चतर इकाई है। यह एक स्वनिम का भी हो सकता है (जैसे हिन्दी 'आ'—तू मेरे पास आ) तथा एकाधिक स्वनिमों (काम, श्याम, क्रूर, स्वास्थ्य) का भी।

(ख) अक्षर स्वनिम से उच्चतर इकाई है, किन्तु शब्द या रूप से छोटी इकाई है, क्योंकि यद्यपि एक अक्षर के भी शब्द (क्रम, मेज़, पान, नम) तथा रूप (ला, दो, पी, बैठ) होते हैं, किन्तु ऐसे भी बहुत सारे शब्द (व्यापारी, पिता, भाई, चौपाया) तथा रूप (बैठिए, उठो, पढ़ना, चलाया) होते हैं, जिनमें एकाधिक अक्षर होते हैं।

(ग) 'शीर्ष' अक्षर का शीर्ष अथवा सबसे मुखर भाग होता है। अक्षर में सबसे ऊँचा यही बोला जाता है, तथा सुनाई पड़ता है। यह प्रायः स्वर होता है। शाम, ईद, भोर, सुख में क्रमशः आ, ई, ओ, उ शीर्ष (केन्द्रक) हैं। अपवादतः कुछ भाषाओं में कुछ व्यंजन भी केन्द्रक का काम करते हैं, अतः अक्षर के निर्माण में समर्थ होते हैं। अंग्रेज़ी में bottle में l, button में n तथा bottom में m की यही स्थिति है। संस्कृत में ऋ, ऌ भी लगभग यही थीं। कभी-कभी स्वर भी 'गह्वर' का काम करते हैं और तब उनकी संज्ञा 'अर्धस्वर' होती है। हिन्दी में केवल स्वर ही अक्षर के केन्द्रक होते हैं तथा व्यंजन गह्वर।

(घ) शब्द या रूप में जितने अक्षर-शीर्ष या केन्द्रक (अर्थात् हिन्दी में जितने स्वर) होते हैं, उतने ही अक्षर भी होते हैं, जैसे 'आई' में दो स्वर, अतः दो केन्द्रक, अतः दो अक्षर; तो 'बैठाया' में तीन स्वर, अतः तीन केन्द्रक, अतः तीन अक्षर। 'चलाइए' में चार तो 'भगाइएगा' में पाँच।

(ङ) एकाधिक अक्षर के शब्दों में हर अक्षर के बीच छोटा-सा मौन (संगम या विराम) होता है। यह मौन दो शब्दों के बीच के मौन से छोटा होता है। जैसे दो शब्दों के बीच का मौन दो उपवाक्यों के बीच के मौन से या दो उपवाक्यों के बीच का मौन दो वाक्यों के बीच के मौन से। उदाहरण के लिए आया में 'आ' तथा 'या' के बीच में छोटा-सा संगम है तो व्यापारी से 'व्या' 'पा' 'री' के बीच में।

(च) अक्षर का कम से कम एक भाग होता है—केन्द्रक (शीर्ष) और अधिक से अधिक तीन—पूर्वगह्वर (onset), केन्द्रक, तथा परगह्वर (coda)। अक्षर इस दृष्टि से चार प्रकार के हो सकते हैं : (1) मात्र केन्द्रक (आ), (2) पूर्व गह्वर +

+केन्द्रक (जो, कि, तो, सा, दो, सौ), (3) केन्द्रक+परगह्वर (आज, ईख, एक, ओर), (4) पूर्वगह्वर+केन्द्रक+परगह्वर (काम, तीन, तुम, शोर)।

(छ) अक्षर एक दृष्टि से दो प्रकार के होते हैं : 1. शीर्षान्त अक्षर (open syllable), जिसके अन्त में शीर्ष हो। इसके दो उपप्रकार हो सकते हैं : (क) केवल शीर्ष जैसे आ—तू आ—; (ख) पूर्व गह्वर+केन्द्रक जैसे व, न, सा, का, कि, ले, तो सौ आदि। 2. गह्वरान्त अक्षर (closed)—जिसके अन्त में गह्वर (व्यंजन) हों। इसके भी दो उपप्रकार हैं : (क) पूर्वगह्वर+केन्द्रक+परकेन्द्रक जैसे हम, रोज़, नाम, सब; (ख) केन्द्रक+परगह्वर जैसे आज, अब, ईद, ऊन और।

हिन्दी में पूर्वगह्वर में एक व्यंजन (नाम), दो व्यंजन (क्रम, क्या, व्यर्थ, श्वेत), अथवा तीन व्यंजन (स्त्री, स्त्रैण); केन्द्रक में मूल स्वर (कब, काम, सिर, तेज़, शोर) अथवा संयुक्त स्वर (वैयाकरण); तथा परगह्वर में एक व्यंजन (आय, काम), दो व्यंजन (व्यर्थ, शब्द), तीन व्यंजन (स्वास्थ्य, कृच्छ्), अथवा चार व्यंजन (वर्त्स्य) हो सकते हैं।

यदि 'स' को स्वर का प्रतीक तथा 'व' को व्यंजन का प्रतीक मानकर तथा कोष्ठक को विकल्प द्योतक मानें तो उपर्युक्त विवरण के आधार पर हिन्दी अक्षर की संरचना संक्षेप में इस प्रकार संकेतित की जा सकती है—

(व व व) स (व व व व)

अर्थात् हिन्दी अक्षर में स्वर (केन्द्रक) अनिवार्य है। उसके पूर्व, व्यंजन पूर्व-गह्वर रूप में आ भी सकते हैं, नहीं भी। आएँगे तो उनकी संख्या एक, दो या तीन हो सकती है। स्वर (केन्द्रक) के बाद व्यंजन (परगह्वर रूप में) आ भी सकते हैं, नहीं भी। आएँगे तो उनकी संख्या एक, दो, तीन या अधिक-से-अधिक चार हो सकती है।

हिन्दी शब्दों में एक अक्षर के सबसे ज्यादा; दो अक्षर के उससे कम, तीन अक्षर के उससे भी कम, चार अक्षर के बहुत कम तथा पाँच अक्षर के बहुत ही कम होते हैं। इससे अधिक अक्षरों के शब्द अपवादतः[1] ही मिल सकते हैं।

हिन्दी शब्दों में आक्षरिक रचना की दृष्टि से कई प्रकार के साँचे (Pattern) मिलते हैं। उदाहरण के लिए स्वर के लिई **स** तथा व्यंजन के लिए **व** का प्रयोग करें तो हिन्दी में एकाक्षरी शब्दों के मुख्य साँचे हैं : **स** (आ, ओ, ऐ), **स व** (ईख, एक, और), **स व व** (अत्र, इत्र, अस्त), **स व व व** (अस्त्र, इन्द्र), **व स** (जा, ला, छू, तू, **व स व** (कम कील, दूर, दौड़), **व स व व** (शान्त, चित्र, पुत्र), **व स व व व** (वस्त्र, केन्द्र, सूक्ष्म), **व व स** (क्या, श्री, क्यों), **व व स व** (द्वार, प्रिय, क्रम, द्वेष), **व व स व व** (स्वस्थ, स्वार्थ, व्यग्र), **व व स व व व** (स्वास्थ्य), **व व व स** (स्त्री) तथा

---

1. छः अक्षरों के—अप्रामाणिकताओं, दियासलाइयों, शुक्लाभिसारिका।
सात अक्षरों का—चन्द्रिकाभिसारिका
आठ अक्षरों का—चन्द्रिकाभिसारिकाओं।

व स व व व व (वत्स्र्य) आदि। एकाक्षरी शब्दों में कुल साँचों की संख्या 16 से ऊपर है। इसी प्रकार द्व्यक्षरी शब्दों में पाए जाने वाले साँचों की संख्या लगभग 60 (जैसे **स स** : आओ; **स स व** : आउट; **स व स** : अभी, इसी, अणु; **स व स व** : इधर, अपार; **स व स व व** : आनन्द, एकत्र, आलस्य; **व स स** : भाई, हुई; **व स स व** : बाईस, तेईस आदि); त्र्यक्षरी की लगभग 80 (जैसे **स स स** : आइए, **व स व स स** : पढ़ाई, चढ़ाई, **स व स व स** : आज़ादी, उठाना; **स व स व स व व** : अतिरिक्त, अनिवार्य आदि); चतुरक्षरी में लगभग 100 (जैसे **स स स द स** : आएगा **स व स व स व स** : अभिमानी; **व स व स व स स** : कठिनाई आदि); तथा पचांक्षरी के लगभग 50 (जैसे **स व स व स व स ब व स** : अनुनासिकता; **स व स व स व व स व स व** : अपरिवर्तित आदि) हैं।

उच्चारण से भी आक्षरिक संरचना का संबंध है। इस दृष्टि से किसी भाषा के शब्दों को दो वर्गों में रखा जा सकता है : एकाक्षरी शब्द, अनेकाक्षरी शब्द।

एकाक्षरी शब्दों के उच्चारण में केवल एक बात ध्यान देने की है कि अक्षर का शीर्ष अधिक मुखर होता है। अक्षर के भीतर बलाघात हमेशा शीर्ष पर ही होता है, अत: उसका उच्चारण कुछ मुखर होना चाहिए।

जहाँ तक अनेकाक्षरी शब्दों का प्रश्न है, उनके ठीक उच्चारण के लिए दो बातें ध्यान देने की हैं।

एक तो यह कि अक्षर का विभाजन कहाँ करें। उच्चारण में विभाजन ठीक होना चाहिए, अन्यथा उच्चारण अशुद्ध हो जाता है। उदाहरण के लिए एक शब्द लें 'वक्ता'। इसमें दो अक्षर हैं। किन्तु बोलने वाला इसे 'व-क्ता' 'वक्-ता' 'वक्त्आ' इन तीन रूपों में आक्षरिक विभाजन करते हुए बोल सकता है। कहना न होगा कि हिन्दी में इसका शुद्ध उच्चारण दूसरा अर्थात् 'वक्-ता' है, अत: इसी रूप में इसे उच्चरित किया जाना चाहिए। इसी तरह 'पक्का' का उच्चारण 'पक्-का' न कि 'पक्क्-आ'; 'नदी' का 'न-दी' न कि 'नद्-ई' या 'पथिक' का 'प-थिक' न कि 'पथ्-इक' होगा। जहाँ आक्षरिक विभाजन होता है वहाँ वक्ता थोड़ी देर के लिए रुकता है, या वहाँ अत्यल्प-कालिक संगम (Juncture) होता है। उस मौन या संगम के अभाव में उच्चारण में अपेक्षित सहजता नहीं आती है। इसीलिए किसी भाषा को बोलने में इस बात का ध्यान रखना बहुत आवश्यक है कि उसके शब्दों का आक्षरिक विभाजन कहाँ या कहाँ-कहाँ करें।

हिन्दी में अक्षर-विभाजन स्वनिमिक या सार्थक तो है किन्तु कुछ ही शब्दों में। उदाहरण के लिए 'ना-प-ता' तो 'नापता' अर्थ का द्योतक है किन्तु 'नाप-ता', 'नाप' धातु का वर्तमानकालिक कृदंत है। 'मधुरता' का उच्चारण 'म-धुर-ता' (3 अक्षर) रूप में आक्षरिक विभाजन करते हुए करें तो यह 'मधुर' का भाववाचक संज्ञा रूप है, किन्तु म-धु-र-ता (4 अक्षर) रूप में करें तो इसका अर्थ होगा 'मधु में लीन या डूबी'। 'मानवता' का ठीक हिन्दी उच्चारण होगा 'मा-नव-ता', किन्तु इसे कोई

उच्चरित करें 'मान-व-ता' तो यह मानवती (नायिका) का जैसे पुल्लिग रूप लगेगा। इसी तरह 'न-वल-ता' तथा 'नव-ल-ता' आर्थी दृष्टि से एक नहीं हैं।

दूसरे, यह कि एकाधिक अक्षर के शब्द में किस अक्षर पर बोलते समय बल दें, अर्थात् बलाघात कहाँ रखें। यह ध्यान देने की बात है कि हर अक्षर पर बलाघात होता है, किन्तु प्रायः एक पर अधिक होता है, तो दूसरे पर कम। यदि शब्द तीन अक्षरों का हुआ तो बलाघात की दृष्टि से उसकी तीन श्रेणियाँ होंगी : प्रथम या मुख्य बलाघातयुक्त, द्वितोय या गौण बलाघातयुक्त, तथा तृतीय बलाघातयुक्त। इसी प्रकार चार अक्षर या पाँच अक्षर के शब्दों में क्रमशः चार और पाँच श्रेणियाँ होंगी। हिन्दी बलाघात-प्रधान भाषा नहीं है, अतः उसमें बलाघात बहुत महत्त्वपूर्ण तो नहीं है, किन्तु शुद्ध और सहज उच्चारण के लिए कम-से-कम अनेकाक्षरी शब्दों में यह ध्यान रखना आवश्यक है कि मुख्य बलाघात किस पर है। उदाहरण के लिए 'अप्रामाणिकता' शब्द का उच्चारण होगा 'अप्-प्रा-मा-णिक्-ता' (5 अक्षर) तथा इसमें बलाघात होगा 'णिक्' अक्षर पर। 'मा', 'प्रा' या 'ता' आदि किसी अन्य अक्षर पर बल देने से 'उच्चारण' हिन्दी की प्रकृति के अनुकूल नहीं होगा।

हिन्दी के अनेकानेकाक्षरी शब्दों में अक्षर-विभाजन के कुछ मुख्य नियम ये हैं :—

(1) शब्द के आरम्भ में एक या एकाधिक जितने भी व्यंजन हों, आगामी स्वर के साथ मिलकर अक्षर की रचना करते हैं :—

(क) कमल (क-मल)।

(ख) प्रेमी (प्रे-मी), त्यागी (त्या-गी), क्रमिक (क्र-मिक्), प्यारा (प्या-रा)।

(ग) स्त्रैणता (स्त्रैण्-ता)।

(2) शब्द के अन्त में एक या अधिक जितने भी व्यंजन हों, पूर्ववर्ती स्वर के साथ मिलकर अक्षर की रचना करते हैं :—

(क) अत्याचार (अत्-त्या-चार्), सोयाबीन (सो-या-बीन्), काल्पनिक (काल्-प-निक्)।

(ख) विभक्त (वि-भक्त्), अन्यत्र (अन्-न्यत्र्), उपवाक्य (उप्-वाक्य्)।

(ग) सुस्वास्थ्य (सु-स्वास्थ्य्), निर्वस्त्र (निर्-वस्त्र्), उपलक्ष्य (उप्-लक्ष्य्)।

(3) शब्द के बीच का मूल व्यंजन आगामी स्वर के साथ जाता है : गला (ग-ला), सादा (सा-दा), पीता (पी-ता), बेटी (बे-टी)।

(4) शब्द के बीच में यदि एक से अधिक व्यंजन एक साथ आएँ तो वे चाहे व्यंजन अनुक्रम हों या संयुक्त व्यंजन, पहला व्यंजन अपने पूर्ववर्ती स्वर के साथ जाता है तथा वाद के व्यंजन (वे एक हों या अधिक) परवर्ती स्वर के साथ जाते हैं :

(क) चलता (चल्-ता), शारदा (शार्-दा), भीगती (भीग्-ती)।

(ख) (I) वक्ता (वक्-ता), आत्मा (आत्-मा) अन्दर (अन्-दर्), शिक्षार्थी (शिक्-शार्-थी)।

(II) यक्ष्मा (यक्-श्मा), आर्द्रता (आर्-द्र-ता)।

इस प्रसंग में यह बात ध्यान देने की है कि न्ह, म्ह, ल्ह संयुक्त व्यंजन न होकर मूल हैं, ये क्रमशः न, म, ल के महाप्राण रूप हैं। वर्तनी के भ्रम में पड़कर कन्हैया (क-न्हैया), कुम्हार (कु-म्हार), तुम्हारा (तु-म्हा-रा), आल्हा (आ-ल्हा) जैसे शब्दों का आक्षरिक विभाजन उपर्युक्त नियम के अनुसार नहीं करना चाहिए।

(5) शब्द के मध्य में य, र, ल, व के पूर्व कोई व्यंजन हो तथा दोनों मिलकर संयुक्त बनाते हों और उनके बाद कोई स्वर हो तो—

(क) उसके अल्पप्राण होने पर उच्चारण में उसका दीर्घ या द्वित्व रूप हो जाता है।

(ख) उसके महाप्राण होने पर उच्चारण में उसके पूर्व उसी का एक अल्पप्राण रूप आ जाता है;

इस तरह इन 'क' 'ख' दोनों ही स्थितियों में तीन व्यंजन के गुच्छ (दीर्घ व्यंजन+य आदि, या अल्पप्राण+महाप्राण+य आदि) हो जाते हैं, अतः उपर्युक्त चौथा नियम लागू होता है। अर्थात् पहला व्यंजन पूर्ववर्ती स्वर के साथ उच्चरित होता है तथा शेष परवर्ती के साथ :

(क) अन्याय (अन्-न्याय), विद्या (विद्-द्या), उपन्यास (उ-पन्-न्यास), विक्रम (विक्-क्रम्), बिक्री (बिक्+क्री), पुत्रेष्टि (पुत्-त्रेष्टि), सत्रांत (सत्-त्रांत्), अम्लान (अम्-म्लान्), भारद्वाज, (भा-रद्-द्वाज्), विद्वान (विद्-द्वान्), अन्वय (अन्-न्वय्)।

(ख) विख्यात (विक्-ख्यात्), अध्यापक (अद्-ध्या-पक्), अभ्यास (अब्-भ्यास्), अध्ययन (अद्-ध्य-यन्)।

ब्रम्हा, नन्हा, खम्हा जैसे साँचे के शब्द अपवादतः उच्चारण में ब्रम्म्हा, नन्न्हा खम्म्हा हैं, और इनमें आक्षरिक विभाजन क्रमशः ब्रम्-म्हा, नन्-न्हा, खम्-म्हा रूप में होता है। यह उल्लेख्य है कि उच्चारण की यह विशेषता केवल संयुक्त व्यंजनों के पूर्व आती है, व्यंजन-अनुक्रम (विधवा, अथवा, सधवा, कमरा) के पूर्व नहीं।

एकाक्षरी व्यंजनांत शब्दों में यदि अन्त में कोई 'अ' का उच्चारण करे, जैसा कि बहुत-से संस्कृत परम्परा के लोग करते हैं, तो वे दो अक्षरों के शब्द हो जाते हैं और उनमें भी यह विशेषता आ जाती है : उम्र (उम्-म्र), सभ्य (सब्-भ्य), अन्य (अन्-न्य)। किन्तु सामान्यतः इनका उच्चारण एकाक्षरी ही होता है, और तब द्वित्व या अल्पप्राण का आगम नहीं होता।

आर्थी या व्यांकरणिक दो भाषिक इकाइयाँ मिलती हैं तो यह आवश्यक नहीं कि दोनों की सीमा पर ही आक्षरिक विभाजन हो। कभी तो दोनों मिलकर एक अक्षर (विज्ञ, अज्ञ, अज), बन जाते हैं, कभी दोनों की सीमा पर ही आक्षरिक विभाजन

होता है (सुन्दर-ता, डाक-ख़ाना, राम-राज्य, डाक-गाड़ी, अ-सह्य, स-पूत, क-पूत) और कभी मूल इकाइयों के आक्षरिक विभाजन से उनसे बने शब्द का आक्षरिक विभाजन बदल जाता है (जा-पान्+ई=जा-पा-नी ; अ-ति+उ-क्ति=अत्-त्यु-क्ति; अन्+आ-चार=अ-ना-चार; अ-ति+आ-चार=अत्-त्या-चार, ज़िला+अ-धीश= ज़ि-ला-धीश, घो-ड़ा+दौड़=घुड़-दौड़), और कभी-कभी अक्षर की संख्या में भी परिवर्तन हो जाता है। उदाहरण के लिए ज़िला+अधीश में चार अक्षर है तो ज़िला-धीश में तीन या घोड़ा+दौड़ मे तीन हे तो घुड़दौड़ में दो। इसका कारण यह है कि उन इकाइयों के मिलने से जो नया शब्द बनता है उस पर भाषा के आक्षरिक साँचे के अनुसार फिर से आक्षरिक विभाजन के नियम लागू होते है।

हिन्दी के लगभग पूरे शब्द-भंडार का, आक्षरिक विभाजन की दृष्टि से उच्चारण एक होता है, किन्तु अपवादतः कुछ शब्द ऐसे भी है जिनके विभिन्न क्षेत्रों में प्रचलित उच्चारण में आक्षरिक विभाजन की दृष्टि से अन्तर है। उदाहरण के लिए 'आमदनी' को 'आम्-द-नी' भी बोलते हैं, 'आ-मद-नी' भी। इसी तरह 'मतलबी' 'मत्-ल-बी' भी बोला जाता है और 'म-तल्बी' भी, या 'छिपकली' का उच्चारण 'छिप्-क-ली' भी होता है 'छि-पक्-ली' भी।

हिन्दी में समवेत रूप से मेरे अपने विश्लेषण के अनुसार शब्दों के आक्षरिक साँचे लगभग 300 हैं।

बलाघात

बोलने में प्रायः ऐसा देखा जाता है कि उच्चार (utterance) के हर भाग पर बराबर बल नहीं दिया जाता। वाक्य में कभी एक शब्द पर बल अधिक होता है, तो कभी दूसरे पर। इसी तरह शब्द मे कभी एक अक्षर पर बल अधिक दिया जाता है तो कभी दूसरे पर, या अक्षर में पूर्वगह्वर और परगह्वर पर बल कम दिया जाता है तो शीर्ष पर अधिक। उच्चारण के इस बल को ही 'बलाघात' (stress) कहते हैं। अस्फोटित स्पर्श (unexploded stop), जैसे पाप् का 'प्'— जैसे कुछ अपवादो को छोड़ दें, तो मोटे रूप में यह कहा जा सकता है कि उच्चारण के हर अंश पर कुछ-न-कुछ बलाघात अवश्य होता है, किन्तु भाषाविज्ञान में बलाघात की बात तुलनात्मक आधार पर की जाती है। अर्थात् जब हम कहते हैं कि अमुक शब्द के अमुक अक्षर पर बलाघात है, तो उसका वास्तविक अर्थ यह होता है कि उस शब्द के अन्य अक्षरों की तुलना में उस अक्षर पर बलाघात अधिक है। बलाघात उस शक्ति का परिणाम होता है, जिससे उच्चार के किसी खंड का उच्चारण किया जाता है। यह शक्ति मूलतः दो बातों पर आधारित होती है :

(क) उसके उच्चारण में फेफड़ों से हवा कितनी शक्ति से आ रही है;

(ख) उसके उच्चारण के समय उच्चारण-अवयवों में कितना तनाव (tension) है।

इसका आशय यह हुआ कि जब हम यह कहते हैं कि अमुक शब्द के अमुक अक्षर पर बलाघात है तो उसका अर्थ यह होता है कि उसके उच्चारण में अन्यों की तुलना में हवा अधिक शक्ति से आ रही है तथा उसके उच्चारण के समय उच्चारण-अवयवों को अपेक्षाकृत अधिक दृढ़ रखा जा रहा हैं, या उच्चारण-अवयव की मांसपेशियाँ अधिक कड़ी हैं।

भाषाविज्ञान में प्रायः बलाघात के प्रसंग मे 'अक्षर बलाघात' का ही उल्लेख किया जाता है। यों मैंने (दे० मेरी पुस्तक 'भाषाविज्ञान' में 'ध्वनिविज्ञान' में 'बलाघात' शीर्षक अंश) बलाघात के **ध्वनि बलाघात** (यह 'अक्षर' में स्वर पर होता है। जैसे 'घास' में 'आ' पर या 'तीर' में 'ई' पर), **शब्द बलाघात** (वाक्य में किसी एक शब्द पर। जैसे मुझे **एक** खिड़की वाला मकान चाहिए—(ख) मुझे एक **खिड़की** वाला मकान चाहिए। दोनों वाक्यों में शब्द बलाघात के कारण अंतर है। 'क' में 'एक' पर बलाघात है और इसका अर्थ है ऐसा मकान जिसमें एक 'खिड़की' हो। 'ख' में 'खिड़की' पर बल है, अतः इसका अर्थ है खिड़की वाला या हवादार), वाक्यांश-बलाघात तथा वाक्य-बलाघात भी माना है।

तो सामान्यतः 'बलाघात' का अर्थ 'अक्षर-बलाघात' ही लिया जाता है। जैसे 'संसार' में 'सार' पर बलाघात है तो 'हमारा' में 'मा' पर तथा 'पलीता' में 'ली' पर। जब किसी शब्द में एक से अधिक अक्षर हों तो उनमें कोई एक बलाघात-युक्त होता है। यों और गहराई से देखें तो ऐसा भी कहा जा सकता है कि दो अक्षर-युक्त शब्द में एक अक्षर पर मुख्य बलाघात होता है, तथा दूसरे पर गौण (जैसे 'गाया' में 'गा' पर मुख्य बलाघात है तो 'या' पर गौण), तीन अक्षरयुक्त शब्द में एक अक्षर पर उच्च या प्रथम बलाघात होता है तो दूसरे पर मध्यम या द्वितीय बलाघात, तथा तीसरे पर निम्न या तृतीय बलाघात। ऐसे ही चार अक्षर-युक्त शब्द में चतुर्थ या प्रनिम्न बलाघात भी देखा जा सकता है। अंग्रेज़ी आदि बलाघात-प्रधान भाषाओं में शब्द में दो-तीन या और भी अधिक अक्षर-बलाघातों की चर्चा प्रायः होती है (उदाहरण के लिए opportunity में पाँच अक्षर हैं, जिनमें तीसरे अक्षर पर प्रथम बलाघात, पहले पर द्वितीय, पाँचवें पर तृतीय, दूसरे पर चतुर्थ और चौथे पर पंचम है), किन्तु हिन्दी में न तो बलाघात इस स्तर पर सार्थक है और न अंग्रेज़ी आदि की भाँति बहुत स्पष्ट और तीव्र है, अतः इसके प्रसंग में केवल एक (मुख्य या प्रथम) बलाघात की चर्चा ही पर्याप्त समझी जाती है। यों हिन्दी में भी यदि कोई एक शब्द के एकाधिक अक्षर-बलाघातों में अन्तर करना चाहें तो कर सकते हैं। उदाहरण के लिए 'मुसलमान' में 'मान' पर प्रथम या मुख्य बलाघात है, 'सल्' पर दूसरा, तथा 'मु' पर तीसरा। हिन्दी में अक्षर-बलाघात अनुमेय (predictable) है। आगे इसके नियम विस्तार से दिए गए हैं।

बलाघात और अर्थ

अनेक भाषाओं में बलाघात का संबंध अर्थ से होता है। उदाहरण के लिए अंग्रेज़ी में शनेक शब्दों का व्याकरणिक अर्थ अक्षर-बलाघात से संबंधित है। present में यदि pre पर बलाघात है तो यह संज्ञा है, किन्तु यदि sent पर है तो यह क्रिया है। अनेक अन्य अंग्रेज़ी शब्द भी प्रथम अक्षर पर बलाघात होने पर संज्ञा तथा दूसरे पर बलाघात होने पर क्रिया होते हैं। हिन्दी में ध्वनि तथा अक्षर-बलाघात का संबंध प्रायः अर्थ से नहीं होता। इनकी सार्थकता केवल यह है कि उन पर हिन्दी का ध्वन्यात्मक प्रवाह निर्भर करता है। ग़लत अक्षर पर बलाघात, हिन्दी शब्द को उच्चारण की दृष्टि से अस्वाभाविक बना देता है। इसीलिए, सहज प्रवाह से बोलने के लिए यह आवश्यक है कि हिन्दी में ध्वनि तथा तथा अक्षर-बलाघात का वक्ता को ज्ञान हो। विदेशियों द्वारा बोली गई हिन्दी, अन्य अनेक बातों के अतिरिक्त, अशुद्ध बलाघात के कारण भी, हिन्दी-भाषी की हिंन्दी से अलग होती है। शेष तीन स्तरों—अर्थात् शब्द, वाक्यांश तथा वाक्य—पर हिन्दी में बलाघात सार्थक होता है।

बलाघातों का ध्वनियों पर प्रभाव

बलाघात का प्रभाव एक तो उस ध्वनि पर पड़ता है जिस पर बलाघात होता है, दूसरे आस-पास की अन्य ध्वनियों पर भी पड़ता है। यहाँ दोनों को अलग-अलग लिया जा रहा है :

बलाघातित ध्वनि पर प्रभाव—(1) ध्वनियाँ दो प्रकार की होती हैं : (क) दृढ़ (fortis), (ख) शिथिल (lenis)। जिस ध्वनि पर बलाघात पड़ता है, यदि वह मूलतः शिथिल है तो कुछ दृढ़ हो जाती है तथा यदि दृढ़ है तो दृढ़तर हो जाती है। उदाहरण के लिए हिन्दी में अ, इ, उ' शिथिल हैं। 'समिति' शब्द में 'मि' अक्षर पर बलाघात है, अतः 'स' के 'अ' तथा 'ति' के 'इ' की तुलना में 'मि' की 'इ' कुछ दृढ़ है। इसी प्रकार 'आ' मूलतः दृढ़ है, किन्तु 'आवारा' में 'वा' पर बलाघात होने के कारण 'वा' का 'आ' शेष दो आ-ओं से दृढ़तर है। (2) बलाघात के कारण ध्वनि की मात्रा भी कुछ बढ़ जाती है। ह्रस्व स्वर में कुछ दीर्घता आ जाती है अर्थात दीर्घ दीर्घतर हो जाता है। 'समिति' की पहली 'इ' या 'आवारा' के दूसरे 'आ' मे यह बात भी देखी जा सकती है। किन्तु ह्रस्व स्वर इतना दीर्घ नहीं हो जाता कि वह उस स्वर का दीर्घ रूप सुनाई पड़े। अर्थात् 'इ' का 'ई' या 'उ' का 'ऊ' नहीं हो जाता। (3) बलाघातित अक्षर की अल्पप्राण ध्वनि हवा की तेज़ी तथा आधिक्य के कारण कभी-कभी कुछ महाप्राण जैसी सुनाई पड़ती है। जैसे 'क्या है' का 'ख्या है।' (5) बलाघात के कारण बलाघातित ध्वनि अपेक्षाकृत अधिक मुखर (sonorous) हो जाती है, अतः वह अपेक्षाकृत अधिक दूर तक सुनाई पड़ती है। अन्य ध्वनियों की तुलना में उसकी श्रवणीयता बढ़ जाती है, वह prominent हो जाती है। उदाहरण के लिए 'तातारी'

में दूसरे 'ता' की यही स्थिति है। (5) वाक्य में बलाघात के कारण उक्त अक्षर का अनुतान सामान्य से कुछ अधिक ऊँचा हो जाता है। (6) बलाघातित अक्षर का अल्प-प्राण व्यंजन कभी-कभी दीर्घ हो जाता है तथा महाप्राण के पूर्व उसका अल्पप्राण रूप आ जाता है :—

उसके बाद उसने ऐसा **गाना** गाया (ग्गाना गाया)।

उसकी तो **छाती** पर चढ़कर लूंगा (च्छाती पर)।

अन्य ध्वनियों पर प्रभाव—बलाघात का प्रभाव बलाघातित ध्वनि की तुलना में आस-पास की अन्य ध्वनियों पर ठीक उल्टा पड़ता है : (1) दृढ़ ध्वनि कुछ शिथिल हो जाती है ('आवारा' में पहला 'आ' कुछ शिथिल तथा अंतिम और भी शिथिल है) तथा शिथिल ध्वनि ('समिति' की अंतिम इ काफ़ी शिथिल है) और भी शिथिल। (2) मात्रा में भी कमी आ जाती है। दीर्घ स्वर कुछ ह्रस्वीकृत हो जाता है (जैसे आवारा में 'रा' का 'आ') तथा ह्रस्व और भी ह्रस्व (जैसे 'समिति' में 'ति' की 'इ')। (3) महाप्राण ध्वनि की महाप्राणता कम हो जाती है। उदाहरणार्थ 'ठठेरा' में 'ठ' की महाप्राणता 'ठे' से कम है। (4) आस-पास की ध्वनियाँ अपने सामान्य रूप की तुलना में कम मुखर, तथा कम श्रवणीय (prominent भी) हो जाती हैं। (5) आस-पास के अक्षरों का अनुतान कुछ नीचा हो जाता है।

हिन्दी में आक्षरिक बलाघात

हिन्दी में आक्षरिक बलाघात निरर्थक या अस्वनिमिक है। इसके कारण शब्द के अर्थ में कोई अंतर नहीं पड़ता। इसका संबंध भाषा के सहज उच्चारण से ही है। प्राय: हर शब्द में इसका स्थान निश्चित है, इस तरह यह अनुमेय है। अंग्रेज़ी आदि कई भाषाओं में प्राप्त सार्थक या स्वनिमिक बलाघात की तुलना में हिन्दी का यह बलाघात काफ़ी अशक्त है। उन भाषाओं का द्वितीयक (secondary) बलाघात हिन्दी के प्राथमिक (primary) के बराबर होता है। अर्थात् अंग्रेज़ी के प्राथमिक बलाघात जितना सशक्त आक्षरिक बलाघात हिन्दी में नहीं है, अंग्रेज़ी का द्वितीयक बलाघात, हिन्दी के प्राथमिक के लगभग समान है, और इसी तरह अंग्रेज़ी के तृतीयक, चतुर्थक क्रमश: हिन्दी के द्वितीयक, तृतीयक के समान हैं।

हिन्दी बलाघात पर काफ़ी लोगों ने पुस्तकों या लेखों में विचार किया है, जिनमें कामता प्रसाद गुरु, आर्येन्द्र शर्मा, भोलानाथ तिवारी तथा अशोक केलकर आदि के नाम लिए जा सकते हैं। यह उल्लेख्य है कि इनमें किन्हीं भी दो में मतैक्य नहीं है। हिन्दी भाषा के ध्वनिग्रामिक सर्वेक्षण में तथा पूना, उदयपुर, देहरादून, भुवनेश्वर, बनारस आदि में होने वाले हिन्दी माध्यम के ग्रीष्म पाठशालाओं के माध्यम से लगभग पूरे हिन्दी-भाषी क्षेत्र के विभिन्न वर्गों के लोगों से प्रस्तुत पंक्तियों के लेखक को मिलने का तथा हिन्दी बलाघात पर फिर से विचार करने का अवसर मिला। मैंने पाया कि उपर्युक्त

में किसी के भी नियम पूरे हिन्दी प्रदेश पर पूर्णतः लागू नहीं होते। उदाहरण के लिए 'हिन्दी भाषा' में मेरे द्वारा दिए गए नियमों में एक नियम यह है कि किसी अनेकाक्षरी शब्द के सभी अक्षर ह्रस्व हों तथा किसी एक अक्षर में विसर्ग, ह या महाप्राण हो, तो बलाघात उसी अक्षर पर होगा, चाहे उसकी स्थिति कुछ भी क्यों न हो। उदाहरण के लिए विरह, अंतःकरण, वस्तुतः धरणि, लघु में क्रमशः रह, तः, ध, घु पर बलाघात होगा। अब मैंने पाया कि कुछ लोगों के उच्चारण में तो यह बात है, किन्तु काफ़ी लोगों के उच्चारण में ऐसा नहीं भी है। कुछ लोगों के उच्चारण में महाप्राणता की मुखरता से उस अक्षर के बलाघातयुक्त होने का भ्रम भी होता जान पड़ा। ऐसे ही आर्येन्द्र शर्मा ने 'वारदात' में 'दात' पर बलाघात माना है, किन्तु मुझे ऐसे लोग बहुत ही कम मिले। अधिकांश के उच्चारण में बलाघात 'वार' पर मिला। उन्होंने 'रोज़-गार' में 'गार' पर बलाघात माना है, किन्तु मुझे लगभग 90 प्रतिशत उच्चारणों में ऐसे ढाँचे वाले शब्दों में प्रथम पर ही बलाघात मिला। 'पंचपात्र' जैसे शब्दों में केलकर के अनुसार 'पंच' पर बलाघात होगा, किन्तु मुझे काफ़ी लोगों के उच्चारण में 'पात्र' पर मिला।

मैंने 'हिन्दी भाषा' (1966) में लिखा था कि नकारात्मक या विपरीतार्थक उपसर्गों से युक्त शब्दों में कुछ लोग (कभी-कभी सभी लोग, जब प्रयोग की आवश्यकतानुसार इस पर बल देना अपेक्षित हो) उपसर्ग या उपसर्गयुक्त अक्षर पर बल देते हैं। उदाहरण के लिए बेकार, नालायक, असुंदर, नाबालिग, अप्रमाणिक, तथा अव्यावहारिक में क्रमशः **बे, ना, अ, ना, अप्** (उच्चारण में अप्प्रामाणिक) तथा **अव्** (उच्चारण में अव्व्यावहारिक) पर। काफ़ी लोगों के उच्चारण में यह बात नहीं भी मिली, किन्तु समवेततः इस बात में परिवर्तन की आवश्यकता मुझे नहीं लगी।

हिन्दी में बलाघात अक्षर-विभाजन और अक्षर की ह्रस्वता-दीर्घता से सम्बद्ध है। अक्षर-विभाजन पर पीछे विचार किया जा चुका है। हिन्दी अक्षर ह्रस्वता-दीर्घता की दृष्टि से चार प्रकार के होते हैं :

(क) **ह्रस्व** : यह केवल ह्रस्व स्वर का होता है। इसके पूर्व एक या अधिक व्यंजन आ भी सकते हैं, नहीं भी। उदाहरण के लिए 'इसी' में 'इ' (केवल ह्रस्व स्वर), किस में कि' (व्यंजन ह्रस्व स्वर), 'क्रिया' में 'क्रि' (व्यंजन + व्यंजन + ह्रस्व स्वर) ह्रस्व अक्षर हैं।

(ख) **मध्यम** : इसमें दो प्रकार के अक्षर आते हैं :

(1) जिनमें ह्रस्व स्वर हो तथा उसके बाद एक व्यंजन हो। स्वर के पूर्व एक या अधिक व्यंजन आ भी सकते हैं, नहीं भी। उदाहरण के लिए 'उसका' में 'उस' (ह्रस्व स्वर + व्यंजन), 'किसका' में 'किस' (व्यंजन + ह्रस्व स्वर + व्यंजन), सर्वप्रियता में 'प्रिय' (व्यंजन + व्यंजन + ह्रस्व स्वर + व्यंजन) आदि।

(2) केवल दीर्घ स्वर हो। उसके पूर्व एक या अधिक व्यंजन आ भी सकते

हैं, नहीं भी। जैसे 'ऐतिहासिक' में 'ऐ' (केवल दीर्घ स्वर), 'कहा' में 'हा' (व्यंजन + दीर्घ स्वर) तथा 'व्यापारी' में 'व्या' (व्यंजन + व्यंजन + दीर्घ स्वर) आदि।

(ग) **दीर्घ** : इसमें भी दो प्रकार के अक्षर आते हैं :

(1) जिनमें ह्रस्व स्वर हो तथा उसके बाद संयुक्त या दीर्घ (द्वित्व) व्यंजन हो। स्वर के पूर्व एक या अधिक व्यंजन आ भी सकते हैं, नहीं भी। उदाहरण के लिए 'अर्थयुक्त' में 'अर्थ' (ह्रस्व स्वर + व्यंजन + व्यंजन) तथा 'युक्त' (व्यंजन + ह्रस्व स्वर + व्यंजन + व्यंजन) या 'अव्यक्त' में 'व्यक्त' (व्यंजन + व्यंजन + ह्रस्व स्वर + व्यंजन + व्यंजन) आदि।

(2) जिनमें दीर्घ स्वर हो तथा उसके बाद मूल व्यंजन हो। स्वर के पूर्व एक या अधिक व्यंजन आ भी सकते हैं, नहीं भी। जैसे 'आबपाशी' में 'आब' (दीर्घ स्वर व्यंजन) या 'राजधानी' में 'राज' (व्यंजन + दीर्घ स्वर + व्यंजन) या 'त्याग-पूर्ण' में 'त्याग' (व्यंजन + व्यंजन + दीर्घ स्वर + व्यंजन) आदि।

(घ) **अतिदीर्घ** : इसमें दीर्घ स्वर तथा उसके बाद संयुक्त या दीर्घ (द्वित्व) व्यंजन आते हैं। स्वर के पूर्व व्यंजन आ भी सकता है, नहीं भी। उदाहरण के लिए 'आप्त' (दीर्घ स्वर + व्यंजन + व्यंजन), 'अपरिहार्य' में 'हार्य' (व्यंजन + दीर्घ + स्वर व्यंजन व्यंजन), व्याप्त (व्यंजन + यंजन दीर्घ स्वर + व्यंजन व्यजन) या 'सुस्वास्थ्य' में 'स्वास्थ्य' (व्यंजन + व्यंजन + दीर्घ स्वर + व्यंजन + व्यंजन + व्यंजन) आदि।

एकाक्षरी शब्द में तो बलाघात उसी अक्षर पर होता है, अतः समस्या केवल एकाधिकाक्षरी शब्दों की है। उनके लिए निम्नांकित नियम दिए जा सकते हैं :

(1) यदि किसी शब्द के सभी अक्षर ह्रस्व, मध्यम, दीर्घ या अतिदीर्घ हों तो बलाघात (**काले टाइप में**) उपांत्य अर्थात् अन्तिम से पहले वाले अक्षर पर होता है : **कम्**-ला, **उल्**-लू, **क**-टु, स-**मि**-ति, आ-**भा**-री, सा-**ला**-ना, **कम्**-बल, **अर्थ**-युक्त, **रोज़**-गार।

(2) यदि एक ही अक्षर मध्यम हो, और शेष ह्रस्व हों तो बलाघात मध्यम पर (कि-सी अ-**मिट** प-रि-**चित**); यदि एक ही अक्षर दीर्घ हो और शेष लघु या मध्यम हों तो बलाघात दीर्घ पर (क-**पूत**, अ-**पार**, अ-**भिन्न**, स्व-**तन्त्र** आ-**नन्द**, सा-**कार**); और यदि एक ही अक्षर अति दीर्घ हो तथा शेष ह्रस्व, मध्यम या दीर्घ हों तो बलाघात अतिदीर्घ पर (अ-प-रि-**हार्य**, अ-**व्याप्त**, पंच-**पात्र**) होता है।

(3) यदि शब्द के एकाधिक अक्षर अति दीर्घ हों और इनमें कोई एक उपांत्य हो तो बलाघात उसी पर होगा। यदि उनमें उपांत्य कोई न हो तो बलाघात उसके पूर्व निकटतम अतिदीर्घ पर होता है। यदि अतिदीर्घ कोई न हो और एकाधिक दीर्घ हों तो उपांत्य दीर्घ पर, या यदि उपांत्य दीर्घ न हो तो उसके पूर्व निकटतम दीर्घ पर बलाघात होता है। इसी प्रकार यदि अतिदीर्घ तथा दीर्घ न हों तथा एकाधिक मध्यम हों तो उपांत्य मध्यम पर या यदि उपांत्य मध्यम न हो तो उसके पूर्व निकटतम

मध्यम पर बलाघात होता है। उदाहरणार्थ : रे-डि-यो, का-री-ग-री, स-फ़ा-या, सन्-श-या-लु, आ-सक्-ति, अ-ना-वृष्-टि, वा-टिका।

यहाँ एक बार फिर इस बात की ओर ध्यान दिलाना आवश्यक है कि हिन्दी प्रदेश काफ़ी बड़ा है और उसमें अन्य अनेक भाषिक नियमों की तरह बलाघात में भी एकरूपता नहीं है। ऊपर आर्येन्द्र शर्मा, केलकर या भोलानाथ तिवारी के जिन नियमों की ओर संकेत किया गया है वे कहीं भी न मिलते हों, ऐसी बात नहीं है। कहना केवल यह है कि समवेततः हिन्दी भाषी जनता के काफ़ी बड़े भाग के आज के उच्चारण में बलाघात के ये ही नियम मुझे मिले हैं।

शब्द-रचना और बलाघात

किसी शब्द से जब दूसरा शब्द या पद बनता है तो आवश्यक नहीं कि मूल शब्द का बलाघात अपरिवर्तित रहे। कभी तो वह ज्यों-का-त्यों रहता है (मधुर, म-धुर-ता) और कभी परिवर्तित (सुन्-दर, सुन्-दर-ता) हो जाता है। इसका आशय यह है कि मूल शब्द के उच्चारण में प्रयुक्त बलाघात का ही आँख मूँदकर प्रयोग उससे बने शब्द के उच्चारण में नहीं करना चाहिए। उससे निर्मित शब्द या पद पर उपर्युक्त नियमों के अनुसार फिर से विचार करके बलाघात का निर्णय किया जाना चाहिए।

अनुतान

जब हम बोलते हैं तो प्रायः हमारे वाक्य आदि से अन्त तक एक लहजे में नहीं होते। कहीं उतार होता है तो कहीं चढ़ाव। इसी उतार-चढ़ाव या आरोह-अवरोह को अनुतान (Intonation) या सुरलहर कहते हैं। उदाहरण के लिए—

राम—यह कपड़ा कितने का है ?
श्याम—चार रुपए का।
राम—चार रुपए का !
श्याम—हाँ, तुम्हें आश्चर्य क्यों हो रहा है ?

यहाँ श्याम द्वारा कहा गया 'चार रुपए का' तथा राम द्वारा कहा गया 'चार रुपए का' एक लहजे में नहीं हैं। श्याम के कथन में 'चार रुपए' एक लहजे में है तो 'का' का लहजा कुछ गिर गया है। इसके विपरीत राम के कथन में 'चार' का लहजा बहुत ऊँचा है तथा 'रुपए का' का लहजा क्रमशः गिरता गया है।

बोलने में घोष और अघोष दोनों ही प्रकार की ध्वनियों का प्रयोग होता है। हर घोष ध्वनि में स्वरतंत्रियों में कंपन होता है। किसी घोष ध्वनि के उच्चारण में स्वरतंत्रियों में होने वाले कंपन की प्रति सैकेंड आवृत्ति (Per second frequeney of vibration) उस ध्वनि का सुर (pitch) कहलाती है। जब लगातार कई घोष ध्वनियाँ उच्चरित होती हैं, तो उनके (लगातार कई) सुर मिलकर सुरलहर या अनुतान कहलाते हैं। उदाहरण के लिए 'मैं जाऊँ ?' वाक्य लें। इसमें म, ऐं, ज, आ, ऊँ इन पाँचों घोष ध्वनियों के अलग-अलग सुर हैं, किन्तु एक साथ बोलने पर इनके सुर क्रमशः आते जाएँगे और उन सुरों की माला को ही सुरलहर या अनुतान कहेंगे।

अघोष ध्वनियों के उच्चारण में सुर नहीं होता, क्योंकि स्वरतंत्रियों में कंपन नहीं होता। उदाहरण के लिए 'राम का बेटा रुक गया' वाक्य लें। इसमें क, ट, क अघोष ध्वनियाँ हैं अतः वहाँ सुर नहीं हैं। किन्तु इस वाक्य के बोलने में आद्यन्त 'सुरलहर' का अहसास होता है, क्योंकि इसकी अधिकांश[1] ध्वनियाँ (र, आ, म, आ, ए, आ, र, उ, ग, अ, य, आ) घोष हैं। यही स्थिति सभी भाषाओं में सभी प्रकार के उच्चारों (utterances) या वाक्यों में होती है। अर्थात् 20-22 प्रतिशत अघोष ध्वनियों के होने के बावजूद घोष ध्वनियों के आधिक्य से उच्चार या वाक्य में आद्यन्त सुरलहर या अनुतान का अहसास होता है।

ऊपर जो बातें कही गई हैं 'अनुतान' को सामान्य दृष्टि से समझाना उनका उद्देश्य था। तकनीकी रूप से अनुतान को कुछ इस प्रकार परिभाषित किया जा सकता है—**अनुतान सुरों के आरोह-अवरोह के क्रम को कहते हैं जो एकाधिक ध्वनियों की भाषिक इकाई के उच्चारण में सुनाई पड़ता है।**

अनुतान वाक्य या वाक्यांश को विशेष अर्थ प्रदान करता है। उदाहरण के लिए 'राम गया' वाक्य लें। एक प्रकार के अनुतान में यह सूचना-सूचक वाक्य होगा (राम गया।), तो दूसरे प्रकार के अनुतान में आश्चर्यसूचक (राम गया!) तथा तीसरे प्रकार के अनुतान में प्रश्नसूचक (राम गया?), ऐसे ही 'अच्छा' शब्द एक प्रकार के अनुतान में 'भला' का अर्थ देगा (प्रश्न—राम कैसा लड़का है? उत्तर—अच्छा), तो दूसरे प्रकार के अनुतान में 'आश्चर्य' का (मोहन—श्याम पास हो गया। सोहन—अच्छा!), तीसरे प्रकार के अनुतान में अनिच्छा (राम—श्याम, आज शाम मेरे साथ चाय पियो। श्याम-अ च्छा), चौथे प्रकार के अनुतान में स्वीकृति (क—आप अभी चलें। ख—अच्छा) तथा पाँचवें प्रकार के अनुतान में 'हाँ समझ रहा हूँ' का (इस अर्थ में किसी की बात सुनते समय श्रोता बीच-बीच में 'अच्छा' कहता रहता है)। इस तरह अनुतान का अर्थ से सम्बन्ध होता है।

हर भाषा में विभिन्न प्रकार के वाक्यों या वाक्यांशों की अनुतान-अभिरचना (Intonation Pattern) अलग-अलग प्रकार की होती है। यहाँ हिन्दी भाषा के कुछ मूलभूत अनुतान-अभिरचनाएँ सोदाहरण दी जा रही हैं :

उतार-चढ़ाव की दृष्टि से हिन्दी में सामान्यतः तीन स्तर मिलते हैं : सामान्य, निम्न और उच्च। सामान्य के लिए 2 निम्न के लिए 1 तथा उच्च के लिए हम 3 का प्रयोग कर सकते हैं—

उच्च 3
↑
सामान्य 2
↑
निम्न 1

---

1. डैनियल जोन्स के अनुसार अंग्रेजी में केवल 20 प्रतिशत ही अघोष ध्वनियाँ आती हैं तथा 80 प्रतिशत घोष। मेरे अनुसार हिन्दी में लगभग 22 प्रतिशत अघोष ध्वनियों का प्रयोग होता है तथा शेष 78 प्रतिशत अघोष का।

अर्थात् सामान्य बीच में है, उच्च उसके ऊपर तथा निम्न उसके नीचे। यों कभी-कभी अपवादत: 4 (अति उच्च) या 5 (अत्यंत उच्च) के प्रयोग की भी आवश्यकता पड़ती है, किन्तु वे अपवाद ही हैं, सामान्य नहीं।

अनुतान के आरोही, अवरोही या सम आदि रूपों के लिए यहाँ इन चिह्नों का प्रयोग किया जा रहा है :

आरोही	(↗rising)
अवरोही	(↘falling)
सम	(→level)
अवरोहारोह	(◡↗)
आरोहावरोह	(↙◠↘)
विराम	(#)

हिन्दी में मुख्य रूप से निम्नांकित प्रकार के वाक्य प्रयुक्त होते हैं, तथा उनका अलग-अलग अनुतान होता है, जैसा कि संकेतित किया जा रहा है--

(1) **सामान्य वाक्य**—इसमें अनुतान-अभिरचना 2 3 1 होती है तथा अंत में अवरोही सुर आता है।

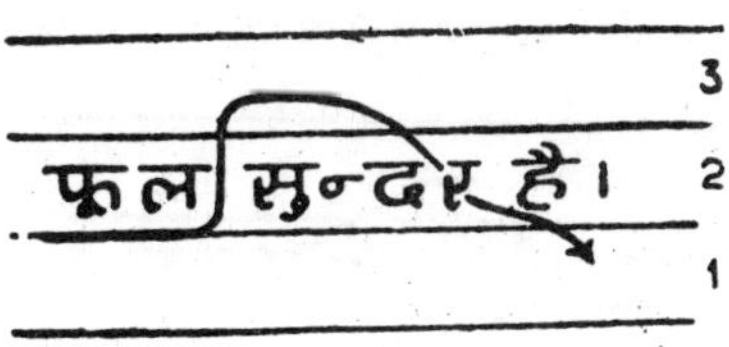

'कमरा गंदा है', 'लड़का तेज है', 'मोहन वहाँ है' जैसे वाक्य भी इसी प्रकार के हैं। कभी-कभी ऐसी दो इकाइयाँ मिल जाती हैं—

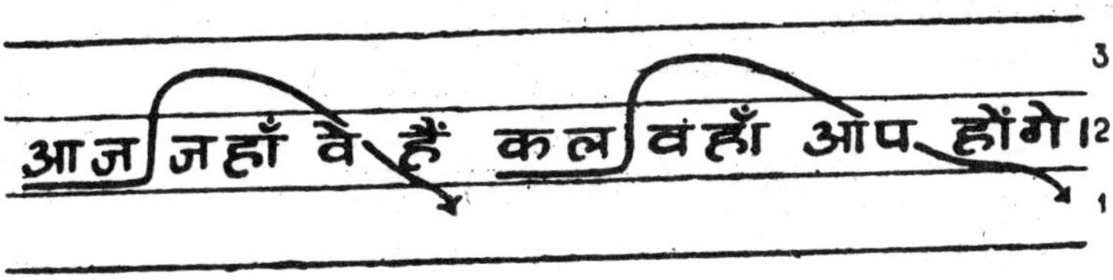

(2) **प्रश्नसूचक वाक्य**—इसके कई प्रकार हो सकते हैं : (क) **प्रश्न-सूचक शब्द-रहित**—यह 2 3 3 होता है तथा अंत में आरोह होता है—

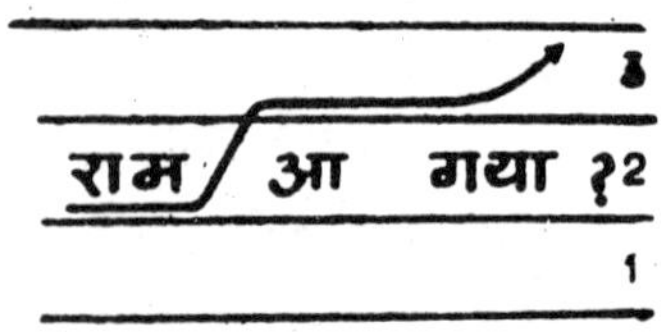

यहाँ 3 के बाद फिर 3 हैं किन्तु पहले 3 की तुलना में दूसरे 3 में अनुतान कुछ ऊपर जाएगा। 'तुमने काम कर लिया ?' 'आज वह वहाँ होगा ?' तथा 'पानी गर्म हो गया ?' वाक्य भी ऐसे ही हैं। (ख) **प्रश्नसूचक शब्द अन्त में**—यह 2 3 2 होता है और 3 तथा 2 के बीच में विराम होता है। अंत में अनुतान 2 की सीमा तक पहुँचकर फिर थोड़ा ऊपर उठता है—

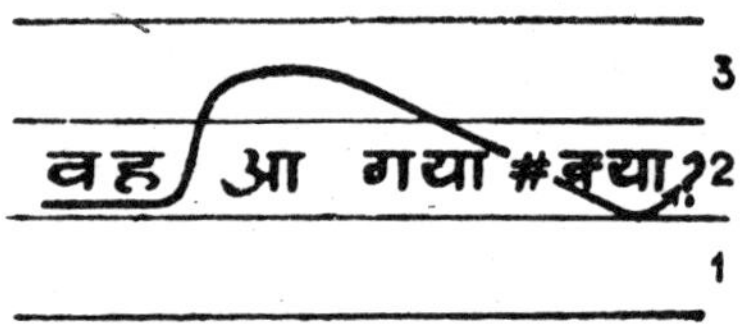

'दवा मिली क्या ?' 'तुम चलोगे कैसे ?' 'मैं जाऊँगा क्यों ? तथा 'वह मरा कब ?' आदि वाक्यों की भी यही स्थिति है। (ग) **प्रश्नसूचक शब्द बीच में**—ऐसे वाक्य का अनुतान 2 3 1 होता है तथा अन्त में वह नीचे गिरता जाता है—

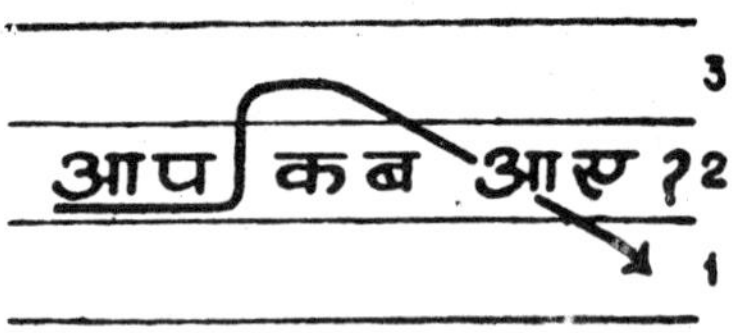

'मंदिर कहाँ है ?' 'पानी कितना है ?' 'कपड़ा कैसा है ?' तथा 'तुम्हारा जन्मदिन कब है ?' आदि वाक्य भी इसी श्रेणी के हैं। (घ) **न-युक्त**—ऐसे वाक्य 2 3 2 होते हैं, तथा अंत में अनुतान गिरकर फिर थोड़ा ऊपर उठता है—

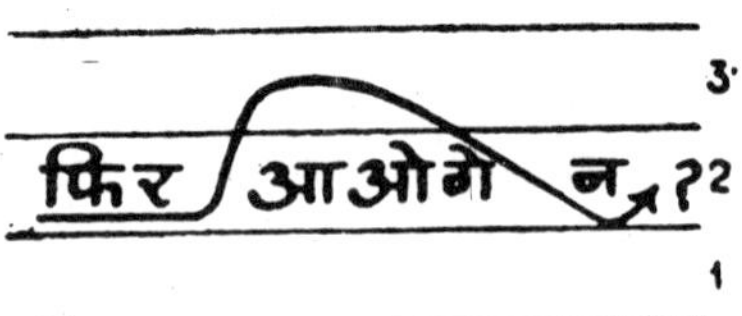

'तुम जाते हो न ?' 'घर अच्छा है न ?' 'काम पसन्द है न ?' 'पैसे ठीक से रख लिये हैं न ?' आदि वाक्य भी इसी वर्ग के हैं।

(3) **आश्चर्यसूचक वाक्य**— ऐसे वाक्य का अनुतान सामान्यत: 2 6 2 होता है तथा अंत में कुछ अवरोह होता है—

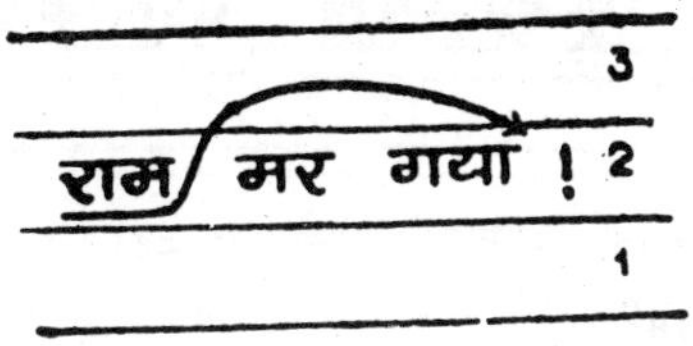

इस प्रकार के अन्य वाक्य 'कुत्ता भाग गया !' 'उसकी इतनी हिम्मत !' 'तुमने पैसे दे दिए !' तथा 'पैसा डूब गया !' आदि हो सकते हैं। 'अरे, उसने मुझे गाली दो' में 'अरे' का अनुतान 3 1 अलग ही होगा।

(4) **आज्ञासूचक वाक्य**—यह दो प्रकार का होता है : (क) **सामान्य आज्ञा**—इसके वाक्य 2 1 होते हैं तथा अंत में अवरोही सुर होता है—

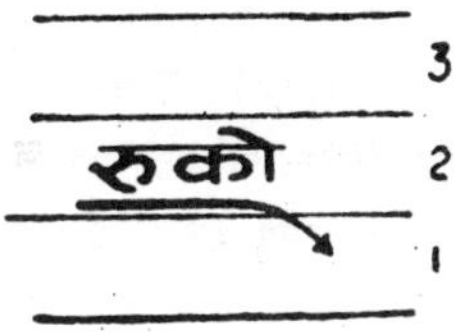

'बैठो', 'जाओ', 'ठहरो', 'उठाओ' तथा 'रखो' आदि भी इसी प्रकार के हैं।

(ख) **निषेध आज्ञा**—इसके वाक्य 2 3 1 होते हैं तथा अन्त में अवरोह होता है—

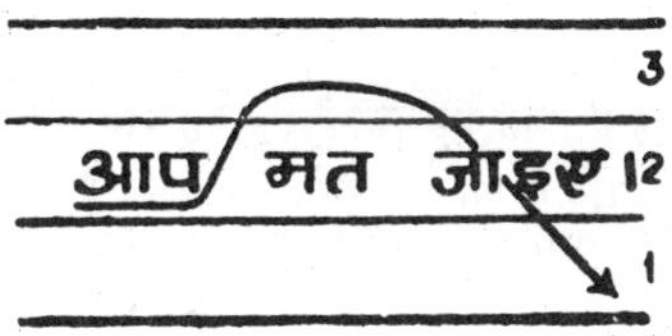

'बहाना न करें।' 'ज्यादा बहस मत करो।' तथा 'बहुत उपदेश न दो।' आदि भी इसी श्रेणी के वाक्य हैं।

(5) **निषेधसूचक वाक्य**- यह कई प्रकार का हो सकता है : (क) **नहीं-युक्त**—इसके वाक्य 2 3 1 होते हैं तथा अन्त में अवरोह होता है। कभी-कभी प्रारंभ में भी एक 'नहीं' आ जाता है। और तब यह 3 # 2 3 1 होता है—

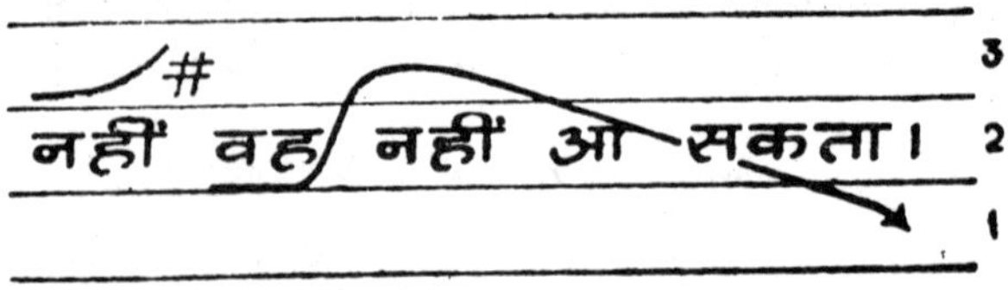

'चोरी नहीं करनी चाहिए।' 'मुझे कुछ नहीं मिला।' तथा 'उसने स्वीकार नहीं किया है।' भी ऐसे ही हैं। (ख) **मना-युक्त**—इसके वाक्य भी 2 3 1 होते हैं और अंत में अवरोह होता है—

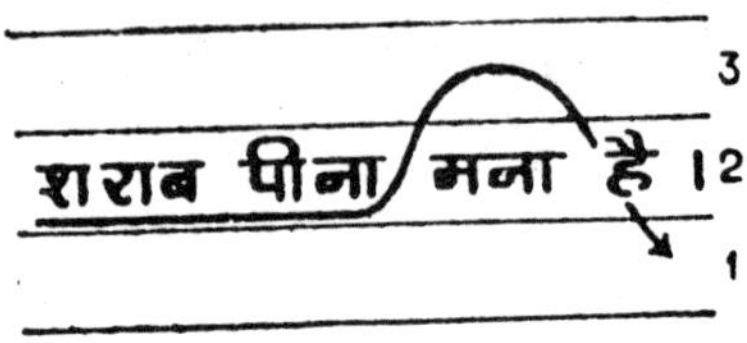

'वहाँ जाना मना है।' 'फूल तोड़ना मना है।' या 'तुम्हें चाय मना है।' भी इसी वर्ग के वाक्य हैं। (ग) **रूपस्तरीय निषेध**—ऐसे वाक्यों में 'नहीं या 'मना' आदि शब्द नहीं आते, बल्कि रूप-रचना के स्तर पर 'ग़ैर' 'अ' 'अन' 'ला' 'ना' आदि निषेधबोधक उपसर्ग आते हैं। ऐसे वाक्य भी 2 3 1 ही होतें हैं तथा अन्त में अवरोह होता है—

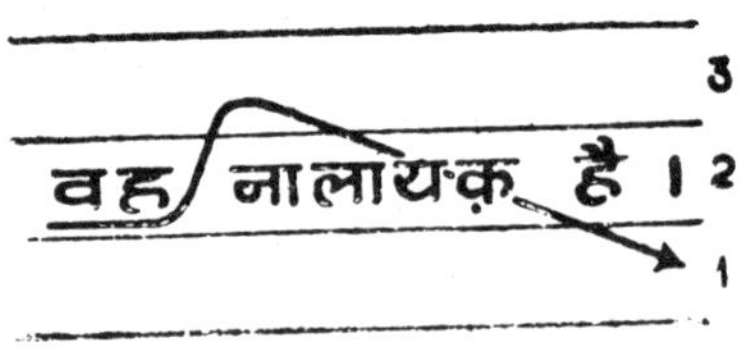

'यह ग़ैरक़ानूनी है।', 'वह असंतुष्ट हैं।', 'यह बात अनहोनी है।' तथा 'तुम्हारी बीमारी लाइलाज है।' आदि वाक्य भी इसी प्रकार के हैं। (घ) **'थोड़े'-युक्त**—ऐसे वाक्यों में अनुतान-अभिरचना 1 2 3 1 होती है, तथा अंत में अवरोहारोह होता है—

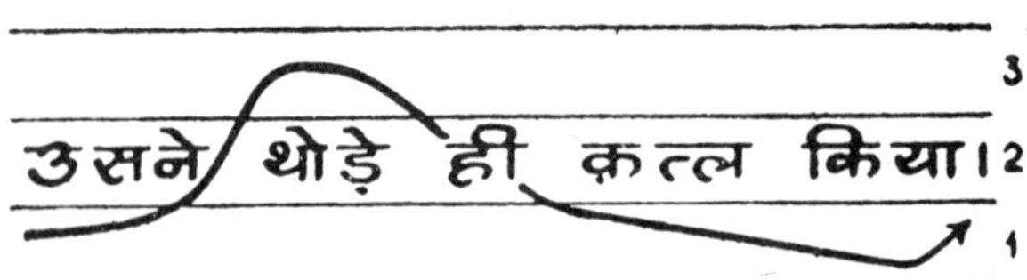

(ङ) **चुक-युक्त**—ऐसे वाक्य 2 3 1 होते हैं तथा अन्त में अवरोह होता है :

तुम पास हो चुके; वह काम पा चुका। (च) रह-युक्त—'मैं तो वहाँ आने से रहा।' इस प्रकार के वाक्य 2 3 1 2 होते हैं तथा अन्त में अवरोही सुर आता है। (छ) प्रश्नसूचक शब्द-युक्त— इस वर्ग के वाक्य भी 2 3 1 होते हैं, और अन्त में अवरोह होता है; 'पैसे की किसे चिन्ता है ?' 'मेरी कौन सुनता है ?' 'तुम कौन बहुत सुंदर हो ?' 'मैंने पैसे कब लिए ?' 'उसके क्या कहने ?' 'तुम कहाँ के धन्नासेठ हो ?' तथा 'बड़ों से कहीं ऐसा कहते हैं ?'। (ज) भला-युक्त—यह भी 2 3 1 होता है तथा अंत में अवरोह होता है—'भला यह उसके बस का है ?'

(6) अभिवादन—इसकी कई प्रकार की अनुतान-अभिरचना होती है। जैसे 1 2 3 तथा अन्त में अवरोहण—

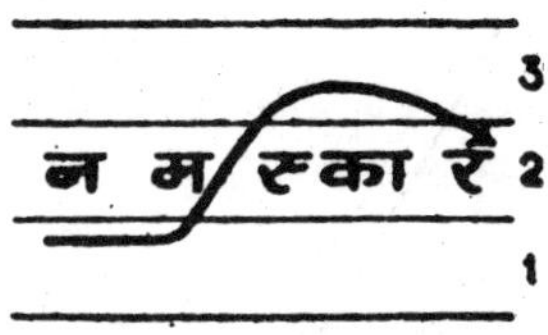

किन्तु कुछ लोग इसे 2 3 1 भी बोलते हैं तथा अन्त में अवरोहण। 'कहिए कैसे हैं ?' 3 2 1 # 3 2 1 है। कुछ लोग इसे भी 2 2 3 # 2 2 3 बोलते हैं।

वस्तुतः व्यक्ति, परिस्थिति, वक्ता की मनःस्थिति, और मनोवृत्ति तथा श्रोता से वक्ता का सामाजिक संबंध आदि-इत्यादि अनेक बातों से अनुतान-अभिरचना में थोड़े-बहुत परिवर्तन हो सकते हैं।

संगम[1] (Juncture)

बोलने में हम एक ध्वनि के बाद दूसरी का उच्चारण करते जाते हैं। यह, एक ध्वनि के बाद दूसरी ध्वनि का आना चार प्रकार का होता है : (क) कभी तो एक ध्वनि के तुरन्त बाद, बिना किसी व्यवधान, रुकावट, विराम या चुप्पी के, दूसरी ध्वनि आ जाती है। जैसे 'अहङ्कार' या कम्बल' में 'ङ्' के बाद के 'क्' या 'म् के बाद 'ब्' ध्वनि आ गई है। 'ङ्' या 'म्' के बाद दूसरी ध्वनि पर आने में न तो उच्चारण में उच्चारण-अवयवों के किसी क्रिया के कारण कोई व्यवधान हुआ, न साँस लेने के लिए वक्ता दोनों के बीच में रुका और न अर्थ के स्पष्टीकरण के लिए वक्ता ने इन ध्वनियों के बीच रुकना आवश्यक समझा; (ख) कभी एक ध्वनि के बाद दूसरी ध्वनि का उच्चारण संबद्ध ध्वनियों के असमस्थानीय होने के कारण तुरन्त नहीं हो पाता, एक का उच्चारण करने के बाद दूसरे के उच्चारण के लिए उच्चारण-अवयवों को अपेक्षित तैयारी करनी पड़ती है, जिसमें थोड़ा-सा समय लग जाता है और फिर

1 हिन्दी में इसे 'विवृति' अथवा 'संहिता' भी कहते हैं।

दूसरी ध्वनि का उच्चारण होता है। 'इनकार' या 'चिपटा' जैसे शब्द उदाहरण के लिए जा सकते हैं। इनमें 'न्' के बाद 'क्' ध्वनि जाने पर में या 'प्' के बाद 'ट्' पर जाने में जाने की क्रिया या संक्रमण (transition) उतना व्यवधानरहित नहीं होता, जितना 'अहंकार' या 'कम्बल' में। इसका कारण यह है कि उन शब्दों में ङ्+क् तथा म्+ब् समस्थानीय थे; किन्तु असमस्थानीय होने के कारण न्+क तथा प्+ट् में, स्थिति भिन्न है। इस तरह 'इनकार' तथा 'चिपटा' में न—क तथा प—ट के बीच संक्रमण-काल की स्थिति मौन या हल्के-से विराम की होती है। थोड़ी देर तक कोई ध्वनि उच्चरित नहीं होती। (ग) कभी-कभी अर्थ को स्पष्ट रखने के लिए एक ध्वनि के उच्चारण के बाद कुछ रुककर दूसरी का उच्चारण करना पड़ता है। उदाहरण के लिए 'कम बल' कहना हो तो 'म्' 'ब्' के बीच रुकना पड़ेगा, नहीं तो यह 'कम्बल' हो जाएगा। इसमें मौन की मात्रा कुछ और भी अधिक होती है। (घ) वाक्य स्तर पर बड़े उच्चारों के बीच अर्थ की स्पष्टता या साँस लेने के लिए या दोनों ही के लिए, दो ध्वनियों के बीच रुकते हैं : 'रोको, मत जाने दो'—'रोको मत, जाने दो' आदि।

अर्थात् एक ध्वनि के बाद दूसरी ध्वनि तक जाना दो प्रकार का होता है (1) जिसमें कोई व्यवधान न हो, जैसे ऊपर का क; (2) जिसमें कम या अधिक व्यवधान हो, जैसे ऊपर के ख, ग, घ।

इन ख, ग, घ के बारे में दो बातें स्मरणीय हैं : एक तो यह कि इनमें एक ध्वनि से दूसरी पर जाने में थोड़ी देर का मौन या विराम (Pause) रहता है, जब कोई ध्वनि सुनाई नहीं पड़ती, दूसरे यह एक ध्वनि से दूसरी ध्वनि पर जाना संक्रमण (transition) है। अर्थात् पहली बात मौन काल का संकेत कर रही है, तो दूसरी उस काल में एक ध्वनि से दूसरी तक संक्रमण का। इन ख, ग, घ वाली स्थितियों के लिए ही यहाँ 'संगम' शब्द का प्रयोग किया जा रहा है, जिसमें एक तरफ़ तो वह संक्रमण (transition) क्रिया समाहित है, तथा दूसरी तरफ़ संक्रमण-क्रिया के काल का विराम (Pause) चुप्पी या ध्वनिहीनता।

स्पष्ट ही दो ध्वनियों के बीच का यह संक्रमण और विराम का प्रतीक 'संगम' तीन कारणों से आ सकता है : (क) दोनों ध्वनियों के असमस्थानीय आदि होने के कारण संक्रमण के व्यवधानित होने से, (ख) अर्थ के स्पष्टीकरण के लिए बीच में मौन की आवश्यकता से; (ग) साँस लेने के लिए। कुछ संगमों के पीछे इनमें एक से अधिक कारण भी काम कर सकते हैं।

संगम दिखाने के लिए + चिह्न का प्रयोग किया जाता है। संगम हमेशा ही दो ध्वनियों के बीच में ही होता है, अतः ध्वनियों के दो मुख्य वर्गों के आधार पर इसके चार भेद हो सकते हैं :

(1) दो स्वरों के बीच का संगम : सु+अवसर (सुअवसर), बताओ+आज, रुको+अब।

(2) दो व्यंजनों के बीच का संगम : मन+गढ़न्त (मनगढ़न्त), इन+कार (इनकार), चिप+टा (चिपटा), चक+मक (चकमक), तुम+हारे (तुम्हारे)।

(3) स्वर+व्यंजन : पी+लिया (पी लिया), ला+दूं (ला दूं)।

(4) व्यंजन+स्वर : सह+अनुभूति (सह-अनुभूति), आज+आइए(आज आइए), बच+आओ (बच आओ)।

पीछे हमने देखा कि संगम समय की दृष्टि से मौन-काल या विराम-काल है। मौन या विराम-काल की मात्रा के आधार पर हर भाषा में इसके कई भेद किये जा सकते हैं। हिन्दी में मोटे रूप से तीन भेद किए जा सकते हैं :

(1) **अत्यल्पकालिक संगम**—इसमें मौन बहुत थोड़ी देर के लिए होता है। इसका प्रयोग हिन्दी में मुख्यतः दो स्थलों पर मिलता है :

(क) शब्द के भीतर दो स्वरों, दो व्यंजनों, व्यंजन+स्वर तथा स्वर+व्यंजन एवं एक अक्षर—दूसरे अक्षर के बीच यह आता है। दो ध्वनियों के उच्चारण में स्थान की समानता आदि न होने के कारण इसकी स्थिति होती है। उदाहरण के लिए 'अहङ्कार' में 'ङ्' और 'क्' ध्वनियाँ समस्थानीय हैं, अतः उनके बीच संगम नहीं है, किन्तु 'इनकार' में 'न्' और 'क्' भिन्नस्थानीय हैं, अतः एक का उच्चारण करने के बाद दूसरी का उच्चारण करने की तैयारी में थोड़ी देर का मौन आ जाता है। चप्+टा, चिम्+टा, पढ़्+ना, चम्+चा, अन्+पढ़, तिन्+का, तथा नम्+कीन् आदि में यही स्थिति है। गहराई पर देखने पर मात्रा की दृष्टि से इसके मुख्यतः दो भेद हो सकते हैं : ध्वनियों के बीच, अक्षरों के बीच।

(ख) दो शब्दों के बीच अर्थ की स्पष्टता बनाए रखने के लिए उच्चारण में संगम लाते हैं। उदाहरण के लिए न+दी (नदी), बर्फ़ी+ले (बर्फ़ी ले), पी+लिया (पी लिया) तथा सिर+का (सिर का) आदि में बीच का मौन या संगम न हो तो ये क्रमशः नदी, बर्फ़ीले, पीलिया, सिरका हो जाएँगे और अर्थ कुछ-का-कुछ हो जाएगा। यह मौन 'क' की तुलना में बड़ा होता है।

(2) **अल्पकालिक संगम**—पहले की तुलना में इसमें मौन-काल कुछ लम्बा होता है। कभी-कभी वाक्य में कुछ अर्थ-वर्ग (sense-group) होते हैं, जैसे उद्देश्य, विधेय पदबंध, उपवाक्य आदि। अर्थ-वर्ग किसी वाक्य के उस खंड को कहते हैं जो अर्थ की दृष्टि से वाक्य के शेषांश से अलग एक इकाई के रूप में हो। कुछ वाक्यों में अर्थ-वर्ग के आगे या पीछे या आगे-पीछे यह अल्पकालिक संगम आता है। लेखन में कभी-कभी कुछ ऐसे संगमों को अल्पविराम से संकेतित करते हैं। अल्पकालिक संगम के कुछ उदाहरण हैं : यह लड़का+अच्छा है; यह+अच्छा लड़का है, मैं जो तुम्हें इतना प्यार करता हूँ+क्या मूर्ख हूँ; राम ने कहा+कि मैं जाऊँगा; राम आ गया है+अतः मुझे जाना चाहिए। इस संगम का उद्देश्य कभी तो अर्थ की स्पष्टता, कभी साँस लेना तथा कभी दोनों होता है। यह 'ख' से बड़ा होता है।

(3) **दीर्घकालिक संगम**—यह प्रायः दो वाक्यों के बीच में आता है जिसे

पूर्णविराम, प्रश्नचिह्न या आश्चर्यसूचक चिह्न से व्यक्त करते हैं। इस संगम का उद्देश्य अर्थ की स्पष्टता तथा साँस लेना या प्रायः दोनों होता है। यह संगम प्रायः श्वास-वर्ग (breath group) के अन्त में आता है। श्वास-वर्ग सामान्यतः उस वाक्य को कहते हैं, जिसका उच्चारण एक साँस में बिना रुके किए जाता है। कभी-कभी वाक्य बड़ा होने पर, उसे पढ़ने या बोलने में सुविधा की दृष्टि से, एकाधिक श्वास-वर्गों में तोड़ लेते हैं और तब केवल उतने अंश को ही एक श्वास में बोलते या पढ़ते हैं। किन्तु एक वाक्य में यदि श्वास वर्ग एकाधिक हो तो वाक्य के बीच में अल्पकालिक संगम आएगा, दीर्घकालिक नहीं।

पढ़ने या बोलने में भाषा विशेष के सहज प्रवाह की दृष्टि से संगम तथा मात्रा का ध्यान रखना अत्यावश्यक है। साथ ही कभी-कभी इसका सम्बन्ध अर्थ से भी होता है, और वैसी स्थिति में अर्थ की अपेक्षित अभिव्यक्ति की दृष्टि से तो संगम के प्रति सावधानी अनिवार्यतः आवश्यक है।

प्रस्तुत पुस्तक में, स्वनिमों में संगम को भी एक स्वनिम के रूप में रखा गया है। वस्तुतः यह कहने की अपेक्षा कि संगम एक हिन्दी स्वनिम है, यह कहना अधिक वैज्ञानिक है कि संगम हिन्दी में स्वनिमिक (phonemic) है, क्योंकि संगम के कारण अर्थ में अन्तर आ जाता है। पीछे 'बर्फ़ीले' और 'बर्फ़ी ले' का उदाहरण लिया गया है। इन दोनों में व्यंजन तथा स्वर समान हैं। अब प्रश्न उठता है कि स्वर, व्यंजन समान होने पर भी दोनों के दो अर्थ कैसे हो गए? इसका उत्तर है संगम के कारण या दूसरे शब्दों में बीच में मौन के कारण। हिन्दी में इस प्रकार के अनेक उदाहरण दिए जा सकते हैं : कर का मनका डारि के मन का मनका फेरि, तेरी बरछी ने बर छीने हैं खलन के; मिलाया-मिल आया, पाली-पा ली, खाली—खा ली; निकला-निकल ला; सिरका—सिर का, बता साले—बतासा ले; कहता न पूरा है—कह तानपूरा है; वह घोड़ा गाड़ी खींचता है—वह घोड़ागाड़ी खींचता है, काम में नरम—काम में न रम, लड़ाया—लड़ आया, नदी—न दी; नफ़ीस—न फ़ीस, सोओ, मत उठो—सोओ मत, उठो; रोको, मत जाने दो—रोको मत, जाने दो; बैठो, मत जाओ—बैठो मत, जाओ; जलसा-जल सा, कम बल—कम्बल; पुराने घोड़े और गदहे—पुराने घोड़े, और गदहे; नल की—नलकी; दो ना—दोना; सनकी—सन को; पीली—पी ली; पालकी—पाल की, जाग रण का यह समय है—जागरण का यह समय है; बच्चे, रोते नहीं—बच्चे नहीं रोते।

ऊपर के उदाहरण चार-पांच प्रकार के हैं। एक तो 'पीलिया—पी लिया' तरह के हैं जिनमे संगम होने और न होने से अर्थ में अन्तर पड़ता है। इनकी उच्चारण-विषयक एक विशेषता यह भी है कि संगम-विहीन होने पर ये एक शब्द होते हैं अतः मुख्य बलाघात एक अक्षर पर होता है, जैसे पीलिया में 'पी' पर है, किन्तु संगम आ जाने पर ये दो शब्दों में बँट जाते हैं अतः बलाघात दो हो जाते हैं। 'पी लिया' में 'पी' पर तो है ही 'लिया' में 'या' पर भी है। दूसरे प्रकार के वे हैं जो संगम-विहीन होने

पर निरर्थक हैं। जैसे 'रोको मत जाने दो' का कोई अर्थ नहीं। इसके दो अर्थ हो सकते हैं। यदि 'रोको' के बाद संगम है तो एक अर्थ होगा, 'मत' के बाद होगा तो दूसरा अर्थ होगा। तीसरे प्रकार के वे हैं जिनमें एक से अधिक शब्द हैं तथा संगम होने और न होने से अर्थ में अन्तर पड़ता है : 'पुराने घोड़े और गदहे' 'पुराने घोड़े, और गदहे'। चौथे प्रकार के वे हैं, जिनमें दो शब्द होते हैं, और संगम-परिवर्तन से अर्थ में अन्तर हो जाता है : बता साले—बतासा ले। 'बच्चे रोते नहीं' एक पाँचवाँ प्रकार है, जिसमें 'बच्चे' के बाद संगम होने से 'बच्चे' सम्बोधन है और न होने से कर्ता।

वाक्यान्त के संगम के पूर्व अनुतान में प्रायः या तो आरोह होता है या अवरोह होता है या वह कभी-कभी सम रहता है। इस आधार पर वाक्यांत संगम के आरोही, अवरोही तथा सम ये तीन भेद किए जा सकते हैं। उदाहरण के लिए प्रश्न या आश्चर्य-सूचक वाक्य में सामान्यतः अनुतान ऊपर जाता है अतः आरोही संगम, सूचनासूचक में नीचे जाता है; अतः अवरोही संगम तथा अधूरे वाक्यों में सम संगम। उच्चार मध्य में जो संगम स्वनिमिक होता है उसे स्वनिमिक संगम कह सकते हैं। वाक्य के बीच मे जो संगम होता है उसे आभ्यन्तर विवृत संगम (internal open juncture) कहते हैं।

वह + गया + क्या ↑
वह + गया ↓
निराश + सुस्त···→
कम + ला—कम + + ला
वह + + इ + मान + दार + है ↓

अंग्रेज़ी में एक ध्वनि से दूसरी ध्वनि पर जाने को ट्रांजिशन (transition) कहते हैं, तथा दोनों के बीच के मौन को पाज़ (pause)। हिन्दी में इन्हें क्रमश संक्रमण और विराम कह सकते हैं। 'संगम' का प्रयोग में संक्रमण और विराम दोनों को समाहित करने वाले शब्द के रूप में यहाँ किया गया है। अंग्रेज़ी में जंक्चर (juncture) या ओपेन ट्रांजिशन (open juncture) भी प्रायः यही हैं।

सन्धि

दो भाषिक इकाइयों के मिलने से होने वाले ध्वनि-परिवर्तन को सन्धि कहते हैं। जैसे इति + आदि = इत्यादि में इ + आ = या।

भारतीय परम्परा में दो इकाइयों के मिलने पर उनकी बाहरी सीमा में होने वाला परिवर्तन ही संधि कहलाता है, जैसे परम + आर्थ = परमार्थ। यहाँ पहले शब्द 'परम' की बाहरी सीमा पर 'अ' है तथा दूसरे शब्द 'अर्थ' की प्रारम्भिक सीमा पर भी 'अ' है और अ + अ मिलकर 'आ' हुआ है।

आधुनिक भाषाविज्ञान ने संधि की परिभाषा विस्तृत कर दी है। दो भाषिक इकाइयों के मिलने पर उनकी बाहरी सीमा पर होने वाला परिवर्तन तो संधि है ही उनके मिलने पर भीतर होने वाला परिवर्तन भी संधि है। इन्हें क्रमशः 'बाह्य संधि' और

'आभ्यंतर संधि' कहते हैं। उदाहरण के लिए 'अति+आचार=अत्याचार' में बाह्य संधि है तो संसार=इक=सांसारिक (इसमें बीच में 'अ' का 'आ' हो गया है) या गाँठ…जोड़=गँठजोड़ (इसमें बीच में 'आ' का 'अ' हो गया है) में आंतरिक संधि है।

'संधि' (क) उपसर्ग+प्रकृति (शब्द या धातु); (ख) प्रकृति+प्रकृति तथा (ग) प्रकृति+प्रत्यय में होती है।

हिंदी में संधियाँ दो प्रकार की हैं:

(अ) हिंदी की अपनी संधियाँ

(आ) हिंदी में प्रयुक्त संस्कृत से आई संधियाँ, यहाँ इन्हें क्रमशः लिया जा रहा है।

हिंदी की अपनी संधियां

हिंदी की अपनी संधियाँ भी दो प्रकार की होती हैं:

(क) उच्चारण तथा लेखन दोनों स्तरों पर होने वाली संधियां

(अ) 'ही' की संधि

(i) इस+ही=इसी। अर्थात् 'ह' का लोप: इस+ही=इस+ई=इसी ऐसे ही उसी, किसी, जिसी भी।

(ii) यह+ही=यही। अर्थात् 'ह' का लोप: यह+ही=यह+ई=यती। ऐसे ही वही भी।

(iii) यहाँ+ही=यहीं। अर्थात् 'आ' और 'ह' का लोप और अनुनासिकता का 'आ' से 'इ' पर आ जाना। ऐसे ही वहीं, कहीं, नहीं भी।

(iv) अब+ही=अभी। अर्थात् ब+ह् का 'भ' हो जाना: अब+ही=अब्+ह्+ई=अभ्+ई=अभी। अर्थात् ब का महाप्राणीकरण ऐसे ही जबी, तभी, कभी भी।

(आ) अन्य संधियां

इसमें **आगम** (जैसे जाति+आ=जातियाँ में 'य' का आगम, सो+आ=सोया में य का आगम आदि) तथा **ह्रस्वीकरण** (चाम+ड़ा=चमड़ा में 'चाम' का 'चम', आधा+खिला=अधखिला में आधा का 'अध') आदि आते हैं।

ये तो एक प्रकार से भेद थे। लिखी तथा बोली जाने वाली हिंदी की अपनी संधियों को प्रवृत्ति की दृष्टि से पाँच वर्गों में रखा जा सकता है—

(अ) **स्थान-परिवर्तन**: यहाँ+ही=यहीं। इसमें 'आ' की अनुनासिकता 'ई' पर चली आई है। ('आ', 'ह' का लोप हुआ ही है)। कहीं, वहीं

(आ) **लोप**: इस+ही=इसी, यह+ही=यही, यहाँ+ही=यहीं में 'ह'

का लोप हुआ है। (अंतिम 'आ' का भी लोप हुआ है)।

(इ) **महाप्राणीकरण** : अब + ही = अभी, ऐसे ही कभी, जभी, तभी भी। (इनमें 'ब' का महाप्राणीकरण हुआ है।)

(ई) **ह्रस्वीकरण** : पानी + घाट = पनघट। इसमें 'पा' का 'प' और 'घा' का 'घ' हुआ है। ऐसे ही काला + मुंह + आँ = कलमुहाँ, या पाँच + रंग + आ = पँचरंगा, साथी + ओं = साथियों, विद्यार्थी + ओ = विद्यार्थियों, डाकू + ओं = डाकुओं, दो-रंग + आ = दुरंगा, घोड़ा + दौड़ = घुड़दौड़ (घो का घु) आदि में भी।

(उ) **आगम** : अ + आ (गया), आ + आ (आया), इ + आ (किया), इ + ओ (कवियो), ए + आ (लिया), 'ओ + आ' (भिगोया) में 'य' का आगम।

(ख) केवल उच्चारण के स्तर पर होने वाली संधियाँ

हिंदी में कुछ संधियाँ ऐसी भी हैं जो लिखने में नहीं प्रयुक्त होतीं किन्तु बोलने में उनका प्रयोग होता है। इन्हें पाँच वर्गों में रखा जा सकता है—

(1) अल्पप्राण अघोष स्पर्श एवं स्पर्श-संघर्षी व्यंजन, घोष व्यंजन के पूर्व आने पर घोष हो जाते हैं। अर्थात् क्, च्, ट्, त्, प् क्रमशः ग्, ज्, ड्, द्, ब् हो जाते हैं :

	लिखित रूप	**उच्चरित रूप**
क् का ग्	डाकघर	डाग्घर
च् का ज्	पहुँच जाऊँगा	पहुँज्जाऊँगा
ट् का ड्	ठाट-बाट	ठाड्बाट
त् का द्	मतदाता	मद्दाता
प् का ब्	धूपबत्ती	धूब्बत्ती

(2) अल्पप्राण घोष स्पर्श या स्पर्श-संघर्षी व्यंजन, अघोष व्यंजन के पूर्व आने पर अघोष हो जाते हैं :

ग् का ग्	नागपुर	नाक्पुर
ज् का च्	आजकल	आच्कल
द् का त्	बदतमीज़	बत्तमीज़
ब् का प्	अबकी	अप्की

(3) महाप्राण अघोष, घोष व्यंजन के पूर्व अल्पप्राण घोष हो जाते हैं :

ख का ग्	भूख लगी	भूग्लगी
थ का द्	साथ दो	साद्दो

(4) महाप्राण अघोष, अघोष व्यंजन के पूर्व अल्पप्राण अघोष हो जाते हैं :

ख् का क	लेखपाल	लेक्पाल
छ का च्	पूछताछ	पूच्ताछ
थ् का त्	हाथ-पाँव	हात्पाँव

(5) त्, थ्, द्, ध् ध्वनियाँ च्, ज्, स्, ज़, श् के पूर्व उन्हीं के समान तथा छ् झ् के पूर्व च्, ज् हो जाती हैं :

त्+च=च्च	बातचीत	बाच्चीत
त्+ज=ज्ज़	बहुत ज़ोर से	बहुज्ज़ोर से
त्+श्=श्श	बहुत शोर है	बहुश्शोर है
थ+च्=च्च	साथ चल	साच्चल
द्+छ्=च्छ	गोंद छू	गोंच्छू
ध्+स=स्स	आध सेर	आस्सेर

हिंदी में प्रयुक्त संस्कृत से आई संधियाँ

संस्कृत से आई संधियाँ हिंदी में केवल तत्सम शब्दों में प्रयुक्त होती हैं। ये दो प्रकार की हैं :

(क) जिनके दोनों घटक हिंदी में अलग-अलग भी प्रयुक्त होते हैं। जैसे न्यायालय—न्याय+आलय, जगदीश+जगत्+ईश, जगन्नाथ—जगत्+नाथ।

(ख) जिनके दोनों घटक हिंदी में अलग-अलग नहीं प्रयुक्त होते। जैसे नै+अक=नायक, पौ+अक=पावक, ने+अन=नयन, गै+अन=गायन। कहना न होगा कि 'क' को ही हिंदी संधियों में सम्मिलित कर सकते हैं, 'ख' को नहीं।

तत्सम शब्दों में प्रयुक्त संधियाँ मुख्यतः निम्नांकित प्रकार की होती हैं :

स्वर संधि—इसके **दीर्घ संधि** (जैसे अ+अ=आ : वेद+अंत=वेदांत, इ+इ=ई : रवि+इन्द्र=रवीन्द्र, उ+उ=ऊ : सु+उक्ति=सूक्ति आदि), **गुण संधि** (जैसे अ+इ=ए : गण+ईश=गणेश, अ+उ=ओ : चंद्र+उदय=चन्द्रोदय, अ+ऋ=अर् : देव+ऋषि=देवर्षि), **वृद्धि संधि** (जैसे आ+ए=ऐ : सदा+एव=सदैव, आ+औ : महा+औषध=महौषध) तथा **यण् संधि** (इ+अ=य : यदि+अपि=यद्यपि, इ+ए=ये : प्रति+एक=प्रत्येक) भेद होते हैं।

व्यंजन संधि—इसके त् के बाद च्, छ हो तो त् था च् (उत्+चारण=उच्चारण), त् के बाद ज, झ हो तो त् का ज (सत्+जन=सज्जन), त के बाद ल हो तो त् का ल् (तत्+लीन=तल्लीन, त् के बाद ह् हो तो दोनों के स्थान पर द्ध (उत्+हार=उद्धार), अघोष व्यंजन के बाद घोष ध्वनि हो तो अघोष का घोष (जैसे दिक्+गज=दिग्गज, षट्—आनन=षडानन, तत्+भव=तद्भव) तथा क्, च्, ट्, त्, प् के बाद म् या न् हो तो क्, का ङ, च् का ञ, ट का ण, त् का न् तथा प् का म् हो जाता है (जैसे वाक्+मय=वाङ्मय, जगत्+नाथ=जगन्नाथ, सत्+मार्ग=सन्मार्ग आदि)।

विसर्ग संधि—विसर्ग के पहले अ हो तथा बाद में घोष हो तो विसर्ग का ओ (जैसे मनः+बल=मनोबल, तपः+वन=तपोवन, रजः+गुण=रजोगुण, मनः+योग=मनोयोग, वयः+वृद्ध=वयोवृद्ध), विसर्ग के बाद च, छ हो तो विसर्ग का ए

निः + चित = निश्चित, निः + छल = निश्छल), त, थ हो तो स् (नमः + ते = नमस्ते), घोष ध्वनि हो तो विसर्ग का द् (दुः + गुण = दुर्गुण, निः + आश = निराश), श, ष, स हो तो विसर्ग का विकल्प से श, ष, स (दुःशासन = दुःशासन या दुश्शासन) तथा विसर्ग के पूर्व इ अथवा उ हो और बाद में क, ख, प, य तो विसर्ग का ष (निः + पाप = निष्पाप, निः + फल = निष्फल, दुः + कर = दुष्कर) हो जाता है।

अध्याय दो

शब्द-संरचना

विश्व की बहुत-सी भाषाओं की तरह हिन्दी भाषा में भी शब्द-रचना, उपसर्ग + शब्द, शब्द + प्रत्यय, शब्द + शब्द (समास), संक्षेप-समुच्चय, तथा पुनरुक्ति से तो की ही जाती है, उपसर्ग + प्रत्यय से भी की जाती है। कहना न होगा कि शब्द-रचना की यह पद्धति विश्व की कम ही भाषाओं में मिलेगी। यहाँ इन सभी को अलग-अलग लिया जा रहा है।

उपसर्ग

उपसर्ग उस भाषिक इकाई को कहते हैं, जिसका भाषा-विशेष में स्वतंत्र प्रयोग न होता हो, किन्तु जिसे विभिन्न प्रकार के शब्दों के आरम्भ में जोड़कर शब्द-रचना की जाती हो। जैसे कु + कर्म—कुकर्म। यहाँ 'कु' उपसर्ग है। हिन्दी में तीन[1] प्रकार के उपसर्गों का प्रयोग होता है।

तत्सम उपसर्ग—जो संस्कृत में ज्यों-के-त्यों हिन्दी में ले लिए गए हैं। जैसे—अति, अधि, अनु, अप, अभि, अव, आ, उत्, उप, दुः, निः, परा, परि, प्र, प्रति, बहु, वि, सम्, सह, सु आदि।

तद्भव उपसर्ग—जो संस्कृत के उपसर्गों या शब्दों से ध्वनि की दृष्टि से कुछ परिवर्तित होकर आए हैं तथा जिनका हिन्दी में स्वतन्त्र प्रयोग नहीं होता, किन्तु शब्द-रचना के लिए जो प्रयुक्त किए जाते हैं। जैसे अ, औ, क, दु, नि, पर, स आदि।

विदेशी उपसर्ग—जो उपसर्ग विदेशी भाषाओं से आए हों। हिन्दी में विदेशी उपसर्ग मुख्यतः केवल फ़ारसी तथा अरबी के हैं। जैसे अल, दर, ब, बा, बे आदि। आगे, उपसर्ग अर्थ और प्रयोग के उदाहरणों के साथ दिए जा रहे हैं।

अ : (1) **प्रतिकूल**—अहित, अधर्म; (2) **रहित, हीन**—अदृश्य, अज्ञान, अशांत, अबोध, अथाह; (3) **निषेध**—अपेय, अखाद्य।

अधि : (1) **अधिक**—अधिमास, अधिसंख्य; (2) **श्रेष्ठ**—अधिपति, अधिनायक, अध्यात्म; (3) **अधिकारपूर्वक**—अधिग्रहण।

अन : (1) **अतीत** या **परे**—अनगिनत, अनमोल; (2) **अभाव**—अनाचार, अनमेल, अनपढ़; (3) **प्रतिकूल**—अनरीति।

---

1. तत्सम, तद्भव, विदेशी। हिन्दी में किसी भी देशज उपसर्ग का प्रयोग नहीं होता।

अनु : (1) **प्रत्येक**—अनुदिन', अनुक्षण; (2) **समान**—अनुरूप; (3) **बाद का**—अनुवाद; (4) **पीछे**—अनुचर, अनुगमन, अनुकरण, अनुसरण।

अंत: : **अन्तर**—**अंतस्** : (1) **भीतर**—अंतस्सलिला, अंतस्साक्ष्य, अंतर्दशा, अंतश्चेतना, अंत:करण; (2) **सभी**—अंतराष्ट्रीय; (3) **बाहर**—अंतर्जातीय।

अप : (1) **बुरा**—अपशब्द, अपकीर्ति; (2) **अनुचित**—अपव्यय, अपहरण; (3) **विपरीत**—अपमान; (4) **नीचे**—अपकर्ष, अपभ्रंश।

अव : (1) **घटना**—अवमूल्यन; (2) **अभाव**—अवचेतन; (3) **उलट**—अवगुण; (4) **नीचे**—अवरोहण, अवनत।

आ : (1) **ऊपर**—आरोहण; (2) **तक**—आजानु, आसमुद्र, आमरण; (3) **आदि से अन्त तक**—आजीवन; (4) **जन्म से अन्त तक**—आजन्म।

आवि:, आविर्, आविष् : बाहर आविर्भाव, आविर्भूत, आविष्कार।

उत : (1) **अधिक**—उत्तप्त; (2) **मुक्त**—उद्दंड; (3) **प्रकट**—उद्घोष; (4) **ऊपर**—उत्कर्ष।

उप : (1) **नीचे**—उपमंत्री, उपप्रधान, उपसभापति; (2) **गौण**—उपपुराण; (3) **दूसरा**—उपनाम, उपपति; (4) **अनुकूल पक्ष में**—उपकार; (5) **पहले**—उपसर्ग; (6) **और आगे**—उपभेद।

कु : (1) **बुरा**—कुकर्म, कुपुत्र, कुमार्ग, कुपात्र, कुबुद्धि, कुचाल; (2) **अशुभ**—कुदिन, कुबोल।

दु : (1) **बुरा**—दुकाल, दुराज। दुभाषिया तथा दुसूती जैसे शब्दों में 'दु' उपसर्ग न होकर समस्तपद का प्रथम सदस्य है।

दुर : **दु:**—**दुष्**—**दुस्** : (1) **बुरा**—दुर्दिन, दुर्दशा, दुर्गुण, दुष्कर्म, दुश्चरित्र; (2) **कठिन**—दुर्बोध, दुर्गम, दुर्निवार, दुस्तर; (3) **अभाव**—दुर्बल।

ना : नापसन्द, नाउम्मीद, नालायक़।

नि : (1) **नहीं**—निडर, निपूता, निकम्मा, निरोगी; (2) **पूर्णत:**—निख़ालिस (क्षेत्रीय तथा अमानक प्रयोग)

निर्—**निष्**—**नि:**—**निश्**—**निस्** : (1) **नहीं, निषेध**—निरर्थक, निराहार, निरंकुश, निरपराध, निष्काम, निष्कंटक, निस्तर्क्य, नि:स्पृह; (2) **बाहर**—नि:श्वास।

पर : (1) **बाद का**—परवर्ती, परसर्ग; (2) **दूसरा**—परलोक, परपुरुष; (3) **पूर्व का**—परदादा, परपोता; (4) **दूसरे का**—परोपकार।

परा : विपरीत—पराजय।

परि : (1) **आस-पास, चारों ओर**—परिभ्रमण, परिक्रमा; (2) **पूरी तरह**—परिपक्व, परिपूर्ण; (3) **अधिक**—परिश्रम।

प्र : (1) **विशेष**—प्रख्यात; (2) **ऊपर, पहले के**—प्रपितामह; (3) **नीचे**.

बाद का—प्रपौत्र; (4) **बड़ा**—प्राचार्य, प्राध्यापक, प्रबल; (5) **उप**—प्रभेद, प्रभाग ।

प्रति : (1) **विरुद्ध**—प्रतिरोध, प्रतिवाद, प्रतिस्पर्धा; (2) **सामने**—प्रत्यक्ष; (3) **बदले में**—प्रत्युपकार।

ब : (1) **सहित, साथ**—बखूबी, बख़ैरियत; (2) **के द्वारा**—बज़रिये; (3) **से**—खुद-ब-खुद; (4) **तुलना में**—बनाम; (5) **अनुसार, मुताबिक़**—बदस्तूर।

बद : **बुरा**—बदबू, बदनाम, बदक़िस्मत ।

बर : (1) **पर, ऊपर**—बरवक़्त; (2) **अलग**—बरतरफ़; (3) **निश्चय**—बरक़रार।

बहि, बहिष्, बहिर् : **बाहर का**—बहिरंग, बहिष्कार, बहिःसाक्ष्य ।

बा : (1) **सहित, के साथ**—बाक़ायदा, बाअदब; (2) **वाला**—बाआबरू ।

बिला : **बिना**—बिलानागा, बिलाशक।

बे : (1) **बिना, रहित**— (1) बेईमान, बेरहम, बेचारा, बेइज़्ज़त, बेक़ायदा, बेबुनियाद, बेढंगा, बेखटके, बेडौल, बेजोड़, बेढब; (2) **स्वार्थ**—या **पूर्णतः**—बेफ़ज़ूल, (क्षेत्रीय तथा अमानक प्रयोग) ।

ला : **बिना —रहित**—लाइलाज, लापता, लापरवाह, लाजवाब, लावारिस ।

वि : (1) **बिना**—वियोग; (2) **आधिक्य**—विकराल; (3) **विशेष**—विगत; (4) **स्वार्थे**—विभाग; (5) **विपरीत**—विक्रय; (6) **दूसरा**—विदेश, विकल्प ।

स : (1) **सहित**—सपरिवार, सजीव, सकुशल; (2) **एक ही का**—सगोत्र, सजातीय; (3) **अच्छी सु**—सपूत ।

सत्-सद् : (1) **अच्छा**—सदाचार, सत्कर्म, सद्गति, सद्गुण, सच्चरित्र, सज्जन; (2) **सच्चा**—सद्गुरु ।

स (सङ्, सञ्, सन्, सम्) : (1) **सम्यक् रूप से**—संयुक्त संतोष, संस्तुति, संयोग; (2) स्वार्थे—संप्राप्ति, (3) समान; संगति ।

सर : (1) **मुख्य**—सरपंच; **स्वार्थे**—सरहद ।

सह : (1) **साथ**—सहगमन, सहचर, सहगामी, सहभाषा; (2) **आपसी सहयोग से युक्त**—सहकारी, सहयोगी ।

सु : (1) **अच्छा**—सुगन्ध, सुअवसर, सुयश, सुव्यवस्थित, सुपात्र, सुपुत्र; (2) सुन्दर—सुदर्शन, सुकेशी; (3) **सरल**—सुकर, सुगम; (4) **बहुत**—सुदीर्घ, सुसम्पन्न, (5) **शुभ**—सुदिन ।

स्व : (1) **अपना**—स्वदेश स्वराज्य, स्वतन्त्र, स्वभाव, (2) स्वार्थे—स्वरूप, (3) **अपने, स्वयं**—स्वचालित ।

हम : (1) **समान**—हमराह, हमवतन, हमउम्र, हमदर्द ।

संस्कृत में इस बात पर विवाद रहा है कि उपसर्ग 'द्योतक' हैं या 'वाचक'। 'द्योतक' का अर्थ यह है कि उनका अपना अर्थ नहीं होता, वे अन्य शब्दों के साथ लगकर उन शब्दों में छिपे अर्थ को ही प्रकाशित (द्योतित) करते हैं। 'वाचक' का अर्थ है कि उनका अपना अर्थ होता है तथा उस अर्थ के कारण ही वे अन्य शब्दों में लगकर उनके अर्थ में परिवर्तन या विशेषता लाते हैं। मेरे विचार में उपसर्गों का अपना अर्थ होता है। यह इसलिए भी कि सभी उपसर्ग मूलतः किसी-न-किसी अर्थवान शब्द से विकसित हुए हैं, अतः वह मूल अर्थ तो उनमें होता ही है। ऊपर इसीलिए उपसर्गों के अर्थ देने का प्रयास किया गया है।

प्रत्यय

प्रत्यय उस भाषिक इकाई को कहते हैं, जिसका प्रयोग स्वतन्त्र रूप से न हो, और जिसे किसी और भाषिक इकाई के अन्त में जोड़कर शब्द-रचना की जाय। जैसे सुन्दर + ता = सुन्दरता। यहाँ 'ता' प्रत्यय है। हिन्दी में चार प्रकार के प्रत्ययों का प्रयोग होता है—

(क) तत्सम—जैसे ता, आलु, जीवी, इक, ई, शः, अनीय, तः, इष्ठ, आ, इमा।

(ख) तद्भव—जैसे आई, आहट, एरा, नी, आइन, आलू आदि।

(ग) देशज—जैसे अक्कड़, अंकू, अड़, आटा आदि।

(घ) विदेशी—जैसे आना, इयत, मंद, ख़ोर आदि।

हिन्दी के व्याकरणों में प्रत्यय के 'कृत' और 'तद्धित' दो वर्ग बनाए गए हैं। वस्तुतः यह वर्गीकरण संस्कृत का है, और हिन्दी पर लागू नहीं होता, क्योंकि ऐसे भी प्रत्यय हैं जो 'कृत्' और 'तद्धित' दोनों ही रूपों में प्रयुक्त होते हैं। जैसे 'आई'। एक तरफ तो यह धातु में जोड़ा जाता है (सिलाई, खुदाई, लड़ाई, पढ़ाई, चढ़ाई) अतः यह कृत् प्रत्यय है, और दूसरी ओर शब्दों में भी जोड़ा जाता है (खुदाई, कठिनाई, सफ़ाई, चतुराई) अतः यह तद्धित प्रत्यय भी है। वस्तुतः हिन्दी प्रत्ययों के इस प्रकार के वर्गीकरण की कोई उपयोगिता नहीं है।

यहाँ हिन्दी के कुछ मुख्य प्रत्यय दिए जा रहे हैं—

अन्त (किया हुआ)—गढ़न्त, रटन्त।

अक्कड़ (वाला)—घुमक्कड़, पियक्कड़।

आ (स्त्री० प्रत्यय)—माननीया, आदरणीया, प्रिया, सुता।

आई (भाववाचक बनानेवाला प्रत्यय)—पढ़ाई, लिखाई, बुराई, भलाई, कमाई।

आऊ (वाला)—कमाऊ, बिकाऊ, पंडिताऊ, टिकाऊ।

आड़ी (वाला)—खिलाड़ी, जुआड़ी, पिछाड़ी, अगाड़ी, अनाड़ी (?)।

आना (परम्परा, दण्ड, प्रति)— जुर्माना, घराना, रोज़ाना, सालाना।
आनी (स्त्री० प्रत्यय)—जेठानी, देवरानी, मास्टरानी, मेहतरानी।
आपा (भाववाचक संज्ञा का प्रत्यय)—बुढ़ापा, रँड़ापा, मुटापा।
आर (करने वाला)—सुनार, लुहार, कुमार, चमार।
आरी (करने वाला)— पुजारी, भिखारी, जुआरी।
आरू—दुधारू, जुझारू।
आलु (वाला)—दयालु, लज्जालु, श्रद्धालु, कृपालु।
आलू (करने वाला)—झगड़ालू।
आवट (भाववाचक संज्ञा का प्रत्यय)— मिलावट, बुनावट, बनावट, रुकावट।
आस (इच्छावाचक भाववाचक संज्ञा का प्रत्यय)—छपास, लिखास।
आहट (भाववाचक संज्ञा का प्रत्यय)—घबराहट, भलमनसाहत, चिल्लाहट।
इक (विशेषण का प्रत्यय)—भाषिक, देविक, सामाजिक, साहित्यिक, व्यावहारिक, वैदिक, नैतिक, भौगोलिक, पौराणिक, (इसे जोड़ने में प्रथम अक्षर (syllable) के अ को आ, इ, ई, ए को ऐ, तथा उ, ऊ, ओ को औ कर देते हैं)। अपवाद—पथिक, क्रमिक, श्रमिक।
इत (युक्त)— पुष्पित, आधारित, पुलकित, हर्षित।
इन (स्त्री० प्रत्यय)—जुलाहिन, साँपिन, जमादारिन, लुहारिन।
इमा (भाववाचक संज्ञा का प्रत्यय)—महिमा, कालिमा, लालिमा, नीलिमा।
इयत (भाववाचक संज्ञा का प्रत्यय)— आदमियत, इन्सानियत, असलियत, ख़ासियत।
इयल (वाला)—दढ़ियल, लठियल, मरियल, सड़ियल।
इया 1. (लघुत्व, स्त्रीलिंग)—लुटिया, बुढ़िया, चुहिया, खटिया; 2. (वाला) पुरबिया, कनौजिया, दीवालिया, कलकतिया, बम्बइया, बिचौलिया, ब्लैकिया, दूधिया, घुसपैठिया।
इल (वाला)—फेनिल, उर्मिल, जटिल।
ई 1. (स्त्री० प्रत्यय)— घोड़ी, लड़की, नानी, चाची; 2. (वाला)—घमंडी, लालची, ऊनी, सूती, जापानी, राजस्थानी, हिन्दुस्तानी, रूसी; 3. (भाववाचक संज्ञा का प्रत्यय)—मास्टरी, प्रोफ़ेसरी, अफ़सरी, चौड़ाई, सफ़ेदी, कठिनाई, काहिली; 4. (लघुताबोधक) पहाड़ी, 5. (भाषा-बोधक) जापानी, चीनी।
ईन (वाला)—रंगीन, ग़मगीन।
ईय (वाला)—स्वर्गीय, भारतीय, शासकीय।
ईला (वाला)— सुरीला, पथरीला, चमकीला, ख़र्चीला।
ऊ—चालू, टालू, लागू।
एरा (वाला)—चचेरा, ममेरा, लुटेरा, सँपेरा।
कार 1. (लिखने या बनानेवाला)—साहित्यकार, कहानीकार, नाटककार,

चित्रकार, मूर्तिकार: 2. (वाला) जानकार।

ख़ोर (खानेवाला)—सूदख़ोर, घूसख़ोर, रिश्वतख़ोर, हरामख़ोर।

गी—ज़िंदगी, नामज़दगी, मेहरबानगी।

गर (वाला)—जादूगर, रफ़ूगर, बाज़ीगर।

ची (वाला)—तबलची, तोपची, अफ़ीमची, मशालची, ख़ज़ांची।

ज (जन्मा हुआ)—जलज, पंकज, वारिज, अनुज, अंडज, स्वेदज।

जीवी (जीनेवाला)—दीर्घजीवी, अल्पजीवी, परजीवी, बुद्धिजीवी।

ज्ञ (जाननेवाला)—विशेषज्ञ, मर्मज्ञ, अल्पज्ञ।

तम (सबसे अधिक)—सुन्दरतम, श्रेष्ठतम, उच्चतम।

तर (तुलना में ऊँचा, बड़ा अथवा छोटा आदि)—उच्चतर, गुरुतर, निम्नतर।

तः (क्रियाविशेषण बनाने वाला)— अंशतः, मूलतः, स्वतः, यथार्थतः, सामान्यतः, वस्तुतः।

तया (क्रियाविशेषण बनानेवाला प्रत्यय)—सामान्यतया, मुख्यतया, साधारणतया।

ता (भाववाचक संज्ञा बनानेवाला प्रत्यय)—सुन्दरता, कोमलता, आवश्यकता, प्राचीनता, नवीनता, लघुता, ममता।

त्व (भाव)— ममत्व, कवित्व।

दान (आधार)—इत्रदान, गुलदान, पीकदान, क़लमदान।

दार (वाला)—दूकानदार, ईमानदार, मालदार; ख़ुशबूदार।

नाक (वाला)—ख़तरनाक, ख़ौफ़नाक; दर्दनाक।

पन (भाववाचक संज्ञा का प्रत्यय)—बचपन, कालापन, पागलपन, बचपना।

बाज़ (वाला)—चालबाज़, पतंगबाज़, मुकदमेबाज़, धोखेबाज़।

मंद (वाला)—अक़लमन्द, दौलतमन्द, ज़रूरतमन्द।

य (भाववाचक संज्ञा का प्रत्यय)—माहात्म्य, सौंदर्य, काव्य, साहित्य, (इसमें भी 'इक' की तरह आदि वृद्धि होती है।)

वर (वाला)—नामवर।

वान (वाला)—गुणवान, दयावान, धनवान, बलवान।

सार (सा. वाला)—ख़ाकसार, शर्मसार।

प्रत्ययों के अर्थ के संबंध में कहीं विस्तार से विचार हुआ है या नहीं, मैं नहीं कह सकता। यों प्रत्ययों का अर्थ होता है, इसमें संदेह नहीं। वह अर्थ मुख्यतः तो व्याकरणिक होता है। अर्थात् भाववाचक संज्ञा बनाने वाले प्रत्यय भाववाच्यार्थी होते हैं। इसी प्रकार कुछ प्रत्यय विशेषणार्थी तथा कुछ क्रियाविशेषणार्थी होते हैं। कारकरूपार्थी तथा क्रियारूपार्थी प्रत्ययों की बात भी इस प्रसंग में की जा सकती है, हालांकि उन्हें यहाँ न लेकर क्रमशः संज्ञा, सर्वनाम तथा क्रिया अध्यायों में यथास्थान लिया गया है।

यह तो व्याकरणार्थ की बात थी। उस अर्थ के अतिरिक्त भी अर्थ होते हैं, मुख्यत. विशेषण बनाने वाले प्रत्ययों के उदाहरण के लिए बहुप्रचलित विशेषण प्रत्यय 'ई' की बात लें, तो इसके विभिन्न अर्थ **में प्राप्त** (जंगली सुअर), **में पैदा होने वाला** (नागपुरी संतरे), **में बनने वाला** (बनारसी साड़ी), **का निवासी** (जापानी इंजीनियर), **से संबद्ध** (दिमाग़ी काम), **से बना** (ऊनी कपड़ा), **करने वाला** (आडंबरी), **जैसा मुलायम** (रेशमी बाल), **जैसे आकार का** (लंगूरी सूरत), **से प्राप्त** (पैदाइशी), **से दिया जाने वाला** (दस्ती पत्र), तथा **के रूप में** (जवाबी चिट्ठी) आदि हैं। विशेषण के लगभग सभी प्रत्ययों के वितरण के आधार पर इस प्रकार ड़ अर्थ निकाले जा सकते हैं।

ऊपर प्रत्ययों के सामान्य अर्थ दिए गए हैं, बहुत गहराई से उन्हें नहीं लिया गया है।

समास

'समास' शब्द 'संक्षेप करना' अर्थ की 'अस्' धातु में 'सम' उपसर्ग जोड़कर बना है, और इनका अर्थ है 'संक्षेप'। समास में प्रायः दो पदों (या शब्दों) को जोड़कर संक्षेप करके एक पद बनाते हैं जैसे 'दही में पड़ा हुआ बड़ा'—दहीबड़ा। इस प्रकार बना एक पद 'समस्त पद' या 'सामासिक पद' कहलाता है। समस्त पद के पहले पद को 'पूर्वपद' तथा दूसरे पद को 'उत्तरपद' कहते हैं।

समास के संबंध में निम्नांकित बातें ध्यान में रखने की हैं—

(क) संस्कृत में कई-कई पदों के समास भी मिलते हैं, किंतु हिंदी में प्रायः दो पदों के ही समास मिलते हैं। अपवादतः अधिक से अधिक तीन पदों (त्रिभुननाथ, तन-मन-धन, हिंदी-साहित्य-सम्मेलन) के समास मिलते हैं, किंतु बहुत कम। दो से अधिक पदों के समास में क्रम के आधार पर पदों को प्रथम पद, द्वितीय पद, तृतीय पद आदि कहा जा सकता है।

(ख) समास सच्चे अर्थ में संक्षेप है। इसमें ध्वनि, रूप-रचना, वाक्य-रचना तथा अर्थ, इन चारों स्तरों पर संक्षेपण होता है, जैसा कि आगे हम देखेंगे।

(ग) समास में कारक चिह्न (घोड़े की दौड़—घुड़दौड़) तथा संयोजक (माता और पिता—माता-पिता) आदि को निकालकर पदों को मिलाकर एक पद बनाते हैं।

(घ) हिंदी में प्रायः समस्रोतीय शब्दों से ही समास बनते हैं, मुख्यतः तद्भव + तद्भव, जैसे रसोईघर; तथा तत्सम + तत्सम, जैसे शोकमग्न, फ़ारसी + फ़ारसी[1], जैसे हररोज, आबहवा। अपवादतः ही भिन्नस्रोतीय शब्दों से समास बनते हैं। जैसे अंग्रेज़ी + तद्भव (रेलगाड़ी), अंग्रेज़ी + तत्सम (बमवर्षक), तथा फ़ारसी + तत्सम

1. हिन्दी में वे ही अरबी और तुर्की शब्द आए हैं जो फ़ारसी में प्रयुक्त होते रहे हैं, और प्रायः फ़ारसी के माध्यम से ही आए हैं, इसीलिए यहाँ फ़ारसी का अर्थ फ़ारसी, अरबी और तुर्की के लिए किया जा रहा है।

(ज़िलाधीश) आदि ।

(ङ) समस्त पद बनने पर अर्थ की दृष्टि से दो स्थितियाँ होती हैं । या तो विभिन्न पदों का मूल अर्थ बना रहता है, जैसे माता-पिता, घुड़दौड़ तथा ऋणमुक्त आदि में, या फिर अर्थ बदल जाता है । उदाहरण के लिए 'आबहवा' का वही अर्थ नहीं है जो 'आब' और 'हवा' का है। यही स्थिति 'जलवायु' की भी है। ऐसे ही 'कालापानी' काले रंग का पानी नहीं है । पीताम्वर, लाल पगड़ी, श्वेतपत्र आदि की भी यही स्थिति है।

(च) समास केवल तभी बनाया जाता है जब पदों में अर्थ तथा प्रयोग के स्तर पर संगति हो । किन्हीं भी दो या अधिक पदों का समास नहीं बनाया जा सकता; उदाहरण के लिए दवाख़ाना, हाथीख़ाना, डाकख़ाना, बर्फ़ख़ाना, चारख़ाना तो ठीक हैं, किन्तु भावख़ाना, ज़मीनख़ाना आदि नहीं ।

(छ) संस्कृत में पद की प्रधानता के आधार पर समासों के अध्ययन और वर्गीकरण की परम्परा रही है। उसी आधार पर हिन्दी में भी समासों का अध्ययन और वर्गीकरण किया जाता है, किन्तु मेरे विचार में इसका सम्बन्ध भाषा के सभी स्तरों से है, अतः इसका अध्ययन-विश्लेषण और वर्गीकरण ध्वनि, शब्द, रूप, वाक्य और अर्थ इन पाँचों ही स्तरों पर होना चाहिए । इस अध्याय में पहली बार हिन्दी समास को इन पाँचों स्तरों पर देखा जा रहा है, इसीलिए मतभेद तथा विवाद आदि की गुंजाइश को अस्वीकार नहीं किया जा सकता ।

ध्वनि— हिन्दी समास-रचना का अध्ययन ध्वनि की दृष्टि से मुख्यतः दो प्रकार का हो सकता है—

(क) समस्त पद के विभिन्न पदों के अपने-अपने बलाघात होते हैं, किन्तु जब वे मिलकर एक पद हो जाते हैं तो उनके अपने-अपने बलाघात समाप्त हो जाते हैं, तथा नवनिर्मित समस्त पद की दृष्टि से बलाघात नियमानुसार अपना स्थान लेता है। उदाहरण के लिए 'हवाई जहाज़' में मूलतः 'हवाई' में 'वा' पर तथा जहाज़ में 'हाज़' पर बल है, किन्तु दोनों शब्दों के मिलने पर मुख्य बलाघात 'हाज़' पर होगा । ऐसे ही 'आप' में तो एक अक्षर ही है, अतः उस पर बलाघात है, 'बीती' में दो अक्षर हैं जिनमें 'बी' पर बलाघात है । 'आपबीती' में 'बी' का बलाघात समाप्त हो जाएगा तथा 'आप' पर होगा। कभी-कभी ऐसे नए अक्षर का भी निर्माण हो जाता है, जिस पर बलाघात होता है : 'नराधम' में 'रा' तथा 'शुभागमन' में 'भा' ऐसे ही हैं। वस्तुतः इस दिशा में काम करने की ज़रूरत है कि हिन्दी के मूल पदों में बलाघात का ढाँचा (पैटर्न) अमुक प्रकार का होगा तो समस्तपद में बलाघात की स्थिति अमुक प्रकार की होगी ।

(ख) दूसरा अध्ययन ध्वनि-परिवर्तन से संबद्ध है । इस दृष्टि से समासों के दो वर्ग बनाए जा सकते हैं : (अ) अविकारी—जिनमें कोई भी ध्वनि-परिवर्तन न हुआ हो । जैसे राष्ट्रपति, रसोईघर, स्वर्गप्राप्त आदि । (आ) विकारी— इसके दो-तीन

उपसर्ग हो सकते हैं : (1) जिनमें लिखने तथा बोलने दोनों में विकार हुआ है : घुड़-दौड़, पनघट, जन्मांध आदि। इस वर्ग के समासों में संस्कृत तथा हिन्दी की सभी प्रकार की सन्धियाँ (दीर्घीकरण, ह्रस्वीकरण, लोप, आगम आदि) मिलती हैं। (2) जिनमें परिवर्तन मात्र उच्चारण के स्तर पर है, तथा लिखा नहीं जाता। जैसे आप-बीती (उच्चारण आब्बीती), डाकघर (उच्चारण डाग्घर)। (3) इसका एक तीसरा उप-वर्ग ऐसा हो सकता है जिसमें 'क' और 'ख' दोनों की प्रवृत्तियाँ मिलती हैं, जैसे 'हथ-कड़ी'। इसमें 'हाथ' का 'हथ' प्रथम वर्ग का परिवर्तन है, तो 'हथकड़ी' का 'हत्कड़ी' द्वितीय वर्ग का। यदि बहुत सँभाल कर बोलें तभी 'हथकड़ी' उच्चारण होगा, अन्यथा 'हत्कड़ी' हो जाएगा।

शब्द – शब्द-स्तर पर समास के सम्बन्ध में उल्लेख्य बातें निम्नांकित हैं—

(क) 'समस्त पद' सभी व्यावहारिक दृष्टियों से एक शब्द बन जाता है। अर्थात् उच्चारण के स्तर पर एकाक्षरी हो या अनेकाक्षरी एक इकाई होता है; अर्थ की दृष्टि से भी एक इकाई होता है, तथा प्रयोग की दृष्टि से वह स्वतन्त्र होता है। उसके अर्थ दो प्रकार के होते हैं : मूलार्थ (जैसे राहखर्च, शोकमग्न, घुड़दौड़) अथवा विकसित अर्थ (जैसे जलवायु, माई-बाप, पीतांबर, काली मिर्च)। इस प्रसंग में यह उल्लेख्य है कि तीन शब्दों के समास भी उच्चारण तथा अर्थ के स्तर पर प्रायः एक इकाई (जैसे तन-धन-मन, त्रिभुजाकार) ही बन जाते हैं।

(ख) वैदिक संस्कृत में 'समास' का आधार 'एकस्वरता' माना गया है, अर्थात् सभी पद मिलकर एक पद बन जाते हैं और उस एक पद में एक उदात्त स्वर होता है। संस्कृत में स्वर का प्रयोग नहीं होता था, अतः वहाँ समास की कसौटी 'एकपदता' मानी गई। अर्थात् सब मिलकर एक पद बनाएँ। हिन्दी में 'माता-पिता', 'राम-लक्ष्मण', 'पाप-पुण्य' में यही स्थिति है। इस आधार पर एक क़दम और आगे बढ़कर यह कहा जा सकता है कि यदि 'एकपदता' को समास का आधार मानें तो जैसे 'तन-मन-धन से सेवा करो' में 'तन-मन-धन' समास है, वैसी ही 'राम, मोहन, श्याम, मुकुल, राजीव ने' या इस जैसे पदबंधों की भी स्थिति है। इस सम्बन्ध में दो बातें संकेत्य हैं। पहली तो यह कि, यह पद नहीं है, पदबन्ध है, अतः समास नहीं है। दूसरे ऐसे प्रयोगों में मानक हिन्दी में अन्त में 'और' (राम, मोहन, श्याम, मुकुल और राजीव) आता है, उसका लोप नहीं किया जा सकता, और बिना लोप के समास नहीं हो सकता। इस तरह 'पदबन्ध' और 'पद' में अन्तर है। जैसे तुम उसकी तन से, मन से और धन से सहायता करो में 'तन से मन से और धन से' समास नहीं है, वैसे ही ऐसे प्रयोगों भी समास नहीं हैं। इस तरह अपवादों की बात छोड़ दें तो हिन्दी के समस्तपद एक शब्द होते हैं, उनमें एकशब्दता होती है।

(ग) शब्द के स्तर पर समस्तपद का लिंग भी विचारणीय है। संस्कृत की तरह हिन्दी में भी उत्तरपद का लिंग ही समस्तपद का लिंग माना जाता है। उदा-हरण के लिए 'वायु' 'जलवायु' में भी है और 'वायुयान' में भी, किन्तु 'जलवायु' में

अंत में है, अतः 'जल' के पुल्लिग होने पर भी 'जलवायु' स्त्रीलिंग है। दूसरी तरफ़ 'यान' के पुल्लिग होने के कारण 'वायुयान' पुल्लिग है। आबहवा, घुड़दौड़, हथकड़ी, रसोईघर, डाकघर, देशभक्ति में भी यही बात दिखाई पड़ती है।

(घ) शब्द के स्तर पर एक बात यह भी विचारणीय है कि संज्ञा, सर्वनाम आदि किन-किन शब्द-भेदों को मिलाकर समस्त पद बनाए जाते हैं। हिन्दी में केवल उन्हीं शब्द-रूपों से समस्तपद बनते हैं जो आगे 'ङ' में दिए गए हैं।

(ङ) इस सम्बन्ध में यह भी उल्लेख्य है कि दो शब्दों से मिलकर जो तीसरा शब्द बनता है, वह क्या होता है, संज्ञा या सर्वनाम, विशेषण या क्रियाविशेषण आदि। इस दृष्टि से समस्त पदों के पाँच भेद हो सकते हैं : संज्ञा, सर्वनाम, विशेषण, क्रिया तथा क्रियाविशेषण। हिन्दी में इनके संरचनात्मक प्रकारों के साथ एक संक्षिप्त सूची यहाँ देखी जा सकती है :

(1) **संज्ञाबोधक**—ये व्यक्तिवाचक (ताजमहल, हिमालय), जातिवाचक (सेनापति, राजभवन), तथा भाववाचक (मनमुटाव, क्रोधाग्नि), तीनों ही प्रकार के होते हैं।

(2) **सर्वनामबोधक**—ये **सर्व० + सर्व०**—कोई-न-कोई, किसी-न-किसी, आप-ही-आप, सब-के-सब।

(3) **विशेषणबोधक**—ये **संज्ञा + संज्ञा**—गोबरगणेश (आरामपसन्द नर-रत्न), **संज्ञा + विशेषण** (हठधर्मी, क्षमाप्रार्थी। शोकाकुल, व्याधिग्रस्त, भयभीत), **विशेषण + विशेषण** (उलटा-सीधा, हरा भरा, ऐसा-वैसा, गोल-मटोल) आदि से बनते हैं।

(4) **क्रियाबोधक**—ये **क्रिया + क्रिया** (वह खा-पी रहा है, वे खेल-कूद रहे हैं) **क्रिया + प्रतिध्वनि शब्द** या (वह गा-बा रहा होगा, कहीं कूद-काद गया क्या) आदि से बनते हैं।

(5) **क्रियाविशेषणबोधक**—ये **संज्ञा + संज्ञा** (रातोंरात, मन-ही-मन, दिन-रात), **संज्ञा + अव्यय** (शयनोपरांत, भोजनोपरांत, कार्यक्रमानुसार) **संज्ञा + क्रियावि०** (साँझ-सवेरे, साँझ-सकारे) आदि से बनते हैं।

वाक्य—वाक्य के स्तर पर समासों के सम्बन्ध में कई बातें कही जा सकती हैं :

(क) अधिकांश समासों की आन्तरिक संरचना में एक उपवाक्य अवश्य होता है। जैसे 'बड़ा, जो दही में पड़ा हो' = दहीबड़ा; 'घर, जो डाक के लिए हो' = डाकघर अथवा घर जो डाक का हो = डाकघर, 'जो कमल के समान कोमल हो' = कमल-कोमल, 'निकाला, जो देश से किया गया हो' = देश-निकाला, 'जो घन-सा श्याम हो' = घनश्याम, 'वह जो धर्म से भ्रष्ट हो' = धर्मभ्रष्ट, तथा 'वह जो मुँह को तोड़ दे' = मुँहतोड़ आदि।

(ख) कुछ समास अकेले देखने पर तो वाक्याधारित नहीं लगते, किन्तु वाक्य

में प्रयोग करने पर स्पष्ट हो जाता है, वे उतने वाक्यों से बने होते हैं, जितने घटकों का समास होता है। द्वन्द्व समासों में यह बात विशेष रूप से मिलती है :

बाह्य संरचना—मैं तन-मन-धन से तुम्हारी सहायता करूँगा।

आंतरिक संरचना—मैं तन से तुम्हारी सहायता करूँगा। +

,, मन ,, ,, ,, ,, । +

,, धन ,, ,, ,, ,, ।

अर्थात् इन तीनों वाक्यों के योग से ऊपर का वाक्य बना है। ऐसे ही 'पाप-पुण्य का फल भोगना पड़ता है' दो वाक्यों से बना है तो 'धूप-दीप-नैवेद्य से पूजा करो' तथा 'ज़र-जोरू-ज़मीन के लिए अनादिकाल से लड़ाई-झगड़े होते आ रहे हैं', तीन-तीन वाक्यों से।

(ग) कुछ समास ऐसे होते हैं कि जिनका सामान्य अर्थ लें तो रचना के स्तर पर अन्तःकेन्द्रित होते हैं, जैसे पीताम्बर (वह पीताम्बर दर्शनीय है—वह अम्बर दर्शनीय है), नीलकंठ (उसका नीलकंठ सुन्दर है—उसका कंठ सुन्दर है), दशानन (रावण के दशानन बड़े भयंकर थे—रावण के आनन बड़े भयंकर थे) आदि। इसके विपरीत यदि विशिष्ट अर्थ लें (बहुव्रीहि) तो बहिष्केन्द्रिक होते हैं। जैसे, पीताम्बर = विष्णु, नीलकंठ = शिव, दशानन = रावण। कहना न होगा कि अन्तःकेन्द्रिक रचना या उसके निकटतम अवयव वाक्य में वही काम करते हैं, जो उसका केन्द्रक या शीर्ष करता है, इसके विपरीत बहिष्केन्द्रिक रचना में ऐसा नहीं होता, सभी अवयव वाक्य में अनिवार्य होते हैं।

(घ) कुछ समासों में यदि सामान्य अर्थ लें तो उनसे युक्त वाक्य उतने ही वाक्यों का योग होता है जितने घटक समास में होते हैं, जैसा कि पीछे कहा जा चुका है, इसके विपरीत यदि विशिष्ट अर्थ लें तो वह एक ही वाक्य होता है; 'तुम्हारे माई-बाप आ रहे हैं' (तुम्हारी माई आ रही हैं + तुम्हारे बाप आ रहे हैं), किन्तु 'माई-बाप' का अर्थ 'संरक्षक' या 'सर्वेसर्वा' आदि लें तो यह दो वाक्यों का योग नहीं है।

अर्थ—अर्थ की दृष्टि से समास के विषय में कई बातें कही जा सकती हैं :

(क) अर्थ की दृष्टि से समास दो प्रकार के होते हैं। एक तो वे जिनमें मूल शब्दों का अर्थ परिवर्तित नहीं होता, प्रायः ज्यों-का-त्यों रहता है। जैसे देशनिकाला, भयभीत, ऋणमुक्त, रसोईघर, देशभक्ति, यथाशक्ति, आरामकुर्सी आदि। दूसरे वे जिनमें या तो अर्थ-संकोच हो जाता है (नीलकंठ, गृहप्रवेश, पीताम्बर, बारहसिंहा, गृहयुद्ध, कालीमिर्च, घनश्याम, चतुर्भुज, सप्तपदी, पाणिग्रहण, दशानन, इकतारा) या अर्थ-विस्तार (तन-मन-धन से—हर तरह से या सभी साधनों से, रात-दिन—हर वक़्त, जलवायु, आबहवा), या अर्थादेश (माई-बाप—संरक्षक, श्वेतपत्र, जलपान—इसमें जल का पान आवश्यक नहीं है, इसका अर्थ है चाय-पानी या नाश्ता आदि, स्याह-सफ़ेद, उलटा-सीधा, अच्छा-बुरा, सब कुछ; जैसे तुम्हारे ऊपर मुझे भरोसा है, स्याह-सफ़ेद जो भी चाहो करो)।

(ख) कुछ लोगों का विचार है कि केवल उसी समस्तपद या समस्त शब्द को समास मानना चाहिए जो अर्थ के स्तर पर विशिष्ट अर्थ का विशिष्ट शब्द हो जाए, जैसे कालापानी, कालीमिर्च, श्वेतपत्र। मेरे विचार में ऐसा सभी में नहीं हो सकता। मुख्यतः द्वन्द्व समास (हानि-लाभ, जीवन-मरण, काला-गोरा, धन-जन, माँ-बाप, भाई-बहिन, अन्न-जल) पर तो यह शर्त प्रायः बिल्कुल ही नहीं लागू होती।

(ग) समास में यह भी विचारणीय होता है कि अर्थ की दृष्टि से पदों में कौन प्रमुख है। संस्कृत में समासों का अव्वयीभाव, तत्पुरुष, द्विगु, बहुव्रीहि आदि वर्गीकरण इसी आधार पर हुआ है।

समास के भेद

पूर्वपद और उत्तरपद की सापेक्षिक प्रधानता के आधार पर समस्तपदों को संस्कृत में निम्नांकित चार वर्गों में रखा गया है—

(1) पूर्वपद प्रधान—अव्ययीभाव।
(2) उत्तरपद प्रधान—तत्पुरुष (कर्मधारय और द्विगु भी इसी में हैं)।
(3) दोनों पद प्रधान—द्वन्द्व।
(4) दोनों पद अप्रधान—बहुव्रीहि (इसमें कोई तीसरा प्रधान होता है)।

इस प्रकार समास के मूलतः चार प्रकार होते हैं। तत्पुरुष के ही उपभेदों (कर्मधारय और द्विगु) को मिलाकर प्रायः छः समास कहे जाते हैं।

(1) **अव्ययीभाव**—इस समास में दो शब्दों से मिलकर जो शब्द बनता है, अव्यय (क्रियाविशेषण) का काम करता है, इसीलिए इसका नाम अव्ययीभाव है। अव्ययीभाव समास में पहला शब्द प्रधान होता है। उदाहरण—यथा + शक्ति = यथाशक्ति, प्रति + दिन = प्रतिदिन। ऐसे ही यथासम्भव, यथाशीघ्र, यथास्थान, अनुदिन, एकाएक, धड़ाधड़, भरपेट, हाथोंहाथ आदि। संस्कृत अव्ययीभाव समासों में पहला शब्द अव्यय और दूसरा संज्ञा या विशेषण होता है, किन्तु इस समास के हिन्दी उदाहरणों में पहला शब्द अव्यय न होकर प्रायः संज्ञा होता है। जैसे— रातोरात, घरघर, हाथोहाथ, दिनोदिन।

कई पुस्तकों में इस समास के कुछ और उदाहरण आजन्म, बेखटके, आजीवन, आमरण, व्यर्थ आदि दिए गए हैं। हिन्दी में इन्हें समास मानना अशुद्ध है, क्योंकि इनमें 'आ', 'वि', 'बे' आदि हिन्दी में उपसर्ग हैं, शब्द या पद नहीं। यह ध्यान देने की बात है कि आ', 'वि', 'बे' आदि का हिन्दी में शब्द की तरह स्वतन्त्र रूप से प्रयोग नहं होता।

(2) **तत्पुरुष**—तत्पुरुष समास में पहला शब्द प्रायः संज्ञा या विशेषण तथ दूसरा सर्वदा संज्ञा होता है। इसमें दूसरा शब्द प्रधान होता है। 'तत्पुरुष' (तत् + पुरुष = वह आदमी) इसका एक अच्छा उदाहरण है। इसी आधार पर यह नाम पड़ है। पहले शब्द के भेद के आधार पर इस समास के तीन भेद होते हैं—

(क) यदि पहला शब्द संख्यावाचक विशेषण हो और समस्तपद-समूह का बोध कराए तो उस समास को **द्विगु** कहते हैं। जैसे—त्रिभुवन (तीन भुवन, पहला शब्द संख्यावाचक विशेषण, दूसरा संज्ञा), पंचवटी, छप्पय, त्रिलोक, चौमासा, नवग्रह, पंचतत्त्व, अठवारा, चवन्नी, त्रिफला, चौराहा, अठन्नी, पँसेरी, दुअन्नी, सप्तसिंधु। दोपहर। 'द्विगु' का अर्थ है 'दो गायों या बैलों का समूह'। यह 'द्विगु' शब्द इसका एक अच्छा उदाहरण है, इसी आधार पर यह नाम पड़ा है।

(ख) जिसमें विशेषण-विशेष्य अथवा उपमेय-उपमान हो उसे **कर्मधारय** कहते हैं : **विशेषण-विशेष्य**—नीलकमल, सज्जन, महात्मा, महाजन, शुभागमन, नीलगाय, खुशबू, बदबू। **उपमेय-उपमान**—चरण-कमल (कमल रूपी चरण), मृगनयन (मृग के समान नयन), चन्द्रमुख (चन्द्रमा के समान मुख), कमलनयन (कमल के समान नयन)। कर्मधारय का एक भेद **मध्यम पदलोपी कर्मधारय** होता है, जिसमें मध्य का पद लुप्त हो जाता है : बनमानुष (बन में रहने वाला मनुष्य), घृतान्न (घृत-मिश्रित अन्न), गोबर-गणेश (गोबर से बना गणेश) बैलगाड़ी (बैलों से खींची जाने वाली गाड़ी), गुरुभाई (गुरु के सम्बन्ध से भाई)। कर्मधारय के कुछ अन्य उदाहरण हैं : महाराजा, अल्पसंख्यक, अन्धविश्वास, अकाल मृत्यु, परमानन्द, नराधम, शीतोष्ण। 'कर्मधारय' नाम में 'कर्म' का अर्थ है 'भेदक क्रिया' और 'धारय' का अर्थ है 'धारण करने वाला' अर्थात् कर्मधारय विशेषण की तरह भेदक क्रिया को धारण करता है, वह विशेषण की तरह संज्ञा की विशेषता बतलाता है। कहना न होगा कि विशेषण भी भेदक होता है। 'काला घोड़ा' में 'काला' शब्द 'घोड़ा' को अन्य घोड़ों से अलग कर रहा है। कर्मधारय में एक शब्द दूसरे की विशेषता बतलाता है।

(ग) तत्पुरुष के तीसरे भेद को **व्यधिकरण तत्पुरुष** या सक्षेप में केवल **तत्पुरुष** ही कहते हैं। इसमें पहला शब्द संज्ञा होता है, दूसरा शब्द (पद) प्रमुख होता है, और समास करने पर दोनों शब्दों के बीच के कारक-चिह्न या विभक्ति का लोप हो जाता है। लोप तथा पहले के शब्द के कारक के आधार पर इसके छः भेद होते हैं :

(1) **कर्म-तत्पुरुष**—इसमें कर्म के कारक-चिह्न का लोप होता है। जैसे—ग्रन्थकर्ता (ग्रन्थ को करने वाला), जलपिपासु (जल को पीने की इच्छा रखने वाला), चिड़ीमरा (चिड़ियों को मारने वाला), गँठकटा (गाँठ को काटने वाला), मुँहतोड़ (मुँह को तोड़ने वाला), गिरहकट (गिरह को काटने वाला), स्वर्गगत (स्वर्ग को गया हुआ), तथा परलोकगमन (परलोक को जाना) आदि।

(2) **करण-तत्पुरुष**—कपड़छन (कपड़े से छाना), तुलसीकृत (तुलसी द्वारा किया हुआ), ईश्वरदत्त (ईश्वर से दिया हुआ), रेखांकित (रेखा से अंकित), हस्तलिखित (हस्त से लिखित), मनमाना (मन से माना), धनहीन (धन से हीन), कष्टसाध्य, मदमाता, गुणयुक्त।

(3) **सम्प्रदान तत्पुरुष**—रसोईघर (रसोई के लिए घर), देशभक्ति (देश के लिए भक्ति), हथकड़ी (हाथ के लिए कड़ी), राहखर्च (राह के लिए खर्च), टिकटघर

(टिकट के लिए घर), गुरुदक्षिणा (गुरु के लिए दक्षिणा), डाकगाड़ी (डाक के लिए गाड़ी), हवन-सामग्री, रोकड़बही, आरामकुर्सी।

(4) **अपादान तत्पुरुष**—ऋणमुक्त (ऋण से मुक्त), गुणहीन (गुण से हीन), जाति-भ्रष्ट (जाति से भ्रष्ट), पदच्युत (पद से च्युत), भयभीत (भय से भीत), देश-निर्वासित (देश से निर्वासित), देशनिकाला, विद्याहीन, धर्मभ्रष्ट।

(5) **सम्बन्ध तत्पुरुष**—रामानुज (राम का अनुज), सेनापति (सेना का पति), देवालय (देव का आलय), विद्यार्थी (विद्या का अर्थी), गंगातट, देवमूर्ति, जलपान, पशुपति, चायबागान, पनचक्की।

(6) **अधिकरण-तत्पुरुष**—देशाटन (देश में अटन), घुड़सवार (घोड़े पर सवार), हरफ़नमौला (हर फ़न में मौला), दानवीर (दान में वीर), गृहप्रवेश (गृह में प्रवेश), आपबीती (आप पर बीती), शरणागत, कविराज, वनवास, कानाफूसी।

संस्कृत में नञ् तत्पुरुष उसे कहते हैं जिसमें अभाव या निषेध अर्थ में शब्द के पूर्व अ या अन् हो। जैसे – अभाव, अलौकिक, अन्याय, अनाथ, अनाश्रित, असुन्दर, अपूर्ण, अनुदार, असम्भव, अहित आदि। संस्कृत में यह समास था किन्तु हिन्दी में समास नहीं माना जा सकता, क्योंकि 'अ' तथा 'अन्' हिन्दी में शब्द नहीं हैं, उपसर्ग हैं। उनका शब्द की तरह स्वतन्त्र प्रयोग नहीं होता।

अलुक् समास—तत्पुरुष के जिन समस्त पदों में पूर्वपद में विभक्ति-चिह्न का लोप नहीं होता, उन्हें अलुक् समास कहते हैं। ये संस्कृत के तत्सम शब्दों में ही प्रायः मिलते हैं : विश्वंभर (विश्व को भरने वाला), सहसाकृत (एकदम किया), वाचस्पति (वाणी का पति), मनसिज (मन में उत्पन्न), खेचर (आकाश में घूमने वाला)। हिन्दी में 'ऊटपटाँग' (ऊँट प 'र' टाँग) ही एकमात्र ऐसा शब्द है।

(3) **द्वन्द्व**— जिस समास में दो या तीन संज्ञाएँ हों और बीच से 'और', 'तथा' 'व' या 'अथवा' या इसी अर्थ के किसी दूसरे शब्द को निकालकर उन्हें जोड़ दिया गया हो। इसमें दोनों पद प्रधान होते हैं। जैसे— माँ-बाप (माँ और बाप), भाई-बहिन (भाई और बहिन), अन्न-जल (अन्न और जल), सुख-दुःख (सुख और दुःख), तन-मन-धन, पाप-पुण्य, दाल-रोटी, चावल-दाल, काम-काज, नर-नारी, सीता-राम। इसके तीन भेद होते हैं :

(क) **इतरेतर द्वन्द्व**—इस समास में योगसूचक समुच्चयबोधक अव्यय 'और' का लोप होता है : राधा-कृष्ण, राम-लक्ष्मण, गाय-बैल, सुख-दुःख, दाल-भात, सीता-राम, नाक-कान।

(ख) **वैकल्पिक द्वन्द्व**—इस समास में विकल्पसूचक समुच्चयबोधक 'या' तथा 'अथवा' आदि का लोप रहता है। यह समास परस्पर विरोधी भावों के बोधक शब्दों के योग से बनता है : शुद्धाशुद्ध, धर्माधर्म, छोटा-बड़ा, भला-बुरा, थोड़ा-बहुत।

(ग) **समाहार द्वन्द्व**--इस समास में प्रयुक्त पदों के अर्थ के अतिरिक्त उसी प्रकार का और भी अर्थ सूचित होता है : सेठ-साहूकार, घर-द्वार, दाल-रोटी, खाना-

पीना, रुपया-पैसा, साँप-बिच्छू, कहा-सुनी, घास-फूस, नमक-रोटी। द्विरुक्ति वाले शब्द भी इसी में आते हैं : आस-पास, अड़ोस-पड़ोस, भीड़-भाड़, पुस्तक-उस्तक, भाग-दौड़, देखा-देखी। इन्हें आगे अलग से भी लिया जा रहा है।

(4) **बहुव्रीहि**—जिस समास में कोई भी शब्द प्रधान न हो और दोनों मिल कर किसी एक संज्ञा के विशेषण हों, तथा उसी को व्यक्त करें, उसे बहुव्रीहि समास कहते हैं। जैसे नीलकंठ—नीला है कंठ जिसका, अर्थात् शिव; अनन्त— जिसका अन्त न हो, अर्थात् ईश्वर; दशानन—दश हैं आनन जिसके, अर्थात् रावण; पीताम्बर (विष्णु), चक्रधर (विष्णु), गजानन (गणेश), चतुर्भुज (विष्णु), घनश्याम (कृष्ण), इकतारा, बारहसिंहा। 'बहु+व्रीहि' (बहुत धानों वाला, अर्थात् सम्पन्न) इसका अच्छा उदाहरण है, इसी कारण यह नाम पड़ा है।

सामासिक शब्दों में अर्थभेद के कारण कभी-कभी समास-भेद भी हो जाता है। कुछ उदाहरण नीचे दिए जा रहे हैं :

रसोईघर—रसोई के लिए घर (सम्प्रदान तत्पुरुष)
रसोई का घर (सम्बन्ध तत्पुरुष)
डाकघर, डाकखाना, स्नानघर, गुसलख़ाना आदि भी इसी वर्ग के हैं।

नीलाम्बर—नीला कपड़ा (कर्मधारय)
नीला है कपड़ा जिसका (बहुव्रीहि)

पनचक्की—पानी से चलने वाली (करण तत्पुरुष)
पानी की चक्की (सम्बन्ध तत्पुरुष)

संक्षिप्ति

लम्बे शब्दों को बोलने में असुविधा होती है। इसीलिए अंग्रेज़ी, रूसी, जर्मन, फ्रेंच आदि अनेक भाषाओं में शब्दों के प्रारंभिक या अन्य अंशों को जोड़कर शब्द बनाए जाते हैं। यों भारत में भी इसकी परंपरा काफ़ी पुरानी है। हिन्दी के सुदी (शुक्ल दिवस) तथा बदी (बहुलकृष्ण दिवस) शब्द इसी प्रकार के हैं। अंग्रेजी के न्यूज़ (North, East, West, South), जीप (general purposes), मिग (Mikoyan तथा Gurevitch), राडार (Radio Detection and Ranging), ब्रन्च (breakfast+lunch) आदि शब्द इसी प्रकार के हैं। हिन्दी में बने कुछ शब्द हैं :

अंनिआ — अंतर्राष्ट्रीय नियंत्रण आयोग।
आंसुका — आंतरिक सुरक्षा कानून।
इंका — इंदिरा कांग्रेस।
उपूसी — उत्तरी पूर्वी सीमा।
उपूसी — उत्तरी पूर्वी सीमांचल (यह अब 'अरुणाचल' कहलाता है।)

काबल — कानपुर, आगरा, वनारस, अलाहाबाद, लखनऊ (उत्तर प्रदेश में प्रयुक्त होता है 'काबल नगर')।

नकेन — नलिन विलोचन, केशरी कुमार, नरेश (हिन्दी में नकेनवाद इसी आधार पर चला)।

भालोद — भारतीय लोक दल।

भेल — Bharat Electronic Ltd. (अंग्रेज़ी में बेल कहते हैं।)

संविद — संयुक्त विधायक दल।

अंग्रेज़ी से आए तास (Talegraph Agency of Soviet Union), हाल (Hindustan Aeronautics Ltd.), इफ़को (Indian Farmers Cooperative Ltd.), सेंटो (Central Treaty Organisation), नाटो, (North Atlantic Treaty Organisation), सीटो (Touth East Asiatic Treaty Organisation), मोटल (Motor - Hotel), ब्रन्च (breakfast+eunch), तथा फ्लश (Flash+blush आदि शब्द भी हिन्दी में प्रचलित हैं। इन पंक्तियों का लेखक 'टी' के बदले टिल्क (Tea का एक भाग t तथा Milk का तीन भाग ilk अर्थात् एक भाग चाय, तीन भाग दूध) पीना पसन्द करता है।

संक्षिप्तियाँ दो प्रकार की होती हैं। एक तो सामान्य जिन्हें अंग्रेज़ी में ऐब्रिविएशन कहते हैं, दूसरे वे जो आदि के वर्णों से मिलाकर बनते हैं और जिन्हें अंग्रेज़ी में ऐक्रोनिम कहते हैं। हिंदी में इन्हें आदिवर्णी कह सकते हैं। संविद, भालोद, भाजपा, राडार आदि आदिवर्णी हैं तो मोटर+होटल =मोटल या ब्रेकफ़ास्ट+लंच=ब्रंच सामान्य संक्षेप हैं।

पुनरुक्ति

पुनरुक्ति के आधार पर भी समस्त शब्द की रचना होती है। इसके लिए ध्वनि की दृष्टि से समान (घर-घर), लगभग समान (दाल-वाल) अथवा अर्थ की दृष्टि से समान (लाज-शर्म), समवर्गीय (भूख-प्यास) या विलोम (अच्छा-वुरा) शब्दों से सहायता ली जाती है। ऐसे शब्दों को द्विरुक्त या पुनरुक्त शब्द कहते हैं, तथा इस प्रक्रिया को द्विरुक्ति अथवा पुनरुक्ति कहते हैं। हिन्दी के पुनरुक्त शब्दों को पाँच वर्गों में रखा जा सकता है :

(अ) पूर्णध्वनीय

(1) **संज्ञा:** (क) जातिवाचक : अणु-अणु, टुकड़े-टुकड़े, नगर-नगर, कोना-कोना, रग-रग, शहर-शहर। जातिवाचक का प्रयोग बहुत अधिक मिलता है।

(ख) व्यक्तिवाचक : इसका प्रयोग अपेक्षाकृत कम मिलता है। जुलाई-जुलाई में काम ख़त्म हो जाना चाहिए। दिल्ली-

दिल्ली में पचास हज़ार आदमी वेकार हैं।

(ग) भाववाचक : इसका प्रयोग भी अधिक नहीं मिलता। इंतज़ार-इंतज़ार में सारा दिन ख़राब हो गया। चोरी-चोरी, हँसी-हँसी, झिक-झिक, चिक-चिक, मज़ाक-मज़ाक।

(2) सर्वनाम : (क) **उत्तम पुरुष** : मेरा-मेरा, मैं-मैं।

(ख) **मध्यम पुरुष** : तू-तू, तेरा-तेरा।

(ग) **निजवाचक** : अपना-अपना।

(घ) **संबंधवाचक** : जो-जो, जिस-जिस, जिसे-जिसे, जिन्हें-जिन्हें।

(ङ) **नित्य संबंधी** : वे-वे, उस-उस, उन-उन।

(च) **निश्चयवाचक** : वह-वह, इस-इस।

(छ) **अनिश्चयवाचक** : कोई-कोई, किसी-किसी, कुछ-कुछ।

(ज) **प्रश्नवाचक** : क्या-क्या, किसे-किसे।

(3) **विशेषण** : (क) **गुणवाचक** : अच्छे अच्छे, ऊँची-ऊँची, काले-काले, गरम-गरम, गोरी-गोरी, चौड़े-चौड़े, नरम-नरम।

(ख) **संख्यावाचक** : एक-एक, दो-दो, तीन-तीन, दस-दस, आधा-आधा, सवा-सवा, पहला-पहला, दूना-दूना।

(ग) **परिमाणवाचक** : थोड़ा-थोड़ा, ज़रा-ज़रा।

(4) **क्रिया** : चल-चल, देख-देख, मारता-मारता, हँसता-हँसता, उठाते-उठाते, बैठा-बैठा, सोया सोया।

(5) **अव्यय** : कहाँ-कहाँ, किधर-किधर, अन्दर-अन्दर, ऊपर-ऊपर, नीचे-नीचे, भीतर-भीतर, जहाँ-जहाँ, अभी-अभी, हाय-हाय, राम-राम, छिः-छिः, वाह-वाह।

(आ) अपूर्णध्वनीय

(1) **संज्ञा** : दाल-दलिया, भीड़-भाड़, चाय-शाय, हाथों-हाथ, घोड़ा-वोड़ा, चाय-चूय, लबालब, मालामाल, रंगारंग, बूँदाबाँदी, होड़ाहोड़ी।

(2) **सर्वनाम** : मैं-मैं, तुम-ताम।

(3) **विशेषण** : काला-कलूटा, भद्दा-वद्दा, सुन्दर-उन्दर, भोला-भाला, भारी-भरकम, एकाएक, दूनादून।

(4) **क्रिया** : पढ़ना-वढ़ना, देख-दाखकर, ताक-तूककर, बाँटना-बूँटना, पीना-पाना, खींचना-खाँचना।

(5) **अव्यय** : बीचो-बीच, आमने-सामने, जहाँ तहाँ।

अपूर्णध्वनीय पुनरुक्ति के दोनों घटकों में थोड़ा अन्तर होता है। यह अन्तर निम्नांकित रूपों में होता है—

स्वरागम :

आ : गिर-गिरा, जल-जला, मालामाल, रंगारंग, दूनादून, मुंहामुंह, लबालब।

ए : खूनेखून।

ओ : बीचोंबीच, कानोंकान, हाथोंहाथ, रातोंरात।

आ-ई : चोरा-चोरी, एकाएकी, बूंदाबांदी, होड़ाहोड़ी, गरमा-गरमी।

परिवर्तन—अ→उ : पढ़-पुढ़, कट-कुट।

आ→ऊ : गाना-गूना, चाहना-चूहना, बांधना-बूंधना।

इ→आ : फ़िट-फ़ाट :

ई→आ : ठीक-ठाक, भीग-भाग, सीधा-साधा, भीड़-भाड़।

उ→आ : चुपचाप।

ऊ→आ : कूटना-काटना, छूत-छात, टूट-टाट, भूलना-भालना।

ए→आ : घेर-घार, छेड़-छाड़, लेट-लाट, फेर-फार।

ऐ→आ : बैठना-बाठना।

ओ→आ : घोटना-घाटना, छोड़ना-छाड़ना, तोड़-ताड़, सोच-साच-कर, फोड़ना-फाड़ना।

औ→आ : लौट-लाटकर।

व्यंजनागम :

फ—ईख-फीख।

व—आग-वाग, इनाम-विनाम, आशा-वाशा।

श—आलू-शालू, इमली-शिमली, इनाम-शिनाम।

स—इनाम-सिनाम।

इसमें सर्वाधिक प्रचलित 'व' है।

व्यंजन-प्रतिस्थापन :

झ—मोटा-झोटा।

ढ—चाल-ढाल।

ट—माल-टाल।

ध—कमाई-धमाई, काम-धाम, मार-धाड़, सजा-धजा, पुरानी-धुरानी, पकड़-धकड़।

प—लोट-पोट, लुढ़कते-पुढ़कते।

र—देख-रेख।

फ—खाना-फाना, साग-फाग।

म—झूठ-मूठ, सेंत-मेंत, टेढ़ा-मेढ़ा, गोल-मोल, ढुल-मुल।

व—मिठाई-विठाई, घोड़ा-वोड़ा, दाल-वाल।

श—चाय-शाय, तरकारी-शरकारी।

स—रोटी-सोटी, चाय-साय, ग़लत-सलत, गड़बड़-सड़बड़, गुम-सुम, रहन-सहन, रही-सही।

व्यंजन-लोप

यह शब्द के आरंभ में होता है। लोप के बाद शब्द कभी तो मूल शब्द के पूर्व आता है—

ऐरा-ग़ैरा, इर्द-गिर्द, अगल-बग़ल, अता-पता, अदल-बदल, आमने-सामने, आर-पार, गिने-गिने, औने-पौने, अंजर-पंजर, आस-पास।

और कभी बाद में—

सिलाई-इलाई, सवाल-अवाल, लोटा-ओटा।

मूल धातु के भूतकालिक रूप के साथ उसके सकर्मक या प्रेरणार्थक का भूतकालिक कृदंत—

छका-छकाया, पका-पकाया, सिला-सिलाया, घिसा-घिसाया, चुना-चुनाया, कसा-कसाया, मिला-मिलाया। इसके स्त्रीलिंग रूप (पकी-पकाई, सिली-सिलाई) तथा बहुवचन रूप (पके-पकाए, सिले-सिलाए) भी मिलते हैं। यों सादृश्य पर बने कई ऐसे सकर्मक या प्रेरणार्थक रूप इन प्रयोगों में मिलते हैं, जिनका स्वतन्त्र प्रयोग नहीं मिलता। उदाहरण के लिए घिसाना, पुकाना आदि।

बीच में उपसर्ग

ज्ञान-विज्ञान, तर्क-वितर्क, वाद-विवाद, अंग-प्रत्यंग, दिन-प्रतिदिन, क्षण-प्रतिक्षण, ठाँव-कुठाँव, रात-बिरात, रंग-बिरंगा।

इनमें प्राय: वि, प्रति, कु, बि आदि ही आते हैं।

बीच में परसर्ग

का : संज्ञा—गांव-का-गांव, दल-के-दल, ढेर-के-ढेर, झुंड-के-झुंड, रात-की-रात, बात-की-बात, क़तार-की-क़तार, पांत-की-पांत, साल-के-साल, दम-के-दम, दाम-के-दाम।

लोकोक्तियों में ऐसे प्रयोग खूब मिलते हैं :

आम-के-आम, गुठलियों के दाम; चोरी-की-चोरी, ऊपर से सीना

ज़ोरी; काम-का-काम, नाम-का-नाम।

सर्वनाम—और-का-और, कुछ-का-कुछ।

विशेषण—कोरे-के-कोरे, पोंगा-का-पोंगा, बुद्धू-का-बुद्धू, वैसा-का-वैसा, सौ-के-सौ, पूरे-के-पूरे, सारा-का-सारा, तीनों-के-तीनों।

क्रिया—रोते-के-रोते, खुला-का-खुला, डरे-के-डरे।

अव्यय—ऊपर-का-ऊपर, नीचे-का-नीचे, कहीं-का-कहीं, कहाँ-का-कहाँ।

में : संज्ञा—विद्वान्-में-विद्वान्, बात-में-बात।

अव्यय—हाँ-में-हाँ।

पर : संज्ञा—गिलास-पर-गिलास, प्याले-पर-प्याला, तार-पर-तार, पत्र-पर-पत्र।

से : संज्ञा—हद-से-हद।

सर्वनाम—क्या-से-क्या, कुछ-से-कुछ।

विशेषण—अधिक-से-अधिक, कम-से-कम।

अव्यय—जल्द-से-जल्द, शीघ्र-से-शीघ्र।

ब : संज्ञा—हरफ़-ब-हरफ़, रोज़-ब-रोज़, तुर्की-ब-तुर्की।

विशेषण—एक-ब-एक, हू-ब-हू।

दर : संज्ञा—किस्त-दर-किस्त, पर्त-दर-पर्त, पीढ़ी-दर-पीढ़ी, पुश्त-दर-पुश्त।

अज़ : विशेषण—कम-अज़-कम, जल्द-अज़-जल्द।

निपात

ही : संज्ञा—रुपए-ही-रुपए, किताब-ही-किताब, आदमी-ही-आदमी, चिंता-ही-चिंता, दुख-ही-दुख, चैन-ही-चैन, राम-ही-राम।

सर्वनाम—तू-ही-तू, मेरा-ही-मेरा, आप-ही-आप।

विशेषण—बुरा-ही-बुरा, पांच-ही-पांच।

क्रिया—उतरा-ही-उतरा, बैठा-ही-बैठा, आते-ही-आते, खड़े-ही-खड़े, सोये-ही-सोये।

तो : संज्ञा—राम-तो-राम, दिन-तो-दिन, हिंदी-तो-हिंदी।

सर्वनाम—आप-तो-आप, स्वयं-तो-स्वयं।

विशेषण—बुरा-तो-बुरा।

क्रिया—सोना-तो-सोना, जाएँ-तो-जाएँ।

अव्यय—और-तो-और।

निषेधवाचक

न सर्व०—कुछ-न-कुछ, कोई-न-कोई।

क्रिया—हो-न-हो, देखते-न-देखते, बीतते-न-बीतते।

अव्यय—कहीं-न-कहीं, कभी-न-कभी।

(इ) समानार्थी पुनरुक्ति

संज्ञा—दवा-दारू, लाज-शर्म, जीव-जन्तु, साधु-संत, कथा-वार्ता, काम-काज, दोस्त-मित्र, कपड़ा-लत्ता, खेल-तमाशा, हाट-बाज़ार।

विशेषण—रूखा-सूखा, हृष्ट-पुष्ट, जला-भुना, भरा-पूरा, गया-गुज़रा।

क्रिया—सोचना-विचारना, डाँटना-डपटना, डाँटना-फटकारना, मारना-पीटना, चमकना-दमकना, समझना-बूझना, काटना-छाँटना, रोना-गिड़गिड़ाना, दौड़ना-भागना।

अव्यय—सदा-सर्वदा।

(ई) समवर्गीय पुनरुक्ति

संज्ञा—भूख-प्यास, दूध-दही, रात-दिन, रोटी-पानी, बाप-दादा, मोह-माया, श्रद्धा-भक्ति, दीन-ईमान।

विशेषण—दीन-दुखी, लूला-लँगड़ा।

क्रिया—तोड़ना-फोड़ना, गाना-बजाना, झाड़ना-पोंछना, नहाना-धोना लेना-देना, खाना-पीना, खेलना-कूदना, लिखना-पढ़ना।

अव्यय—जब-तब, जहाँ-तहाँ, जैसे-तैसे।

(उ) विपरीतार्थी पुनरुक्ति

संज्ञा—देश-विदेश, हानि-लाभ, पाप-पुण्य, गुण-दोष, सुख-दुख, उत्थान-पतन, संयोग-वियोग, धूप-छाँह, शुद्ध-अशुद्ध।

विशेषण—अच्छा-बुरा, भला-बुरा, थोड़ा-बहुत, नया-पुराना।

क्रिया—उठना-बैठना, कहना-सुनना, आना-जाना, लेना-देना, सोना-जागना।

अव्यय—अब-तब, आगे-पीछे, नीचे-ऊपर, यहाँ-वहाँ, इधर-उधर।

उपसर्ग+प्रत्यय

विज्ञ, प्रज्ञ, अज्ञ, सुज्ञ।

ऊपर शब्द संरचना पर संरचना की दृष्टि से विचार किया गया। अब संरचित शब्द के वर्ग की दृष्टि से विचार किया जा रहा है।

भाववाचक संज्ञाओं की संरचना

(1) **शब्द+शब्द (समास)** देशभक्ति, राष्ट्रप्रेम, आत्मानुभूति, भावार्थ, आत्मसम्मान।

(2) **द्विरुक्ति**—दुःख-दर्द, सोच-विचार, लाज-शर्म।

(3) **संज्ञा+प्रत्यय**—मित्रता, शत्रुता, भ्रातृत्व, आदमियत।

(4) **सर्वनाम+प्रत्यय**—अपनाना, ममत्व, अहंकार।

(5) **विशेषण+प्रत्यय**—खटास, मिठाठ, सुन्दरता, धार्मिकता, राष्ट्रीयता।

(6) **धातु+प्रत्यय**—कटाई, सिलाई, ढुलाई।

(7) **उपसर्ग+प्रत्यय**—प्रज्ञा।

विशेषणों की संरचना

विशेषणों की संरचना संज्ञा+प्रत्यय, संज्ञा+परसर्ग, उपसर्ग+संज्ञा, धातु+प्रत्यय, सर्वनाम+प्रत्यय, सर्वनाम+सा, विशेषण+विशेषण (समास) तथा उपसर्ग+प्रत्यय आदि से होती है। इसे निम्नांकित रूप में विस्तार से देखा जा सकता है—

संज्ञा+आ : भूख-भूखा, नील-नीला, प्यास-प्यासा, ठंड-ठंडा।

संज्ञा+आलु : कृपा-कृपालु, दया-दयालु, शंका-शंकालु, ईर्ष्या-ईर्ष्यालु।

संज्ञा+इक : इक प्रत्यय जोड़ने में प्रायः पहले अक्षर के स्वर को निम्नांकित रूप में परिवर्तित कर देते हैं : अ→आ: समाज-सामाजिक, पक्ष-पाक्षिक, शरीर-शारीरिक, नगर-नागरिक, धर्म-धार्मिक, अर्थ-आर्थिक, कल्पना-काल्पनिक। इ→ऐ : दिन-दैनिक, इतिहास-ऐतिहासिक। ई→ए : नीति-नैतिक। ए→ऐ : सेना-सैनिक, देह-दैहिक। वेद-वैदिक। उ→औ : पुराण-पौराणिक; ऊ→औ : मूल-मौलिक, भूगोल-भौगोलिक, भूत-भौतिक; ओ→औ : लोक-लौकिक। अरवादतः कुछ शब्दों में स्वर अपरिवर्तित भी रहते हैं : क्रम-क्रमिक; आ, ऐ, औ आदि अन्य स्वर हों तो अपरिवर्तित रहते हैं : आत्मा-आत्मिक, साहित्य-साहित्यिक।

संज्ञा+इत : अंक-अंकित, अनुवाद-अनुवादित, अनूदित, पुष्प-पुष्पित, फल-फलित, अपमान-अपमानित।

संज्ञा+इया : कलकत्ता-कलकतिया, बम्बई-बम्बइया, पूरब-पुरबिया, कन्नौज-कनौजिया।

संज्ञा ई : चीन-चीनी, जापान-जापानी, देश-देशी, लालच-लालची, अभिमान अभिमानी, पाप-पापी, कोढ़-कोढ़ी, ज्ञान-ज्ञानी, साहस-साहसी, शहर-शहरी, देहात-देहाती, धन-धनी, दुख-दुखी, सुख-सुखी।

संज्ञा+ईय : भारत-भारतीय, तट तटीय, जाति-जातीय, पूर्व-पूर्वीय, स्वर्ग-स्वर्गीय, स्मरण-स्मरणीय, यूरोप-यूरोपीय, स्थान-स्थानीय, ईश्वर-ईश्वरीय।

संज्ञा+ईला : रंग-रँगीला, चमक-चमकीला, रस-रसीला।

संज्ञा+एरा : मामा-ममेरा, चाचा-चचेरा; फूफा-फुफेरा, मौसा मौसेरा, लूट-लुटेरा।

संज्ञा+ईन : कुल-कुलीन, रंग-रंगीन, नमक-नमकीन, शौक-शौकीन, काल-कालीन (पुराकालीन)।

संज्ञा+का : राम-राम का, भारत-भारत का, आदमी-आदमी का, पशु-पशु का।

संज्ञा + नीय : निन्दा-निन्दनीय, दया-दयनीय, विश्वास-विश्वसनीय, आदर-आदरणीय ।

संज्ञा + मय : सुख-सुखमय, दुःख-दुःखमय ।

संज्ञा + वाला : पैसा-पैसे वाला, रुपए-रुपएवाला, रिक्शा-रिक्शेवाला, दूध-दूधवाला, गाड़ी-गाड़ीवाला, चाट-चाटवाला ।

संज्ञा + शील, शाली : क्षमा-क्षमाशील, क्रिया-क्रियाशील, विनय-विनयशील, भाग्य-भाग्यशाली, प्रतिभा-प्रतिभाशाली, शक्ति-शक्तिशाली, बल-बलशाली ।

निः + संज्ञा : लज्जा-निर्लज्ज, धन-निर्धन, भय-निर्भय, दया-निर्दय, बल-निर्बल जन-निर्जन, दोष-निर्दोष ।

ला + संज्ञा : जवाब-लाजवाब, वारिस-लावारिस, पता-लापता, इलाज-लाइलाज ।

चौ + संज्ञा : चौतरफ़ा ।

दु + संज्ञा : नाली-दुनाली, धार-दुधार ।

बे + संज्ञा : ईमान-बेईमान, चारा-बेचारा, होश-बेहोश, क़सूर-बेक़सूर ।

स + संज्ञा : फल-सफल, जल-सजल, जीव-सजीव, चेत-सचेत ।

दुः + संज्ञा : जन-दुर्जन, बल-दुर्बल ।

धातु + आ : कट्-कटा (कटा पेड़), फट्-फटा (फटा कपड़ा) ।

धातु + ता : बह्-बहता (पानी), दौड़्-दौड़ता (लड़का) ।

धातु + ओड़, ओड़ा : हँस्-हँसोड़, भग्-भगोड़ा ।

धातु + अक्कड़ : भूल्-भुलक्कड़, पी-पियक्कड़ ।

धातु + वाला : खा-खानेवाला, ठग्-ठगनेवाला ।

धातु + आऊ : खा-खाऊ, उड़-उड़ाऊ ।

धातु + ऊ (प्रथम अक्षर में 'अ' का 'आ' हो जाता है) : चल्-चालू: लगना-लागू ।

सर्वनाम + रा, का, ना : मेरा, तेरा, हमारा, तुम्हारा, उसका, उनका, इसका, इनका, अपना ।

सर्वनाम + वाला : अपना-अपनेवाला, तेरा-तेरेवाला ।

सर्वनाम + सा : तुम-सा, उस-सा, मुझ-सा, तुझ-सा, ऐसा, वैसा, जैसा, कैसा ।

सर्वनाम + ना ने : इतना, उतना, जितना, कितना, इतने, उतने, जितने, कितने ।

विशेषण + वाला : लाल-लालवाला, काला-कालेवाला, बड़ा-बड़ावाला, बड़े-वाला ।

समस्त पद : दो विशेषणों के मेल से—टेढ़ा-मेढ़ा, चलता-फिरता, चलता-पुरज़ा ।

उपसर्ग + प्रत्यय : विज्ञ, अज्ञ, प्रज्ञ ।

धातुओं की संरचना

हिन्दी धातुएँ निम्नांकित रूपों में संचरित हैं :—

(1) **धातु + धातु**—ले + आ = ला ।

(2) धातु + **प्रत्यय**—इसके द्वारा अकर्मक से सकर्मक तथा सामान्य धातु से प्रेरणार्थक धातु की रचना होती है। (क) चल-चला, बैठ-बिठा, (ख) पढ़-पढ़ा, लिख-लिखा, (ग) पढ़-पढ़वा, लिख-लिखवा ।

(3) **संज्ञा + प्रत्यय**—लजा, खर्च, फिल्मा, शर्मा, धकिया ।

(4) **विशेषण + प्रत्यय**—अधिया, चिकना ।

(5) **सर्वनाम + प्रत्यय**—अपना ।

(6) **क्रियाविशेषण + प्रत्यय**—उपरा, बहरिया ।

अंतिम चार से बनी धातुएँ नामधातु कहलाती हैं। ये धातुएँ तो रूप-रचना के स्तर पर निर्मित हुईं। नामिक धातुएँ (जैसे दिखाई पड़, याद आ आदि) तथा संयुक्त धातुएँ (गिर पड़, भाग जा आदि) वाक्य-रचना के स्तर पर निर्मित होती हैं।

क्रियाविशेषणों की संरचना

क्रियाविशेषण की संरचना संज्ञा + प्रत्यय या निपात या परसर्ग या शब्द, सर्वनाम + प्रत्यय या निपात या परसर्ग, विशेषण + प्रत्यय या शब्द, क्रियाविशेषण + परसर्ग, निपात या शब्द आदि से होती है। यहाँ इन बातों को विस्तार से लिया जा रहा है—

(1) **सर्वनाम + प्रत्यय** (हाँ, ब, धर, यों)

सर्वनाम	सर्वनाम अंश	स्थान	काल	दिशा	रीति
यह	य, अ, इ	यहाँ	अब	इधर	यों
वह	व, उ	वहाँ		उधर	
जो	ज	जहाँ	जब	जिधर	ज्यों
कौन	क	कहाँ	कब	किधर	
तिस	त	तहाँ	तब	तिधर	त्यों

(2) **संज्ञा तथा सर्वनाम + परसर्ग** : घर में, मजे में, रास्ते में, झूठ-मूठ में, रात में, दिन में, आसमान पर, घोड़े पर, हाथ पर, समय पर, मौके पर, मजे से, जोर से, धीरे से, आहिस्ता से, तेज़ी से, विनम्रता से, कमाल का, सवेरे का, गजब का, आखिर को, बाद को, अंत को, इसमें, उस पर ।

(3) **संज्ञा + प्रत्यय** : तत्वतः, अन्तत, अंशतः, अक्षरशः, जोरदार, श्रद्धापूर्वक, ध्यानपूर्वक, न्यायपूर्वक, विनयपूर्वक, आखिरकार ।

(4) **संज्ञा + निपात** : अनन्तकाल तक, घर तक, रात तक, शहर तक, घड़ी

भर, जीवन + भर, दिन भर, जी भर, पल भर, पेट भर, मृत्यु पर्यन्त, जीवन पर्यन्त।

(5) **संज्ञा + पूर्वकालिक कृदन्त** : कृपा करके, भक्ति करके, धर्म करके, मेहरबानी करके, समय पाकर, घर जाकर, स्कूल जाकर के।

(6) **द्विरुक्त संज्ञा** : अंगुल-अंगुल, जौ-जौ, क़दम-क़दम, शहर-शहर, घर-घर, नगर-नगर, तिल-तिल, गाँव-गाँव, दिन-दिन, रात-रात, क्षण-क्षण।

(7) **असमान संज्ञा-द्विरुक्त** : दिन-रात, रात-दिन, घर-बाहर, देश-विदेश।

(8) **सप्रत्यय द्विरुक्त** : हाथों-हाथ, दिनों-दिन, रातों-रात, घरों-घर।

(9) **सशब्द द्विरुक्त** : रू-ब-रू, क्षण-प्रति-क्षण, दिन-प्रति-दिन।

(10) **संज्ञा + शब्द** : समयानुसार, आज्ञानुसार, इच्छानुसार, आवश्यकतानुसार, कथनानुसार।

(11) **द्विरुक्त विशेषण** : एकाएक, ठीक-ठाक, साफ़-साफ़, ऊँच-नीच, भला-बुरा, उल्टा-सीधा, एक-एक, साथ-साथ, थोड़ा-थोड़ा, थोड़ा-बहुत।

(12) **विशेषण + संज्ञा** : हरदम, हर घड़ी, प्रतिदिन, प्रतिफल।

(13) **विशेषण + परसर्ग** : मुफ़्त में, बेकार में, व्यर्थ का, बेकार का।

(14) **विशेषण + प्रत्यय** : अधिकतर, ज़्यादातर, अन्यत्र, सर्वत्र, एकत्र, मजबूरन, जबरन, नीचे, दायें, बायें, खड़े, धीमे, धीरे, मुख्यतः, संभवतः, अधिकांशतः, प्रत्यक्षतः, परोक्षतः, साधारणतया, मुख्यतया, प्रमुखतया।

(15) **विशेषण में 'तरह', 'भाँति', 'प्रकार' शब्दों के मेल से**—अच्छी तरह, बुरी तरह से, भली भाँति, ठीक प्रकार, ठीक तरह।

(16) **विशेषण में 'तरह', 'प्रकार' शब्दों के आगे 'से' परसर्ग के मेल से**—अच्छी तरह से, ठीक प्रकार से, बुरी तरह से, ठीक तरह से।

(17) **सार्वनामिक विशेषणों की द्विरुक्ति से**—कितना-कितना, कैसा-कैसा, कैसी-कैसी, कैसे-कैसे, जैसी-जैसी, जैसे-तैसे, ऐसा-वैसा, जैसे-जैसे।

(18) **अव्यय में संज्ञा के मेल से**—यथाक्रम, यथाशक्ति।

(19) **क्रियाविशेषण के दोहरे प्रयोग से**—धीरे-धीरे, ठीक-ठीक, आगे-पीछे, आर-पार, आमने-सामने, संग-संग, साथ-साथ, खड़े-खड़े, कल-परसों, हौले-हौले, यदा-कदा, रोज़-रोज़, पहले-पहल, ज़रा-ज़रा, आस-पास।

(20) **क्रियाविशेषण के दोहरे प्रयोग के बाद पूर्वकालिक कृदंत के मेल से**—ज्यों-ज्यों करके, त्यों-त्यों करके।

(21) **क्रियाविशेषण + परसर्ग**—कल को, आज को, कब का।

(22) **दो क्रियाविशेषणों के बीच में 'न' और 'ही' निपात रखने से**—न—कहीं-न-कहीं, कभी-न-कभी, उधर-ही-उधर; भीतर-ही-भीतर, अन्दर-ही-अन्दर, नीचे-ही-नीचे, ऊपर-ही-ऊपर।

(23) पूर्वकालिक कृदन्त : (क) धातु + कर (राम खाकर आया है), (ख) धाने + के (राम खा के आया है), (ग) धातु + कर + के (राम खा करके आया

है), (घ) धातु - धातु+के (राम खा-पी के आया है) (ङ) धातु + धातु+कर (राम खा-पी कर आया है), (च) धातु + धातु+कर+के (राम खा-पी कर के आया है)।

स्त्रीलिंग संज्ञा शब्द

बहुत से स्त्रीलिंग संज्ञा शब्द पुल्लिग शब्दों में प्रत्यय जोड़कर या ध्वनि प्रतिस्थापन करके बनाए जाते हैं। ऐसे मुख्य प्रत्यय तथा उनसे बनने वाले शब्द निम्नांकित हैं—

(1) 'ई' प्रत्यय जोड़कर

नद	—	नदी	दास	—	दासी
पुत्र	—	पुत्री	देव	—	देवी
हिरन	—	हिरनी	नर	—	नारी

(2) (क) अन्त में 'आ' प्रत्यय के स्थान पर 'ई' कर के

घोड़ा	—	घोड़ी	लड़का	—	लड़की
गधा	—	गधी	बकरा	—	बकरी
दादा	—	दादी	मामा	—	मामी
नाना	—	नानी	चाचा	—	चाची

(ख) दोनों 'आ' के स्थान पर 'ई' करके : दादा (बड़ा भाई), दीदी (बड़ी बहिन)।

(3) आ के स्थान पर 'इया' जोड़कर

गुड्डा	—	गुड़िया	बूढ़ा	—	बुढ़िया
चूहा	—	चुहिया	कुत्ता	—	कुतिया
चिड़ा	—	चिड़िया	डिब्बा	—	डिबिया

(4) व्यवसायबोधक शब्दों में अन्त में 'इन' जोड़कर

सुनार	—	सुनारिन	कहार	—	कहारिन
बनिया	—	बनियाइन	पंडा	—	पंडाइन
चमार	—	चमारिन	भंगी	—	भंगिन
माली	—	मालिन	तेली	—	तेलिन

(5) 'नी' या 'इनी' जोड़कर

शेर	—	शेरनी	भील	—	भीलनी
हाथी	—	हथिनी	राजपूत	—	राजपूतनी
जाट	—	जाटनी	हंस	—	हंसिनी
जमादार	—	जमादारनी	मोर	—	मोरनी

(6) 'आनी' तथा 'आइन' जोड़कर

सेठ	—	सेठानी	मेहतर	—	मेहतरानी
देवर	—	देवरानी	जेठ	—	जेठानी
चौधरी	—	चौधरानी	नौकर	—	नौकरानी
लाला	—	ललाइन	ठाकुर	—	ठकुराइन

(7) कुछ संस्कृत शब्दों में 'आ' जोड़कर

सुत	—	सुता	प्रिय	—	प्रिया
शिष्य	—	शिष्या	कांत	—	कांता

(8) 'अक' के स्थान पर 'इका' करके

गायक	—	गायिका	पाठक	—	पाठिका
सेवक	—	सेविका	अध्यापक	—	अध्यापिका
ग्राहक	—	ग्राहिका	बालक	—	बालिका

(9) कुछ विशेष स्त्रीलिंग रूप

कवि — कवयित्री

पुल्लिग संज्ञा शब्द

कुछ शब्द मूलत: पुल्लिग न होकर स्त्रीलिंग से पुल्लिग बनाए गए हैं—

(1) 'आ' जोड़कर

भैंस — भैंसा

(2) अन्तिम 'ई' के स्थान पर 'आ' करके—

मौसी — मौसा

जीजी — जीजा

अध्याय तीन

रूप-संरचना

संज्ञा

संज्ञाएँ चार प्रकार की होती हैं : व्यक्तिवाचक (**जैसे राम, आगरा, ताज-महल, चेतक आदि**); (ख) जातिवाचक (जैसे आदमी, नगर, भवन, घोड़ा आदि); (ग) भाववाचक (जैसे सुन्दरता, मिठास, शत्रुता आदि); (घ) **क्रियार्थक संज्ञा**(जैसे चलना, खाना, पीना आदि; प्रयोग—**टहलना अच्छा है**।)

गणना की दृष्टि से संज्ञाएँ दो प्रकार की होती हैं : (क) **गणनीय**—जैसे-जैसे लड़का, मकान, केला, पेड़ा। गणनीय संज्ञाओं के बहुवचन बनते हैं तथा इनके साथ संख्यावाचक विशेषण (दो लड़के, कई मकान) आते हैं। (ख) **अगणनीय**—इनकी गणना नहीं हो सकती। जैसे अच्छाई, दया, स्वतन्त्रता आदि। इनके सामान्यतः बहु-वचन के रूप नहीं होते तथा न तो इनके साथ संख्यावाचक विशेषण ही आते हैं। **द्रव्यवाचक** संज्ञाएँ (पानी, दूध, सोना, चाँदी, पारा) आदि भी अगणनीय के अन्तर्गत ही आती हैं। यों यदि ये अलग-अलग प्रकारों के हों तो इनका बहुवचन बनता है : इन दोनों में दो तो अच्छे हैं, पर ये तीन खराब हैं।

संज्ञा शब्दों के कारकीय रूप

हिन्दी में कारकीय रूप तीन प्रकार के होते हैं। (क) **अविकारी रूप**—जिनके साथ कारक-चिह्न (परसर्ग) न लगें। जैसे 'लड़का गया' में 'लड़का', 'मैंने फूल देखा' में 'फूल' आदि। (ख) **विकारी रूप**—जिनके साथ कारक-चिह्न (परसर्ग) अवश्य लगें। जैसे 'लड़के ने फूल तोड़ा' में 'लड़के' या अपने 'मित्र को बुलाओ' में 'मित्र'। (ग) **सम्बोधन रूप**—जिसका प्रयोग सम्बोधन में हो। जैसे 'ओ मोहन' में 'मोहन' या 'ऐ लड़के' में 'लड़के' या 'हे भाई' में 'भाई' आदि। अविकारी रूप को **मूल रूप** तथा विकारी को **विकृत** या **तिर्यक् रूप** भी कहा जाता है।

कारकीय रूप-रचना की दृष्टि से हिन्दी में मुख्यतः चार प्रकार के संज्ञा शब्द हैं। इसके रूप तथा उनमें लगने वाले प्रत्यय आगे दिए जा रहे हैं—

(1) आकारांत पुल्लिग (जैसे घोड़ा)

	रूप		प्रत्यय	
	एक०	बहु०	एक०	बहु०
अविकारी	घोड़ा	घोड़े	शून्य	ए
विकारी	घोड़े	घोड़ों	ए	ओं
संबोधन	घोड़े	घोड़ो	ए	ओ

इस पुल्लिग वर्ग में लड़का, बच्चा, गदहा (गधा), घोड़ा, रुपया, कुत्ता, चूहा, बेटा, चीता, कीड़ा, साला, पर्दा, दरवाज़ा, बग़ीचा आदि अधिसंख्य आकारांत शब्द आते हैं। अपवाद ये हैं—

(क) तत्सम शब्द—पिता, विधाता, राजा, योद्धा, महात्मा, वक्ता, नेता, विजेता, दाता, त्राता, भ्राता, परमात्मा, ब्रह्मा, श्रोता, विक्रेता, युवा, कर्ता, अभिनेता आदि।

(ख) पुनरुक्तिवाले शब्द—नाना, दादा, मामा, बाबा, चाचा, काका, लाला, पापा।

(ग) व्यंजन पुनरुक्ति वाले शब्द—फूफा, जीजा।

(घ) वांत, यांत सामान्य तद्भव शब्द—अगुवा, मुखिया, अँखुवा, मनुवाँ, जिया, हिया।

(ङ) सामाजिक स्तर की दृष्टि से कुछ उच्च स्तरीय विदेशी शब्द—दारोगा, अब्बा, अल्ला, आक़ा, मौला, मुल्ला, मियाँ।

(च) पारिभाषिक शब्द—दादरा, गामा, अल्फ़ा, गुणा।

(छ) स्थानवाचक शब्द महाद्वीपों (अमरीका, आस्ट्रेलिया, एशिया, अफ्रीका), देशों (कैनाडा, अर्जेण्टाइना, गाइना) तथा वांत (जैसे गोवा) एव यांत (जैसे अयोध्या, गया) भारतीय नगरों के नाम।

इन सबके एक० विकारी रूप बनाने में 'आ' के स्थान पर 'ए' नहीं करते तथा जिनके बहुवचन संभव हैं, उनमें ओं (बहु० वि०), ओ (बहु०संबो०) अलग से जोड़ते हैं। 'आ' के स्थान पर ओं, ओ नहीं आते, जैसा कि 'घोड़ा' आदि में होती है। अर्थात् इनके रूप दूसरे वर्ग के अन्य पुल्लिग के रूपों की तरह ही बनते हैं।

(2) **अन्य पुंल्लिंग** (जैसे व्यंजनांत मित्र, इकारांत कवि, ईकारांत साथी, उकारांत गुरु तथा ऊकारांत डाकू आदि)।

	रूप		**प्रत्यय**	
	एक०	**बहु०**	**एक०**	**बहु०**
अविकारी	मित्र, कवि, साथी, गुरु, डाकू	मित्र, कवि, साथी, गुरु, डाकू	शून्य	शून्य
विकारी	मित्र, कवि, साथी, गुरु, डाकू	मित्रों, कवियों, साथियों, गुरुओं, डाकुओं	शून्य	ओं
सम्बोधन	मित्र, कवि, साथी, गुरु, डाकू	मित्रो, कवियो, साथियो, गुरुओ, डाकुओ	शून्य	शून्य

(3) **इकारान्त** (जैसे जाति), **ईकारान्त** (जैसे लड़की), **इयान्त** (जैसे गुड़िया) **स्त्रीलिंग**।

	रूप		**प्रत्यय**	
	एक०	**बहु०**	**एक०**	**बहु०**
अविकारी	जाति, लड़की, गुड़िया	जातियाँ, लड़कियाँ, गुड़ियाँ	शून्य	आँ
विकारी	जाति, लड़की, गुड़िया	जातियों, लड़कियों, गुड़ियों	शून्य	ओं
सम्बोधन	जाति, लड़की, गुड़िया	जातियों, लड़कियों, गुड़ियो	शून्य	ओ

(4) **अन्य स्त्रीलिंग** (जैसे व्यंजनांत बहन, आकारांत माता, उकारांत ऋतु, ऊकारांत बहू तथा औकारांत गौ आदि)।

	रूप		प्रत्यय	
	एक०	**बहु०**	**एक०**	**बहु०**
अविकारी	बहन, माता, ऋतु, बहू, गौ	बहनें, माताएँ, ऋतुएँ, बहुएँ, गौएँ	शून्य	एँ
विकारी	बहन, माता, ऋतु, बहू, गौ	बहनों, माताओं, ऋतुओं, बहुओं, गौओं	शून्य	ओं
सम्बोधन	बहन, माता, ऋतु, बहू, गौ	बहनो, माताओ, ऋतुओ, बहुओ, गौओ	शून्य	ओ

इन रूपों की रचना करने में मूल शब्दों में प्रत्यय जोड़ते समय निम्नांकित ध्वन्यात्मक परिवर्तन करने पड़ते हैं : (1) आकारान्त पुल्लिग संज्ञा में शून्य के अतिरिक्त कोई भी प्रत्यय जोड़ा जाय तो अन्तिम 'आ' का लोप हो जाता है। जैसे घोड़ा+ए=घोड़्+ए=घोड़े। इसी प्रकार घोड़ों, घोड़ो आदि में भी। (2) ईकारांत, ऊकारांत संज्ञा शब्द में शून्य प्रत्यय को छोड़कर कोई भी प्रत्यय जोड़ा जाय तो अन्त्य 'ई', 'ऊ' क्रमशः 'इ', 'उ' में परिवर्तित हो जाते हैं। जैसे 'साथी+ओं'='साथि+ओं (साथियों): डाकू+ओं=डाकुओं। इसी प्रकार लड़कियाँ, लड़कियों, बहुएँ, बहुओं, बहुओ आदि में भी। (3) ह्रस्व इ के बाद आँ, ओं, ओ प्रत्यय जोड़ें तो 'य' का आगम हो जाता है। जैसे 'कवि+ओं=कवियों', साथी+ओं=साथियों, जाति+आँ=जातियाँ तथा लड़की+ओ=लड़कियों आदि। (4) इयांत स्त्रीलिंग शब्द में आँ, ओं, ओ प्रत्यय जोड़ने पर 'या' का लोप हो जाता है और शब्द इकारांत रह जाता है। जैसे गुड़ियाँ+ओ=गुड़ि+आँ=गुड़ि+य+आँ=गुड़ियाँ। ऐसे ही गुड़िया+ओं=गुड़ियों, गुड़िया+ओ=गुड़ियो। य का आगम तीसरे नियम से हो रहा है।

'इंद्रिय' से 'इंद्रियाँ' अपवाद हैं। नियमतः 'इंद्रियें' (गायें की तरह) होना चाहिए।

जौ, लौ, पौ औकारांत शब्दों के प्रायः बहुवचन नहीं बनाए जाते। अन्य ध्वनियों से अन्त होने वाले शब्द हिन्दी में बहुत कम हैं। जैसे पांडे, चौबे, जै, एसो,

रेडियो, फोटो, सरसों आदि । इनमें से 'रासो' का विकृत बहुवचन 'रासो ग्रन्थों', 'फोटो' का 'फ़ोटोओं' बनता है ।

कुछ शब्दों में गण, लोग, वृन्द, जन, दल, वर्ग आदि लगाकर मूल रूप बहुवचन बनाते हैं : मन्त्रिगण, पक्षिगण, राजा लोग, वाद्य-वृन्द, गायक-वृन्द, गुरुजन, नर्तक दल, मित्र वर्ग । इनमें विकृत रूप बहुवचन केवल 'लोग' (लोगों' बनाकर) तथा 'जन' ('जनों' बनाकर) वाले शब्दों के ही बनते हैं ।

कुछ अरबी, फ़ारसी तथा अंग्रेज़ी शब्दों के मूल तथा विकृत रूप बहुवचन 'आन' (मेंबरान, बागान, साहबान), 'आत' (ख़्यालात, ज़ेवरात, जवाहरात, काग़ज़ात) जोड़कर बनते हैं । साथ ही अरबी के साँचे पर कुछ के अन्य प्रकार के बहुवचन भी बनते हैं—हाकिम-हुक्काम, अजब-अजायब (अजायबघर), मसला-मसायल आदि ।

हिन्दी के बहुवचन-प्रत्ययों का रूपिमिक विश्लेषण

रूपिमिक विश्लेषण की सैद्धांतिक चर्चा के लिए प्रस्तुत पंक्तियों के लेखक की पुस्तक 'भाषाविज्ञान' के 'रूपविज्ञान' के अध्याय के अन्तर्गत 'रूपिमविज्ञान' शीर्षक के अन्तर्गत दी गई सामग्री देखी जा सकती है ।

हिन्दी में बहुवचन के लिए यों तो अपवादत: लोग, सब, गण, जन आदि शब्दों का भी प्रयोग होता है, किन्तु प्रत्यय रूप में केवल छः ही आते हैं । इसमें सर्वाधिक प्रयुक्त प्रत्यय 'ओं' है, अत: उसे बहुवचत का रूपिम माना जा रहा है । शेष उपरूप हैं । वितरण इस प्रकार है—

रूपिम	उपरूप	वितरण
ओं	1.—ओं	—सपरसर्ग रूप के लिए सभी शब्दों में । जैसे घरों, घोड़ों, कवियों, हाथियों, साधुओं, भालुओं, पुस्तकों, लताओं, गुड़ियों, शक्तियों, लड़कियों, वस्तुओं, बहुओं, गौओं आदि ।
	2.—ओ	संबोधन में सभी शब्दों (घोड़ो, कवियो, साधुओ आदि) के साथ ।
	3.—ए	अपरसर्ग रूप के लिए आकारान्त पु० शब्दों (जैसे घोड़े, लड़के, बेटे) के साथ ।
	4.—एं	अपरसर्ग रूप के लिए व्यंजनांत (किताबें), आकारांत (माताएँ), उकारांत (वस्तुएँ), ऊकारांत(बहुएँ), औकारांत (गौएँ) स्त्री० शब्दों के साथ ।
	5.— आँ	—अपरसर्ग रूप के लिए इकारांत(जातियाँ),

ईकारांत (नदियाँ) तथा इयांत (गुड़ियाँ) स्त्री० शब्दों के साथ।

6.—० —अपरसर्ग रूप के लिए व्यंजनांत (घर), इकारांत (कवि), ईकारांत (हाथी), उकारांत (साधु), तथा ऊकारांत (भालू) पु० शब्दों में।

सर्वनाम के कारकीय रूपों की संरचना

सर्वनाम के संबोधन के रूप नहीं होते। सर्वनाम के विश्लेषण को कई रूपों में रखा जा सकता है—

(अ)	मूल रूप	विकृत रूप	जोड़े जाने वाले कारक-चिह्न	सम्बन्ध रूप
पुरुषवाचक				
उत्तम पुरुष				
एकवचन	मैं	मैं	ने	मे+र्+आ
		मुझ	को, ए, से, में, पर	
बहुवचन	हम	हम	ने, को, एँ, से, में, पर	हमा+र्+आ
मध्यम पुरुष :				
एकवचन	तू	तू	ने	ते+र्+आ
		तुझ	को, ए, से, में, पर	
बहुवचन	तुम	तुम	ने को, से, में, पर	तुम्हा+र्+आ
		तुम्ह	एँ	
अन्य पुरुष :				
एकवचन	वह	उस	ने, को, ए, से, का, में, पर	
बहुवचन	वे	उन्हों	ने	
		उन	को, से, का, में, पर	
		उन्ह	एँ	
निश्चयवाचक				
निकटवर्ती				
एकवचन	यह	इस	ने, को, ए, से, का, में, पर	
बहुवचन	ये	इन्हों	ने	
		इन	को, से, का, में, पर	
		इन्ह	एँ	

प्रश्नवाचक

एकवचन	कौन, क्या	किस	ने, को, ए, से, का, में, पर
बहुवचन	कौन-कौन	किन्हों	ने (केवल 'कौन' का)
	क्या-क्या	किन	को, से, का, में पर
		किन्ह	एँ

सम्बन्धवाचक

एकवचन	जो	जिस	ने, को, ए, से, का, में, पर
बहुवचन	जो-जो	जिन्हों	ने
		जिन	को, से, का, में, पर
		जिन्ह	एँ

कुछ लोग उन्होंने, इन्होंने, किन्होंने, जिन्होंने आदि के स्थान पर उन्ने, इन्ने किन्ने, जिन्ने आदि का प्रयोग करते हैं, यद्यपि ये मानक रूप नहीं हैं।

अनिश्चयवाचक (सजीव)

एकवचन	कोई	किसी	ने, को, से, का, में, पर
बहुवचन	कोई-कोई	किन्हीं	ने, को, से, का, में, पर

अनिश्चयवाचक (निर्जीव)

एकवचन	कुछ	कुछ	को, से, का, में, पर
(सजीव)			
दोनों वचन	कुछ	कुछ	ने, को, से, का, में, पर

काफ़ी प्रयोगों में 'कुछ' अनिश्चित संख्या का द्योतन करता है।

(आ) हिन्दी के सर्वनाम अपनी संरचना की दृष्टि से पाँच प्रकार के हैं :

(1) **उत्तम पुरुष तथा मध्यम पुरुष**

	मूल रूप	विकृत रूप				
एक०		**ने**	**को**	**ए**	**से, में, पर**	**र्**
	मैं	मैं-	मुझ-	मुझ-	मुझ-	मे-
	तू	तू-	तुझ-	तुझ-	तुझ-	ते-
बहु०		**ने**	**को**	**एँ**	**से, में, पर**	**र्**
	हम-	हम-	हम-	हम-	हम-	हमा-
	तुम-	तुम-	तुम-	तुम्ह-	तुम-	तुम्हा-

इस वर्ग के सर्वनामों के संबंध में यह बात ध्यान देने की है कि एकवचन में विकृत रूप तीन-तीन हैं (ने के साथ में-तू; को-ए-से के साथ मुझ-तुझ; तथा र के साथ मे, ते)तो बहुवचन में उत्तम पुरुष के विकृत रूप दो हैं (हम-हमा), जबकि मध्यम पुरुष के तीन हैं (तुम-तुम्ह-तुम्हा)।

(2) **अन्य पुरुष, निश्चयवाचक (दूरवर्ती, निकटवर्ती), संबंधवाचक तथा प्रश्नवाचक (सजीव)**

		ने	**को**	**ए**	**से,में,पर**	**क्**
एक०	वह	उस-	उस-	उस-	उस-	उस-
	यह	इस-	इस-	इस-	इस-	इस-
	जो	जिस-	जिस-	जिस-	जिस-	जिस-
	कौन	किस-	किस-	किस-	किस-	किस-
बहु०		**ने**	**को**	**एँ**	**से,में,पर**	**क्**
	वे	उन्हों-	उन-	उन्ह-	उन-	उन-
	ये	इन्हों-	इन-	इन्ह-	इन-	इन-
	जो	जिन्हों-	जिन-	जिन्ह-	जिन-	जिन-
	कौन	किन्हो-	किन-	किन्ह-	किन-	किन-

इस वर्ग के सर्वनामों में यह बात ध्यान देने की है कि एकवचन में विकृत रूप एक-एक ही हैं : उस, जिस, किस, किंतु बहुवचन में तीन-तीन हैं : उन, उन्ह उन्हों आदि। साथ ही इसके संबंध और प्रश्नवाचक के मूल रूप दोनों वचनों में समान होते हैं।

(3) **प्रश्नवाचक (निर्जीव) तथा अनिश्चयवाचक (सजीव)**

		ने	**को**	**ए**	**से, में, पर**	**क्**
एक०	क्या	—	कि्स-	किस-	किस-	किस-
	कोई	किसी-	किसी-	—	किसी-	किसी-
बहु०		**ने**	**को**	**एँ**	**से, में, पर**	**क्**
	क्या	—	किन-	किन्ह-	किन-	किन-
	कोई	किन्हीं-	किन्हीं-	—	किन्हीं-	किन्हीं-

इस वर्ग के सर्वनाम मूल रूप एकवचन तथा बहुवचन में समान होते हैं। साथ ही इनके सभी संदर्भों में आने वाले विकृत रूप समान होते हैं। एक बात और। प्रश्नवाचक के एकवचन तथा बहुवचन में 'ने' वाले रूप नहीं होते, तो अनिश्चयवाचक के-ए औ-एँ वाले रूप नहीं होते।

(4) **आदरसूचक तथा अनिश्चयवाचक**

दोनों वचन		**ने**	**को**	**ए**	**से, पर, में**	**क्**
	आप	आप-	आप-	···	आप-	आप-
	कुछ	कुछ-	कुछ-	···	कुछ-	कुछ-

इनके मूल तथा विकृत दोनों ही रूप समान होते हैं।

(5) **निजवाचक**

दोनों वचन		**ने**	**को**		**से, में, पर**	**न**
	आप	+	आप	—	+	आप

इस वर्ग में एक ही सर्वनाम है। यह भी मूल और विकृत दोनों रूपों में एक ही रहता है। हाँ, एक अंतर अवश्य है कि संबंध के रूप में प्रत्यय जोड़ने पर इसका 'आ' अ हो जाता है: आप + न् + आ/इ/ए—अपना, अपनी, अपने। से, मैं, पर के साथ इसका सीधे योग नहीं होता। इनके साथ यह 'आप-से-आप', 'अपने आप में', 'अपने आप से' रूपों में आता है।

निम्नांकित बातें भी ध्यान देने की हैं—

(1) **लोग, सब**—हिंदी में कई सर्वनामों के बहुवचन के रूपों का प्रयोग एकवचन में होता है। उदाहरणार्थ 'हम' का प्रयोग प्रायः एकवचन में अर्थात् 'मैं' के स्थान पर होता है; 'तुम' का प्रयोग सर्वदा एकवचन में ही होता है; 'वे' तथा 'ये' भी आदरार्थ एकवचन के लिए आते हैं। इसीलिए स्पष्टता के लिए बहुवचन में प्रायः 'हम लोग' 'हम सब' 'तुम लोग', 'तुम सब' 'वे लोग' 'वे सब' 'ये लोग' 'ये सब' का प्रयोग होता है। सामान्यतः 'लोग' का प्रयोग दो-तीन या कुछ अधिक के लिए होता है, और 'सब' का प्रयोग काफ़ी अधिक के लिए। 'वे' तथा 'ये' के साथ इन रूपों में एक दूसरे प्रकार का अंतर भी है। 'वे लोग' 'ये लोग' में 'वे सब' तथा 'ये सब' की तुलना में कुछ आदर का भाव है। कौन, जो, कोई (कोई-कोई लोग) तथा आप (आदरार्थ) के साथ प्रायः केवल 'लोग' ही आता है, 'सब' (कभी-कभी आप सब) नहीं। '···लोग' या '···सब' मूल रूप हैं: हम लोग जा रहे थे, वे सब आ रहे थे। विकृत रूप 'ओं' जोड़ कर बनता है: हम लोगों ने देखा था, उन सबों ने पूछा था। 'सब' का प्रयोग विकृत रूप में कभी-कभी बिना 'ओं' के भी होता है: हम सबने देखा। विकृत रूप में लोगों या सबों के पूर्व के सर्वनाम का भी विकृत रूप ही आता है: हम/तुम/उन/इन/किन/जिन लोगों ने।

(2) **वस्तुएँ, चीज़ें**—'क्या' के साथ, बहुवचन के लिए प्रायः 'वस्तुएँ' 'चीज़ें' जोड़ते हैं।

(3) **पुनरुक्ति**—कुछ सर्वनामों का बहुवचन पुनरुक्ति से भी बनाया जाता है: जो-जो, कौन-कौन, कोई-कोई।

(4) नई पीढ़ी उत्तम पुरुष तथा मध्यम पुरुष में मुझ, तुझ, हम, तुम के आधार पर रूप-रचना न करके, संबंध के रूपों के आधार पर कर्म, संप्रदान, अपादान, अधिकरण कारक की रचना करती है : मेरे को (मुझको), तेरे से (तुझसे), हमारे में (हम में), तुम्हारे पर (तुम पर), किंतु ये रूप मानक नहीं माने जाते ।

(5) निजवाचक का मूल रूप 'आप' उत्तम, मध्यम, अन्य तीनों साथ आता है : मैं आप चला जाऊँगा, तुम आप चले जाना, वह आप चला जाएगा । इसके प्रयोग का विश्लेषण यों हैं—

को, पर में	क्	न्	से
अपने- अपने-	अपने आप-	आप-	अपने (से) अपने-आपसे आप आप से आप

अर्थात् इसके 'संबंध' के रूप दो प्रकार के होते हैं : **अपना/अपने आप** का तो ध्यान रखो । से-अर्थ वाले रूप पाँच-छः प्रकार के हैं : यह काम वह **अपने** (पूर्वी क्षेत्र में) /**अपने से/अपने आप/आप/आप से आप** कर लेगा । को, से, में, पर के साथ दो-दो प्रकार के रूप हैं : अपने को/से/में/अपने आप को/से/में ।

(6) स्वयं, खुद तथा निज भी निजवाचक हैं । 'स्वयं' तथा 'खुद' का प्रयोग 'अपने आप' अर्थ में बिना परसर्ग के (मैं स्वयं खुद कर लूंगा) होता है । साथ ही ये को, से, में, पर तथा 'का' के साथ भी आते हैं । 'निज' का प्रयोग 'निज का' तथा 'निजी' दो ही रूपों में होता है : यह मेरा **निज का/निजी** काम है ।

(7) 'कौन' सामान्यतः 'मानव' तथा बड़े जीवों के लिए आता है : आज भाषण देने कौन आ रहा है ? रात में खेत कौन चर जाता है ? यों इसके अन्य प्रकार के प्रयोग भी मिलते हैं : मेरा कबूतर तो पिंजड़े में है, दाने कौन चुग गया ? इन प्यालों में कौन (-सा) लोगे ? 'क्या' प्रायः निर्जीव के लिए आता है : क्या खाओगे ? चावल या रोटी ? यों सजीव के लिए भी कुछ प्रयोग मिलते हैं : क्या हुआ है लड़का या लड़की ? क्या काट रहा है ? मच्छर है क्या ? क्या बोल रहा है, साँड़ या कोई और जानवर ? प्रश्नवाचक के चिह्नक के रूप में 'क्या' सर्वनाम नहीं है : क्या तुम भी चलोगे ? तुम भी क्या आदमी हो ? ऐसे ही 'कोई' सजीव के लिए है, तो 'कुछ' निर्जीव के लिए । यों अन्य प्रकार के कुछ प्रयोग भी मिलते हैं : खाने के लिए कोई चीज (या कुछ) है ? तुमने कोई भी काम आज तक पूरा किया है ? 'कुछ कहते हैं

कि वह मर गया' जैसे वाक्यों में 'कुछ' सर्वनाम न होकर अनिश्चयबोधक संख्यावाचक विशेषण है। 'कुछ मुझे भी दे दो' में यह सर्वनाम है, किंतु यदि संख्यात्मक हो तो संख्यावाचक विशेषण।

(8) **कुछ**—'कुछ' एक० तथा बहु० दोनों है : खाने के लिए क्या लोगे खिचड़ी या खीर ? कुछ भी दे दो; जो चीज़ें मैंने मँगवाई थीं, आ गई हैं, क्या ? हाँ कुछ आ गई हैं, कुछ आ जाएँगी। 'कुछ' यहाँ संख्यावाचक विशेषण है, जिसके विशेष्य 'चीज़ें' का लोप हो गया है। कभी-कसी दूसरे प्रकार के भी प्रयोग भी मिलते हैं : क्या लोगे चावल, रोटी या पराठे ? पूछते क्या हो, सभी कुछ दे दो। कुछ के साथ परसर्गों का की प्रयोग है : कुछ-का-कुछ; उन सबको दे दिया ? हाँ, कुछ को दे दिया किंतु कुछ ने लिया ही नहीं।

(ई) हिन्दी सर्वनामों का रूपिमिक विश्लेषण

रूपिम	उपरूप	प्रयोग-स्थिति
मैं (एक०)	(क) मुझ	+ (संज्ञा/विशेषण) कारकचिह्न (-ने)[1]
	(ख) मे	+ र्
	(ग) मैं	अन्यत्र
हम (बहु०)	(क) हमा	+ र्
	(ख) हम	अन्यत्र
तू (एक०)	(क) तुझ	+ (संज्ञा/विशेषण) कारकचिह्न (-ने)
	(ख) ते	+ र्
	(ग) तू	अन्यत्र
तुम (बहु०)	(क) तुम्हा	+ र्
	(ख) तुम्ह	+ एँ
	(ग) तुम	अन्यत्र
वह (एक०)	(क) उस	+ (संज्ञा/विशेषण) कारकचिह्न
	(ख) व	+ हाँ, ऐसा, ऐसे
	(ग) उ	+ धर, तना
	(घ) त	+ ब, यों, इधर
	(ङ) वह	अन्यत्र
वे (बहु०)	(क) उन	+ (संज्ञा/विशेषण) को, से, का, में, पर + संज्ञा + ने
	(ख) उन्ह	+ एँ

1 उदाहरणार्थ मुझ बेचारे को, मुझ जैसे को, मुझ ग़रीब को आदि।

	(ग) उन्हों	+ने
	(घ) वे	अन्यत्र
यह (एक०)	(क) इस	+(संज्ञा/विशेषण) कारकचिह्न
	(ख) य	+हाँ, ओं
	(ग) ऐ	+सा, से
	(घ) अ	+ब
	(ङ) इ	+इ
	(च) यह	अन्यत्र
ये (बहु०)	(क) इन	+(संज्ञा/विशेषण) को, से, का, में, पर +संज्ञा+ने
	(ख) इन्ह	+एँ
	(ग) इन्हों	+ने
	(घ) ये	अन्यत्र
जो एक०	(क) जिस	+(संज्ञा/विशेषण) कारकचिह्न
	(ख) ज	+ब, हाँ, ऐसा, ऐसे, यों
	(ग) जि	+तना, धर
	(घ) जो	अन्यत्र
जो (बहु०)	(क) जिस	+(संज्ञा/विशेषण) को, से, का, में, पर +संज्ञा+ने
	(ख) जिन्ह	+एँ
	(ग) जिन्हों	+ने
	(घ) जो	अन्यत्र
कौन एक०	(क) किस	+(संज्ञा/विशेषण) कारकचिह्न
	(ख) क	+ब, हाँ, ऐसा, ऐसे, यों
	(ग) कि	+इतना, धर
	(घ) कौन	अन्यत्र
कौन बहु०	(क) किन	+(संज्ञा/विशेषण) को, से, का, में, पर +संज्ञा+ने
	(ख) किन्ह	+एँ
	(ग) किन्हों	+ने
कोई एक०	(क) किसी	+(संज्ञा/विशेषण) ने, को, से, में, पर
	(ख) कोई	अन्यत्र
कोई बहु०	(क) किन्हीं	+(संज्ञा/विशेषण) ने, को, से, में, पर
	(ख) कोई	अन्यत्र

उपर्युक्त तालिका में निम्नांकित बातें ध्यान देने की हैं—

1. 'संज्ञा' 'विशेषण' को कोष्ठक में रखने का अर्थ यह है कि ये आ भी सकते हैं, नहीं भी।

2. 'कारकचिह्न' का अर्थ ने, को, ए (मात्र एकवचन) में, से, का, में, पर हैं।

3. '-ने' का अर्थ है, ने को छोड़कर।

4. 'व' 'य' 'ज' के बाद 'ब' ('व' 'य' के बाद यह नहीं आता) तथा 'हीं' आने पर तो ये ज्यों-के-त्यों रहेंगे, और अन्यों के आने पर इनके 'अ' का लोप हो जाएगा।

विशेषण

विशेषण संरचना की दृष्टि से दो प्रकार के होते हैं: मूल (जैसे लाल, गोल, कोमल, सफ़ेद आदि जिनमें एक ही सार्थक भाषिक इकाई होती है), यौगिक (जैसे दयालु, 'दया + आलु', सामाजिक, 'समाज + इक', रंगीन, 'रंग + ईन' आदि। इनमें एकाधिक सार्थक इकाइयाँ होती हैं।)

विशेषण पाँच प्रकार के होते हैं: (क) **गुणवाचक** (जैसे अच्छा, बुरा, लाल आदि); (ख) **संख्यावाचक** (जैसे एक, चार, आधा, सवा, पहला, दोनों आदि); (ग) **परिमाणवाचक** (जैसे कुछ, दो गज़, पाँच बीघा आदि); (घ) **सार्वनामिक**—ये सर्वनाम के आधार पर बने होते हैं (जैसे 'कौन' से कैसा, कितना, कितने; 'जो' से जैसा, जितना, जितने आदि) या मूलतः सर्वनाम (वह लड़का, यह काम, मुझ ग़रीब को) ही होते हैं। (ङ) **सम्बन्धवाचक** ('राम का बेटा' में 'राम का', 'अपना काम' में अपना; इसी प्रकार मेरा, तुम्हारा, उसका आदि सम्बन्ध के अन्य सभी रूप)।

विशेषण की रचना निम्नांकित रूपों में होती है: **उपसर्ग से** (उप० + संज्ञा—बेईमान, निर्लज्ज, सफल; उप० + विशेषण—सुकोमल; उप० + धातु—सजग; उप० + प्रत्यय—विज्ञ, अज्ञ); **प्रत्यय से** (संज्ञा + प्रत्यय—बनावटी, दयालु धातु + प्रत्यय—उड़ाऊ, भुलक्कड़; सर्वनाम + प्रत्यय—इतना, वैसा, विशेषण + प्रत्यय—अपने वाला, काले वाला) तथा **समास से** (दुनाली, लखपती)।

विशेषणों में रूपांतरण

विशेषण रूपांतरण की दृष्टि से दो प्रकार के होते हैं, और फिर पहले के दो भेद होते हैं—

(क) अकारांत विशेषण :

(अ) चिह्नित (marked)—जैसे अच्छा।

(आ) अचिह्नित (unmarked)—जैसे बढ़िया।

(ख) अन्य विशेषण : लाल, सुंदर (व्यंजनांत); अति (इकारांत); भारी (ईकारांत); दयालु, (उकारांत); चालू (ऊकारांत)।

इनमें केवल चिह्नित आकारांत विशेषणों में ही रूपांतरण होता है—अच्छा लड़का, अच्छे लड़के, अच्छी लड़की। शेष (अचिह्नित अकारांत तथा अन्य विशेषण) अपरिवर्तित रहते हैं : बढ़िया इमारत, उमदा मकान, बढ़िया घोड़े, लाल कपड़ा, लाल कपड़े, लाल स्याही।

रूपांतर वाले अकारांत विशेषणों की प्रयोग की स्थिति यह है—

पुल्लिंग

	एकवचन	बहुवचन
अविकारी रूप	—आ+संज्ञा	—ए+संज्ञा
विकारी रूप	—ए+संज्ञा	—ए+संज्ञा
सम्बोधन रूप	—ए+संज्ञा	—ए+संज्ञा

उदाहरण : लंबा लड़का गया, लंबे लड़के गए, लंबे लड़के को बुलाओ, लंबे लड़कों को बुलाओ, ऐ लंबे लड़के !, ऐ लंबे लड़को !

स्त्रीलिंग

	एकवचन	बहुवचन
अविकारी रूप	—ई+संज्ञा	—ई+संज्ञा
विकारी रूप	—ई+संज्ञा	—ई+संज्ञा
सम्बोधन रूप	—+संज्ञा	—ई+संज्ञा

उदाहरण : अच्छी लड़की गई, अच्छी लड़कियाँ गईं, अच्छी लड़की को बुलाओ, ऐ अच्छी लड़की, ऐ अच्छी लड़कियो !

यह ध्यान देने की बात है कि अकारांत संज्ञा की तरह, इन अकारात विशेषणों के विकारी रूप, बहुवचन में ओकारांत नहीं होते। अकेले विशेषण ओकारांत होते जाते हैं, किन्तु तब वे विशेषण न होकर संज्ञा का काम करते हैं . मैंने अच्छों-अच्छों को देखा है।

चिह्नित अकारांत विशेषण में बड़ा, छोटा, अच्छा, बुरा, लंबा, पीला, कच्चा, काला, हरा आदि सभी सामान्य अकारांत विशेषण आते हैं। इनमें रूपांतरण होता है।

अपवाद

(क) अचिह्नित आकारांत में अपवाद आकारांत विशेषण भी आते हैं, जिनमें ई, ए वाले परिवर्तन नहीं होते। इन्हें पाँच वर्गों में रखा जा सकता है—

(1) यांत—सींकिया, टुट (टट) पूँजिया, पुरबिया, रसिया, घटिया, बढ़िया, लफाड़िया, झंझटिया, कानपुरिया, बंबइया, ननिया, ममिया, चचिया, बखेड़िया, तइया, ददिया, फुफिया, मौसिया, दिवालिया, काइयाँ, केसरिया, मखनिया, दूधिया, चूतिया, सवाया आदि।

(2) वांत—महकौवा, जुड़वाँ, सवा, भगवा, ढलुवा, ढलवाँ, उठौवा, गेरुवा, गेहुवाँ।

(3) संस्कृत तत्सम—महा, हर्ता, कर्ता (-धर्ता)।

(4) फ़ारसी-अरबी शब्द जिनमें मूलत: अंत में 'आ' न होकर 'अ:' था तथा वह हिंदी आकर 'आ' हो गया : खुलासा, सोफ़ियाना, सालाना, शायराना, आवारा, संजीदा, मौजूदा, शर्तिया, शौकिया, दुतरफ़ा, एकतरफ़ा, नाकारा, लापता, बचकाना, माहाना, क़ातिलाना, सूफ़ियाना, वहशियाना, अहमक़ाना, ज़नाना, मरदाना, खुफ़िया, ज़िन्दा, मुर्दा, मज़ाकिया। 'ताज़ा' भी इसी वर्ग में हैं। इसमें भी परिवर्तन नहीं होता (ताज़ा फल, ताज़ा सब्ज़ी, ताज़ा ख़बर) किंतु कुछ लोग ताज़ा-ताज़ी-ताज़े बोलते हैं, जो मानक नहीं हैं।

(5) अन्य : (i) तद्भव—आगबबूला, चौकन्ना, छुट्टा, पोंगा, इकट्ठा।
(ii) विदेशी—तनहा, आला।

(ख) ऊपर कहा गया है कि सामान्यत: व्यंजनांत विशेषणों में परिवर्तन नहीं होता, किंतु कुछ तत्सम विशेषण अपवाद हैं, जिनके स्त्रीलिंग संस्कृत में बनते हैं और हिंदी में भी उनका प्रयोग होता है : श्रीमान-श्रीमती, विद्वान्-विदुषी, महान्-महती, रूपवान-रूपवती, गुणवान-गुणवती, सुन्दर-सुन्दरी, कुरूप-कुरूपा, शीलवान-शीलवती आदि।

(ग) प्राय: लोग खारा-खारी-खारे तथा सुनहरा-सुनहरी-सुनहरे बोलते हैं, किंतु ये दोनों ही विशेषण मात्र 'खारी' और 'सुनहरी' हैं : 'खारी पानी', 'सुनहरी मौक़ा'।

'खारी' शब्द में 'ई' प्रत्यय लिंग-वचन का न होकर विशेषण का है : खार (क्षार) +ई। संस्कृत 'क्षारीय' से इसका संबंध है, इसीलिए, जैसे 'जापानी (जापान+ई) का 'जापाना' या 'जापाने' नहीं हो सकता, उसी प्रकार 'खारा' और 'खारे' भी नहीं बन सकता। 'सुनहरी' के पक्ष में इस प्रकार का कोई कारण नहीं दिया जा सकता। पुल्लिग के साथ भी इसका 'सुनहरी' ही रहना सुशिक्षित लोगों के मानक प्रयोग पर आधारित है। बहुत से पंजाबी-भाषी 'भारी' का 'भारा' (जैसे भारा बदन) बोलते हैं जो अशुद्ध है। इसमें भी 'ई' लिंग-वचन का प्रत्यय नहीं है जिसे 'आ' 'ए' किया जा सके। यह विशेषण का प्रत्यय (भार+ई) है, और विशेषण का प्रत्यय परिवर्तित नहीं होता। 'बासी' को पुल्लिग में 'बासा' कर देना भी इसी तरह अशुद्ध है।

तुलना

सामान्यतः मूल विशेषण के प्रयोग में स्पष्ट रूप से तुलना का भाव नहीं आता किंतु वास्तविकता यह है कि हर विशेषण तुलना पर ही आधारित होता है। उदाहरणार्थ 'मोहन पढ़ने में तेज़ है' वाक्य में 'तेज़' एक सामान्य विशेषण है, किन्तु 'तेज़ी' का निर्धारण निश्चित रूप से तुलना पर ही आधारित है। 'तेज है' का आशय है अन्य विद्यार्थियों', 'अपने सहपाठियों', 'अपने दोस्तों' या 'अन्यों' आदि की तुलना में। ऐसे विशेषण जिनमें तुलना का स्पष्ट उल्लेख न हो मूलावस्था क विशेषण कहे जाते हैं। जिन विशेषणों में दो में तुलना हो उत्तरावस्था के (राम मोहन से तेज़ है) तथा जिनमें सभी से तुलना हो उत्तमावस्था के (राम सबसे तेज़ है) कहे जाते हैं।

हिंदी में विशेषण के तुलनात्मक प्रयोगों की तीन पद्धतियाँ प्रचलित हैं—

(क) हिंदी की अपनी अयोगात्मक पद्धति—हिंदी, संस्कृत आदि संयोगात्मक भाषाओं की तुलना में अयोगात्मक भाषा है, अतः उसकी अपनी तुलना-पद्धति भी अयोगात्मक है। वह संस्कृत आदि की तरह एक संयोगात्मक रूप या शब्द (उच्चतम पद) का प्रयोग न करके अयोगात्मक पदबंध (सबसे ऊँचा पद) का प्रयोग करती है। उत्तरावस्था में इसके लिए 'से' (राम से अच्छा), 'की अपेक्षा' की बनिस्बत', 'की तुलना में', 'के मुक़ाबिले' आदि का प्रयोग होता है, तो उत्तमावस्था में 'सबसे' (राम सबसे अच्छा है)' 'सबमें', 'सबकी अपेक्षा', 'सबसे ज़्यादा' (सबसे ज़्यादा शरारती), 'सबसे अधिक', 'सबसे कम' आदि का प्रयोग होता है।

(ख) संस्कृत की संयोगात्मक पद्धति संस्कृत में तुलना के लिए दो प्रकार के प्रत्यय लगाकर शब्द बनाए जाते हैं : (क) उच्च-उच्चतर-उच्चतम; (ख) कनीयस्-कनिष्ठ। पहले में क्रमशः 'तर' (तरप् प्रत्यय) तथा 'तम' (तमप् प्रत्यय) का प्रयोग होता है, तो दूसरे में 'ईयस्' (ईयसुन प्रत्यय) तथा 'इष्ठ' (इष्ठन् प्रत्यय) का हिंदी ने संस्कृत से 'तर' और 'तम' प्रत्यय की परम्परा ही ली है। इसका कारण यह कि इन प्रत्ययों के जुड़ने के बाद भी शब्द अर्थ और संरचना के स्तर पर पारदर्शी रहते हैं (उच्च-उच्चतर-उच्चतम, निम्न-निम्नतर-निम्नतम, निकृष्ट-निकृष्टतर-निकृष्टतम,

कटु-कटुतर-कटुतम) अतः हिन्दी की प्रकृति से मेल खाते हैं। दूसरी परंपरा तो हिंदी ने नहीं ली, किन्तु उस परम्परा के कुछ प्रचलित शब्द मुख्यतः उत्तमावस्था वाले अवश्य लिये हैं : कनिष्ठ, गरिष्ठ, वरिष्ठ, श्रेष्ठ, ज्येष्ठ। किंतु कठिनाई यह है कि इनकी रचना तथा अर्थ पारदर्शी नहीं हैं, अतः हिंदी ने इन सभी को प्रायः मूलावस्था का विशेषण मान लिया है और इनमें तर-तम जोड़कर श्रेष्ठ-श्रेष्ठतर-श्रेष्ठतम (या सर्वश्रेष्ठ) जैसे प्रयोग चल पड़े हैं। लगता है कि संस्कृत में भी इन शब्दों के साथ इस तरह की कुछ कठिनाई थी। मुझे महाभारत में 'सर्वश्रेष्ठ' का प्रयोग मिला है, जो इस बात का प्रमाण है। पारदर्शिता की यह कठिनाई 'उत्तम' के साथ भी रही है, इसीलिए हिंदी में 'सर्वोत्तम' प्रयोग होता है। यों यह शब्द भी परवर्ती संस्कृत साहित्य में उपलब्ध है।

(ग) **फ़ारसी की संयोगात्मक पद्धति**—फ़ारसी में तर-तरीन प्रत्यय का प्रयोग होता है। हिंदी ने यह परम्परा तो नहीं ली है, किंतु इस परम्परा के कुछ शब्द (जैसे ज़्यादातर, बदतर, बेहतर तथा बेहतरीन आदि) अवश्य लिये हैं।

विशेष्य-विशेषण—विधेय-विशेषण

वाक्य में पदक्रम की दृष्टि से विशेषण दो प्रकार के होते हैं : (क) **विशेष्य-विशेषण**—वे जो विशेष्य (संज्ञा के पहले आते हैं। जैसे **सच्चा** आदमी, **सुन्दर** फूल, **अच्छा** मकान आदि। (ख) **विधेय-विशेषण**—वे विशेषण जो विशेष्य के बाद वाक्य में विधेय का अंग बनकर आते हैं : आदमी **सच्चा** है, फूल **सुन्दर** है, मकान **अच्छा** था। कुछ विशेषण ऐसे होते हैं जो केवल विधेय-विशेषण के रूप में ही आते हैं : बात मुझे **मालूम** है, घटना अब भी **याद** है, हाँ मुझे **पता** है कि वह आ गया।

प्रविशेषण

जो विशेषण किसी विशेषण की विशेषता बतलाएँ (बहुत अच्छा लड़का, निहायत गंदा घर) उन्हें प्रविशेषण कहा जा सकता है। हिंदी में दो प्रकार के प्रविशेषण हैं : (क) जो मूलतः विशेषण हैं, किंतु प्रविशेषण का भी काम करते हैं : बड़ा, बहुत, अधिक। (ख) जो मूलतः ही प्रविशेषण हैं तथा विशेषण के रूप में कभी नहीं आते : निहायत, निपट, निरा, अत्यन्त, बेहद।

संख्यावाचक विशेषण

इसके मुख्य भेद दो होते हैं—

(क) निश्चित संख्यावाचक

इनसे निश्चित संख्या का पता चलता है। जैसे—चार केले, दस गाँव।

(ख) अनिश्चित संख्यावाचक

इनसे निश्चित संख्या का पता नहीं चलता। जैसे—कुछ केले, थोड़े गाँव, चार-छः व्यक्ति, सौ पचास आदमी।

निश्चित संख्यावाचक के निम्नांकित भेद होते हैं—

(1) **गणनावाचक** (Cardinal)—इसके दो उपभेद होते हैं : (क) **पूर्णांक-वाचक**—एक, दो, तीन, पाँच, दस, सो, हज़ार, लाख करोड़ आदि। (ख) **अपूर्णांक-वाचक**—आधा, सवा, पौन, डेढ़, ढाई, साढ़े चार आदि।

(2) **क्रमवाचक** (Ordinal)—पहला, दूसरा, तीसरा, चौथा, छठा, सातवाँ आदि कुछ लोग 'छठा' के स्थान पर 'छठाँ', 'छवाँ', 'छठवाँ' आदि का प्रयोग भी करते हैं, किन्तु ये शुद्ध नहीं हैं।

(3) **आवृत्तिवाचक** (Multiplicative)—दूना, तीनगुना, चौगुना, पाँच-गुना, दसगुना आदि।

(4) **समूहवाचक** (Collective)—दोनों, चारों, सातों, दसों आदि।

(5) **प्रत्येकसूचक**—हर (दूसरे दिन), प्रति (रविवार), प्रत्येक (व्यक्ति)।

विशेष प्रयोग

(क) जब एक ही वर्ग अथवा कोटि के सभी व्यक्तियों या वस्तुओं आदि को एक साथ कहना हो तो संख्या के साथ 'ओं' लगाते हैं। जैसे तीनों व्यक्ति, चारों पेड़, पाँचों पुस्तकें, सातों लड़के। दो के साथ 'ओं' न जोड़कर 'नों' लगाते हैं। जैसे, दोनों फूल। इसी अर्थ में किसी भी संख्या के साथ 'ले' लगाकर उसी संख्या को दोहराते हैं। जैसे, राम दस के दस रुपये खर्च कर आया।

(ख) दस और बीस के साथ बल देने (जैसे दसियों व्यक्ति, बीसियों बार) के लिए 'इयों' जोड़ते हैं। इसी अर्थ में सैकड़ा, हज़ार, लाख, करोड़ और अरब आदि के साथ 'ओं' का प्रयोग होता है। 'सैकड़ों' सैनिकों ने एक साथ हमला बोल दिया, 'उसके पास करोड़ों रुपये हैं।'

'पचासों' का प्रयोग 'क' 'ख' दोनों ही अर्थों में होता है। जैसे— पचासों के पचासों एक साथ बोल पड़े। व्यर्थ के लिए पचासों रुपए फूँक गए।

(ग) यदि किसी संख्या के आधार पर व्यक्तियों या वस्तुओं का विभाजन, वितरण आदि किया जाए तो उस संख्या की आवृत्ति कर देते हैं। जैसे एक-एक को देख लूँगा।' 'ये सौ हैं, हर मज़दूर को दो-दो दे दो।' इसी प्रकार कुछ अनिश्चित संख्यावाचक शब्द भी आवृत्ति के साथ प्रयुक्त होते हैं। जैसे— थोड़ी-थोड़ी कापियाँ।

(घ) अर्धनिश्चय का अर्थ व्यक्त करने के लिए कभी-कभी दो संख्यावाचक विशेषण समास के रूप में प्रयुक्त होते हैं। जैसे, एक-दो, दो-तीन, दो-चार, तीन-चार, चार-पाँच, पाँच-छः, पाँच-सात, सात-आठ, आठ-नौ, आठ-दस, नौ-दस, दस-ग्यारह,

दस-बारह, दस-पंद्रह, दस-बीस, पचीस-पचास, लाख-दो लाख। इनमें संख्याएँ 'कम-अधिक' के क्रम से थीं। कभी-कभी विरोधी प्रयोग भी मिलते हैं : दस-पांच, पचास-पचीस, सौ-पचास। अनिश्चयवाचक की पुनरुक्ति (थोड़े-बहुत, कम-ओ-बेश, न्यूनाधिक) भी होती है।

संख्यावाचक विशेषणों का रूपिमिक विश्लेषण

रूपिम	उपरूप		वितरण
एक :	ग्या (-रह)		
	इक्या		-अन, -आसी, -नवे
	अक		-एल-
	पह		-ल-
	प्रथ		-म
	अव		-अल
	डे,		-ढ़ (-)
	ड्यो		-ढ़-
	एक		अन्यत्र : (अ) एक :(क)अकेले, (ख) गृहीत यौगिक शब्दों में। जैसे समास में : -निष्ठ, -मुश्त, -वचन, -चित्त, -त्र, -रस, -दंत, -अंत : उपसर्ग के साथ : अन्-, प्रत्यय के साथ -ता, -आ आदि। -अल/(आ) इक् (ए>इ) : हिन्दी के अपने यौगिक शब्दों में : जैसे समस्तपद में : संख्याएँ -ईस -तीस, -तालीस, -सठ, -हत्तर, -हरा, अन्य -तरफ़ा, -तारा आदि, प्रत्ययों के साथ -आ (इक्का), -ई (इक्की), -आई।
दो	ब	:	-तीस, -आलीस, -हत्तर, -आसी।
	बा	:	-रह, -ईस, -अन, -सठ, -नवे
	बी	:	-स (बीस)
	जो	:	-ड़-
	द्वि	:	संस्कृत शब्दों और प्रत्ययों के साथ : -अर्थक, -गु, -गुणित, -ज, -रद, -विधि, -तीय, -वर्षीय, -धा, -वेदी आदि।
	द्वि	:	-उक्ति, -आगमन
	दोन	:	-ओं प्रत्यय (दोनों)
	आई	:	ढ-
	दो	:	अन्यत्र : (अ) दो : (क) अकेले, (ख) अ-एकीभूत हिन्दी के अपने समासों (-पहर, (एकीभूत दुपहर), -चार, एक- आदि में, (ग) -अम (दोयम-अपवादत:)
		:	(आ) दू (ओ>ऊ) : हिन्दी के अपने एकीभूत शब्दों में

अपवादतः केवल तीन प्रत्ययों के साथ : -ज-, -सर-, -न- ।

(इ) दु (ओ>उ) (क) हिन्दी के अपने एकीभूत यौगिक शब्दों (समास में : -पहर, -पहरी, -अन्नी, -धारी, -पलिया, -बारा, -भाषिया, -रंगा, -सूती, -मंज़िला, -मुहाँ, -हरा, -हाई, -गुनाः, कुछ प्रत्ययों के साथ : -केल-, -की-गी आदि) में । अपवादतः दूना, दुगुना, या दुगना के स्थान पर दो पर बल देने के लिए कभी-कभी 'दो-गुना' का भी प्रयोग होता है ।

तीन ते : (अ) ते : (क) -रह, -ईस, (ख) कुछ प्रत्ययों के साथ : -हर- (तेहरा) ।

(आ) ती (ए>ई) : (क) -स (तीस), (ख) तीन प्रत्ययों के साथ -सर-, -ज, -नों

(इ) ति (ए>इ) : (क) कुछ समासों में -हत्तर, -लड़ी, -जरा, -पाई, -मंज़िला, -माही, -गुन-, कोना-, -बारा; (ख) कुछ प्रत्ययों के साथ : -हर-, -हाई, -कड़ी, -ड़ी, -क्की, गी, -आ/आँ ।

तें : -तीस, -तालीस

तिर : -पन, -सठ, -आसी

तिरा : -नवे

त् (त्रि) : तत्सम (संस्कृत) शब्दों (-तीय, -काल, -कोण, -धा, -फला, -भुज, -गुण, -दोष, -नेत्र, -पुर, -लोक, -वेदी, -विध, -जटा, -बली, -वेणी, -भंगी, -शिरा, -शूल, -क आदि) में ।

सो : -अम (सोयम=तीसरा)

तीन : अन्यत्र (अ) तीन : (क) अकेले; (ख) अ-एकीभूत यौगिक शब्दों (समास : -चार, -पाँच, -तेरह; प्रत्यययुक्त : -गुना) में, (ग) -ओं ।

(आ) तिन : (ई>इ) : एकीभूत समस्तपदों में : तरफ़ा, -पहला, -माही, -मुँहा ।

चार चौ : (क) -दह, -बीस, -आलीस, -अन, -हत्तर; (ख) हिन्दी के अपने यौगिक शब्दों (समास : -खट, -कन्ना, -कस, -कसी, -खूँटा, घड़ा, तरफ़ा, -दंता, -पाई, -पाया, -पाल, -बारा, -मंज़िला, -मासा, -रस, -राहा-, -हद्दी आदि; सप्रत्यय : -क, -क-, -कड़ी, -थ, -थ-, -थाई, -गुन आदि) में ।

चौं : (क) -तीस, -सठ, (ख) समस्तपदीय धातुओं में : -कना, -काना ।

चौरा : -आसी, -नवे

चाली : -स (चालीस)

चहार : -दीवारी

चतुः : (अ) **चतुर्** : (क) आदिघोष संस्कृत तत्सम शब्दों के पूर्व : -आनन, -दशी, -दश, -भुज, -वेदी आदि (ख) -थ (अपवाद)
(आ) **चतुष्** : आदिअघोष संस्कृत शब्दों के पूर्व-पद, -कोण, -पदी

च : -अन्नी (चवन्नी)

चार : अन्यत्र : (क) अकेले, (ख) कुछ अ-एकीकृत समस्तपदों (-पाई, -खाना आदि) तथा सप्रत्यय शब्दों (-गुना) में, (ग) -ओं

पाँच **पच** : (क) -ईस, -पन, -हत्तर, (ख) यौगिक शब्द में समास : -गुन, -मेल, -लड़-, मंज़िला, -ओतर; सप्रत्यय : -ए, -खा

पैं : -तीस, -तालीस, -सठ

पचा : -स, -आसी, -नवे

पिच (कुछ क्षेत्रों में) : -हत्तर

पिचा (कुछ क्षेत्रों में) : -आसी, -नवे

पंज : यौगिक शब्दों में (समास : -हज़ारी, -आब; सप्रत्यय : -आ)

पन : (क) - (द) रह, (ख) यौगिक शब्दों में (-रोरी, -साखा : एक प्रकार की मशाल)

पंच : यौगिक संस्कृत शब्दों में (समास : -कन्या, -अंग, -गव्य, -आयत, -अग्नि, -अमृत, -वटी, -मूल, -पात्र, -वर्षीय आदि, सप्रत्यय : -मी, -म, -क) ।

पाँच : अन्यत्र : (क) अकेले (-आदमी, -हज़ार), (ख) -ओं, -वाँ, -आ (=खेती का एक उपकरण), (ग) -गुन-(अएकीभूत, एकीभूत : पँचगुन-, पचगुन-) ; ह्रस्वीकृत पँच -मेल, -लड़ा, -महला, -गुना, -खा

छः/छह **सो** : -लह

छ : (क) -ब्बीस, -तीस, -पन; (ख) यौगिक शब्दों में (समास : -कलिया, -पय, -माही, -दाम, -टाँक, -भुजी, -का, -गुना; सप्रत्यय : -ठ, -ठ, -ठी, -के; (ग) पूर्वी-क्षेत्र में स्वतन्त्रतः प्रयुक्त ।

छि : (क) -आलीस, हत्तर, -आसी; (ख) -गुनी ।

छ्या -सठ, -नवे

	सा	-ठ (साठ)
	षट्	संस्कृत के यौगिक शब्दों में (समास : -पद, -कोण, -चक्र, -शास्त्र, भुज, -राग, -रिपु, -वर्षीय, -वदन, -विकार, -यन्त्र, -मासिक, -मुख आदि; सप्रत्यय : -धा)
	सष्	-ठ, -ठी
	छक	-ए
	छः/छह	-अन्यत्र : (क) अकेले, (ख)-ओं[1], -गुना।
सात	**सैं**	-तीस, तालीस
	सत्ता	-ईस, -अन, -आसी, -नवे
	सड़/र	-सठ
	सप्त	संस्कृत के यौगिक शब्दों (समास : -कोण, -द्वीप, -पदी, -आह, -ऋषि; सप्रत्यय : -म, -मी, -क) में।
	सात	अन्यत्र : (अ) **सात** : (क) अकेले, (ख) यौगिक शब्दों में -वाँ, -ओं, -गुना (अएकीभूत) (आ) **सत** (आ>अ) (क) -रह, -हत्तर, अर (ख) एकीभूत यौगिक शब्दों (समास : -सई, -पुतिया, -वाँसा -मासा, -लड़ा; सप्रत्यय : -गुना (एकीभूत), -ए, -आ, -सई) में।
आठ	**अट्ठा**	-रह, -ईस, -अन, -आसी, -नवे/नबे।
	अड़/अर	-तीस, -तालीस, -सठ
	अस	-सी (अस्सी)
	अष्ट	-संस्कृत के यौगिक शब्दो में (समास : -अध्यायी, -अंग, -वर्षीय; सप्रत्यय : -म, -मी, -क)।
	आठ	अन्यत्र (क) **आठ** (1) अकेले (2) यौगिक शब्दों में (-वाँ, -ओं)-गुना (अएकीभूत) (ख) **अट** (आ>अ) (1) -हत्तर, (2) यौगिक शब्दों में (-वाड़ा, -खेलियाँ, -पहला, -गुना, -ओतर, ए; अठ + न + ई = अठन्नी।
नौ	**नव**	(1) संस्कृत यौगिक शब्दों में (समास : -रत्न, -वर्षीय, -निधि, -ग्रह; सप्रत्यय : -धा, -म, -मी), (2)-आसी
	न	-बे/-वे/भे
	निन्यां	-नबे/नवे
	नह	-ला

1. छः माने तो इस रूपिम के एक-दो उपरूप : छः अकेले; छह -ओं के साथ।

	नौ	अन्यत्र (1) अकेले, (2) हिंदी के अपने यौगिक शब्दों (-गुना, -वाँ, -ओं, -लड़ा) में।
दस	**-रह**	ग्या-, -बा-, ते-, पन (द)-, सत-, अट्ठा-
	-दह	(1) चौ-; (2) कुछ यौगिक शब्दों में (-ला, -आई)
	-लह	सो-
	-स	बी-, ती-, चाली-, पचा-
	-ठ	सा-
	अर	सत-
	ई	अस-
	वे	न-
	दश	यौगिक शब्दों में (समास : -आनन, -अंग, -अवतार, -अब्द -कंधर, -ग्रीव, -मुख, -मूल, -रथ, -वर्षीय, -हरा; सप्रत्यय, -मी, -क, -म)
	दस	(क) अकेले, -वर्णीय (ख) -वाँ, -ओं, -इयों
उन (एक कम)	**उनन**	-चास (कुछ क्षेत्रों में)
	उन्य	-आसी
	उन	-ईस, -नीस, -तालिस, -चास, -सठ, -हत्तर
बीस	**ईस**	उन-, इक-, वात, ते-, पच-, सत्ता-, अठ्ठा-
	कोड़	-ई
	बीस	अन्यत्र : (क) अकेले, (ख) चौ-, छ-, (ग) -ओं, -इयों, -ई, -वाँ
तीस	**तीस**	(क) अकेले, (ख) उंन-, इक-, ब-, तैं-, चौं-, पैं-, छ-, सैं-, अड़-, (ग) -ओं, -इयों, -वाँ, -ई।
चालीस	**तालीस**	उन-, इक-, तैं-, पैं-, सैं-, अड़-।
	आलीस	ब-, चौ-, छि-
	चालीस	अन्यत्र : (क) अकेले, (ख) -ओं, -वाँ, -ई, -आ -
पचास	**चास**	उन/उनन-
	अन	ईक्या-, बा-, चौ-, सत्ता-, अट्ठा-
	पन	तिर-, पच-, छ-
	पचास	अन्यत्र : (क) अकेले, (ख) -ओं, -वाँ, -आ
साठ	**षष्टि**	-पूर्ति
	साठ	अन्यत्र : (अ) **साठ** : (क) अकेले, (ख) -ओं, -वाँ, -आ, -ई, (ग) -साला (आ) सठ (आ>अ) : (क) उन-, इक-, बा-, तिर-, चौं-,

		पैं-, सड़-, अड़-, (ख) -इया-।
सत्तर	**हत्तर**	उन-, इक-, ब-, ति-, चौ-, पिच-/पच-, छि-, सत- अठ-
	सत्तर	अन्यत्र : (क) अकेले, (ख) -वाँ, -ओं, -आ (-बहत्तरा), (ग) -साला।
अस्सी	**आसी**	उन्य-, इक्या-, ब-, तिर-, चौरा-, पिचा/पचा-, छि-, सत्ता- अट्ठा-, नव-
	अस्सी	-अन्यत्र : (क) अकेले, (ख) -ओं, -वाँ, (ग) -साला।
नब्बे	**नवे, नबे**	इक्या-, बा-, तिरा-, चौरा-, पचा-/पिचा-, छा-, सत्ता-, अट्ठा-, निन्याँ-
	नब्बे	अन्यत्र : (क) अकेले, (ख) -वाँ, -ओं, (ग) -साला।
सौ	**सै**	-कड़ा
	स	-ई (सतसई)
	सद	-ई
	शत	संस्कृत के यौगिक शब्दों (समास : -दल, -पथ, -रूपा, -वार्षिक, अब्दी, -आयु; सप्रत्यय -ई, श:, -क, -घ्नी) में।
	सौ	अन्यत्र : (क) अकेले, (ख) -वाँ, -ओं, (ग) -साला।
लाख	**लख**	-पती, -राँव (लखराँव=लक्षाम्र)
	लाख	अन्यत्र : (क) अकेले, (ख) -ओं -वाँ।
चौथाई	-वा	स-
	पौ	(क) -न (ख) -न-।
	पाव	प्राय: तौल में
	चौथाई	प्राय: ढेर, समूह या वस्तु आदि के भाग के लिए
तिहाई	तिहाई	सर्वत्र
आध-	आढ़े	स-तीन तथा इससे ऊपर की संख्याओं के साथ
	ढ़	(क) डे-(डेढ़, -कीलो, सौ, -हज़ार आदि), (ख) -आई (ढाई), (ग) ड्यो/डे-(ड्योढ़ा, डेढ़ा, ड्योढ़ी, डेढ़ी आदि)।
	आध/आधा	(अ) अध/आधा : -सेर आदि
		(आ) आध- (आधा, आधी, आधे)।
		(इ) अध- (आ>अ) -सेरा, -पई, -कपारी, -छटंकी, -मरा, अद्धा आदि।
ई (समूह)	आ	इक-, पंज-, सत- अठ-, चालीस-, पचास-, नौलख- (हार)
	क/ग	दु-, ति-, चौ-, छ- (+आ/ई)
	क	तत्सम में: पंच-, सप्त-, अष्ट-, दश-, शत-
	कड़	सै-(+आ)
	ड़	जो- (+आ/ई), ति- (+ई)

	केल-	दु- (+आ/ई ए)
	एल-	अक-(+आ/ई ए)
	ला	नह-, दह-
	ई	पच्चीस-, बाईस-, तीस-, बत्तीस-, छत्तीस-, शत-, शताब्द-, सद-, स- (सतसई), इक-, पंज-, सत-, अठ-
वें (क्रमवाचक)	ल	पह-
	म	प्रथ-
	अल	अव-
	सर-	दू-, ती-
	अम	दो-, सो-
	तीय	द्वि-, तृ-
	थ (-)	चौ-, चतुर्
	ठ	छ-
	वँ-	अन्यत्र (पाँचवाँ, सातवाँ, सौवाँ आदि में)
हाई (भाग) :	आई	चौ+था-
		एक- (इकाई)
	हाई	ति-

रूपस्वनिमिक परिवर्तन

उपर्युक्त विश्लेषण में परिवर्तन की पाँच प्रवृत्तियाँ मिलती हैं—

(अ) **लोप**—कुछ में अन्त्य अ का लोप (एक+अल=एकल) हो जाता है।

(आ) **आगम**—(क) आ/औ तथा अ (इक्या+अन, बा+अन, सत्ता+अन, अट्ठा+अन, चौ+अन) एवं औ तथा आ (चौ+आलीस) के बीच -व- का आगम।

(ख) अ/इ तथा आ (ब+आसी, छि+आसी/आलीस) एवं ओ तथा अ (दो+अम, सो+अम) के बीच के -य- का आगम। नीचे देखिए 'ई'।

(ग) 'पन' 'रह' के बीच 'द' (पन्द्रह) का आगम।

(इ) **ह्रस्वीकरण**—आ→अ (पाँच-पच, सात-सत, आठ-अठ)

ए→इ (एक—इक, ते-ति)

ओ→उ (दो—दु)

(ई) **दीर्घीकरण**—रूपिम सीमा पर यदि पहले अक्षर में अन्त में व्यंजन हो तथा उसके बाद अ (सत+अर, अव+अल), आ/ई (दुक/दुग, तिक/तिग, छक/छग, सत, अस, इक+ईस, पच+ईस, उन+ईस) हो अथवा पहले अक्षर के अन्त में अ हो तथा उसके बाद

कोई व्यंजन और उसके बाद कोई स्वर हो तो इन दोनों स्थितियों के अल्पप्राण व्यंजन (ब+तीस, छ+पन/पय/बीस) का दीर्घ (द्वित्व) हो जाता है (बत्तीस)। यदि महाप्राण हो तो उसके पूर्व अल्पप्राण का आगम (अठ+आ=अट्ठा)।

(उ) **अन्य परिवर्तन**—(क) आदि—इतर स्थिति का ढ→ढ़ (डे+ढ=डेढ़)।
(ख) घोष ध्वनियों के पूर्व चतुः→चतुर् (चतुर्दश आदि) तथा अघोष के पूर्व चतुष् (चतुष्पदी)। 'चतुर्थ' अपवाद।
(ग) घोष के पूर्व द्विः→द्विर् (द्विरुक्ति)।
(घ) घोष के पूर्व षट्→षड् (यन्त्र), म के पूर्व षण् (षण्मासिक)
(ङ) ए→अ (एक+एला=अकेला)
(च) ओ→ऊ (दो+सरा=दूसरा, दूजा, दूना)
(छ) ए→ई (ते+सरा=तीसरा, तीजा)।

सार्वनामिक विशेषण

(क) सर्वनाम मूल	परिमाणबोधक चिह्नक	लिंग-वचन-चिह्नक	
यह—इ	तन्	आ	=इतना
वह—उ	तन्	आ	=उतना
क्या—कि	तन्	आ	=कितना
जो—जि	तन्	आ	=जितना
तिस—ति	तन्	आ	=तितना

(ख) सर्वनाम मूल	गुणबोधक चिह्नक	लिंग-वचन-चिह्नक	
यह—ऐ	ऐस्	आ	=ऐसा
वह—व्	ऐस्	आ	=वैसा
क्या—क्	ऐस्	सा	=कैसा
जो—ज्	ऐस्	आ	=जैसा
तिस—त्	ऐस्	आ	=तैसा

(देखिए पृ० 131 विशेष्य-विशेषण—विधेय-विशेषण) :

परसर्गों का प्रयोग

हिन्दी में परसर्ग (Postposition) उन कारक-चिह्नों को कहते हैं जो संज्ञा-सर्वनाम के बाद (पर+सर्ग) जोड़े जाते हैं तथा जिनका स्वतन्त्र शब्दों से विकास हुआ है, और इसीलिए जिनकी स्वतन्त्र सत्ता है। ये हिन्दी में संज्ञा शब्दों के साथ तो अलग लिखे जाते हैं, किन्तु सर्वनामों के साथ मिलाकर लिखे जाते हैं। हिन्दी में परसर्ग दो प्रकार के हैं : मूल, यौगिक। मूल में ने, को, से, का (की, के), में पर आते हैं तथा

यौगिक में दो (के लिए) या अधिक से बने। यहाँ मुख्य परसर्गों के प्रयोग संक्षेप में दिए जा रहे हैं।

ने

सकर्मक धातु के पूर्णकृदंत से बनने वाली मुख्य क्रिया के कर्ता के साथ 'ने' परसर्ग का प्रयोग होता है : लड़के ने रोटी खाई (है/थी/होगी), लड़की ने काम किया (है/था/होगा/हो)। यदि धातु अकर्मक हो (लड़का दौड़ा) या सकर्मक धातु के किसी ऐसे रूप का प्रयोग हो, जो पूर्णकृदंत नही है (लड़का रोटी खा रहा है, लड़की काम कर रही है) तो 'ने' का प्रयोग नहीं होता।

'ने' के प्रयोग के सम्बन्ध में निम्नांकित बातें ध्यान देने की हैं : (क) बोल, भूल, ला सकर्मक धातुएँ हैं, किन्तु इनके पूर्णकृदंत से बनी क्रिया आने पर भी कर्ता के साथ 'ने' का प्रयोग नहीं होता : सिपाही बोला (यदि कर्म आए तो 'ने' आएगा— लड़की ने सच बोला), तुम वह बात कैसे भूले, ये पुस्तकें मैं नहीं लाया, (ख) नहा, छींक, खाँस, अकर्मक हैं, किन्तु इनके पूर्णकृदंत के साथ 'ने' का प्रयोग होता है : मैंने नहाया, तुमने छींका, सीता ने खाँसा। पश्चिमी क्षेत्रों के बहुत से हिन्दी-भाषी इनके साथ 'ने' का प्रयोग नहीं करते। 'नहा' के साथ 'ने' का प्रयोग करने वाले कुछ लोग 'नहा' को सकर्मक धातु मानते हैं। उनके अनुसार नहाने वाला अपने शरीर (कर्म) को नहलाता है। (ग) अकर्मक क्रिया का यदि कर्म के साथ प्रयोग होता हो तो कुछ लोग 'ने' लगाते हैं, किन्तु कुछ नहीं भी लगाते। उसने रूखी हँसी हँसी—वह फीकी हँसी हँसा। (घ) ऐसे ही बक, जान, पा के साथ कुछ लोग 'ने' लगाते हैं तथा कुछ लोग नहीं। पूर्वी क्षेत्रों में प्राय: 'ने' लगाते हैं। 'समझ' की भी यही स्थिति है : कुछ लोग 'ने' लगाते हैं (मैंने बात समझी) तथा कुछ नहीं (मैं समझा कि वे आ रहे हैं) लगाते। किन्तु यदि 'ले' सहायक क्रिया आए तो सभी लोग लगाते हैं : राम ने अब पूरा मामला समझ लिया।

मुख्य सकर्मक क्रिया के साथ यदि कोई अकर्मक क्रिया सहायक क्रिया के रूप में आए तो 'ने' का प्रयोग नहीं होता : मैंने खाया—मैं खा चुका, मैंने मारा—मैं मार बैठा, मैंने गाया—मैं गा उठा, मैंने काटा—मैं काटने लगा, उसने कहा— वह कह पड़ा, मैंने शोर सुना—मुझे शोर सुनाई पड़ा, उसने खाया—वह खा गया, मैंने ऐसी बात कही है—मैं ऐसी बात कह सका हूँ, उसने खाया था—वह खा रहा था, मैंने यह कहा—मैं यह कह पाया, मैंने खाया—मैं खाता रहा, मैंने खाना खाया है-- मैंने खाना खा लिया है—मैं खाना खा चला हूँ। वस्तुत: यह ध्यान देने की बात है कि इन सभी प्रयोगों में मुख्य क्रिया पूर्णकृदंत नहीं है, अत: 'ने' के प्रयोग का प्रश्न नहीं उठता। ऐसी सहायक क्रियाएं चुक, बैठ, पड़, जा, सक, रह, पा, चल, मर, उठ, आ, लग हैं।

मुख्य सकर्मक क्रिया के साथ यदि कोई सकर्मक क्रिया सहायक क्रिया के रूप में आए तो 'ने' का प्रयोग होता है : राम ने खाना खाया—राम ने खाना खा लिया, लड़के

ने पुस्तक दी—लड़के ने पुस्तक दे दी। डाकू ने मोहन को मारा—डाकू ने मोहन को मार डाला (यहाँ दोनों के अर्थ में अन्तर है), तुमने यह क्या लिखा—तुमने यह क्या लिख मारा—तुमने यह क्या लिख डाला, मैंने उनसे कहा है—मैंने उनसे कह रखा है। यह स्थिति एक प्रकार से अपवाद है। इन वाक्यों में मुख्य क्रिया धातु रूप में है अत: 'ने' का प्रयोग सामान्यत: नहीं होना चाहिए, किन्तु चूँकि पूरा क्रिया-पदबन्ध सकर्मक है तथा क्रिया-पदबन्ध का अन्तिम सदस्य पूर्णकृदंत है, अत: 'ने' का प्रयोग होता है। इसका आशय यह है कि, हमें यह मानना चाहिए कि सकर्मक सहायक क्रिया लगने पर पूरा पदबन्ध एक पूर्णकृदंती इकाई बन जाता है, अत: 'ने' का प्रयोग होता है।

'ने' आने पर क्रिया (सकर्मक) लिंग-वचन में कर्म के अनुसार होती है—(क) यदि कर्म बिता 'को' के हो : राम ने रोटी खाई, सीता ने आम खाये। (ख) यदि एक कर्म के साथ 'को' हो, किन्तु एक कर्म 'को' विहीन ही तो क्रिया उसके अनुसार : लड़के ने लड़के को लात मारी, लड़की ने लड़के को थप्पड़ मारा, पिता ने पुत्र को चिट्ठी लिखी, माँ ने बेटी को पत्र लिखा (तुलनीय : लड़की ने लड़की को मारा)। **'ने' आने पर क्रिया (सकर्मक) एक० पु० होती है**--(क) यदि कर्म का प्रयोग न हुआ हो—उन लोगों/लड़कियों ने रात में खाया (तुलनीय : लड़कियों ने चावल खाए)। (ख) यदि कर्म उपवाक्य हो—कल मैंने पढ़ा कि वे अब नहीं रहे। (तुलनीय मैंने पुस्तक पढ़ी), (ग) यदि प्रश्नवाचक सर्वनाम कर्म हो—उन लोगों ने तुमसे क्या पूछा ? (तुलनीय : उन ने तुमसे कौन-सी बात पूछी ?), (घ) यदि कर्म के बाद 'को' हो और कोई दूसरा कर्म न हो—लड़कों ने लड़कों को मारा, लड़कियों ने लड़कियों को मारा (तुलनीय : लड़कों ने टहनी काटी)।

'ने' का प्रयोग केवल कर्ता कारक के साथ होता है। पंजाब तथा हरियाना के लोग 'को' (ए) के स्थान पर भी 'ने' का प्रयोग करते हैं : राम ने जाना है, उसने यह काम करना है। यों इस अमानक प्रवृत्ति का एक उज्ज्वल पक्ष भी है। हिन्दी में 'मुझे तुम्हें तीन रुपए देने हैं' जैसे अस्पष्ट वाक्यों को यदि 'मैंने तुम्हें तीन रुपए देने हैं' तथा 'तुमने मुझे तीन रुपए देने हैं' रूप में प्रयुक्त करें, तो अस्पष्टता नहीं रहेगी।

'ने' के प्रयोग का सम्बन्ध अर्थ से नहीं है। 'बोलना' और 'कहना' का अर्थ लगभग एक है, किन्तु बोलना के साथ 'ने' नहीं आता (लड़का कुछ न बोला), किन्तु 'कहना' के साथ आता है (लड़के ने कुछ न कहा)। इसी प्रकार 'लाना' के साथ 'ने' नहीं आता (गिरीश कुछ लाया है) किन्तु 'लेना' के साथ आता (गिरीश ने कुछ लिया है) है।

को

'को' परसर्ग है। सर्वनामों में इसके स्थान पर ए (मुझे, उसे, इसे), एँ (तुम्हें, उन्हें, इन्हें) विभक्तियाँ भी आती हैं। उन्हें भी यहाँ 'को' में समाहित माना गया है। 'को' के प्रयोग पर अग्रलिखित दृष्टियों से विचार हो सकता है :

(अ) कारक

कारक की दृष्टि से 'को' का प्रयोग कर्ता, कर्म, संप्रदान, सम्बन्ध तथा अधिकरण कारक में होता है—

कर्ता+को :

(1) **बाध्यताबोधक क्रिया होने पर**—मोहन को जाना पड़ेगा, शीला को जाना होगा।

(2) **औचित्यबोधक क्रिया होने पर**—राजीव को इस सम्बन्ध में कुछ करना चाहिए, तुम्हें मदद करनी चाहिए।

(3) **निष्क्रिय** (indirect) **क्रिया होने पर**—विमल को वह पसन्द है, मोहन को वह अच्छा लगता है, हरीश को बात मालूम है। ऐसे वाक्यों में कर्ता सक्रियता के साथ क्रिया नहीं करता, जैसा कि वह अन्य क्रियाओं (लड़का गया) में करता है। 'ज्ञात है', 'विदित है', 'याद हैं', 'स्मरण है', 'याद आया', 'स्मरण हो आया', 'मोहन को सुशील चोर मालूम होता है', 'मुझको तुम पागल लगते हो', 'शीला को दिनेश बुद्धू लगता है', 'हमें लगता है, मोहन बचेगा नहीं' आदि भी इसी वर्ग के हैं।

(4) **कर्ता में अधिकारी तथा पूरक में अधिकारित का भाव होने पर**—मोहन को क्रोध/घृणा/बुख़ार/खाँसी/दमा/टी० बी० है। इसमें जो पूरक होते हैं, वे स्वभाव के अंग नहीं होते। कुछ लोग इस कर्ता को कर्म मानते हैं। कुछ अन्य उदाहरण हैं : मोहन को दुख/खेद/अफ़सोस हुआ, डर लगा/बुख़ार चढ़ा।

(5) **अन्य :** (i) **कर्ता+को+क्रियार्थक संज्ञा+हो**—राम को जाना है/था। (ii) कर्ता+को+संज्ञा+चाहिए : राम को रुपए/पुस्तक/कापी/पेंसिल चाहिए।

कर्म+को

(1) **संज्ञा+को+विशेषण+करना**—कमरे को बन्द करना, घर को साफ़ करना। इसमें कम, ठीक, तंग, परेशान, नष्ट, नष्ट-भ्रष्ट, गंदा आदि विशेषण आते हैं।

(2) **संज्ञा+को+क्रियाविशेषण+क्रिया**—सामान को इधर करो, तख़्त को उधर रखो/सरकाओ। इसमें यहाँ, वहाँ, इधर, उधर, नीचे, ऊपर आदि क्रियाविशेषण तथा रखना, करना, हटाना, सरकाना, बिछाना आदि क्रियाएँ आती हैं। क्रियाविशेषण केवल स्थान तथा दिशावाचक होते हैं।

(3) **कर्म+को+क्रिया**—मोहन को बुलाओ, साँप को मारो, एक आदमी बुलाओ, कोई पुस्तक दो।

(4) **कर्म^2+को+कर्म^1+क्रिया**— हरीश को कुर्सी बेची। इसमें द्विकर्मक क्रिया आती है। यहाँ 'हरीश' गौण कर्म तथा कुर्सी मुख्य कर्म हैं। एक अन्य उदाहरण

है : मोहन को पुस्तक लौटाओ। (1. प्रत्यक्ष कर्म, 2. अप्रत्यक्ष कर्म)

(5) **कर्म+को+कर्म+को+क्रिया**—उस कुर्सी को मोहन को पकड़ा दो, उस मकान को राजीव को भी दिखा दो। इसमें भी द्विकर्मक क्रिया आती है।

(6) **कर्म+को+(संज्ञा+से)+कर्म+प्रेरणार्थक क्रिया**—राम को बुलवाओ, राम को नौकर से बुलवाओ, राम को नौकर से पैसा भिजवाओ। संदेश पहुँचवाना। टीका लगवाना, ख़बर करवाना आदि से भी इस प्रकार की रचना होती है।

(7) **कर्म+को+पूरक+क्रिया**—राम को हँसी आई, मोहन को प्यास लगी है।

उपर्युक्त में अप्राणिवाचक शब्दों के साथ अनेक स्थितियों में 'को' का प्रयोग विकल्प से होता है। उन कपड़ों को धोना है, वे कपड़े धोने हैं। मुहावरों में 'को' का प्रयोग नहीं होता—जान खाना, घर भरना, हाथ-पैर मारना।

निश्चित कर्म के साथ 'को' प्रायः आता है, किन्तु इसका प्रयोग सर्वदा निश्चित के लिए हो ही, यह आवश्यक नहीं। बिना 'को' के भी निश्चित संज्ञा कर्म कारक में आ सकती है : घोड़े को इधर बाँधो—घोड़ा इधर बाँधो। किन्तु यह तब, जब वस्तु निश्चित है। अन्यथा निश्चित के साथ 'को' आता है, और अनिश्चित के साथ नहीं : मैंने कमरे में साँप को देखा—मैंने कमरे में साँप देखा।

संप्रदान में को

(1) संज्ञा+को+संज्ञा+क्रिया—राम को पुस्तक दो, मोहन को पत्र लिखो। इसमें पहली क्रिया संप्रदान कारक में है, जिसे गौण कर्म भी कहते हैं। 'को' के बाद की संज्ञा मुख्य कर्म होती है। मुख्य कर्म तथा गौण कर्म के कारण इसमें दो कर्म होते हैं, इसीलिए इसमें द्विकर्मक क्रिया आती है। एक अन्य उदाहरण है : मोहन को रुपए भेजो।

(2) संज्ञा+को+संज्ञा+को+क्रिया—इस कुर्सी को राम को दे दो। यहाँ भी क्रिया द्विकर्मक होती है।

(3) संज्ञा+को+संज्ञा(+क्रिया)—बच्चों को स्नेह, मोहन को नमस्ते,··· को आशीर्वाद/शुभकामनाएँ/बधाई आदि। इसमें अंत में क्रिया भी आ सकती है : राष्ट्रपति को सलामी दी, बच्चों को आशीर्वाद दिया, उनको मेरी नमस्ते कहना।

संबंध

हिन्दी प्रदेश के पूर्वी भाग के लोग 'राम को दो बच्चे हैं' जैसे प्रयोग करते हैं, किंतु यह मानक प्रयोग नहीं है। होना चाहिए 'राम के दो बच्चे हैं।'

अधिकरण

(1) **कालवाचक शब्द + को**—कल को (पर आज, परसों, नरसों के साथ नहीं), सोमवार को, शाम को, दोपहर को, सुबह को (किंतु प्रातः, सवेरे आदि के साथ नहीं), पहली को, दूसरी तारीख़ को।

(2) **स्थान/दिशावाचक शब्द + को**—नीचे को झुकना, आगे को बढ़ना, पीछे को लौटना, दायें को हटना, बायें को मुड़ना।

(आ) आज्ञा-भेद

इस आधार पर सजीव संज्ञा, निर्जीव संज्ञा, क्रियार्थक संज्ञा आदि भेद किए जा सकते हैं—

(1) **सजीव संज्ञा + को + संज्ञा + क्रिया** : (क) प्यास, भूख, डर, शर्म, लाज, नींद आदि लगना (लड़के को प्यास लगी है); (ख) शर्म, क्रोध, नींद, होश, गुस्सा आदि आना (बच्चे को नींद आ गई); (ग) संतोष, होश, क्लेश, दुख, सुख, कष्ट, खेद, आश्चर्य, धोखा आदि होना (उसको संतोष हुआ), (घ) सुख, दुख आदि पहुँचाना, (ङ) नाचना, गाना, खेलना, बजाना, लिखना आदि आना (लड़की को नाचना आता है), (च) फल, दूध, खाना, भागना, नाचना, गाना, मारना, भगाना आदि चाहिए (मरीज़ को फल चाहिए), (छ) पुस्तक, फल आदि वस्तुएँ, तथा सज़ा, दंड, पुरस्कार, इनाम, उपाधि आदि देना, मिलना (भूखे को खाना दो, चोर को सज़ा मिली)।

(2) **सजीव संज्ञा + को + सर्वनाम + क्रिया** : (क) क्या/कुछ चाहिए (नौकर को क्या चाहिए, मुझे कुछ चाहिए), (ख) क्या/कुछ होना (घोड़े को क्या/कुछ हो गया)।

(3) **सजीव संज्ञा + को + विशेषण + क्रिया** : (क) राज़ी, खुश, नाराज़, परेशान, तंग, प्रसन्न, अच्छा, चंगा, स्वस्थ करना (मालिक को खुश करो, कुत्ते को तंग मत करो), (ख) प्रसन्न, खुश रखना (मालिक को खुश रखो)।

(4) **सजीव संज्ञा + को + क्रियाविशेषण + क्रिया** : (क) यहाँ, वहाँ, इधर, उधर, नीचे, ऊपर + बुलाना, सुलाना, बड़ा करना, बिठाना, बैठाना, बाँधना (पशु) आदि (आदमी को यहाँ सुलाओ, घोड़े को यहाँ बाँधो)।

(5) **सजीव संज्ञा + को + सजीव संज्ञा + को + क्रिया** : आज बच्चे को डाक्टर को दिखाना है, कल तुम्हें उसे दिखाना है। इसमें केवल 'दिखाना' क्रिया ही आएगी।

(6) **सजीव संज्ञा + को + सजीव संज्ञा + को + सजीव संज्ञा + को + क्रिया** : आज नौकर को बच्चे को डाक्टर को दिखाना है। इस तरह के वाक्य 'को' के तिहरे प्रयोग से अटपटे लगते हैं, किन्तु इस अटपटेपन को बचाने के लिए 'को दिखाना है'

के स्थान पर 'के पास ले जाना है' का प्रयोग किया जा सकता है। एक अन्य प्रयोग है : मुझे उसे डाक्टर को दिखाना है। इसमें क्रिया प्रायः दिखाना ही आती है।

(7) **निर्जीव संज्ञा + को + संज्ञा + क्रिया** : खाद, गोड़ना, डाँटना—चाहिए (पौधे को खाद/गोड़ना/छाँटना/काटना चाहिए।)

(8) **निर्जीव संज्ञा + (को) + क्रियाविशेषण + क्रिया** इधर, उधर, नीचे, ऊपर, आगे, पीछे + सरकाना : उसकी मेज़ को उधर सरकाओ—उसकी मेज़ ऊपर सरकाओ।

(9) **संज्ञा (सजीव तथा निर्जीव) + को + संज्ञा + क्रिया** : उखाड़ना, काटना आदि क्रियार्थक संज्ञा + चाहिए/हो/पड़ : इस पेड़ को काटना चाहिए, मैदान को साफ़ करना होगा, इस आदमी को उखाड़ना पड़ेगा।

(10) **संज्ञा (सजीव तथा निर्जीव) + को + क्रियाविशेषण + क्रिया** : इधर-उधर, उधर-इधर, नीचे-ऊपर, दायें-बायें, यहाँ-वहाँ आदि + करना, रखना, हटाना : इधर-उधर कर दो, अपनी गाड़ी को ऊपर करो। निर्जीव के साथ 'को' के प्रयोग में यहाँ विकल्प है : अपनी किताबों को ऊपर करो—अपनी किताबें ऊपर करो।

(11) **संज्ञा (सजीव तथा निर्जीव) + को + विशेषण + क्रिया** : पास, ठीक, दुरुस्त, बंद आदि + करना : विद्यार्थी को पास कर दो, इंजन को ठीक कर दो।

(12) **संज्ञा (सजीव-निर्जीव) + को + संज्ञा + क्रिया** : गाना, नाचना, भागना, काटना, उखाड़ना आदि + चाहिए : शीला को पढ़ना चाहिए, पेड़ को काटना चाहिए, मरीज़ को फल देना चाहिए, बच्चे को दवा देना/खिलाना आदि। निर्जीव के साथ 'को' वैकल्पिक है : यह पेड़ काटना चाहिए—इस पेड़ को काटना चाहिए। यदि 'यह', 'इस' आदि निश्चयवाचक शब्द न हों तो 'को' का होना निश्चयवाचकता का बोध कराता है : अब रेडियो चलाना चाहिए—अब रेडियो को चलाना चाहिए, मोहन को मारना चाहिए। द्विकर्मक क्रिया के गौण कर्म के साथ को अनिवार्य है चाहे वह सजीव हो या निर्जीव : बच्चे को दवा देनी चाहिए।

(13) **उद्देश्यबोधक के अर्थ में** यह कई रूपों में मिलता है : (क) मारने को दौड़ा, छिपने को भागा, देखने को उठा। इसमें कभी-कभी 'को' विकल्प से भी आता है : पढ़ने को उठा—पढ़ने उठा, मारने को दौड़ा—मारने दौड़ा, (ख) काटने को चाकू, मारने को छड़ी; इसमें साधन के पूर्व 'को' आता है; (ग) पीने को पानी, पहनने को कपड़ा, खाने को अन्न; (घ) कहने को कुछ नहीं है या बहुत कुछ है; (ङ) अब कहने को क्या शेष रहा, अब करने को क्या बाक़ी है, अब देने को मेरे पास क्या है ? (च) आने को वह भी आ सकता है, करने को मैं भी कर सकता हूँ, (छ) हामी भरने को भर दी पर···, कहने को कह दिया पर करेगा नहीं, वादा करने को लोग कर देते हैं, किन्तु करते कुछ नहीं, (ज) पाने को क्या पाया, करने को क्या किया, (झ) सुनने, देखने, खाने को यही सब मिला। (ञ) मजबूर, लाचार, लालायित, इच्छुक, तैयार, कटिबद्ध, उत्सुक, उद्यत, अभिशप्त आदि विशेषणों के पूर्व—लड़ने को

तैयार, छोड़ने को उत्सुक, (ट) खाने को जी करना, मरने की इच्छा होना, देखने को तरसना, जाने को जी चाहना, भागने को मन करना ।

(14) **प्रारंभपूर्वताबोधक अर्थ में**—जाने को हुआ कि वे आ गए, चलने को हुए फिर बैठ गए। इसमें 'को' के बाद 'हो' क्रिया के रूप आते हैं ।

(15) **आसन्नभविष्यबोधक अर्थ में**—पानी बरसने को है, वे जाने को होंगे, वह तो गाड़ी के नीचे आने को था ।

(ई) अर्थ

'को' का प्रयोग 'के लिए' (आने को वह भी आएगा, कहने को तो तुम भी आदमी हो), 'के समय' (कल शाम को आना), 'की ओर' (वह जहाज़ पूरब को जा रहा है), 'के ऊपर' (राम को मारो, सोहन को पीटो), 'के शरीर में' (मोहन को ज्वर/दमा/खाँसी है), 'के मन में' (मोहन को क्रोध/घृणा/नफ़रत/प्यार है), तथा 'के प्रति' (राम को गाली दी), आदि अर्थों में होता है ।

हिंदी वाक्यों में एक, दो, तीन 'को' का प्रयोग तो प्रायः होता है, किंतु कभी-कभी इससे भी अधिक का होता है : **समयवाचक क्रियाविशेषण + को + सजीव संज्ञा + को + सजीव संज्ञा + को + सजीव संज्ञा + को + क्रिया (दिखाना)** : शाम को राजीव को मोहन को डाक्टर को दिखाना है, रात को मुकुल को सौरभ को हकीम को दिखाना है। 'शाम को' के स्थान पर 'शाम के समय' का प्रयोग करके एक 'को' कम किया जा सकता है। रात को मोहन को शीला को उस दवा को खिलाना/पिलाना/सुंघाना है । इसमें 'रात को' के स्थान पर 'रात में' तथा या 'रात के समय' 'दवा को पिलाना है' के स्थान पर 'दवा पिलानी है' के द्वारा दो 'को' कम किए जा सकते हैं। इसमें समयवाचक क्रियाविशेषण का स्थान-परिवर्तन भी हो सकता है ।

जिस संज्ञा के साथ 'को' आए, क्रिया उसका कभी भी अनुसरण नहीं करती : सीता जाती है—सीता को जाना है, मोहन ने अपनी लड़की बड़े प्यार से पाली है—मोहन ने अपनी लड़की को बड़े प्यार से पाला है ।

से

इसका प्रयोग निम्नांकित दृष्टियों से देखा जा सकता है—

(अ) कारक

कर्ता + से—(1) कर्मवाच्य (वह गट्ठर मोहन से ही उठेगा, राजीव से यह काम हो गया, यह दृश्य मुझसे देखा नहीं जाता), तथा भाववाच्य (मुझसे चला नहीं जाता) में इसका प्रयोग मिलता है।(2) प्रेरणार्थक क्रिया के प्रेरित कर्ता रूप में इसका प्रयोग होता है : मोहन अपने काम अब नौकर से करवाता है। (3) प्रेरणार्थक

क्रिया के उस कर्ता के रूप में जो प्रेरित तथा प्रेरक दोनों कर्ता होता है : माँ बच्चे को आया से दूध पिलवाती है।

कर्म + से—(1) राम से वह बात पूछो। यहाँ 'राम से' गौण है।

करण + से—(1) साधन—लाठी से मारा। (2) रीति—तेज़ी से भागा। (3) कारण—धूप से पौधा सूख गया। (4) के द्वारा—यह मूर्ति कोई ऐसी-वैसी नहीं है, दक्ष के हाथों से बनी है।

संप्रदान—के लिए—अपने मतलब से गई होगी (इसे करण कारक भी माना जा सकता है। यहाँ 'के लिए' या 'के वास्ते' अर्थ में इसे संप्रदान माना गया है।)

अपादान में—(1) अलगाव में—तुम मुझसे बचते फिरते हो। (2) निकास—गंगा हिमालय से निकली है। (3) तुलना—वह सबसे अच्छा है। (4) प्रारंभ—कल से मत आना, यहाँ से दौड़ो। (5) पतन—घोड़े से गिरा। (6) ग्रहण—यह कला हमने शीला से सीखी। (7) श्रवण-स्रोत—यह बात तुमने किस से सुनी? (8) विरोध—तुम्हें वहाँ जाने से मैं रोक सकता हूँ? (9) निष्कासन—इसे घर से अभी निकालो। (10) भय—तुम से क्यों डरूँ? (11) दूरी—दिल्ली से श्रीनगर कितनी दूर है?

अधिकरण—(1) की ओर—बाहर से ताला लगा है, आगे से देखो, इधर से आओ। (2) स्थान—बीच से तोड़ो।

(आ) वाग्भाग

(1) **संज्ञा + से + (+ संज्ञा (+ विशेषण) (+ क्रि०वि०) + क्रिया** : **(क) अलगाव, पतन, निकास**—पेड़ से लुढ़का, घोड़े से गिरा, घर से भागा, गंगा हिमालय से निकली है, मिलने से कतराता है, करने से बचता है, इन तिलों से तेल खूब निकलता है, बुराई से बुराई पैदा होती है, अपने आदर्शों से नीचे गिर गया। **(ख) के अनुसार**—समय से आओ, समय से उठो, समय से (काम) करो। (ग) **साधन**—हाथ से खाना, डंडे से मारना, पानी से (पौधे) सींचना, कल्पना से (कहानी) लिखना/सोचना, मेहनत से (काम) करना, सूझ-बूझ से चलना। कानों-सुनी बात, आँखों-देखी घटना जैसे प्रयोगों में 'से' का लोप कर देते हैं। (घ) **कारण**—दर्द से छटपटाना/कराहना, भय से काँपना/थरथराना, पानी से भीगना, आग से झुलसना। दर्द से बेचैन/परेशान/व्याकुल होना, असफलताओं से निराश/हतोत्साह होना, सफलताओं से उत्साहित होना, गुस्से से काँपना, दुश्मनी से हत्या करना, वह मेरे आने से परेशान है, गिरने से चोट लगी। (ङ) **मूल सामग्री**—मिट्टी से बना है। (च) **के प्रति**—से कहना, से बात करना, से लड़ाई लड़ना, से संघर्ष करना, से प्यार करना, से घृणा/प्रार्थना/मिन्नत/विनती/निवेदन/आशा/उम्मीद/इच्छा करना, राम से लड़ाई की, सीता से प्यार किया, मोहन से सम्बन्ध है, आदमी से घृणा है, शीला से मज़ाक करता है, सभी से प्रेम का व्यवहार रखता है। इसमें कुछ द्विपक्षीय

(राम से लड़ाई कर रहा है) होते हैं और कुछ एकपक्षीय (मोहन श्याम से घृणा करता है)। यों 'घृणा' के द्विपक्षीप प्रयोग भी मिलते हैं—वे दोनों एक-दूसरे से घृणा करते हैं। (छ) **के साथ**—अध्यापक से मिलना, दुश्मन से लड़ना; आग से खेलना। (ज) **के द्वारा**—उस दर्ज़ी से मिलवाओ, नौकर से फल तुड़वाओ, आया से बच्चे को दूध पिलवाओ। (झ) **के लिए, के वास्ते**—तुम्हारे पास मतलब से जाता है। (ञ) **के दिन या समय से**—अपना काम सोमवार से शुरू करो, शाम से पढ़ना आरंभ करो, दो बजे से शुरू करो। (ट) **ग्रहण**—गुरु से सीखना। (ठ) **रीति**—तेज़ी से भागना, जल्दी से उड़ना। (ड) **श्रवण-स्रोत**—राम से सुना है कि···। मैंने कभी···से ठुमरी सुनी थी। (ढ) **स्थान**—बीच से तोड़ना/मोड़ना/फाड़ना/काटना है।

(2) **संज्ञा + से + विशेषण**—(क) **तुलना**—राम से अच्छा, मोहन से बुरा, सभी से तेज़, बहुतों से सुन्दर। (ख) **के भीतर** दिल से साफ़, मन से सच्चा, दिमाग़ से ख़ाली। (ग) **के प्रति**—शीला से नाराज़/खुश/प्रसन्न/नाख़ुश/दुखी/संतुष्ट। ये विशेषण पदबंध प्रायः विधेय-विशेषण रूप में ही आते हैं।

(3) **संज्ञा + से + विशेषण + क्रिया—दूरी** : लखनऊ दिल्ली से दूर है, लंदन से न्यूयार्क बहुत दूर है, वह गाँव शहर से निकट है।

(4) **विशेषण + से + विशेषण** : तुलना—खट्टे-से-खट्टा, मीठे-से-मीठा, बड़े-से-बड़ा, छोटे-से-छोटा, अधिक-से-अधिक, कम-से-कम, ज़्यादा-से-ज़्यादा, सुन्दर-से-सुन्दर।

(5) **क्रियाविशेषण + से (+ क्रियाविशेषण) (+ विशेषण) (+ संज्ञा) + क्रिया : तुलना**—कल से आज अधिक पानी बरसा, यहाँ से वहाँ अधिक ठंडक है। (क) क्रम-परिवर्तन भी—इस वर्ष पिछले वर्ष से अधिक ठंड है। (ख) **आधिक्य**—जल्दी-से-जल्दी चलो, धीरे-से-धीरे, आहिस्ते-से-आहिस्ते। (ग) **की ओर**—इधर से जाओ, उधर से इधर घुसो, बाहर से एक बड़ा-सा ताला लगा है/बंद है। (घ) **से आगे**—अब से इधर कभी मत आना। (ङ) **अलगाव**—यहाँ से दफ़ा हो, चलते बनो, जाओ। (च) **रीति**—धीरे से चलो।

(इ) अर्थ

'से' का प्रयोग 'के द्वारा' (लाठी से मारा, मुझ से काम करवाया), के ऊपर से (पेड़ से गिरा), 'पर से' (गंगा पहाड़ से निकली है), 'में से' (यह बात हृदय से नहीं निकली है), 'की तुलना में' (मोहन राम से कमजोर है), 'के कारण से' (गिरने से चोट लग गई), 'का' (दिल से साफ़), 'के साथ' (मोहन से मज़ाक मत करो, उससे मित्रता अच्छी नहीं), 'के अनुसार' (समय से आना), तथा 'के प्रति' (ईश्वर से प्रार्थना करो) आदि अर्थों में होता है।

में

'में' के प्रयोग आगे उद्धृत हैं—

(आ) कारक

'में' का प्रयोग अधिकरण (घर में बैठा है) तथा संप्रदान (इस काम में बहुत ख़र्च हो गए) कारकों में होता है।

(आ) वाग्भाग

(1) **स्थितिबोधक संज्ञा** : में—प्रारंभ/शुरू/आरंभ में, बीच/मध्य में, अंत/आख़िर में, बीच में।

(2) **समयवाचक संज्ञा + में** : एक वर्ष में, दो महीने में, एक सप्ताह में, तीन दिनों में, दो घंटे में, एक मिनट में, दो सेकंड में, मई में, जून में, सावन मे। इस संबंध में तीन बातें ध्यान में रखने की हैं : (क) **प्राय:** निश्चित अवधि के लिए इसका प्रयोग होता है, किन्तु अपवादत: 'एक मिनट में ठीक कर देता हूँ' 'दवा दे रहा हूँ, दो सेकंड में चंगा हुआ जाता है' जैसे प्रयोगों में 'लगभग' का भाव होता है। यों संख्या दुहराकर (दो-चार दिन में हो जाएगा) तो लगभग का भाव प्राय: व्यक्त करते हैं। (ख) अर्थ की सूक्ष्मता की दृष्टि से 'में' के ऐसे प्रयोगों में तीन अर्थ हैं : (i) **की अवधि के भीतर**—सप्ताह में चार बार पढ़ाने आते हैं; (ii) **की अवधि के अंत में**—पाँच वर्षों में देश कहाँ का कहाँ पहुँच जाएगा; (iii) **के बाद**—वे गए तो लेकिन एक मिनट में लौट आए। (ग) समयवाचक क्रियाविशेषण (आज, कल, परसों, अब, कब) के साथ 'में' नहीं आता, किन्तु अपवादत: 'आजकल में' (आजकल में वे आने वाले हैं) का प्रयोग होता है।

(3) **स्थानवाचक संज्ञा + में**—घर में, जंगल में, ज़मीन में, आसमान में। कभी-कभी इस स्थिति में 'में' का लोप भी होता है। प्रश्न—पिता जी कहाँ होंगे ? उत्तर—शायद घर होंगे। स्थानवाचक क्रियाविशेषण (यहाँ, वहाँ आदि) के साथ में का प्रयोग नहीं होता।

(4) **संज्ञा + में + संज्ञा**—यह संरचना कई अर्थों में आती हैं : (क) **अंगांगी भाग**—हाथ में उँगलियाँ हैं, (ख) **अन्तर्भुक्ति**—कमरे में साँप है, इस लेख में बड़े क्रान्तिकारी विचार हैं, इस पुस्तक में कोई भी नवीनता नहीं है; (ग) **स्वभाव मनोभाव**—उसमें दया/करुणा/साहस/अहंकार/आत्मविश्वास/ईमानदारी/मनोबल नहीं है; (घ) **एकवर्गता**—तुम्हारी गणना मूर्खों/विद्वानों में होती है, इस दर्जे में पचास विद्यार्थी हैं; (ङ) **सदस्यता**—मेरे परिवार में दस लोग हैं; (च) **गुण**—फूल में सुगंध, फल मे मिठास, खाने में स्वाद; (छ) **पास होना**—उसके हाथ में पैसा है, जीवन में सुख नहीं है; (ज) **मूल्य**—एक रुपये में पाँच संतरे, यह अँगूठी कितने में ली ?

(5) **संज्ञा + में + भाववाचक संज्ञा**—लिखने में ग़लती, आने में देर, मशीन में गड़बड़ी, परिस्थिति में सुधार, कपड़े में ख़राबी, काम में सावधानी। इसमें बाद में आने वाली भाववाचक संज्ञा, संरचना में पहली संज्ञा में, प्राय: अच्छी या बुरी दिशा में परिवर्तन का कारण होती है।

(6) **भाववाचक संज्ञा + में (+ संज्ञा) + क्रिया**—इसमें स्थिति या कारण का भाव होता है : वह गुस्से में है, वह गुस्से में काँप रहा है। कुछ अन्य प्रयोग हैं : चिन्ता/परेशानी/ख़तरे/मज़े/मुसीबत/आशा/उम्मीद/नशे में होना, दिन बिताना; आशा में होना/जीना, मुसीबत में दिन काटना, ऐसी मुसीबत में मैं क्या कर सकता हूँ ?

(7) **क्रियार्थक संज्ञा + में** + आना—इसके दो भेद किए जा सकते हैं : (क) **सकारात्मकता-नकारात्मकताद्योतक**—सुनने में आया है कि···—ऐसा कभी सुनने में नहीं आया। इस वर्ग में 'सुनने में' के अतिरिक्त 'पढ़ने में' तथा 'देखने में' का ही प्रयोग विशेष रूप से मिलता है। (ख) **असमर्थताद्योतक**—इसका नकारात्मक प्रयोग ही मिलता है : आग बुझने में नहीं आ रही है, शादी में इतना सामान मिला है कि गिनने में नहीं आ रहा है।

(8) **संज्ञा + संज्ञा + में**—राजीव-संजीव में झगड़ा है, अशोक और मुकुल में पटती है/फूट पड़ गई है।

(9) **संज्ञा + में + विशेषण**—इसके दो भेद होते हैं : (क) **लीनताबोधक**—पढ़ने/काम में खोया/व्यस्त/तल्लीन/लगा/डूबा/मशगूल/लीन; (ख) **सामर्थ्यबोधक**—जाने/खेलने/उठने में असमर्थ/समर्थ; (ग) **गुणबोधक**—पढ़ने/काम में दक्ष। कुछ अन्य विशेषण हैं : होशियार, ख़राब, निपुण, तेज़, प्रवीण, सुस्त, बोदा।

(10) **क्रियाविशेषण (+ भविष्य) + में**—अकेले में, पास में, निकट में, निकट भविष्य में।

(11) **तरार्थ में**—राम और मोहन में राम अच्छा है। जब दो में 'में' का प्रयोग होता है तभी 'तरार्थ' का भाव आता है। कुछ अन्य प्रयोग हैं : दोनों में कौन अच्छा है, इन दोनों रोटियों में कौन अधिक स्वादिष्ट है, आदमी-आदमी में अन्तर होता है।

(12) **तमार्थ में**—अपनी कक्षा में वह प्रथम आया है, अपने पाँचों भाइयों में मैं सबसे बड़ा हूँ, हिन्दी के उपन्यासकारों में प्रेमचन्द का स्थान अलग है, इन मिठाइयों में कोई भी अच्छी नहीं है, चिड़ियों में कौवा सबसे चालाक होता है, इन सबसे अशोक ही कुछ ठीक है।

(13) **अव्यय + में**—बाद में।

(अ) अर्थ

'में' का प्रयोग **के भीतर** (कमरे में, ज़मीन में), **के समय में** (दो घंटे में, चार दिन में, एक मिनट में), **के अन्त तक** (पाँच वर्षों में देश की हालत बदल जाएगी); **के बीच** (इतने में वह आ गया, आसमान में बादल हैं); **की प्रतिक्रिया की दृष्टि से** (खाने में अच्छा है, देखने में तो ठीक है); के आयाम या विस्तार में (यह काम चार दिन में हो सकेगा, आने में देर हो गई, चीन की राजधानी पेकिंग में है); **की क्रिया में**

(ऐसा सुनने में आया है), **के समूह में से** (सबसे अच्छा वही है), **के बीच** (मुकुल-राजे में लड़ाई है) आदि अर्थों में होता है।

पर

'पर' के प्रयोग निम्नांकित दृष्टियों से देखे जा सकते हैं।

(आ) कारक

'पर' का प्रयोग सम्प्रदान (उस काम पर मैं बहुत खर्च कर चुका हूँ); तथा अधिकरण (घोड़े पर चढ़ो) में होता है। मुख्यतः अधिकरण में, अपवादतः सम्प्रदान में।

(आ) वाग्भाग

(1) **संज्ञा+पर**— (क) **भौतिक वस्तु पर भौतिक वस्तु**—घोड़े पर सिपाही, चारपाई बिस्तर, (ख) **सतह पर**—कपड़े पर दाग़, टेलीविज़न पर फ़िल्म, गाल पर तिल, (ग) **पहली संज्ञा साधन रूप में**—दीवाल/सीढ़ियों पर चढ़ना, (घ) **देखने में**—शेर पर नज़र पड़ी, छत पर देखा, (ङ) **स्थान**—किस जगह/मुकाम पर, घर पर, आठवें मील पर होटल है, एक गज पर, जगह-जगह पर, हर स्टेशन पर, (च) **समय**—चार बजकर पाँच मिनट पर, आठ बजकर दस मिनट दो सेकंड पर, पाँच-पाँच घण्टे पर, दो-दो मिनट पर; (छ) **क्रियार्थक संज्ञा के घटित होने की स्थिति में**—मेरे जाने पर वह खड़ा हो गया, उठने पर बच्चा रोने लगा, माँगने पर नाराज़ होता है, डाँटने पर, बिगड़ने पर, ठीक होने पर सन्तोष की साँस ली।

(2) **संज्ञा+पर+भाववाचक संज्ञा**—आदमी पर भरोसा, पुरुषों पर विश्वास, मोहन पर यकीन,·········पर सन्देह/शक/शुबहा/गुस्सा/क्रोध/तरस/गर्व/प्रसन्नता/अभिमान/कृपा/दया। इसमें किसी जातिवाचक या व्यक्तिवाचक संज्ञा के सम्बन्ध में कोई प्रतिक्रिया होती है।

(3) **संज्ञा+पर+संज्ञा**—इसमें पहली संज्ञा जाति या व्यक्तिवाचक होती है तथा दूसरी **विपत्तिसूचक** (पर विपत्ति/आफ़त/संकट/मुसीबत/मुसीबत का पहाड़) **दायित्वसूचक** (···पर ज़िम्मेदारी/दायित्व/उत्तरदायित्व), **निन्दासूचक** (···पर लानत, खुदा का क़हर···पर अभियोग/आरोप/जुर्माना/दण्ड/अर्थदण्ड), **करसूचक** (···पर कर/आयकर/बिक्रीकर/सम्पत्तिकर), **नियन्त्रणसूचक** (···पर रोक/पाबंदी/नियन्त्रण), **आक्रमणसूचक** (······पर धावा/हमला/चढ़ाई/आक्रमण), **लाभालाभसूचक** (वस्तु पर/लाभ/मुनाफ़ा/हानि) आदि।

(4) **भाववाचक संज्ञा+पर+भाववाचक संज्ञा**—झगड़े पर निर्णय, मुक़दमे पर फ़ैसला, स्थिति पर विचार, दर्शन पर विवाद, नीति पर चर्चा, विषय पर प्रकाश, गतिरोध पर बहस, बात पर ग़ौर, समस्या पर बातचीत, बात पर गुस्सा/शर्म, मूल

पर ब्याज, लाभ पर लाभ, हानि पर हानि, बिक्री पर छूट/रियायत, आशाओं पर गाज/तुषारपात।

(5) **भाववाचक संज्ञा + पर + विशेषण**—बात पर अटल/जमे, इरादों पर दृढ़, प्रण पर अटल, वादे पर डटा, बात पर नाराज़।

(6) **संज्ञा + पर + क्रिया**—निर्णय/निष्कर्ष/स्थिति पर पहुँचना, यात्रा/दौरे पर निकलना/जाना, समस्या/प्रश्न/मसले पर सोचना, दया पर जीना, टुकड़े पर पलना, बोतल पर जीना, बच्चा बाप पर गया है।

(7) **क्रियाविशेषण + पर**—**स्थानवाचक**—यहाँ/वहाँ/कहाँ पर; **समयवाचक** यह काम कल पर मत छोड़ो।

(ई) अर्थ

'पर' का प्रयोग—**के ऊपर रखी** (घड़ी मेज़ पर है), **के ऊपर लटकती** (तसवीर दीवाल पर है); **के ऊपर स्थित** (मन्दिर ऊँचाई पर है), **की सतह पर** (कपड़े पर दाग़ है), **के सहारे** (यह तुम्हारी दया पर पलता है), **के किनारे** (वह गाँव मुख्य सड़क पर है, दुकान कोने पर है), **के अनुसार** (बड़ों के कहने पर चलो), **के ऊपर** (ईश्वर पर विश्वास रखो, दिमाग़ पर ज़ोर डालो), **होते ही होते** (गाड़ी नौ बजकर दस मिनट पर छूटती है): **के बाद** (सारी बातें सोचने पर माथा फटने लगता है, खाने पर दूध पी लेना, दो दिन पर आया है, उस पर तुर्रा यह है कि), **शरीर पर** (तुम पर खुला कोट खूब फबता है), **के कारण** (चोरी करने पर वह निकाला गया, उसने मेरे कहने पर ऐसा किया), **के प्रति** (दीनों पर दया करो), **के लिए** (दो रुपये पर अपना ईमान बेच दिया, यह काम कल पर मत छोड़ो), **लगातारता** (वह गाली पर गाली देता रहा), **दाम पर** (वह जूता बीस रुपये पर नहीं देगा), **के उत्तर में** (नहला पर दहला), **के विषय में** (गांधी पर एक भाषण देना है), **की शक्ल का** (बेटा बाप पर गया है) आदि अर्थों में होता है।

'ऊपर' कुछ दृष्टियों से 'पर' के समान-सा है। उदाहरणार्थ 'के ऊपर' रूप में यह अनेक स्थितियों में 'पर' के स्थान पर आ सकता है: पुस्तक मेज़ पर है—पुस्तक मेज़ के ऊपर है। चूहा सन्दूक पर बैठा है—चूहा सन्दूक के ऊपर बैठा है, डाकू पर गोली मारी—डाकू के ऊपर गोली मारी, ईश्वर पर विश्वास रखो, ईश्वर के ऊपर विश्वास रखो, किन्तु ऐसी भी काफ़ी स्थितियाँ हैं जहाँ (क) या तो 'पर' के स्थान पर 'के ऊपर' का प्रयोग नहीं किया जा सकता (चार बजकर छः मिनट पर आ जाना, दूकान कोने पर है, ये बातें सोचने पर सिर फटने लगता है, वह गाली पर गाली देता जा रहा है, वह सर पर पैर लेकर भागा), (ख) या यदि किया जाएगा तो अर्थ बदल जाएगा (पिताजी घर पर हैं—पिताजी घर के ऊपर हैं, उस निशान पर एक दूसरा निशान बनाओ—उस निशान के ऊपर एक दूसरा निशान बनाओ)।

संरचना की दृष्टि से (क) 'पर' संज्ञा के बाद आता है (घोड़े पर), किन्तु

'ऊपर' सम्बन्ध-चिह्न (के, रे, ने) के बाद, (ख) 'पर' से कोई शब्द नहीं बनाया जा सकता, किन्तु 'ऊपर' से शब्द (उपरोक्त, ऊपरी, ऊपरवाला) बनते हैं। (ग) 'ऊपर' की द्विरुक्ति हो सकती है (ऊपर-ऊपर से मलाई उतार लो), किन्तु 'पर' की नहीं।

का

हिन्दी में सम्बन्ध के लिए 'क्' 'र्' 'न्' का प्रयोग होता है, किन्तु इनके बाद लिंग-वचन द्योतक प्रत्यय 'आ' (राम का, मेरा अपना), 'ए' (राम के मेरे, अपने), 'ई' (राम की, मेरी, अपनी) का आना आवश्यक है। 'र्' 'न्' 'क्' 'क्' रूपिम के उपरूप हैं—

क् र्—उत्तम तथा मध्यम पुरुष में
न्—निजवाचक सर्वनाम में
क्—अन्यत्र

का, रा, ना से बनने वाले रूप विशेषण का काम करते हैं तथा इनमें कई विशेषण में परिवर्तनीय भी हैं: ऊपर का— ऊपरी, भारत का— भारतीय, समाज का—सामाजिक, गाँव का—गाँववाला।

'का' अपने उपरूपों (रा, ना) के साथ व्यक्तिवाचक संज्ञा (राम का), जातिवाचक संज्ञा (आदमी का), भाववाचक संज्ञा (उसकी आदमियत का जवाब नहीं), क्रियार्थक संज्ञा (चलने का समय हो गया), सभी सर्वनाम (मेरा, तुम्हारा, उसका, इसका, अपना, जिसका), संज्ञा के रूप में प्रयुक्त विशेषण (ऐसे विकट संघर्ष में कमज़ोरों का क्या काम), संज्ञा के रूप में प्रयुक्त क्रियाविशेषण (ऊपर का, नीचे का, इधर का, उधर का), तथा संज्ञा-रूप में प्रयुक्त व्याकरणिक शब्दों (ने का प्रयोग. प्रत्यय 'ई' के कई अर्थ हैं; उपसर्ग 'दुः' के कई उपरूप हैं, आदि) के बाद आता है। इसके बाद व्यक्तिवाचक संज्ञा (तुलसी के राम), जातिवाचक संज्ञा (अफ्रीका के हाथी) भाववाचक संज्ञा (गांधी की महत्ता), क्रियार्थक संज्ञा (चोर का भागना) या शून्य (मैं नहीं जाने का) आदि आ सकते हैं। बल देने के लिए क्रम-परिवर्तन से कभी-कभी प्रश्नवाचक शब्द (यहाँ राम का क्या काम ? मोहन की कब शादी हुई ?)भी इसके बाद आते हैं।

(अ) कारण

'का' का प्रयोग सम्बन्ध (राम का गाँव) के अतिरिक्त सम्प्रदान (बैठने की जगह है क्या ?) तथा अपादान (कब का इन्तज़ार कर हूँ) के लिए भी होता है।

(आ) अर्थ

'का के सन्दर्भ से अनेक अर्थ निकलते हैं। कुछ मुख्य सन्दर्भार्थ हैं: **से उत्पन्न**

(माँ का बेटा, सीता की बेटी, छूत के रोग), स्वामित्व (राम का घर), **से बनी** (सोने की अँगूठी), **में रखी** (शीशी की दवा), **में लगे** (बाग के पौधे), **रखने का** (दवा की शीशी), **से किया** (नौकर का काम), **से लिखा** (तुलसी के ग्रन्थ), **के लेखक** (मानस के तुलसी), **अविकार** (कोरा का कोरा), से **निकला** (चाँद की चाँदनी), **के स्वभाव का** (डाकू की कठोरता, माँ की ममता), **की कीमत का** (दस रुपये का चावल), **लंबी** (छः गज की साड़ी), **भर की** (एक दिन की छुट्टी), **के लिए** (खाने की जगह, पीने का पानी), **से** (कब का पुकार रहा हूँ), **की दृष्टि से** (बात का धनी), **के स्थान पर** (राजा का रंक), **घटित** (कल की बात), **पूरा** (बरात की बरात), **अधिक** (झुण्ड के झुण्ड), **केवल/महज** (यह तो बात की बात है), **नियमितता** (रोज़ के रोज़ आ जाया करो), **द्वारा की गई** (क़लम की लिखाई), तथा **के कारण** (पैसे की चिन्ता) आदि।

(इ) **वाग्भाग**

(1) **संज्ञा+का+संज्ञा** : अधिकारी **तथा वस्तु**—मोहन की किताब, राम का घर, **वस्तु तथा अधिकारी**—घर का मालिक, स्कूल के प्रिंसिपल, **अंग**—हाथी का शरीर, **अवयव के उपअवयव**—हाथ की उँगली; **पूर्ण के भाग**—मकान के कमरे, टीम के खिलाड़ी, चक के खेत, **रक्त-संबंध**—राम का बेटा, मोहन का भतीजा, हमारा परिवार, **अन्य सम्बन्ध**—राम का स्कूल, **लक्ष्य**—हमारा उद्देश्य, उसका मतलब/लक्ष्य, **स्थिति**—घर की स्थिति/परिस्थिति, उसकी बीमारी, (मानसिक) मोहन का क्रोध, तुम्हारी परेशानी, **गुणी-गुण**—बच्चे का साहस, उसका कमीनापन, सहयोग की शक्ति, राम का निश्चय, **कार्य**—हाथ का काम, शाम की नौकरी, जनता का आन्दोलन, मोहन की रचना, घर का निर्माण, **मूल सामग्री-निर्मित वस्तु**—मिट्टी के बर्तन, धातु के खिलौने सोने के ज़ेवर, चमड़े का बक्सा, चूने का घोल, **सदस्य और जाति**—इसमें पहली संज्ञा दूसरी संज्ञा जाति का सदय होती है : गेंदे का फूल, शुक्र का दिन, जामुन का पेड़, जेठ का महीना, बेले का पौधा, नाई की जाति, खाँसी का रोग, **कार्य संस्था-कर्मचारी**—स्कूल का चपरासी, दफ़्तर का क्लर्क, बैंक का कर्मचारी, **सामान्य-नेता**—चोरों का सरदार, जनता का नेता, उस जाति का सरगना, इन लोगों का अगुआ, **कारण-कार्य**—पैसे की चिन्ता, रोग की यंत्रणा, दुख का मारा, पेंसिल की लिखाई, **गुणी-गुण**—मुख का सौन्दर्य, चाँद की चाँदनी, सूरज की गर्मी, **समानाधिकरण**—भ्रूण-हत्या का दोष, हत्या का पाप, **विकार**—कुछ का कुट, तिल का ताड़, राई का पर्वत, **नियमितता**—महीने के महीने, रोज़ के रोज़, **कर्तृ-कर्म**—तुलसी का मानस, सूर के पद, **कर्म-कर्तृ**—मानस के तुलसी, आदि। इस प्रकार बनने वाले संज्ञा पदबन्धों की सूची बहुत बड़ी हो सकती है।

(2) **संज्ञा+के+संज्ञा**—राम के (एक) बेटी है, मोहन के (कई) बेटे हैं, श्याम के एक ही बेटा है, दशरथ के तीन रानियाँ थीं। यह ध्यान देने की बात है कि सामान्यतः परवर्ती संज्ञा के अनुसार 'का' परिवर्तित होता है (राम का बेटा, राम की

बेटी, राम के बेटे), किन्तु ऐसे प्रयोगों में 'के' अपवर्तित रहता है।

(3) (**अनिश्चयवचाक सर्वनाम**+) **संज्ञा+का** (+**निषेधवाचक क्रिया-विशेषण**)—वह काम का है, वह काम का नहीं है, तुम तो किसी काम के हो भी, पर वह तो किसी काम का नहीं है।

(4) **संज्ञा+का+विशेषण**—दिल का छोटा, घर का ग़रीब, बात का पक्का, दिल का कमज़ोर, वचन का धनी। यह पूरी संरचना विशेषण पदबन्ध होती है।

(5) **संज्ञा+का+पूर्ण कृदंत**—राम का देखा, मेरा पढ़ा हुआ, मोहन की ख़रीदी, कृष्ण का लिखा। इन विशेषण पदबन्धों का प्रयोग प्रायः विधेय-विशेषण के रूप में (यह फ़िल्म मेरी देखी हुई है) होता है, यद्यपि विशेष्य-विशेषण के प्रयोग (राम के बनाए चित्रों की बात ही और है) भी कभी-कभी मिल जाते हैं।

(6)**संज्ञा+की+०**(+**क्रियाविशेषण**)+**क्रिया**—दिल की दिल में रही, मन की मन में रहने दो, दिन की बस से आने की ठहरी, उसने मेरी एक भी नहीं सुनी। यहाँ सभी में 'की' के बाद 'बात' है। प्रयोग में इसका लोप कर दिया गया है।

(7)**संज्ञा**+(**क्रियाविशेषण**+)**नहीं**+**क्रियार्थक संज्ञा**+**का**—राम (आज) नहीं जाने का, मैं (कल) नहीं आने का, तुम्हारा मकान (इस साल) नहीं पूरा होने का। इस संरचना द्वारा असमर्थता व्यक्त की जाती है।

(8) **विशेषण+का+विशेषण**—बुद्धू का बुद्धू, मूर्ख का मूर्ख। यह विशेषण पदबन्ध विधेय में ही आता है : तू बुद्धू का बुद्धू ही रहा।

(9) **क्रियाविशेषण+का+संज्ञा/विशेषण**(+**क्रिया**)—(क)**कहाँ, कब**—वह कहाँ का पहलवान है, वह कब का ईमानदार है। इसका प्रयोग 'नहीं' के अर्थ में होता है। अन्य प्रयोग हैं : कहाँ का कवि योद्धा/चिन्तक/सच्चा/सुन्दर/भलामानस/साहित्यकार है? यह पदबन्ध पूरक होता है। (ख) **कहीं**—उल्लू कहीं का, गंदा कहीं का, चोर कहीं का। इसका प्रयोग बुरे अर्थ में ही होता है। यह पदबन्ध पूरा वाक्य होता है तथा इसके अन्त में क्रिया नहीं आती। (ग) **कब**—वह कब का बैठा है।

(10) **क्रियाविशेषण+का+संज्ञा**—कल की बात, आज की बैठक, कल का छोकरा, सवेरे का नाश्ता, इधर का कमरा, कहाँ की चर्चा, ऊपर का बरामदा, नीचे की मेज़।

(11) **क्रियाविशेषण+का+क्रियाविशेषण**—वह कहाँ का कहाँ पहुँच गया, मैं जहाँ का तहाँ रहा। यह क्रियाविशेषण पदबन्ध होता है।

(12) **संयुक्त परसर्ग**—'का' के विकारी रूप 'के' ('रे', 'ने') के साथ विरुद्ध, बदले, बजाय, द्वारा, दौरान, बावजूद, नीचे, ऊपर, भीतर, बाहर, अन्दर, कारण पास आदि का प्रयोग होता है तथा इसके स्त्रीलिंग रूप 'की' के साथ ओर, तरफ़, तरह, बाबत, बनिस्बत, ख़ातिर आदि का।

संरचना के स्तर पर 'का' की यह एक विशेषता उल्लेख्य है कि इसका प्रयोग किसी पदबन्ध में कोई जितनी बार भी चाहे कर सकता है, तथा 'का' बाह्य संरचना में

एक विशेषण का निर्माण करता है जो आंतरिक संरचना के किसी वाक्य का रूपांतरण होता है। उदाहरणार्थ : आज उसके दोस्त के बड़े भाई के अध्यापक की बेटी का विवाह है।

क्रिया

क्रिया वह पद (गया) अथवा पदों का समूह (गया है) है, जिससे किसी कार्य (वह लकड़ी काट रहा है), घटना (वह गिर गया) अथवा अस्तित्व (वह घर पर है) आदि का बोध हो।

धातु

क्रिया धातुओं से बनती है। दूसरे शब्दों में 'धातु' क्रिया के मूल रूप को कहते हैं। उदाहरण के लिए पढ़ता, पढ़ा, पढ़ी, पढ़ो, पढ़िए, पढ़िएगा, पढ़ना आदि क्रिया रूप हैं। इन सभी में 'पढ़' आया है, अतः यह धातु है। 'पढ़' धातु में ही ता, आ, ई, ओ आदि जोड़कर पढ़ता, पढ़ा, पढ़ी, पढ़ो आदि रूप बने हैं। क्रिया का सामान्य रूप—ना युक्त होता है : पढ़ना, खाना, जाना, लिखना, पीना, दौड़ना, तैरना आदि। इस सामान्य रूप से 'ना' निकालने पर धातु का पता चल जाता है : पढ़, खा, जा, लिख, पी, दौड़, तैर। यों सामान्यतः ना-युक्त रूप को ही धातु कहते हैं। जैसे—करना। आज्ञा के अर्थ में तू के साथ क्रिया के धातु-रूप का ही प्रयोग होता है : तू पढ़, तू जा, तू बैठ। इस प्रकार हिन्दी में धातु का पता तीन प्रकार से लगाया जा सकता है : (1) एक क्रिया के विभिन्न रूपों में समान तत्त्व खोजकर, (2) सामान्य क्रिया-रूप में से 'ना' निकालकर, (3) क्रिया का 'तू' के साथ आज्ञा-रूप में प्रयोग करके।

धातुओं का वर्गीकरण

(1) रूप की नियमितता-अनियमितता के आधार पर

हिन्दी धातुएँ दो प्रकार की हैं : (क) जो सामान्य हैं तथा उपर्युक्त तीन में किसी के भी आधार पर उनका पता लगाया जा सकता है। जैसे चल, पढ़, लिख, बैठ, उठ, कूद, भाग आदि। (ख) दूसरी वे हैं जिनके विभिन्न रूपों में किसी एक ऐसे रूप को खोज पाना कठिन है, जो सभी में हो। उदाहरणार्थ 'होता, है, था' या 'जाना, गया' या 'करना, किया' आदि। ऐसे क्रिया-रूपों में धातु के एकाधिक रूप मानना आवश्यक हो जाता है, जिन्हें स्वनिम-उपस्वन एवं रूपिम-उपरूप की तरह धातु-उपधातु के रूप में यों देखा जा सकता है—

कर—	(क) की : पूर्ण कृदन्त में	जा—	(क) ग : पूर्ण कृदन्त में
	(ख) कीज् : आदरार्थ आज्ञा में		(ख) जा : अन्यत्र
	(ग) कर् : अन्यत्र		

दे—(क) दीज् : आदरार्थ आज्ञा में
(ख) दे : अन्यत्र

पी—(क) पीज् : आदरार्थ आज्ञा में
(ख) पी : अन्यत्र

ले—(क) लीज् : आदरार्थ आज्ञा में
(ख) ले : अन्यत्र

हो—(क) ह् : वर्तमानकालिक क्रिया में (है, हैं आदि)
(ख) थ् : भूतकालिक किया में (था, थी, थे आदि)

इनमें कर, जा, दे, पी, ले, हो धातुएँ हैं तथा प्रत्येक के सामने दिखाए गए 'क' 'ख' आदि उन्हीं के उपरूप अथवा उपधातुएँ। हर उपधातु के सामने उसका प्रयोग-संदर्भ दिया गया है।

थोड़ी और गहराई से विचार करें तो निम्नांकित अकर्मक-सकर्मक को भी एक ही धातु के उपरूप माना जा सकता है।

छोड़—(क) छूट : व्युत्पन्न अकर्मक
(ख) छोड़ : सकर्मक

तोड़—(क) टूट : व्युत्पन्न अकर्मक
(ख) तोड़ : सकर्मक

फोड़—(क) फूट : व्युत्पन्न अकर्मक
(ख) फोड़ : सकर्मक

बेच—(क) बिक : व्युत्पन्न अकर्मक
(ख) बेच : सकर्मक

इस प्रसंग में यह एक विचारणीय समस्या है कि क्या सामान्य और प्रेरणार्थक के आधार पर आ-ला, आ-बुला, जा-भेज, रह-रख, हो-कर, तथा पड़-डाल को भी धातु-उपधातु रूप में आपस में सम्बद्ध कर दिया जाए ?

(2) रचना के आधार पर

(अ) मूल धातु

मूल धातु उसे कहते हैं जो किसी अन्य शब्द या धातु आदि से न बनी हो। अर्थात् रचना के स्तर पर जिसमें एक ही सार्थक इकाई हो। जैसे चल, पढ़, जा, रो, बैठ आदि।

(आ) यौगिक धातु

वह धातु जो किसी अन्य शब्द या धातु आदि से बनी हो, अर्थात् जिसमें रचना के स्तर पर एकाधिक सार्थक इकाइयाँ हों। हिन्दी में यौगिक धातुएँ आठ प्रकार की हैं—

(क) द्विधातुक धातु—जिसमें दो धातुएँ एक में मिलकर एक धातु बन गई हों। हिन्दी में ऐसी केवल एक धातु 'ला' (ले+आ) है।

(ख) नामधातु—नामधातु उन्हें कहते हैं जो क्रिया या धातु के अतिरिक्त किसी अन्य प्रकार के शब्द के आधार पर बनी होती हैं। हिन्दी में नामधातुएँ मुख्य रूप से संज्ञा, सर्वनाम, विशेषण तथा क्रियाविशेषण से बनती हैं।

संज्ञा से : हाथ-हथिया (इया जोड़कर), लाज-लजा (आ जोड़कर), दुःख-दुखा (आ जोड़कर), झूठ-झुठला (ला जोड़कर), शर्म-शर्मा (आ जोड़कर), रंग-रंग (शून्य जोड़कर, अर्थात् बिना कुछ जोड़े), फटकार-फटकार (शून्य जोड़कर), खर्च-खर्च (शून्य जोड़कर), धिक्कार-धिक्कार (शून्य जोड़कर)।

सर्वनाम से : अपना-अपना (शून्य जोड़कर)।

विशेषण से : गर्म-गर्मा, आधा-अधिया (अ/इया जोड़कर)।

क्रियाविशेषण से : ऊपर-उपराना (आ जोड़कर), भीतर-भितरियाना, भितराना (इया/आ जोड़कर)।

ऊपर के उदाहरणों से स्पष्ट है कि नामधातु बनाने के लिए निम्नलिखित पद्धतियाँ हिन्दी में प्रयुक्त होती हैं—

	मूल	योग	परिवर्तन	नाम धातु
1.	ख़र्च	शून्य	+	ख़र्च
2.	गर्म	आ	+	गर्मा
3.	लाज	आ	आ → अ	लजा
4.	हाथ	इया	आ → अ	हथिया
5.	झूठ	आ	ऊ → उ	झुठला
6.	सीख	आ	ई → इ	सिखा

(ग) **नामिक धातु**—जो धातु संज्ञा, विशेषण आदि क्रियेतर शब्दों में क्रिया जोड़कर बनी हों। नामिक धातु को इस रूप में परिभाषित कर सकते हैं : '**नामिक धातु क्रियेतर शब्द और क्रिया का वह अनुक्रम हैं, जिसमें क्रियेतर शब्द अपनी स्वतंत्र सत्ता छोड़कर क्रिया का अंग बन जाता है, तथा दोनों मिलकर एकल क्रिया-भाव का बोध कराते हैं।**' जैसे दिखाई पड़ना, सुनाई देना, स्वीकार करना आदि। निम्नांकित बातें ध्यान देने की हैं : (क) नामिक धातु के दोनों घटक अपनी स्वतंत्र सत्ता छोड़कर एक क्रिया का भाव व्यक्त करते हैं। (ख) वह क्रिया भाव अर्थ के स्तर पर एकल अथवा एक इकाई होता है। इसीलिए दूसरी भाषा में उसका अनुवाद प्रायः एक शब्द से किया जा सकता है (स्वीकार करना to accept, याद करना to remember)। किन्तु यह आवश्यक नहीं है कि किसी अन्य भाषा में एक शब्द द्वारा अनूद्य हर पदबंध 'नामिक' हो ही। उदाहरण के लिए 'अफ़वाह उड़ाना' को to rumour के आधार पर नामिक धातु नहीं मान सकते। वस्तुतः एकल क्रिया-भाव का संबंध अर्थ से साथ-साथ भाषाविशेष की संरचना में एकल इकाई से होता है। (ग) नामिक क्रिया का पहला घटक लिंग-वचन की दृष्टि से क्रिया को प्रभावित नहीं करता : 'मैंने काम शुरू किया', 'मैंने बात शुरू की'। यहाँ शुरू 'का' 'क्रिया' पर प्रभाव नहीं पड़ा है, 'काम' और 'बात' का पड़ा है, अतः 'शुरू करना' नामिक धातु है। किन्तु 'इब्तिदा करना' 'शुरुआत

करना' नामिक धातु नहीं है, क्योंकि 'इब्तिदा' और 'शुरुआत' कर्म हैं : मैंने नाम की इब्तिदा/शुरूआत की। ऐसे ही 'अफ़वाह उड़ाई' 'अफ़वाई फैलाई' जैसे प्रयोग होंगे, अतः 'अफ़वाह उड़ाना' या 'अफ़वाह फैलाना' नामिक धातु नहीं है। किन्तु दान देना (पुस्तक दान दी, कपड़े दान दिये, घोड़ा दान दिया) नामिक धातु है; (घ) नामिक धातु के दोनों घटकों के बीच में कोई परसर्ग नहीं आ सकता, क्योंकि किसी अन्य तत्त्व के बीच में आने का अर्थ है उनका अलगाव, किन्तु ये दोनों घटक इतने अविभाज्य होते हैं, कि उन्हें प्रायः अलगाया नहीं जा सकता।

प्रथम घटक की दृष्टि से हिन्दी नामिक धातुएँ तीन प्रकार की होती हैं : '**संज्ञा-निर्मित** (स्मरण होना, शुरू होना, प्रारंभ करना, स्वीकार करना, सुनाई-दिखाई/दिखलाई देना/पड़ना, याद आना, काम आना, विदा करना), **विशेषण-निर्मित** (प्राप्त होना, नष्ट करना, विकसित करना), **अव्यय-निर्मित** (बस करना)। इनमें सबसे अधिक प्रथम वर्ग का उसके बाद दूसरे का तथा सबसे कम तीसरे का प्रयोग होता है। द्वितीय घटक के रूप में आ, कर, हो, रख, दे, पड़ आदि धातुएँ ही मुख्यतः आती हैं। ये संज्ञा तथा विशेषण आदि की सहायता से क्रिया या धातु का निर्माण करती हैं, अतः इन्हें **धातुकर** अथवा **क्रियाकर** (verbalizer) कहा जा सकता है।

हिन्दी की सामान्य धातुओं की संख्या लगभग सात सौ है, किन्तु इस प्रकार हिन्दी ने अनेकानेक नई धातुओं का निर्माण कर लिया है, जिनके कारण उसकी आभिव्यक्तिक क्षमता बहुत बढ़ गई है।

(घ) अनुकरणात्मक धातु—जो अनुकरणात्मकता पर आधारित हों। जैसे फटफटा, खटखटा, भड़भड़ा, कड़कड़ा, चमचमा आदि। इनमें मुख्यतः ध्वनियों का अनुकरण होता है।

(ङ) साधित सकर्मक धातु—कुछ धातुएँ मूलतः सकर्मक (जैसे पढ़, लिख, कर) होती हैं, किन्तु कुछ सकर्मक धातुएँ मूल अकर्मक धातुओं से कुछ जोड़कर ('उड़' से 'उड़ा'), कुछ परिवर्तन करके ('रुक' से 'रोक') अथवा कुछ परिवर्तन करके तथा कुछ जोड़कर ('जी' से 'जिला') बनाई जाती हैं। हिन्दी में अकर्मक से सकर्मक बनाने की मुख्य प्रक्रियाएँ ये हैं—

एकाक्षरी : (1) वसः → वस + ला (जी-जिला, सो-सुला, रो-रुला)
(2) वसः → वस + आ (चू-चुआ/चुवा)
(3) सव → सव + आ (उड़-उड़ा, उठ-उठा)
(4) वसव → वसव + आ (गिर-गिरा)
(5) वसःव → वसव + आ (घूम-घुमा, भाग-भगा, खेल-खिला, बैठ-बिठा, भीग-भिगा)।
(6) वसःव → वसव + ओ (भीग-भिगो)
(7) वसव → वसःव (रुक-रोक)

द्वयक्षरी : (1) वसवसः → वसव + ? (नहा-नहला)

(2) वसवसव→वसवव+आ (चमक-चमका)

(3) वसवसव→वसवसःव (निकल-निकाल)

[व=व्यंजन, स=ह्रस्व स्वर, सः=दीर्घ स्वर]

अर्थात् पहके अक्षर का स्वर दीर्घ हो तो उसे ह्रस्व कर देते हैं (चू-चुआ), तथा अंत में या तो 'आ' अथवा 'ला' अथवा अपवादतः 'ओ' जोड़ देते हैं, या फिर बीच के ह्रस्व स्वर को दीर्घ कर देते हैं (निकल-निकाल)।

(च) प्रेरणार्थक धातु—प्रेरणार्थ धातुएँ अकर्मक (उठ-उठा-उठवा) तथा सकर्मक (लिख-लिखवा, पी-पिला-पिलवा) दोनों ही प्रकार की धातुओं से बनती हैं। इनके बारे में आगे अलग से विचार किया गया है।

(छ) समस्त धातु—जिसमें दो धातुओं से द्वन्द्व समास बना लिया गया हो, तथा जो या तो दोनों इकाइयों का अर्थ, या एक का अर्थ, अथवा कोई अलग अर्थ दे। इसमें कभी-कभी तो दो अविरोधी अर्थवाली धातुएँ होती हैं (पढ़-लिख, खेल-कूद, सोच-समझ), कभी विरोधी अर्थवाली धातुएँ (जैसे कह-सुन, दे-ले) तो कभी पर्याय धातुएँ (जाँच-परख, चल-फिर, लीप-पोत, मार-पीट) और कभी एक सार्थक और दूसरी निरर्थक धातु (पूछ-ताछ, देख-भाल)।

(ज) संयुक्त धातु—जिस धातु में एक मुख्य धातु होती है तथा दूसरी रंजक धातु। उदाहरण के लिए 'लिख मार', 'आ टपक', 'आ मर'। इनमें लिख, टपक, आ मुख्य धातुएँ हैं, तथा मार, टपक, मर, रंजक धातुएँ। रंजक धातुएँ उन्हें कहते हैं जो मुख्य क्रिया पर अपना रंग चढ़ा देती हैं उपर्युक्त उदाहरणों में मुख्य धातु पर 'मार' असावधानी का, 'टपक' अकस्मातता का, तथा 'मर' वक्ता के आक्रोश का रंग चढ़ा रही हैं।

रचना के आधार पर ये धातुओं के भेद-विभेद थे। इनसे बनने वाली क्रियाएँ, क्रमशः **मूल क्रिया**; **द्विधातुक क्रिया**, **नामधातुक क्रिया**, **नामिक क्रिया**, **अनुकरणात्मक क्रिया**, **सकर्मक क्रिया**, **प्रेरणार्थक क्रिया**, **समस्त क्रिया** तथा **संयुक्त क्रिया** कहलाती हैं।

(3) कर्मकता के आधार पर

कर्मकता के आधार पर धातुओं के मूलतः दो भेद होते हैं : **अकर्मक** (जिसका कोई कर्म न हो, जैसे चल, बैठ) और **सकर्मक** (जिसका कर्म हो, जैसे लिख, दे)। फिर सकर्मक के दो उपभेद होते हैं : (1) **एककर्मक** (जिसके एक कर्म हो, जैसे देय, सुन, पढ़) तथा (2) **द्विकर्मक** (जिसके दो कर्म हों, जैसे लिख—राम **मोहन** को **पत्र** लिखता है, सुना—मैंने **बच्चे** को **कहानी** सुनाई)। द्विकर्मक धातु का पहला कर्म प्राणिवाचक होता है जिसे **गौण कर्म** कहते हैं, तथा दूसरा कर्म अप्राणिवाचक होता है, जिसे **मुख्य कर्म** कहते हैं। उपर्युक्त उदाहरणों में 'मोहन' तथा 'बच्चा' गौण कर्म हैं तो 'पत्र' और 'कहानी' मुख्य कर्म। कुछ धातुएँ कभी एककर्मक (राम पत्र लिख रहा है) होती हैं, तो कभी द्विकर्मक (राम अपने मित्र को पत्र लिख रहा है)। गौण कर्म के साथ

कारकचिह्न (ए— उसे, इसे, ए—उन्हें, इन्हें, को—मित्र को) अवश्य आता है, किन्तु मुख्य कर्म के साथ नहीं।

(4) **पूरक के आधार पर**

पूरक के आधार पर धातुओं के दो भेद होते हैं : **पूरकापेक्षी**, **अपूरकापेक्षी**। **पूरकापेक्षी** धातु के दो उपभेद होते हैं : **अकर्मक** और **सकर्मक**। अकर्मक के पूरक को **कर्तृपूरक** (मोहन मंत्री है) तथा सकर्मक के पूरक को **कर्मपूरक** (जनता पार्टी ने श्री रेड्डी को राष्ट्रपति बनाया) कहते हैं। अपूरकापेक्षी या पूरकनिरपेक्ष को पूरक की अपेक्षा नहीं होती।

क्रिया : मुख्य (main) **सहायक** (auxiliary)

मुख्य क्रिया

हिंदी क्रिया में कभी तो एक क्रियापद होता है (राम **गया**) और कभी एकाधिक क्रियापद (मैंने वह काम कर **दिया है**)। जब क्रिया में एकाधिक पद हों तो उसका मुख्य अर्थद्योतक अंश, जो प्राय: सबसे पहले होता है, **मुख्य क्रिया** होता है और **शेष अंश सहायक क्रिया**। ऊपर के वाक्य के 'कर दिया है' में 'कर' मुख्य क्रिया है तथा 'दिया' और 'है' सहायक क्रिया।

मुख्य क्रिया उन सभी धातुओं से बनती है, जिसकी ऊपर चर्चा (मूल, द्विधातुक, नामधातुक, नामिक आदि) की जा चुकी है। इसके मुख्यत: चार प्रकारों का उल्लेख किया जा सकता है : (क) **कार्यद्योतक क्रिया** (Action verb)—जिससे किसी कार्य के किए जाने का द्योतन हो। जैसे राम **पढ़** रहा है, मोहन **खा** रहा है। सबसे अधिक क्रियाएँ इसी वर्ग की होती हैं। (ख) **घटनाद्योतक** क्रिया - जिससे किसी घटना का द्योतन हो : जैसे राम **गिर** गया। (ग) **अस्तित्वद्योतक** या **स्थैतिक क्रिया** (existential verb)—जिससे अस्तित्व अथवा स्थिति का द्योतन हो। जैसे मोहन कमरे में है, मैं बाहर था। यह क्रिया काल का भी साथ-साथ द्योतन करती है। (घ) **योजक** (link) **क्रिया**—जो दो को जोड़ने का काम करे। जैसे राम डाक्टर है, मोहन बीमार था। यह क्रिया, योजन के साथ-साथ काल का भी द्योतन करती है : राम पहले डाक्टर था, अब अभिनेता है। (ङ) **अधिकारद्योतक क्रिया** (possesssive verb)—जिससे किसी के अधिकार का द्योतन हो : राम के एक बेटी है, मोहन के पास एक पुस्तक थी। यह क्रिया भी अधिकार के साथ-साथ काल का भी द्योतन करती है।

सहायक क्रिया

सहायक क्रिया उस क्रिया को कहते हैं जो क्रिया पदबन्ध में मुख्य न होकर किसी-न-किसी रूप में सहायक मात्र (लड़का गिर **गया**) होती है। हिन्दी में **सहायक**

क्रियाएँ निम्नांकित सात प्रकार की होती हैं : (क) **कालद्योतक सहायक क्रिया**—यह काल का द्योतन करती हैं। हिन्दी में 'होना' क्रिया के रूपों में काल का द्योतन होता है। जैसे है, था आदि। 'राम जा रहा है' तथा 'राम जा रहा था' में स्पष्ट है कि 'है' से वर्तमान काल का द्योतन हो रहा है, तो 'था' से भूतकाल का। वाक्य की ऐसी क्रिया के रूप को काल-चिह्नक (Tense-marker) कहते हैं। ऊपर के वाक्यों में 'है' और 'था' काल-चिह्नक हैं। (ख) **वाच्यद्योतक सहायक क्रिया**—यह वाच्य का द्योतन करती है। हिन्दी में 'जा' ही ऐसी धातु है, जिससे वाच्यद्योतक क्रिया बनती है। इससे कर्म और भाववाच्य का द्योतन होता है : पुस्तक पढ़ी जाती है (कर्मवाच्य) ; अब तो यहाँ बैठा नहीं जाता (भाववाच्य)। (ग) **पक्षद्योतक सहायक क्रिया**—जिससे क्रिया के पूरा हो जाने (पूर्ण पक्ष) या होते रहने (सातत्य पक्ष) आदि का द्योतन हो। हिन्दी में 'चुकना' (वृत्तिक क्रिया भी है) से पूर्ण पक्ष का द्योतन होता है (वह खा चुका) तो 'रहना' से सातत्य पक्ष का : वह खा रहा है। (घ) **वृत्तिक क्रिया** (Modal Verb)—यह सहायक क्रिया अपने रूप से वक्ता की मनोवृत्ति (mood) या उनका दृष्टिकोण व्यंजित करती है। हिन्दी में चाहिए, चुकना, पाना, पड़ना, सकना तथा होना ऐसी क्रियाएँ हैं। उदाहरण के लिए 'तुम्हें जाना पड़ेगा', 'तुम्हें जाना होगा' तथा 'तुम्हें जाना चाहिए' में वक्ता प्रथम दो में 'अनिवार्यता' या 'बाध्यता तथा अन्तिम में 'औचित्य' या 'आवश्यकता' व्यंजित कर रहा है। ऐसे ही 'चुकना' से समाप्ति तथा 'पाना' और 'सकना' से 'सामर्थ्य' आदि। (कुछ विस्तार के लिए आगे देखिए)। (ङ) **रंजक क्रिया** (explicator अथवा intensifier) – इस वर्ग की सहायक क्रिया मुख्य क्रिया पर अपना रंग चढ़ा देती है इसीलिए इसे रंजक क्रिया कहते हैं। उदाहरण के लिए 'मैंने काम कर लिया' में 'लेना', 'मैंने पत्र लिख दिया' में 'देना', 'वह कहाँ से आ मरा' में 'मरना' तो 'तुमने यह क्या लिख मारा' में 'मारना' आदि रंजक क्रियाएँ हैं। हिन्दी में रंजक धातुओं की संख्या बीस से ऊपर है जिन्हें आगे दिया गया है (च) **क्रियाकर** (verbalizer) वह सहायक क्रिया जो किसी संज्ञा विशेषण या अव्यय से मिलकर क्रिया का निर्माण करे। जैसे 'दाखिल होना' में 'होना', याद करना' में 'करना', 'दिखाई देना' में 'देना', 'सुनाई पड़ना' में 'पड़ना' या 'मोल लेना' में 'लेना' आदि। इस प्रकार के क्रिया पदबन्ध में मुख्यार्थ का सम्बन्ध इसके प्रथम सदस्य से होता है, अत: क्रियाकर को मैं सहायक क्रिया कह रहा हूँ। यह क्रिया इस अर्थ में सहायक क्रिया नहीं है कि मुख्य क्रिया कोई और है। इसमें क्रिया-द्योतक मुख्य शब्द और ही होता है।

यौगिक क्रिया

'मुख्य' और 'सहायक' क्रिया के अतिरिक्त 'यौगिक' क्रिया का भी उल्लेख इस प्रसंग में किया जा सकता है। इसमें दो क्रियाएँ साथ में आती हैं और दोनों का अलग-अलग अर्थ होता है। ये क्रियाएँ एक के बाद दूसरी आती हैं, तथा दोनों आन्तरिक संरचना में मुख्य क्रिया के रूप में काम करती हैं। बाह्य संरचना में इनके बीच

'कर' का लोप होता है। जैसे ले जाना, कर देखना, ले भागना, उठ बैठना, निकल भागना, जा लेटना, आ पहुँचना, जा पहुँचना, मार भागना, लिख भेजना आदि। इनमें पहली क्रिया एक प्रकार से पूर्वकालिक कृदंत होती हैं।

अकर्मक : मूल तथा व्युत्पन्न

पीछे हम देख चुके हैं कि कुछ सकर्मक क्रियाएँ मूल होती है (जैसे लिख, खा, देख आदि) तथा कुछ 'व्युत्पन्न' अर्थात् मूल अकर्मक से बनाई हुई सकर्मक (जैसे उठ से उठा, चल से चला आदि)। इसी प्रकार अकर्मक भी मूल (उठ, चल, बैठ) तथा व्युत्पन्न) अर्थात् सकर्मक से बनाई हुई अकर्मक : देख-दिख) दोनों प्रकार की होती हैं। सामान्यत: यह समझा जाता है कि अकर्मक से ही सकर्मक धातुएँ बनती हैं, किन्तु वास्तविकता यह है कि यदि कुछ धातुएँ मूलतः अकर्मक होती हैं, और उनसे सकर्मक धातुएँ बनती हैं, तो दूसरी और कुछ धातुएँ मूलतः सकर्मक होती हैं, और उनसे अकर्मक धातुएँ भी बनती हैं। उदाहरण के लिए 'देख' मूलतः सकर्मक धातु है। देखे जाने के लिए कोई-न-कोई देखने वाला (अर्थात् कर्ता) और कुछ-न-कुछ दिखाई पड़ने वाला (अर्थात् कर्म) होना ही चाहिए। 'दिख' उसी से बनी अकर्मक धातु है : यहाँ से कुतुबमीनार दिखती है। स्पष्ट है कि यहाँ 'दिखने' में मूल धातु की सकर्मकता स्पष्ट है—कोई देखेगा तभी वह दिखेगी। इसी प्रकार बज् (कहीं हारमोनियम बज रहा है), सिल् (कपड़े सिल गए), बँध् (सामान बँध गया), आदि भी सकर्मक से बनी अकर्मक धातुएँ हैं।

सकर्मक से अकर्मक बनाने की मुख्य प्रक्रियाएँ

एकाक्षरी : (1) वसःव→वसव (काट-कट, बाँध-बँध, देख-दिख, पीट-पिट, पीस-पिस लूट-लुट, घेर-घिर, छेद-छिद, खोल-खुल, रोक-रुक, तौल-तुल)

(2) वसवसः→वसव (बना-बन, उड़ा-उड़, चला-चल, हटा-हट)

(3) वसःव→वसव (व्यंजन-परिवर्तन भी; बेच-बिक)

(4) वसःव→वसःव (स्वर तथा व्यंजन-परिवर्तन; छोड़-छूट, तोड़-टूट)

(5) वसः→वस+ल (धो-धुल, सी-सिल)।

अर्थात् या तो दीर्घ स्वर को ह्रस्व कर देते हैं या ह्रस्व करने के साथ-साथ व्यंजन-परिवर्तन भी (बेच-बिक) करते हैं, या फिर स्वर और व्यंजन दोनों को परिवर्तित कर (तोड़-टूट) देते हैं, या ह्रस्वीकरण के साथ-साथ व्यंजन का आगम (सी-सिल) भी।

यह ध्यान रखने की बात है कि रुक (हवा रुक गई), उड़ (कबूतर उड़ गया), चल (बच्चा चलता है), तथा उठ (बच्चा उठ गया) आदि कुछ धातुएँ एक ओर तो मूलतः अकर्मक हैं, किन्तु दूसरी ओर मूल सकर्मक (ड्राइवर गाड़ी रोक रहा है, वह

पतंग उड़ा रहा है, क़ैदी चक्की चला रहा है, कुली सामान उठा रहा है) से व्युत्पन्न अकर्मक (गाड़ी रुक गई, पतंग उड़ रही है, कहीं चक्की चल रही है, सामान उठ गया)।

हिन्दी में कुछ अकर्मक-सकर्मक धातुएँ ऐसी भी हैं जो रूप के स्तर पर तो अलग-अलग हैं किन्तु अर्थ के स्तर पर अकर्मक-सकर्मक हैं : आ-ला, आ-बुला, जा-भेज, रह-रख, हो-कर, पड़-डाल। अब कहीं-कहीं 'डाल' से 'डल' अकर्मक का भी प्रयोग होने लगा है।

कुछ धातुएँ ऐसी भी होती हैं जो कभी तो अकर्मक और कभी सकर्मक रूप में काम करती हैं। जैसे पढ़ (वह पढ़ता है—वह पुस्तक पढ़ता है), खुजला (हाथ खुजला रहा है— वह अपना हाथ खुजला रहा है), घिस (टायर घिस गया—पुजारी चन्दन घिस रहा है) आदि।

यही नहीं, मूलतः अकर्मक धातुओं का सकर्मक प्रयोग (वह हँसता है—वह अजीब हँसी हँसता है, राम सो रहा है—राम गहरी नींद सो रहा है) तथा सकर्मक धातुओं का अकर्मक प्रयोग (मैंने बात सुनी—आपरेशन के बाद अब वह सुन लेता है) भी होता है।

कुछ धातुओं के बारे में यह निश्चय करना कठिन है कि वे मूलतः अकर्मक (कबूतर उड़ रहा है) हैं या सकर्मक (पतंग उड़ रही है)। ऐसे ही : पता नहीं कैसे दीवाल फट गई है—पुस्तक फटी है, यह तुम्हारी ही शरारत है।

सकर्मक धातुएँ कभी तो सकर्मक का काम करती हैं (बढ़ई ने मेज़ बनाई) और कभी प्रथम प्रेरणार्थक (सिपाही ने चोर को मुर्गा बनाया—सिपाही के डाँटने पर चोर मुर्गा बना) का। आगे प्रेरणार्थक के प्रसंग में इस प्रकार के और भी उदाहरण दिए जा रहे हैं।

प्रेरणार्थक धातु और क्रिया

प्रेरणार्थक धातु उसे कहते हैं, जिससे बनने वाली क्रिया किसी और की प्रेरणा से सम्पन्न होती है। उदाहरण के लिए 'बीमार दवा पीता है' में 'पी' धातु से बनने वाली क्रिया 'पीता', किसी अन्य की प्रेरणा से सम्पन्न नहीं हो रही है, बीमार स्वयं पीता है, इसलिए न तो 'पी' धातु प्रेरणार्थक है, और न उससे बनने वाली क्रिया 'पीता' प्रेरणार्थक है। इसके विपरीत 'कंपाउंडर बीमार को दवा पिलाता है' वाक्य में 'कंपाउंडर' प्रेरणा दे रहा है, और बीमार दवा पी रहा है। अर्थात् इस वाक्य में प्रयुक्त 'पिला' प्रेरणार्थक धातु है, तथा उससे बनने वाली 'पिलाता' क्रिया प्रेरणार्थक क्रिया है। इसमें प्रेरक एक (कंपाउंडर) है, अतः यह **प्रथम प्रेरणार्थक**[1] है। इसकी तुलना

1. इन्हें क्रमश प्रेरणार्थक (immediate causative) तथा अप्रत्यक्ष प्रेरणार्थक (mediate causative) भी कहते हैं।

में 'डाक्टर कंपाउंडर से मरीज़ को पिलवाता है' वाक्य में 'डाक्टर' कंपाउंडर को प्रेरित कर रहा है, तथा 'कंपाउंडर' मरीज़ को। इस तरह इसमें दो प्रेरक हैं, अतः 'पिलवा' धातु द्वितीय प्रेरणार्थक है तथा 'पिलवाता है' द्वितीय प्रेरणार्थक क्रिया। अर्थात्—

मूल क्रिया : बीमार दवा **पिता** है।

प्रथम प्रेरणार्थक क्रिया : कंपाउंडर बीमार को दवा **पिलाता** है।

द्वितीय प्रेरणार्थक क्रिया : डाक्टर कंपाउंडर से मरीज़ को दवा **पिलवाता** है।

केलाग, गुरु आदि हिन्दी के परम्परागत वैयाकरणों ने प्रेरणार्थक क्रिया का विवेचन रूप-रचना के स्तर पर ही किया है, किन्तु वास्तविकता यह है कि इसका विवेचन **रूप-रचना** और **वाक्य-रचना** दोनों ही स्तरों पर किया जाना चाहिए। वाजपेयी ने इसका संकेत तो किया है, किन्तु मात्र संकेत से अपेक्षित बात स्पष्ट नहीं होती। यहाँ दोनों स्तरों पर संक्षेप में विश्लेषण करने का यत्न किया जा रहा है। यह संकेत्य है कि रूप-रचना के स्तर पर प्रेरणार्थक धातु का विश्लेषण अपेक्षित है, तो वाक्य-रचना के स्तर पर प्रेरणार्थक क्रिया का। एक स्थान पर सर्वांगीण विवेचन से बात अधिक स्पष्ट हो सकेगी, अतः प्रेरणार्थक विषयक सभी समस्याओं को यहीं लिया जा रहा है, चाहे वे रूप-रचना से सम्बद्ध है या वाक्य-रचना से।

प्ररणार्थक धातु : रूप-रचना के स्तर पर

हम देख चुके हैं कि हिन्दी में प्रेरणार्थक धातुएँ दो प्रकार की (प्रथम प्रेरणार्थक, द्वितीय प्रेरणार्थक) होती हैं तथा उन दोनों के लिए कुछ प्रत्यय जोड़े जाते हैं, तथा कुछ ध्वन्यात्मक परिवर्तन किए जाते हैं—

मूल धातु	**प्रथम प्रेरणार्थक धातु**		**द्वितीय प्रेरणार्थक धातु**	
	प्रत्यय	धातु	**प्रत्यय**	धातु
चल	+आ	चला	+वा	चलवा
पी	+ला	पिला	+लवा	पिलवा

बच्चा **चलता** है।

नौकर बच्चे को **चलाता** है।

पिता नौकर से बच्चे को **चलवाता** है।

बच्ची दूध **पीती** है।

आया बच्ची को दूध **पिलाती** है।

माँ आया से बच्ची को दूध **पिलवाती** है।

प्रेरणार्थक धातु बनाने के लिए अग्रलिखित प्रक्रियाएँ की जाती हैं—

(1) **प्रत्यय योग**

चल	चला	चलवा
पढ़	पढ़ा	पढ़वा

(2) **प्रत्यय-योग तथा ध्वनि-परिवर्तन—इसके दो भेद हैं :—**

(क) स्वर-परिवर्तन

घूम	घुमा	घुमवा
भीग	भिगा	भिगवा
जी	जिला	जिलवा
पी	पिला	पिलवा
रुक	रोक	रुकवा
तुल	तौल	तुलवा
खुल	खोल	खुलवा

अन्तिम तीन में प्रथम प्रेरणार्थक के लिए शून्य प्रत्यय जोड़ा गया है। शेष में स्पष्ट ही 'आ' अथवा 'ला' जोड़ा गया है।

(ख) स्वर तथा व्यंजन-परिवर्तन

टूट	तोड़	तुड़वा
फूट	फोड़	फुड़वा
छूट	छोड़	छुड़वा
बिक	बेच	बिकवा

यों वास्तविक रूप में इस वर्ग में मूल धातु प्रथम प्रेरणार्थक है। उससे एक ओर तो टूट, फूट, छूट, बिक बने हैं तो दूसरी ओर 'वा' वाले रूप। अपवाद है 'बिकवा' जो 'बिक' से बना है।

प्रेरणार्थक धातु : प्रथम प्रेरणार्थक धातु (शब्द)-स्तर पर, द्वितीय रूप-स्तर पर

कुछ धातुएँ ऐसी भी हैं जिनके प्रथम प्रेरणार्थक शब्द-स्तर पर मिलते हैं। प्रत्यय जोड़कर या ध्वनि-परिवर्तन करके उनकी रचना नहीं होती। हाँ उनके द्वितीय प्रेरणार्थक अवश्य प्रत्यय से बनते हैं। उदाहरणार्थ : आ-ला-लिवा; आ-बुला-बुलवा; जा-भेज-भेजवा; रह-रख-रखवा; हो-कर-करा, करवा; पड़-डाल-डलवा। प्रयोग हैं : नौकर आया— मैं नौकर लाया, राम आया—मैंने राम को वापिस बुलाया; राम उस कमरे में रहता है—राम को मोहन ने उस कमरे में रखा है।

प्रेरणार्थक क्रिया : वाक्य-स्तर पर

तीन वाक्य लें—

(क) बच्चा शीशी का दूध पी रहा है।

(ख) माँ बच्चे को शीशी का दूध पिला रही है।

(ग) माँ आया से बच्चे को शीशी का दूध पिलवा रही है।

इन वाक्यों में 'क' में एक कर्ता है : 'बच्चा'। 'ख' में 'माँ' **प्रेरक कर्ता** है और 'बच्चा' **प्रेरित कर्ता**। बच्चा माँ की प्रेरणा से दूध पी रहा है। 'ग' में एक ओर तो 'माँ' प्रेरक कर्ता हे, तो 'आया' प्रेरित कर्ता; दूसरी ओर 'आया' प्रेरित कर्ता है, तो 'बच्चा' प्रेरित कर्ता। अर्थात्—

	कर्ता
मूल क्रिया	
प्रथम प्रेरणार्थक	प्रेरक कर्ता→प्रेरित कर्ता
द्वितीय प्रेरणार्थक	प्रेरक कर्ता→{प्रेरित कर्ता / प्रेरक कर्ता}→प्रेरित कर्ता

अर्थात् द्वितीय प्रेरणार्थक में एक अता, प्रेरित और प्रेरक दोनों ही कर्ता होता है। उपर्युक्त 'ग' वाक्य में 'आया' की यही स्थिति है। माँ की दृष्टि से वह प्रेरित कर्ता है तो बच्चे की दृष्टि से प्रेरक कर्ता। इस प्रकार के कर्ता को **'प्रेरित प्रेरक'**, **'प्रेरित-प्रेरक कर्ता'** या **मध्यस्थ कर्ता** कह सकते हैं।

वाक्य-स्तर पर एक बात और भी ध्यान देने की है कि मूल क्रिया के वाक्य में बाह्य और आन्तरिक दोनों स्तरों पर एक वाक्य होता है—

बच्चा चलता है।

प्रथम प्रेरणार्थक में आन्तरिक स्तर पर दो वाक्य होते हैं—

बाह्य—नौकर बच्चे को चलाता है।

आन्तरिक—नौकर बच्चे को प्रेरणा देता है + बच्चा चलता है।

किन्तु द्वितीय प्रेरणार्थक में तीन वाक्य होते हैं—

बाह्य—माँ नौकर से बच्चे को चलवाती है।

आन्तरिक—माँ नौकर को प्रेरणा देती है + नौकर बच्चे को प्रेरणा देता है + बच्चा चलता है।

अर्थात् मूल क्रिया आन्तरिक स्तर पर भी एक ही होती है, प्रथम प्रेरणार्थक क्रिया आन्तरिक स्तर की दो क्रियाओं से बनी होती है, तथा द्वितीय प्रेरणार्थक आंतरिक स्तर की तीन क्रियाओं से। उदाहरणार्थ 'माँ बच्चे को कहानी सुना रही है' में 'सुना' (प्रथम प्रेरणार्थक)—कहना (माँ का) + सुनना (बच्चे का)। माँ बच्चे को नौकर से कहानी सुनवा रही है' में 'सुनवा' (द्वितीय प्रेरणार्थक)—कहना (माँ का) + कहना (नौकर का) + सुनना (बच्चे का)। अर्थात् मा ने नौकर से कहा कि बच्चे की कहानी सुनाओ—नौकर कहानी कहने लगा—बच्चे ने कहानी सुनी।

हिन्दी धातुएं : अकर्मक तथा प्रेरणार्थक की दृष्टि से

प्रकार	मूल धातुएँ			व्युत्पन्न धातुएँ	
	अकर्मक	सकर्मक	अकर्मक	प्र० प्रेरणा०/सकर्मक	द्वि० प्रेरणा०/प्र० प्रेरणा०
1	चल	—	—	चला	चलवा
	हँस	—	—	हँसा	हँसवा
	दौड़	—	—	दौड़ा	दौड़वा
	सो	—	—	सुला	सुलवा
2 (क)	—	देख	दिख	दिखा, दिखला	दिखवा, दिखलवा
(ख)	—	काट	कट	—	कटा, कटवा
3 (क)	उठ	—	—	उठा	उठवा
	उड़	—	—	उड़ा	उड़वा
	—	उठ	उठ	—	उठवा
	—	उड़ा	उड़	—	उड़वा
(ख)	—	बना	बन	—	बनवा
4 (क)	—	बेच	बिक	—	बिकवा
(ख)	—	डाल	पड़, डल	—	डलवा
(ग)	—	रख	रह	—	रखवा

5 (क)	—	खा, खेल	—	खिला	खिलवा
(ख)	—	पी	—	पिला	पिलवा
(ग)	—	पढ़	—	पढ़ा	पढ़वा
6 (क)	—	धो	—	—	धुला
	—	—	धुल	—	धुलवा
(ख)	—	कर	हो	—	करा, करवा
7 (क)	—	कह	—	—	कहला, कहलवा
(ख)	—	गा	—	—	गवा
	—	भेज	—	—	भिजवा
(ग)	—	ला	—	—	
	—	ले	—	—	लिवा

निम्नांकित बातें इस प्रसंग में ध्यान देने की हैं : (1) 'प्रथम प्रेरणार्थक' के साथ उपर्युक्त सारणी में 'सकर्मक' लिखा हुआ है। यह ध्यान देने की बात है कि हर प्रथम प्रेरणार्थक सकर्मक होती है, किन्तु यदि उसका कर्म सजीव है और क्रिया में सक्रिय ढंग से सहयोग कर रहा है, तो वह प्रेरणार्थक कहलाती है : माँ बच्चे को खिला रही है, अध्यापक विद्यार्थी को पढ़ा रहा है, मोहन कबूतर उड़ा रहा है। इन तीनों ही वाक्यों में बच्चा, विद्यार्थी, कबूतर सजीव हैं और सक्रिय रूप से क्रिया में सहयोग (खाकर, पढ़कर, उड़कर) कर रहे हैं, अतः लिखा, पढ़ा उड़ा सकर्मक होने

के साथ-साथ प्रेरणार्थक भी हैं। यदि दो कर्म हों तो ऐसे कर्म गौण कर्म होते हैं : माँ बच्चे को रोटी खिला रही है, अध्यापक विद्यार्थी को पुस्तक पढ़ा रहा है। दो बातें उल्लेख्य हैं : (क) यदि कर्म सजीव होकर भी सक्रिय रूप से क्रिया में सहयोग नहीं कर रहा है तो क्रिया प्रेरणार्थक नहीं होगी (राम मोहन को मार रहा है), क्योंकि यहाँ 'प्रेरणा' की बात नहीं है। ऐसी क्रिया मात्र सकर्मक होती है। (ख) यदि कर्म निर्जीव है तो सर्वदा ही ऐसी क्रिया सकर्मक होगी, न कि प्रथम प्रेरणार्थक, क्योंकि निर्जीव को प्रेरणा नहीं दी जा सकती : चालक क्रेन उठा रहा है, चालक गाड़ी चला रहा है। इसका अर्थ यह है कि क्रिया के एक ही रूप उपर्युक्त आधारों पर सकर्मक भी हो सकते हैं, प्रेरणार्थक—

सक०—रमेश साइकल दौड़ा रहा है।
प्र० प्रेरणा०—रमेश बच्चे को दौड़ा रहा है।
सक०—मोहन कार चला रहा है।
प्र० प्रेरणा०—मोहन बच्चे को चला रहा है।
सक०—राजी पतंग उड़ा रहा है।
प्र० प्रेरणा०—राजीव कबूतर उड़ा रहा है।

(2) द्वितीय प्रेरणार्थक के रूप, द्वितीय प्रेरणार्थक के रूप में तभी आते हैं जब प्रेरक, प्रेरित प्रेरक, तथा प्रेरित कर्ता तीनों सजीव हों—माँ आया से बच्चे को दूध पिलवाती है, डाक्टर कंपाउंडर से मरीज़ को दवा खिलवा रहा है। इसके विपरीत यदि तीसरी संज्ञा निर्जीव हो तो वह क्रिया प्रथम प्रेरणार्थक हो जाएगी—

द्वि० प्रेरणा०—माँ आया से बच्चे को चलवा रही है।
प्र० प्रेरणा०—मालिक नौकर से हल चलवा रहा है।
द्वि० प्रेरणा०—राम नौकर से कबूतर उड़वा रहा है।
प्र० प्रेरणा०—राम नौकर से पतंग उड़वा रहा है।

इसलिए ऊपर की सारिणी में द्वि० प्रेरणार्थक के साथ प्र० प्रेरणार्थक भी लिखा है।

ऊपर '1' और '2' में जो बातें कही गई हैं, वे भारतीय परम्परा की दृष्टि से हैं। पश्चिमी परम्परा 'तेज़ आँधी ने मकान गिरा दिया' को भी प्रेरणार्थक (causative) मानती है, किन्तु वास्तविक बात यह है कि यह वाक्य 'कॉज़ेटिव' तो है 'प्रेरणार्थक' नहीं है। कहना न होगा कि इन दोनों शब्दों में स्पष्ट अंतर है। कॉज़ेटिव' में कारण बनना पर्याप्त है, किंतु प्रेरणार्थक में 'प्रेरणा' आवश्यक है जिसके लिए दोनों पक्षों का सजीव होना अनिवार्य है।

(3) ऊपर 6-क में सकर्मक धो से द्वितीय प्रेरणार्थक 'धुला' और फिर उससे 'धुल' अकर्मक और फिर 'धुल' से 'धुलवा' बना है।

(4) 3-क में : उठ—बच्चा उठता है (अक०)—मैं बच्चे को उठाता हूँ (प्र०

प्रे०)—मैं नौकर से बच्चे को उठवाता हूँ (द्वि० प्रे०)। उठा—मैं सामान उठाता हूँ (सक०), सामान उठता है (अक०)—मैं नौकर से सामान उठवाता हूँ (प्र० प्रे०)। उड़—कबूतर उड़ता है—मैं लड़के से कबूतर उड़वाता हूँ। उड़ा—मैं पतंग उड़ाता हूँ—पतंग उड़ती है—मैं लड़के से पतंग उड़वाता हूँ। इस तरह उठ, उड़ आदि मूलतः अकर्मक भी हैं और सकर्मक भी।

(5) केवल सक्रियात्मक क्रियाओं के ही प्रेरणार्थक रूप बनते हैं, अक्रियात्मक (जैसे लगना, गँवाना, खोना आदि) के नहीं। इनका कर्ता, इन्हें करता नहीं, ये हो जाती हैं। 'लगना' यहाँ 'अच्छा लगना', 'बुरा लगना', 'बात लगना' आदि के प्रयोगों में है, 'सुई लगना' के प्रयोग में नहीं।

(6) पाना, चाहना, सकना, सोचना आदि कुछ क्रियाएँ सक्रियात्मक हैं, किन्तु इनके भी प्रेरणार्थक प्रायः नहीं बनते। अपवादतः कभी-कभी सुनने में अवश्य आता है—वे नहीं सोचते तो तुम उन्हें सोचवाओ, सोचने को मजबूर करो। ऐसे ही—तो आप नहीं जानते। अच्छा मैं आपको जनवा दूंगा, समय आने दीजिए। 'लेना' की स्थिति कुछ विचित्र है। सामान्यतः इसका प्रेरणार्थक नहीं बनता, किन्तु कभी-कभी 'तुम उस दिन वह चीज़ नहीं ले सके, आज चलो मैं लिवा दूँ' जैसे प्रयोग सुनाई पड़ जाते हैं। 'ला' का 'लिवा', इस 'ले' के 'लिवा' से भिन्न है।

(7) कभी-कभी प्रेरक तथा प्रेरित कर्ता वाक्य में नहीं भी आते, किन्तु क्रिया-रूप से उनकी विद्यमानता स्पष्ट हो जाती है—दूध पियो—दूध पिलाओ—दूध दिल-वाओ।

(8) 'अध्यापक बच्चे को पढ़ाता है' प्रथम प्रेरणार्थक है। इसमें 'बच्चा' बाह्यतः व्याकरण की दृष्टि से कर्म है, किन्तु तत्वतः तथा आंतरिक संरचना में वह प्रेरित कर्ता है। इस तरह प्रथम प्रेरणार्थक के प्रेरित कर्ता तथा द्वितीय प्रेरणार्थक के प्रेरित कर्ता द्वितीय प्रेरित कर्ता—इन दोनों के बाद 'को' आता है तथा ये बाह्य संर-चना में व्याकरणिक दृष्टि से कर्म होते हैं, किन्तु आंतरिक संरचना में तथा वास्तविक रूप में प्रेरित कर्ता होते हैं। 'बच्चा पुस्तक पढ़ता है'—'अध्यापक बच्चे को पुस्तक पढ़ाते हैं'—'पिता बच्चे को अध्यापक से पुस्तक पढ़वाते हैं' में आंतरिक तथा बाह्य दोनों स्तरों पर तथा वास्तविक रूप में भी 'पुस्तक' कर्म है। इसके साथ प्रायः 'को' नहीं लगता।

(9) प्रेरणार्थक क्रिया अकर्मक धातु से भी बनती है (बच्चा चलता है—नौकर बच्चे को चलाता है—माँ बच्चे को नौकर से चलवाती है) तथा सकर्मक से भी (बच्चा पुस्तक पढ़ता है)—अध्यापक बच्चे को पुस्तक पढ़ाते हैं—माँ अध्यापक से बच्चे को पुस्तक पढ़वाती है)। (अकर्मक से बने सामान्य वाक्य में एक संज्ञा आती है (बच्चा), प्रथम प्रेरणार्थक में दो (नौकर, बच्चा), तथा द्वितीय प्रेरणार्थक में तीन (माँ, नौकर, बच्चा); किंतु सकर्मक से बने वाक्य में सामान्य में दो संज्ञाएँ (बच्चा, पुस्तक), प्रथम प्रेरणार्थक में तीन संज्ञाएँ (अध्यापक, बच्चा, पुस्तक), तथा द्वितीय प्रेरणार्थक

में चार संज्ञाएँ (माँ, अध्यापक, बच्चा, पुस्तक) होती हैं। इनके अतिरिक्त और संज्ञाएँ (जैसे मैदान में, घर पर) आ भी सकती हैं, नहीं भी।

(10) 'रह-रख-रखवा' ऊपर आये हैं। यह केवल सजीव के लिए है : 'मैं इस आदमी को उस कमरे में कैसे रख लूं, एक आदमी पहले से रह रहा है। निर्जीव के लिए केवल 'रख-रखवा' आएँगे—तुम्हारा सामान वहाँ रखा है, उसका भी वहीं रखवा दो।

(11) हिन्दी में कुछ अलग-अलग धातुओं के प्रेरणार्थक रूप समध्वनीय या समरूपीय भी हैं। जैसे खा-खिला-खिलवा : खेल-खिला-खिलवा, ला-लिवा : ले-लिवा।

(12) बोलचाल में कुछ धातुओं के प्रेरणार्थक जैसे रूप संज्ञा-द्विरुक्ति के द्वितीय सदस्य के रूप में प्रयुक्त होते हैं, किंतु प्रेरणार्थक क्रिया रूप में उनका प्रयोग नहीं होता। उदाहरणार्थ होना-हवाना, खोना-खवाना, जाना-जवाना, आना-अवाना आदि। प्रयोग है : उनको जाना-जवाना तो है नहीं, मुझे यों ही तंग कर रहे हैं।

(13) द्वितीय प्रेरणार्थक वास्तविक रूप में केवल चल, पढ़, पी, सो, सूँघ, पकड़, नहा, खा, दौड़, भाग आदि कुछ उन्हीं धातुओं का सम्भव है, जिनमें दोनों पक्ष सक्रिय हों।

वाच्य

क्रिया की इस प्रकार की रूप-रचना को वाच्य कहते हैं, जिससे यह पता चलता है कि क्रिया-व्यापार का मूल संचालक कर्ता है, अथवा कर्म, अथवा इस बात की ओर संकेत न होकर, संकेत इस बात की ओर है कि कर्ता क्रिया को करने में समर्थ है अथवा नहीं। दूसरे शब्दों में वाच्य क्रिया की वह प्रकार्यपरक संकल्पना है, जिसमें कर्ता, कर्म, अथवा क्रिया के किए जाने की दृष्टि से शक्यता-अशक्यता पर बल होता है।

हिन्दी में तीन वाच्य माने जाते हैं—

कर्तृ वाच्य

(1) इसमें कर्ता पर बल रहता है। वही क्रिया-व्यापर का संचालक होता है।

(2) इसकी क्रिया अकर्मक (राम हँसता है) या सकर्मक (राम पत्र लिखता है) किसी भी प्रकार की हो सकती है।

(3) इसमें क्रिया (क) कर्ता के अनुसार (राम जाता है, सीता जाती है, लड़के जाते हैं, लड़कियाँ जाती हैं); (ख) कर्म के अनुसार (राम ने रोटी खाई, सीता ने चावल खाए), अथवा (ग) किसी के भी अनुसार न होकर पुल्लिंग एकवचन में होती (लड़के/लड़की/लड़कों/लड़कियों ने, लड़की/लड़के/लड़कियों/लड़कों/को मारा) है। अर्थात् कर्तृ वाच्य का वाक्य कर्तरि प्रयोग, कर्मणि प्रयोग अथवा भावे प्रयोग किसी भी प्रकार का हो सकता है।

(4) कर्तृवाच्य के वाक्य सकारात्मक, नकारात्मक, प्रश्नसूचक तथा नकारात्मक प्रश्नसूचक आदि सभी प्रकार हो सकते हैं।

कर्मवाच्य

(1) यह मूलतः कर्तृवाच्य के वाक्यों से ही रूपांतरित करके बनाया जाता है : लड़का पतंग उड़ा रहा है—पतंग उड़ रही है।

(2) इसमें कर्म की प्रधानता होती है। उसी पर बल रहता है, तथा वही क्रिया-व्यापार का संचालक होता है : काम तुमसे नहीं होगा, खिड़की राम से भी नही खोली जा सकी।

(3) कर्तृवाच्य का कर्म कर्मवाच्य में कर्ता बन जाता है (बढ़ई ने लकड़ी काटी—लकड़ी बढ़ई द्वारा काटी गई, लकड़ी कटी)।

(4) : (क) कर्तृवाच्य का कर्ता कर्मवाच्य में करण हो जाता है तथा उसके साथ 'से' या 'के द्वारा' का प्रयोग होता है (बढ़ई ने लकड़ी काटी—लकड़ी बढ़ई द्वारा काटी गई), अथवा (ख) कर्ता का लोप हो जाता है (लकड़ी काटी गई, लकड़ी कटी)।

(5) इसकी रचना के लिए या तो मुख्य क्रिया (सकर्मक) के पूर्ण कृदंत रूप का प्रयोग करते हैं, तथा साथ में कर्मवाच्य चिह्नक 'जा' का 'कर्तृवाच्य की क्रिया के अनुरूप' रूप आता है (बढ़ई ने लकड़ी काटी—लकड़ी काटी गई); या व्युत्पन्न अकर्मक क्रिया का प्रयोग होता है (लकड़ी कटी)। इस प्रकार बाह्य संरचना में, इसमें कभी सकर्मक क्रिया आती है, तथा कभी अकर्मक; किंतु आंतरिक संरचना में इसकी क्रिया सकर्मक ही होती है : आंतरिक संरचना—बढ़ई ने लकड़ी काटी (सकर्मक) : बाह्य संरचना—लकड़ी बढ़ई द्वारा काटी (सकर्मक) गई। लकड़ी कटी (अकर्मक)। यह ध्यान देने की बात है कि सभी सकर्मक क्रियाओं से व्युत्पन्न अकर्मक नहीं बनता, अतः सभी धातुओं से दो प्रकार के कर्मवाच्य नहीं बनेंगे। उदाहरणार्थ देख से दिख, चला से चल, तथा काट से कट आदि बनेंगे किंतु पढ़, लिख, मार से नहीं बनेगा। अर्थात् पहले प्रकार का (काटी गई) कर्मवाच्य, सभी सकर्मक धातुओं से बन सकता है, किंतु दूसरे प्रकार का (कटी) केवल उन सकर्मक धातुओं से, जिनसे अकर्मक धातु बनाना संभव है।

(6) : (क) कभी क्रिया कर्मवाच्य के कर्ता (जो मूलतः कर्तृवाच्य का कर्म होता है) के अनुसार होती है (लकड़ी कटी अथवा काटी गई) और तब वाक्य कर्मणि प्रयोग का उदाहरण होता है। (ख) कभी क्रिया एकवचन पुल्लिग होती है (लकड़ी को काटा जा रहा है, लकड़ियों को काटा जा रहा है) और तब भावे प्रयोग होता है।

(7) कर्मवाच्य का वाक्य सकारात्मक, नकारात्मक प्रश्नसूचक तथा नकारात्मक प्रश्नसूचक—इन चारों प्रकार का हो सकता है : लकड़ी काटी गई—लकड़ी नहीं काटी गई ? क्या लकड़ी काटी गई ? क्या लकड़ी नहीं काटी गई ?

भाववाच्य

(1) यह मूलतः कर्तृवाच्य से ही बनाया जाता है : राम सोता है—राम से सोया नहीं जाता। इसमें न तो कर्ता को प्रधानता दी जाती है, न कर्म को, बल्कि भाव को।

(2) इसमें कभी तो कर्ता होता है (राम से सोया नहीं जाता), और कभी नहीं होता : अब सोया नहीं जाता, अब यहाँ रहा नहीं जाता, अब वहाँ बैठा नहीं जाता।

(3) यदि कर्ता रहता है तो वह करण कारक में ('से', 'द्वारा' अथवा 'के द्वारा' के साथ) रहता है : मुझसे सोया नहीं जाता।

(4) इस भाववाच्य-चिह्नक 'जा' 'जाता' रूप में आता है, तथा मुख्य क्रिया पूर्णकृदंत रूप में आती है : अब खाया नहीं जाता। मुख्य क्रिया यदि 'जा' हो तो उसका 'गया' रूप न होकर 'जाया' रूप आता है : वहाँ जाया नहीं जाता।

(5) क्रिया या तो अकर्मक होती है (यहाँ सोया/बैठा/उठा/हँसा नहीं जाता) या मूलतः सकर्मक होने पर भी बिना कर्म के आने से अकर्मकवत् (मुझसे खाया नहीं जाता, अब तो खाया नहीं जाता) हो जाती है।

(6) क्रिया सर्वदा एकवचन पुंल्लिग होती है। कर्ता हो भी तो उसका क्रिया पर कोई प्रभाव नहीं पड़ता (सीता से चला नहीं जाता—राम से चला नहीं जाता, लड़कों से चला नहीं जाता, लड़कियों से चला नहीं जाता) अर्थात् भाववाच्य के वाक्य में 'भावे प्रयोग' ही होता है।

(7) भाववाच्य के वाक्य सकारात्मक (मुझसे अब बैठा जाता है), नकारात्मक (मुझसे अब बैठा नहीं जाता), प्रश्नवाचक (क्या उससे अब चला जाता है?) तथा नकारात्मक प्रश्नसूचक (क्या उनसे अब बैठा भी नहीं जाता) आदि सभी प्रकार के होते हैं। यों सकारात्मक का प्रयोग प्रायः कम ही होता है। बातचीत में कोई पूछे 'क्या आपसे अब चला जाता है?' तो उत्तर हो सकता है 'हाँ-हाँ, अच्छी तरह चला जाता है।'

हिंदी में केवल दो वाच्य

थोड़ी गहराई से देखें तो हिंदी में मूलतः दो ही वाच्य मानना अधिक उचित है : **कर्तृवाच्य तथा अकर्तृवाच्य**। इन दोनों में मुख्य अंतर हैं : (क) कर्तृवाच्य में कर्ता अवश्य होता है (मोहन लोहा काट रहा है), किंतु अकर्तृवाच्य में कर्ता का होना आवश्यक नहीं है। वह हो भी सकता है (मोहन के द्वारा लोहा काटा जा रहा है), नहीं भी (लोहा काटा जा रहा है)। (ख) कर्तृवाच्य में कर्ता पर बल होता है किंतु अकर्तृवाच्य मे उस पर बल नहीं होता। (ग) कर्तृवाच्य का कोई वाच्य-चिह्नक नहीं होता। किंतु अकर्तृवाच्य का 'जा' होता है। यों जिन सकर्मक धातुओं के व्युत्पन्न अकर्मक संभव है उनके जा-विहीन प्रयोग भी होते है, जैसा कि हम पीछे देख चुके हैं।

आगे **अकर्तृवाच्य** के दो भेद कर सकते हैं : **कर्मवाच्य और भाववाच्य**। इन दोनों में मुख्य अंतर हैं : (क) कर्मवाच्य में मूल कर्तृवाच्य का कर्म अवश्य होता है, किंतु भाववाच्य में नहीं होता। (ख) कर्मवाच्य में 'जा' का प्रयोग नहीं भी हो सकता है किंतु भाववाच्य में अवश्य होता है। (ग) कर्तृवाच्य में सकर्मक क्रिया आती है, किंतु भाववाच्य में सकर्मक क्रिया कभी नहीं आती, यदि आती भी है तो कर्म का लोप होने से वह अकर्मकवत् होती है।

अकर्तृवाच्य का वर्गीकरण एक अन्य प्रकार से भी किया जा सकता है। मूलतः इसके दो भेद माने जा सकते हैं : **कर्ता-युक्त, कर्ता-रहित**। आगे इनके और भी भेद-उपभेद हो सकते हैं—

(क) **कर्ता-युक्त अकर्तृवाच्य**—जिस वाक्य में क्रिया का वास्तविक कर्ता (कर्तृवाच्य का कर्ता) विद्यमान हो (करण के रूप में)। जैसे अरुण से चला नहीं जाता, अशोक से काम नहीं हुआ। आगे इसके चिह्नक 'जा' के प्रयुक्त होने, या व्युत्पन्न अकर्मक के प्रयुक्त होने के आधार पर दो उपभेद किए जा सकते हैं—

(अ) **चिह्नक-युक्त अकर्तृवाच्य**—इसके भी आगे दो भेद कर सकते हैं : (i) **सचिह्नक अकर्मकीय**—विमल से रहा नहीं गया, अरुणा से चला नहीं जाता। हिंदी की परंपरागत दृष्टि से यह भाववाच्य है। (ii) **सचिह्नक सकर्मकीय**—अशोक से ये बंधन तोड़े नहीं गए, सरोज से यह छोटा-सा काम भी नहीं किया जा रहा है। हिंदी की परंपरागत दृष्टि से ये दोनों वाक्य कर्मवाच्य के हैं।

(आ) **व्युत्पन्न अकर्मकयुक्त**—अशोक से ये बंधन नहीं टूटे, सरोज से यह छोटा-सा काम भी नहीं हो रहा। हिंदी की परंपरागत दृष्टि से ये दोनों कर्मवाच्य हैं।

(ख) **कर्ता-रहित अकर्तृवाच्य**—इसमें वास्तविक कर्ता का लोप रहता है। इसके भी दो भेद किए जा सकते हैं—

(अ) **चिह्नक-युक्त अकर्तृवाच्य**—इसके भी दो उपभेद हैं : (i) **सचिह्नक अकर्मकीय**—यहाँ रहा नहीं जाता, अब तो चला नहीं जाता। परंपरागत दृष्टि से यह भाववाच्य है। (ii) **सचिह्नक सकर्मकीय**—अभी तक ये बंधन नहीं तोड़े गए, यह छोटा-सा काम भी यहाँ नहीं किया जा रहा। परंपरागत दृष्टि से ये कर्मवाच्य हैं।

(आ) **व्युत्पन्न अकर्मकयुक्त**—अभी तक ये बंधन भी नहीं टूटे, यह छोटा-सा काम भी यहाँ नहीं हो रहा। ये दोनों ही परंपरागत दृष्टि से कर्मवाच्य हैं।

इन्हें सारिणी-रूप में यों रखा जा सकता है—

+कर्ता			—कर्ता		
+जा, -व्युत्पन्न		+व्युत्पन्न, -जा	+जा, -व्युत्पन्न		+व्युत्पन्न, -जा
अकर्मक	सकर्मक	अकर्मक	अकर्मक	सकर्मक	अकर्मक
विमल से रहा नहीं गया अरुण से चला नहीं जाता।	राजीव से ये बंधन तोड़े नहीं गए। अशोक से यह काम किया नहीं जा सका।	राजीव से ये बंधन नहीं टूटे। अशोक से यह काम हो नहीं सका।	यहाँ रहा नहीं गया। अब चला नहीं जाता।	अभी तक ये बंधन तोड़े नहीं गए। यह काम भी किया नहीं जा सकता।	अभी तक ये बंधन नहीं टूटे। यह काम भी हो नहीं सका।

निर्वाच्यता

एक प्रश्न यह भी उठाया जा सकता है कि क्या सभी प्रकार के क्रिया-रूपों का कोई-न-कोई वाच्य होता है ? काफ़ी विद्वानों के अनुसार ऐसा होता है, किंतु मुझे लगता है कि ऐसी बात है नहीं। जिन वाक्यों में वास्तविक क्रिया-व्यापार नहीं है, क्रिया-व्यापार की सक्रियता नहीं है (जैसे राम घर में है, कृष्ण स्वस्थ है, हरि वकील है, कल ठंड थी, बच्चे के तीन हाथ हैं, मुझे वह घटना मालूम थी, तुम्हें उससे नफ़रत है, मुझे तुम्हारा आना पसंद नहीं है, आदि) उनमें वाच्य मानने का कोई औचित्य नहीं। ऐसी स्थिति में ऐसी क्रियाओं को मैं निर्वाच्य कहना चाहूँगा।

हिंदी में सर्वाधिक प्रयोग कर्तवाच्य का तथा सबसे कम भाववाच्य का होता है।

प्रयोग

प्रयोग से यहाँ आशय है 'क्रिया का प्रयोग'। क्रिया तीन रूपों में प्रयुक्त होती है। कभी तो वह कर्ता का अनुसरण करती है, जिसे 'कर्तरि प्रयोग' कहते हैं, कभी

कर्म का अनुसरण करती है जिसे कर्मणि प्रयोग कहते हैं, और कभी 'कर्ता' या 'कर्म' किसी का भी प्रयोग न करके अपरिवर्तित रहती है, जिसे भावे प्रयोग कहते हैं।

कर्तरि प्रयोग—जब क्रिया लिंग-वचन या वचन-पुरुष की दृष्टि से कर्ता का अनुसरण करे। ऐसा निम्नांकित स्थितियों में होता है: (क) **अकर्मक क्रिया के आने पर**—मोहन गया, राधा गई, आदमी गए, औरतें गईं। (ख) **एककर्मक क्रिया के आने पर जब कर्ता के साथ 'ने' का प्रयोग न हो**—मोहन रोटी खाता है, राधा चावल खाती है, आदमी रोटियाँ खाते हैं, औरतें चावल खाती हैं। (ग) **द्विकर्मक क्रिया के आने पर, जब कर्ता के साथ 'ने' का प्रयोग न हो**— मोहन राधा को चिट्ठी लिखता है, राधा मोहन को पत्र लिखती है, लड़के लड़कियों को चिट्ठी लिखते हैं, लड़कियाँ लड़कों को पत्र लिखती हैं। यहाँ गौण कर्म के साथ को, ए (उसे), अथवा एँ (उन्हे) आते हैं। (घ) **अस्तित्ववाचक क्रिया** के आने पर—मोहन है, मैं हूँ, तुम हो, वे हैं, राम था, सीता थी, लड़के थे, लड़कियाँ थीं। (ङ) **अस्तित्ववाचक क्रिया के पूरक के साथ आने पर**—मोहन लड़का था, सीता लड़की थी, मैं अध्यापक हूँ, तुम डाक्टर हो।

कर्मणि प्रयोग—जब क्रिया लिंग-वचन की दृष्टि से कर्म का अनुसरण करे। ऐसा निम्नांकित स्थितियों में होता है: (क) **जब कर्ता के साथ 'ने' हो तथा सकर्मक क्रिया के भूतकालिक कृदंत का प्रयोग हो**—मोहन ने रोटी खाई, सीता ने आम खाया, लड़कों ने एक रोटी खाई, लड़कों ने कई रोटियाँ खाईं, लड़कियों ने एक आम खाया, लड़कियों ने कई आम खाए। (ख) **जब कर्मवाच्य हो, बल कर्म पर हो, कर्ता पर न हो, तथा सकर्मक क्रिया भूतकालिक कृदंत रूप में हो**—दंगे में मोहन मारा गया, दंगे में लड़की मारी गई, दंगे में लड़के मारे गए, दंगे में लड़कियाँ मारी गईं। (ग) **जब कर्ता के साथ 'से' या 'के द्वारा' या 'द्वारा' हो और सकर्मक क्रिया भूतकालिक कृदंत रूप में हो**—डाकू के द्वारा चौकी लूटी गई, डाकुओं के द्वारा चौकी लूटी गई, सेना के द्वारा एक शहर लूट लिया गया, सेना के द्वारा कई शहर लूट लिए गए, सीता से यह काम नहीं किया जा सका, मोहन से यह लड़ाई नहीं लड़ी जा सकी।

भावे प्रयोग—जब क्रिया न तो कर्ता का अनुसरण करे और न कर्म का, बल्कि हमेशा पुल्लिंग, अन्य पुरुष, एकवचन की रहे। ऐसा निम्नांकित स्थितियों में होता है: (क) **जब कर्ता के साथ ने तथा कर्म के साथ को, ए अथवा एँ हो**— **उस लड़की ने** शेरों को देखा, उन **शेरों ने** लड़कियों को देखा, उन लड़कियों ने उन्हें (उन मछलियों को) देखा, उन **लड़कियों ने** उसे (उस बिल्ली को) देखा। (ख) **सामर्थ्य अथवा असामर्थ्यद्योतन मे अकर्मक या कर्म के बिना प्रयुक्त सकर्मक क्रिया के साथ, साथ में जाना क्रिया क कोई रूप भी**—(1) राम से चला नहीं जाता, सीता से चला नहीं जाता, लड़कों से चला नहीं जाता, लड़कियों से चला नहीं जाता। (2) अब तो सहा नहीं जाता, अब तो देखा नहीं जाता। (3) अब तो राम से खाया नहीं जाता, अब तो सीता से खाया नहीं जाता, अब तो लड़कों से खाया नहीं जाता, अब तो लड़कियों से खाया नहीं जाता। '3' में सकर्मक क्रिया है, किन्तु यदि 'कर्म' का प्रयोग कर दें, तो

क्रिया कर्मणि प्रयोग की हो जाएगी—अब तो लड़कियों से ये आम नहीं खाए जाते, अब तो लड़कों से ये रोटियाँ खाई नहीं जातीं।

वाच्य और प्रयोग

वाच्य और प्रयोग दोनों को स्पष्टतः समझ लेना चाहिए। वाच्य का सम्बन्ध वाक्य में प्रधानता (कर्ता, कर्म अथवा भाव का) से, तथा प्रयोग का सम्बन्ध क्रिया के कर्ता अथवा कर्म के अनुरूप होने अथवा तटस्थ रहने से है। इस तरह दोनों एक नहीं हैं। यही कारण है कि उनमें नामानुरूप समानता नहीं है।

कर्तृवाच्य-कर्तरि प्रयोग—लड़का जाता है, लड़की जाती है।

कर्तृवाच्य-कर्मणि प्रयोग— लड़कों ने पत्र लिखा, लड़के ने चिट्ठी लिखी।

कर्तृवाच्य-भावे प्रयोग—उन लड़कियों ने ही इन तसवीरों को भी बनाया है।

कर्मवाच्य-कर्मणि प्रयोग—राम से बात बन गई, राम से काम नहीं बना। मोहन से पेड़ काट नहीं गया।

कर्मवाच्य-भावे प्रयोग—लकड़ी को काटा जा रहा है, इस काम को नहीं किया जा सकता है।

भाववाच्य-भावे प्रयोग—अब यह सब देखा नहीं जाता, मुझसे यह सहा नहीं जाता।

अर्थ (या प्रकार या वृत्ति)

क्रिया के रूप से निश्चय, संभावना, सन्देह आदि का भाव प्रकट होता है। इस भाव या रीति को ही अर्थ या प्रकार कहते हैं। हिंदी में इसके पाँच भेद हैं—

(1) **निश्चयार्थ**—जिससे निश्चित सूचना मिले। कथन, वर्णन, प्रश्न, निषेध आदि इसके अन्तर्गत आते हैं। जैसे—मोहन गया, फूल खिले हैं, क्या तुम कल जाओगे ? मैं नहीं जाऊँगा। सभी कालों में निश्चयार्थ का प्रयोग होता है।

(2) **संभावनार्थ**—अनुमान, संभावना, इच्छा, सम्मति, अनुमति, कर्तव्य, आशीर्वाद आदि में इसका प्रयोग होता है। सम्भावनार्थ तीनों कालों में आता है : शायद आज वहाँ बारिश हो रही है, संभव है वे कल आए हों, मैं चाहता हूँ कि वे अपने काम की ओर ध्यान दें।

(3) **संदेहार्थ**—जिससे संदेह व्यक्त हो। जैसे—राम शायद ही मिले। इसके साथ संदेहबोधक शब्द का प्रयोग प्रायः होता है।

(4) **आज्ञार्थ**—जिससे सामान्य आज्ञा, निषेधाज्ञा, उपदेश, प्रार्थना आदि का बोध हो। जैसे—तुम जाओ, आप जाइए, माँ-बाप का आदर करो, बुरों का साथ मत पकड़।

(5) **संकेतार्थ**—जिससे शर्त प्रकट हो, एक क्रिया का होना दूसरी क्रिया के होने पर निर्भर करता हो अथवा दो घटनाओं में कार्य-कारण सम्बन्ध हो। जैसे वह पढ़ता तो पास हो जाता। यह तीन प्रकार का होता है : (क) यदि तुम जाते तो तुम्हारा

काम हो जाता। (ख) यदि वह जाता होता तो ऐसा न होता। (ग) यदि मैं गया होता तो वह मार देता।

पक्ष

क्रिया कभी तो पूर्णता व्यक्त करती है, कभी अपूर्णता, और कभी नित्यता तो कभी सामान्यता आदि। क्रिया की उस क्षमता को ही पक्ष (aspect) कहते हैं, जिससे पूर्णता-अपूर्णता, नित्यता-सामान्यता आदि व्यक्त होती है।

हिन्दी क्रिया के मूलतः दो पक्ष हैं : अपूर्ण पक्ष, पूर्ण पक्ष।

(1) **अपूर्ण पक्ष**

इसके दो भेद हैं : नित्य, सातत्य।

(क) **नित्य अपूर्ण पक्ष**—इसका चिह्नक 'त्' है, अर्थात् अपूर्ण कृदंत में यह पक्ष है : राम पढ़ता है : यह **स्वभाव** (मोहन झूठ बोलता है, सीता चोरी करती है), **सामान्य नियम** (दो और दो चार होते हैं), **ऐतिहासिक वर्तमान** (इतने में क्या देखते हैं कि सामने नंगी तलवार लिये वह खड़ा है), **पहले से अन्त तक होने वाली घटना** (वह अनेक वर्षों से वहाँ पढ़ता, पढ़ाता था), **हो रही घटना** (जब तक वह खाता है मैं बैठा हूँ), **आगे घटने वाली घटना** (तुम्हारे बाप को आने दो तो तुम्हें मैं मज़ा चखाता हूँ) आदि को व्यक्त करता है। नित्य अपूर्ण पक्ष भी दो प्रकार का होता है : सामान्य विशिष्ट।

(i) **अमान्य नित्य अपूर्ण**—यह दो प्रकार का होता है : एक वह जो अस्तित्व-वाचक क्रिया में परिवर्तनीय है—

राम चोरी करता है	—राम चोर है।
श्याम लिखता है	—श्याम लेखक है।
मोहन पढ़ता है	—मोहन विद्यार्थी है।

दूसरा वह है जो इस प्रकार परिवर्तनीय नहीं है, और नित्य नियम है—

चार और चार आठ होते हैं।
पानी गर्म करने से भाप बन जाता है।
सूरज पूरब में निकलता है।

इस सामान्य के स्थान पर इसी अर्थ में सातत्य (रहा है) नहीं आता। (तुलना कीजिए : नीचे का विशिष्ट नित्य अपूर्ण)।

(ii) **विशिष्ट नित्य अपूर्ण**—यह नाटक में मंच-विषयक व्यवस्था आदि के निर्देश के लिए आता है।

रोशनी मद्धिम हो जाती है।
दरवाज़ा खुलता है।
रोशनी जल जाती है।
फ़ोन की घंटी बजती है।

इसके स्थान पर सातत्य (रहा है) आ सकता है। सच पूछा जाए तो यह सातत्य को ही व्यक्त करता है।

(ख) **सातत्य अपूर्ण पक्ष**—इसका चिह्नक 'रह्' है। यह कथन के समय की बात को व्यक्त करता है : राम जा रहा है, मोहन खा रहा है, इस समय वह नहा रहा है, अभी तो वह काम कर रहा है। यह 'रह्' मुख्य क्रिया (राम उस घर में रहता है) तथा अतिशयताबोधक (रंजक) सहायक क्रिया (राम वहाँ रहता रहा है) से भिन्न है, तथा मुख्य क्रिया के धातु रूप के साथ ही (वह खा रहा है, राम वहाँ रह रहा है) आता है। यह भी ध्यान में रखने की बात है कि एव साथ दो पक्ष कभी नहीं आते। अतः 'वह आता रहा है' जैसे वाक्यों में 'त्' पक्ष के रहते 'रह्' को पक्ष नहीं माना जा सकता।

(2) **पूर्ण पक्ष**

यह पूर्णता को व्यक्त करता है। इसका चिह्नक शून्य है। पूर्ण कृदंत में यह पक्ष मिलता है : राम दौड़ा, सीता दौड़ी, लड़के दौड़े। कहना न होगा कि इनमें आ, ई, ए लिंग-वचन के द्योतक हैं। अर्थात् दौड़+पूर्ण पक्ष द्योतक शून्य+लिंग-वचन प्रत्यय 'आ'=दौड़ा।

कृदंत

हिंदी क्रिया में कृदंतों का महत्त्वपूर्ण स्थान है। कृदंत दो शब्दों से मिलकर बना है : 'कृत्+अन्त'। अर्थात् कृदंत ऐसे शब्दों को कहते हैं जिनके अन्त में 'कृत्' प्रत्यय हो। कृत् प्रत्यय उन प्रत्ययों को कहते हैं, जो धातु में जोड़े जाते हैं। इस प्रकार धातु में जब कोई प्रत्यय जोड़कर किसी शब्द की रचना होती है तो उसे 'कृदंत' कहते हैं।

हिन्दी में मुख्य कृदंत निम्नलिखित हैं—

(1) **अपूर्ण (वर्तमानकालिक) कृदंत**—यह धातु में त् जोड़ने से बनता है। प्रयोग के लिए इस त् के बाद लिंग-वचन के प्रत्यय आ, ई, ए, ईं जोड़े जाते हैं। जैसे—

धातु		**वर्त० प्रत्यय**		**लिंग-वचन**
चल	+	त्	+	आ=चलत
पढ़	+	त्	+	ई=पढ़ती
आ	+	त्	+	ए=आते
रो	+	त्	+	ईं=रोतीं

इसका प्रयोग निम्नांकित रूपों में होता है—(क) संज्ञा—**मरते** को क्या मारना ? (ख) विशेषण—**मरते** आदमी को क्या मारना ? (ग) क्रिया—**जाता** तो मैं भी **लाता**। (घ) क्रियाविशेषण—राम **दौड़ता** जा रहा है।

(2) **पूर्ण (भूतकालिक) कृदंत**—इसके लिए धातु में शून्य (अर्थात् कुछ नहीं) जोड़ा जाता है, किन्तु साथ ही लिंग-वचन के प्रत्यय भी जोड़े जाते हैं। जैसे—

धातु		भूत० प्रत्यय		लिंग-वचन
चल्	+	शून्य	+	आ=चला
पढ़्	+	शून्य	+	ई=पढ़ी
दौड़	+	शून्य	+	ए=दौड़े
लिख्	+	शून्य	+	ईं=लिखीं

'अ' 'आ' 'इ' 'ओ' के बाद लिंग-वचन का 'आ' प्रत्यय जोड़ा जाता है तो उसके पूर्व 'य्' आ जाता है—

ग+य् आ=गया

खा+य्+आ=खाया (भाया, पाया, लाया, आदि भी)

पि+य्+आ=पिया (किया, लिया, दिया, सिया आदि भी)

सो+य्+आ=सोया (रोया, टोया, खोया, बिलोया, पोया आदि भी)

कुछ धातुओं में ये प्रत्यय जोड़ने पर ह्रस्वीकरण (ई, ए,→इ; ऊ, ओ→उ) की प्रवृत्ति मिलती है : की—किया, दे—दिया, ले—लिया, हो—हुआ। मुख्य रूप हैं—

धातु	पुल्लिंग एक०	पुल्लिंग बहु०	स्त्रीलिंग एक०	स्त्रीलिंग बहु०
कर(की)	किया	किए, किये	की	कीं
जा(ग)	गया	गए, गये	गई, गयी	गईं, गयीं
ले	लिया	लिए, लिये	ली	लीं
दे	दिया	दिए, दिये	दी	दीं
पी	पिया	पिए, पिये	पी	पीं
सी	सिया	सिए, सिये	सी	सीं
जी	जिया	जिए, जिये	जी	जीं
छू	छुआ	छुए	छुई	छुईं
हो	हुआ	हुए	हुई	हुईं

पूर्णकृदंत का प्रयोग निम्नांकित रूपों में होता है—संज्ञा : (क) **मरे** को क्या मारना ? (ख) विशेषण—**मरे** आदमी को क्या मारना ? (ग) क्रिया—राम **गया**। (घ) क्रियाविशेषण—राम **दौड़ा** आया है।

(3) **क्रियार्थक संज्ञा**—इसके लिए धातु में न् जोड़ते हैं। न् के बाद लिंग-वचन के प्रत्यय आ, ई, ए आते हैं। जैसे—

चल्+न्+आ = चलना

पढ़्+न्+ई = पढ़ती

खा+न्+ए = खाने

क्रिया का यह रूप संज्ञा की तरह प्रयुक्त होता है, अतः यह नाम पड़ा है। आज्ञा के लिए भी इसका प्रयोग होता है, इसी कारण इसे **'विध्यर्थक कृदंत'** भी कहते

हैं। अपवादतः यह विशेषण रूप में आता है, जो सामान्यतः क्रिया लगता है। प्रयोग हैं : (क) संज्ञा—सवेरे **टहलना** अच्छा है। (ख) क्रिया—तुम कल सवेरे **आना**; उसे **जाना** पड़ा; राम को **आना** चाहिए। (ग) विशेषण—एक पत्र **लिखना है**; कई पत्र **लिखने** हैं; एक चिट्ठी **लिखनी** है; कई चिट्ठियाँ **लिखनी** हैं।

(4) **पूर्वकालिक कृदन्त**—इसके लिए धातु में कर (वह **खाकर** आएगा), के (काम **करके** आएगा), करके (खा **करके** गया है), अथवा शून्य (वह **देख** आया है) जोड़ा जाता है। 'कर' धातु के साथ 'कर' न जोड़कर 'के' ही जोड़ते हैं। अन्य धातुओं के साथ 'के' का प्रयोग मानक नहीं माना जाता। 'करके' का प्रयोग प्रायः ज़ोर देने के लिए करते हैं—'उसे देख करके तो आना।' शून्य का प्रयोग प्रायः कम ही होता है।

पूर्वकालिक कृदन्त को **पूर्वकालिक क्रिया** भी कहते हैं। इसका प्रयोग तीन अर्थों में होता है।

(क) क्रिया से पूर्व होने वाली क्रिया बताने के लिए वह **खाकर** जाएगा, राम रोकर गया है; मेरा सामान **खरीदकर** लाना।

(ख) कभी-कभी रीतिबोधक क्रियाविशेषण के रूप में—वह **लँगड़ाकर** चल रहा है। राम **दौड़कर** आया है। यहाँ 'दौड़कर' को पूर्वकालिक क्रिया के रूप में लिया जाय तो एक अर्थ होगा तथा रीतिबोधक क्रियाविशेषण के रूप में लिया जाय तो दूसरा अर्थ होगा।

(ग) कारणबोधक रूप में—ऐसा खाना **खाकर** कोई भी बीमार पड़ सकता है, मोहन पेड़ से **गिरकर** मर गया।

सहायक क्रिया

हिंदी की सर्वाधिक प्रमुख सहायक क्रिया है 'हो', जिसके रूप कालद्योतन (है, था), अस्तित्वद्योतन (कमरे में है), सम्बन्धद्योतन (राम डाक्टर है), संभावना-द्योतन (वह होगा) आदि करते हैं। इसके रूप निम्नांकित हैं—

वर्तमान

	एकवचन	बहुवचन
उत्तम पुरुष	हूँ	हैं
मध्यम पुरुष	है	हो
अन्य पुरुष	है	हैं

इन रूपों में 'ह' तो 'हो' धातु का उपरूप है तथा ऊँ, एँ, ऐ, ओ वचन और पुरुष के प्रत्यय हैं। लिंग के अनुसार इनमें परिवर्तन नहीं होता।

'हो' धातु के 'हूँ', 'है' आदि रूप जब किसी अन्य क्रिया के साथ आते हैं (राम

आता है) तो ये सहायक क्रिया का काम करते हैं, किन्तु अकेले आने पर ये या तो **अस्तित्ववाचक** क्रिया का काम करते हैं (राम घर में है; मोहन घोड़े पर है) या **योजी क्रिया** का—

राम डाक्टर है।

मोहन बीमार है।

भूत

	पुंल्लिग		स्त्रीलिंग	
	एकवचन	बहुवचन	एकवचन	बहुवचन
तीनों पुरुष	था	थे	थी	थीं

इन रूपों में 'थ्' तो 'हो' धातु का उपरूप है, तथा आ, ई, ए, इँ लिंग-वचन के प्रत्यय हैं। 'हो' के इन रूपों में पुरुष की दृष्टि से परिवर्तन नहीं होता।

अकेले आने पर ये रूप में अस्तित्ववाचक क्रिया अथवा योजी क्रिया का काम करते हैं—राम घर में था; मोहन तब बीमार था।

किन्तु किसी अन्य क्रिया के साथ आने पर ये काल का द्योतन करते हैं : राम गया था, मोहन पढ़ रहा था।

संभावनार्थ (एक)

	पुंल्लिग		स्त्रीलिंग	
	एकवचन	बहुवचन	एकवचन	बहुवचन
उ० पु०	हूँगा, होऊँगा	होंगे	हूँगी	होंगी
म० पु०	होगा	होंगे	होगी	होंगी
म० पु०	होगा	होंगे	होगी	होंगी

ये रूप भी मुख्य क्रिया के साथ हों तो सहायक क्रिया का काम करते हैं—राम गया होगा (भूत); किन्तु अकेले आने पर अस्तित्ववाची क्रिया का—इस समय राम घर में होगा। (वर्तमान); या योजी क्रिया का—राम इस घटना के बारे में जब सुनेगा तो बहुत दुखी होगा (भविष्य)।

संभावनार्थ (दो)

	एकवचन	बहुवचन
उ० पु०	हूँ या होऊँ	हों
म० पु०	हो	हो
म० पु० आदरार्थ (आप)	हो	हों
अ० पु०	हो	हों

इसका भी प्रयोग उपर्युक्त रूपों में ही होता है, तथा वर्तमान, भविष्य तथा भूत तीनों कालों में—यदि इस समय वे वहाँ बैठे हों तो बुला लाओ (वर्तमान); यदि वे कल वहाँ न हों तो तुम किससे पूछोगे (भविष्य); यदि कल वे न रहे हों तो (भूत)।

संभावनार्थ (तीन)

	पुल्लिग		स्त्रीलिंग	
	एकवचन	बहुवचन	एकवचन	बहुवचन
तीनों पुरुष	होता	होते	होती	होतीं

ये भी उपर्युक्त रूपों (सहायक क्रिया, अस्तित्ववाची क्रिया, योजी क्रिया) में ही प्रयुक्त होता है। इनका प्रयोग भूत तथा वर्तमान में होता है—यदि कल मैं वहाँ रहा होता तो मज़ा चखा देता (भूत); यदि इस समय यहाँ वे होते तो मेरी यह दुर्दशा न होती (वर्तमान)।

आज्ञा

आज्ञा के लिए धातु में निम्नांकित प्रत्यय जोड़ते हैं। तीनों प्रकार के सर्वनामों के लिए आज्ञा के रूप ये हैं—

	तू	तुम/तुम लोग	आप/आप लोग
(क)	शून्य (तू जा)	ओ (तुम जाओ)	इए, एँ (आप जाइए/जाएँ)
(ख)	ना (तू जाना)	ना (तुम जाना)	इएगा (आप जाइएगा)

इनमें 'क' का प्रयोग तुरन्त कुछ करने के लिए तथा 'ख' को बाद में कुछ करने के लिए होता है।

कुछ धातुओं के आज्ञा के विशेष रूप भी बनते हैं—

(1) दे, ले + ओ = दो, लो (अर्थात् ए→Ø)

(2) कर, दे, पी ले के आदरार्थी रूप इनके उपरूप कीज (कीजिए, कीजिएगा), दीज (दीजिए, दीजिएगा), पीज (पीजिए, पीजिएगा) तथा लीज (लीजिए, लीजिएगा) में प्रत्यय जोड़कर बनाए जाते हैं।

चाहिए

जैसा कि अन्यत्र संकेतित है, यह वृत्तिक क्रिया है। **इसमें लिंग-वचन के अनुसार परिवर्तन नहीं होता।** पहले तो इसका केवल 'चाहिए' रूप ही प्रयुक्त होता था, किन्तु अब भूत के लिए 'चाहिए था तथा भविष्य के लिए 'चाहिएगा' का प्रयोग भी होने लगा है।

संभावनार्थ

इनके लिए निम्नांकित प्रत्यय प्रयुक्त होते हैं—

उ० पु०	म० पु०	अ० पु०
एक० ऊँ (चलूँ)	ए (चले)	(ए चले)
बहु० एँ (चलें)	ओ (चलो)	एँ (चलें)

क्रिया-पद रचना

हिन्दी में क्रिया-पद दो प्रकार के होते हैं—

एक क्रिया-रूप वाले—राम गया।

एकाधिक क्रिया-रूप वाले—राम गया है।

एक क्रिया-रूप वाले—पाँच प्रकार के होते हैं—

(1) केवल कृदन्त	राम गया, राम जाता······।
(2) केवल अस्तित्ववाची क्रिया	राम घर पर है, मोहन अस्पताल में था।
(3) केवल योजी क्रिया	राम बीमार है, कृष्ण नेता था।
(4) केवल आज्ञा रूप	तुम चलो, आप चलिए।
(5) केवल संभावनार्थ रूप	यदि वह चले तो बताना

एकाधिक क्रिया वाले रूप अनेक प्रकार के होते हैं, जिनमें मुख्य क्रिया—

(1) धातु	राम पढ़ रहा है।
(2) वर्तमानकालिक कृदन्त	मोहन पढ़ता है।
(3) भूतकालिक कृदन्त	मोहन ने पत्र पढ़ा है।
(4) क्रियार्थक संज्ञा	शीला को पढ़ना पड़ेगा।

इन चारों रूपों में आती है। उसके बाद सहायक क्रियाएँ अनेक प्रकार से तथा अनेक प्रकार की आ सकती हैं। जैसे—

1. लिख लिया जा सकता है (मुख्य+रंजक+वाच्य+वृत्तिक+कालद्योतक)।

2. लिख लेता है (मुख्य+रंजक+कालद्योतक)।

3. लिख लिया करता है। (मुख्य+रंजक+कालद्योतक)।

4. लिख लिया जाए (मुख्य+रंजक+वाच्य)।

5. लिख लिया जाना चाहिए। (मुख्य+रंजक+वाच्य+वृत्तिक)।

6. लिखा लिया जाना चाहिए था। (मुख्य+रंजक+वाच्य+वृत्तिक+कालद्योतक) आदि।

हिन्दी में प्रयुक्त कुल क्रिया-पद मुख्यतः निम्नांकित प्रकार के होते हैं—

वर्तमान	**भूत**	**भविष्य**
है	था	होगा
पढ़ता है	पढ़ता था	पढ़ता होगा
पढ़ रहा है	पढ़ रहा था	पढ़ रहा होगा
पढ़ा है	पढ़ा था	पढ़ा होगा
पढ़ता रहा है	पढ़ता रहा था	पढ़ता रहा होगा
—	पढ़ा	पढ़ेगा
पढ़ना है	पढ़ना था	पढ़ना होगा
पढ़ने वाला है	पढ़ने वाला था	पढ़ने वाला होगा
पढ़ने को है	पढ़ने को था	पढ़ने को होगा
पढ़ना चाहिए	पढ़ना चाहिए था	पढ़ना चाहिएगा
पढ़ो, पढ़िए, पढ़ें	—	पढ़ाना, पढ़िएगा
—	पढ़ता	पढ़े

उपर्युक्त क्रिया-पदों का कालों के अनुसार विभाजन अत्यन्त मोटे रूप में किया गया है। वस्तुतः हिन्दी में ऐसे काफ़ी क्रिया-पद हैं जिनका प्रयोग एकाधिक कालों में होता है—

राम इस ओर देख रहा है। (वर्तमान)
राम परसों घर जा रहा है। (भविष्य)
राम गिरा और बेहोश हो गया। (भूत)
बचाओ, राम गिरा। (वर्तमान)
(यह वाक्य राम को गिरते देखकर कहा गया है)
कल को मैं गिरा तो कौन ज़िम्मेवार होगा। (भविष्य)···आदि।

वृत्तिक क्रिया (Modal Verb)

वृत्तिक क्रिया उसे कहते हैं, जिससे वक्ता के दृष्टिकोण का पता चलता है।

हिन्दी में चुकना, पाना, पढ़ना, होना, सकना तथा चाहिए वृत्तिक क्रियाएँ हैं। इनकी विशेषताएँ हैं : (1) ये प्रेरणाद्योतक वाक्यों में मुख्य क्रिया के साथ नहीं आतीं, जबकि अन्य आ सकती हैं। उदाहरण के लिए 'आओ सो लें' अथवा 'चलो देख लिया जाए' तो होंगे किन्तु 'आओ सो चुकें/पाएँ/पड़ें/सकें' आदि नहीं। (2) मुख्य क्रिया के साथ इनके आने पर आज्ञा के रूप नहीं बन सकते। उदाहरणार्थ 'अभी कर लो', 'यहीं सो जाओ' किन्तु 'अभी कर चुको/पाओ/पड़ो/हो/सको' नहीं। हिन्दी वृत्तिक क्रियाओं के उदाहरण हैं—

वे जा चुके थे।
मैं नहीं जा पाया।
उन्हें जाना पड़ेगा।
राम को आना होगा।
मुश्किल से मैं सो सका।
अब तुमको परिश्रम करना चाहिए।

संयुक्त क्रिया

मुख्य क्रिया और रंजक क्रिया मिलकर संयुक्त क्रियाओं की रचना होती है। संयुक्त क्रिया में रंजक क्रिया, मुख्य क्रिया पर अपना रंग चढ़ा देती है। हिन्दी में मुख्य रंजक क्रियाएँ तथा उनकी रंजक विशेषताएँ निम्नांकित हैं—

(1) आना—अतिशयताबोधक (भूख लग आई)।
(2) उठना—अचानकताबोधक (मरीज़ चिल्ला उठा, काँप उठा)।
(3) करना—अभ्यासबोधक (वह वहाँ जाया करता है)।
(4) खाना अतिशयताबोधक (साँप ने काट खाया)।
(5) चलना—(क) पूर्णप्रायताबोधक (फोड़ा वह चला है); (ख) सातत्य बोधक (काम करते चलो)।
(6) चाहना—पूर्णप्रायताबोधक (दस बजा चाहते हैं)।
(7) जाना—(क) समाप्तिबोधक (गिर गया, मर गया); (ख) सातत्यबोधक (मैं बात कहता गया)।
(8) टपकना—आकस्मिकताबोधक (आ टपका)।
(9) डालना—समाप्तिबोधक (डाकुओं ने मार डाला)।
(10) देना—(क) परबोधक (काम कर दिया), (ख) अतिशयताबोधक (मार दिया), (ग) अनुमतिबोधक (उसे बोलने दो)।
(11) धमकना—तिरस्कारबोधक (जा धमका)।
(12) निकलना—सफलताबोधक (दुकान चल निकली)।
(13) बनना—अलगावबोधक (चलता बना)।
(14) बैठना—आकस्मिकताबोधक (मार बैठा)।

(15) पड़ना—आकस्मिकताबोधक (रो पड़ा)।
(16) मरना—अप्रियताबोधक (असमय ही आ मरा)।
(17) मारना—अगंभीरताबोधक (यह क्या लिख मारा)।
(18) रखना—पूर्वकार्यबोधक (कह रखा है, रख रखा है)।
(19) रहना—अतिशयताबोधक (इस कमरे में कहीं रंग गिर रहा है तो कहीं स्याही)।
(20) लगना—आरंभबोधक (जाने लगा है)।
(21) लेना—स्वबोधक (काम कर लिया है)।

उपर्युक्त रंजक क्रियाओं की मुख्य विशेषताएँ हैं: (1) रंजक क्रिया के रूप में जाने पर ये अपने मूलार्थ का द्योतन नहीं करतीं। (2) इनमें काफ़ी ऐसी हैं जिनके आने पर नकारात्मक वाक्य प्राय: नहीं बनते। (3) सभी रंजक क्रियाएँ सभी मुख्य क्रियाओं के साथ नहीं आतीं। जैसे आ धमकना, जा धमकना, आ मरना, चलता बनना, जा मरना, ले मरना, लिख मारना, कह मारना किंतु लिख धमकना, बोल मारना या सो मरना नहीं। (4) 'ने' का प्रयोग कुछ ही के साथ होता है, सब के साथ नहीं।

संयुक्त क्रिया में मुख्य क्रिया चार रूपों में आती है: (1) धातु रूप में (कह बैठा, रो उठा, दे दिया, ले लिया); (2) वर्तमानकालिक कृदंत रूप में (वे लिखते गए, चलता बना); (3) भूतकालिक कृदंत रूप में (आया जाता है, दस बजा चाहते हैं); (4) क्रियार्थक संज्ञा रूप में (पढ़ने लगा है, आने दो)।

नामिक क्रिया

इसके दो अंश होते हैं। पहला अंश संज्ञा या विशेषण होता है तथा दूसरा क्रिया जिसे क्रियाकर (verbalizer) कहते हैं, क्योंकि यह पूर्ववर्ती शब्द से मिलकर क्रिया का निर्माण करता है। जैसे स्वीकार करना, याद होना, अच्छा लगना, दिखाई देना, सुनाई पड़ना। इनमें करना, होना, लगना, देना, पड़ना 'क्रियाकर' हैं। इनकी मुख्य विशेषताएँ निम्नांकित हैं: (क) इसके दोनों अवयव मिलकर एक इकाई होते हैं। (ख) इनके स्थान पर एक क्रिया आ सकती है: स्वीकार करना-स्वीकारना-मानना। (ग) अर्थ के स्तर पर इनमें एकल क्रिया-भाव होता है। एक संज्ञा/विशेषण + एक क्रिया का भाव नहीं। (घ) अनुवाद में प्राय: इनके लिए एक क्रिया आती है: क्षमा करना—to pardon, आयोजित करना—to organize, विसर्जित करना—to disperse, बंद करना—to close, याद करना—to remember, क्षमा करना—to excuse, स्वीकार करना—to accept, पसंद करना—to like आदि। (ङ) क्रियाकर के पूर्व आने वाले संज्ञा या विशेषण से वाक्य के किसी अन्य शब्द से उतना संबंध नहीं होता, जितना क्रियाकर से होता है। (च) क्रिया के पूर्व आने वाले इन शब्दों में कुछ ऐसे होते हैं जो किसी अन्य संदर्भ में स्वतंत्र रूप से आ ही नहीं सकते। जैसे दिखाई

(देना, पड़ना), सुनाई (पड़ना, देना), याद (करना), मालूम (होना) आदि। (छ) जो संज्ञा शब्द आते हैं उन्हें कर्म नहीं माना जा सकता। उदाहरण के लिए दिखाई देना, दाख़िल करना, अंगीकार करना, स्वीकार करना, याद करना, पसंद करना आदि में सकर्मक क्रियाकर 'देना', 'करना' के पूर्ववर्ती शब्दों को कर्म नहीं माना जा सकता, क्योंकि कर्म इसके पूर्व आएगा—राम को एक चिड़िया दिखाई पड़ी, मैंने एक विद्यार्थी दाख़िल किया, यह चीज़ मुझे पसंद है, वह बात उसे याद है। (ज) नामिक अंश तथा क्रियाकर के बीच परसर्ग आदि नहीं आ सकते।

यौगिक क्रिया

वह क्रिया-पदबंध जिसमें दो क्रिया रूप हों तथा दोनों अपना मूल अर्थ दें। जैसे—वह सामान दे गया है, वह अपना लड़का ले गया, मैं उनसे बातें कर आया हूँ। मूलतः यौगिक क्रिया में पहली क्रिया पूर्वकालिक कृदंत होती है और 'कर', 'के' आदि के लोप से इसका निर्माण होता है : देकर गया—दे गया, लेकर गया—ले गया, करके आया—कर आया। यौगिक क्रिया की मुख्य विशेषताएँ तीन हैं : (क) इसमें दोनों ही क्रियाएँ एक प्रकार से मुख्य क्रिया होती हैं; (ख) दोनों जिस क्रम से आती हैं, उनकी क्रिया भी उसी क्रम से होती है। अर्थात् 'वह सामान दे आया' का अर्थ है सामान दिया और तब आया। (ग) यौगिक क्रिया वाले वाक्य का निर्माण आंतरिक संरचना के दो वाक्यों से होता है : वह सामान दे आया—उसने सामान दिया + वह आया (सामान देने के बाद)। यौगिक क्रिया के कुछ अन्य उदाहरण हैं : आ फँसना, आ गिरना, आ झपटना, उखाड़ फेंकना, कर दिखाना, खींच निकालना, खोज निकालना, जा सोना, जा बैठना, जा घेरना, जा बसना, ढूँढ़ लाना, ढूँढ़ निकालना, ले आना, लिख भेजना, सोच निकालना, ले डूबना, ले भागना, कर भागना, मार भगाना।

अव्यय

संस्कृत में अव्यय उन शब्दों को कहा गया है जो लिंग-वचन आदि के अनुसार परिवर्तित न (अ + व्यय) हों। हिन्दी में ऐसी बात नहीं है, जैसा कि हम आगे देखेंगे। अव्यय में क्रियाविशेषण, संबंधसूचक, समुच्चयबोधक तथा विस्मयादिबोधक आते हैं।

क्रियाविशेषण

ये क्रिया की विशेषता बतलाते हैं : यह विशेषता रीति (ऐसे, धीरे-धीरे), **सादृश्य** (पागलों-सा चलता है), **परिमाण** (बहुत बोलता है), **क्रम** (बारी-बारी से आओ), **गुण** (अच्छा गाता है), **दिशा** (उधर जाओ), **स्थान** (वहाँ बैठो), **काल** (अभी चलो), **निषेध** (मत बोलो), **अवधि** (कल तक आ जाओ), **कारण** (इसलिए आया कि···); **साधन** (अपने हाथ से करूँगा) तथा **तुलना** (तुम उससे अधिक बोलते हो) आदि अनेकानेक प्रकार की हो सकती है।

एकस्थानीय : द्विस्थानीय

स्थान की दृष्टि से क्रियाविशेषण दो प्रकार के होते हैं : एकस्थानीय (**जब** वह आया था मैं पढ़ रहा था) तथा द्विस्थानीय (**जब** वह आया **तब** मैं पढ़ रहा था; ऐसे ही, जब-जब···तब-तब, जब तक···तब तक, से······तक, से······तक के लिए आदि)।

क्रियाविशेषण शब्द—क्रियाविशेषणेतर शब्द

कुछ शब्द तो मूलतः क्रियाविशेषण होते हैं, जैसे आज, अब, **वहाँ, यों, कल,** ऊपर आदि। इसके विपरीत कुछ शब्द मुलतः कुछ और अर्थात् क्रियाविशेषणेतर होते हैं, और केवल प्रयोगतः ही क्रियाविशेषण होते हैं : (क) **विशेषण** : अध्यापक **अच्छा** पढ़ाते हैं। मैंने उसे **बहुत** डाँटा। वह **कुछ ऊँचा** सुनता है। शीला बहुत **मधुर** गाती है। (ख) **सर्वनाम** : चोर वहाँ **अपने आप** आ गया। पहले तो वह **कुछ** हँसा। (ग) संज्ञा : मोहन **घर** गया।

क्रियाविशेषणों में परिवर्तन

सामान्यतः तो क्रियाविशेषण अपरिवर्तनीय होते हैं, किन्तु वर्तमानकालिक कृदंत तथा भूतकालिक कृदंत जब क्रियाविशेषण का कार्य करते हैं तो उनमें लिंगवचन के अनुसार परिवर्तन होता है : (क) **वर्तमानकालिक कृदन्त** : लड़का **दौड़ता** आ रहा है; लड़की **दौड़ती** आ रही है: लड़के **दौड़ते** आ रहे हैं; (ख) **भूतकालिक कृदन्त** : लड़का **दौड़ा** आया; लड़की **दौड़ी** आई; लड़के **दौड़े** आए (रीतिबोधक क्रियाविशेषण)। इन दोनों ही कृदंतों में 'हुआ' लगाने पर भी इसी प्रकार परिवर्तन होते हैं : लड़का **दौड़ता हुआ** आया। लड़की **दौड़ती हुई** आई। लड़का **दौड़ा हुआ** आया। लड़की **दौड़ी हुई** आई।

आकारांत विशेषण जब क्रियाविशेषण के रूप में प्रयुक्त होते हैं तो कुछ लोग उनमें भी लिंग-वचन के अनुसार परिवर्तन करते हैं—राम **अच्छा** गाता है। सीता **अच्छी** गाती है। लड़के **अच्छे** गाते हैं। किन्तु इस प्रकार के परिवर्तन अशुद्ध हैं। **शुद्ध** प्रयोग होगा—राम **अच्छा** गाता है। सीता **अच्छा** गाती है। लड़के **अच्छा** गाते हैं। अर्थात् आकारान्त विशेषणों में परिवर्तन नहीं होता।

प्रक्रियाविशेषण

विशेषण के प्रसंग में प्रविशेषण की चर्चा हो चुकी है। जो शब्द क्रियाविशेषण की विशेषता बतलाएँ उन्हें प्रक्रियाविशेषण कहा जा सकता है—राजीव **बहुत** अच्छा गाता है; गिरीश **कुछ** ऊँचा सुनता है; किरन मुकुल की तुलना में अधिक तेज़ी से दौड़ती है; तुम तो **बिल्कुल** गंदा लिखते हो; सुमन निहायत साफ़ लिखता है; सौरभ **बहुत** ज्यादा बोलता है।

संबंधसूचक

इसमें मुख्यतः ने, को, से, में, पर आदि परसर्ग आते हैं, जिन्हें **मूल संबंधसूचक** कहते हैं। इनमें कुछ के योग से **संयुक्त संबंधसूचक** बनते हैं : (क) **कालवाचक**—के पहले, से पहले, के पूर्व, से पूर्व, के उपरांत, के बाद, के आगे, से आगे, के पीछे, के पश्चात् । (ख) **स्थानवाचक**—के पहले, से पहले, के आगे, से आगे, के भीतर, के बीच, के ऊपर, के पास, के निकट । (ग) **दिशावाचक**—की ओर, की तरफ़, के प्रति । (घ) **साधनवाचक**—के द्वारा, के सहारे, की मारफ़त, की ज़बानी, के बल-बूते, के बूते । (ङ) **कारणवाचक**—के कारण, के मारे, की वजह से । (च) **निमित्तवाचक**—के लिए, के निमित्त, के हेतु ।

प्रयोग की दृष्टि से मुख्यतः दो प्रकार के सम्बन्धसूचक हैं : (क) जो संज्ञा या संज्ञा-रूप के बाद आते हैं। जैसे—ने, को, से, में, तक आदि । जैसे—राम को मारो, घोड़े पर चढ़ो, उन तक मेरी पहुँच नहीं । (ख) जो कभी पहले और कभी बाद में आते हैं। जैसे—सिवा, बिना, मारे । जैसे—सिवा उनके यह काम कोई नहीं कर सकता, या उनके सिवा यह काम कोई नहीं कर सकता ।

इन दोनों में पहले प्रकार के सम्बन्धसूचक अव्ययों के भी दो भेद हो सकते हैं—

(अ) जो अकेले आते हैं। जैसे—ने, को, में, पर, का । जैसे—राम ने मारा, घर में है, छत पर कूदो ।

(आ) जो किसी और सम्बन्धसूचक अव्यय के साथ आते हैं । इस प्रकार के सम्बन्धसूचक बहुत-से हैं। ये प्रायः के, से, की इन तीन कारक-चिह्नों के बाद आते हैं : (क) **'के' के बाद**—आगे, पीछे, पहले, पूर्व, अनन्तर, भीतर, बीच, पास, निकट, बिना, बदले, सहारे, कारण, मारे आदि। जैसे, उनके आगे, राम के अनन्तर, घर के भीतर आदि। (ख) **'से' के बाद**—'के' के बाद आने वाले सम्बन्धसूचक अव्ययों में कुछ 'से' के बाद भी आते हैं, और प्रायः वही अर्थ देते हैं, किन्तु साथ ही 'के' के बाद आने वाले अव्ययों में अनन्तर, बाद, पश्चात् उपरान्त, बीच, सहारे तथा मारे आदि बहुत-से ऐसे हैं, जो 'से' के बाद नहीं आते । 'से' के बाद आने वाले सम्बन्धसूचकों में प्रमुख पीछे, दूर, पहले, पूर्व, निकट, नीचे, बाहर आदि हैं । 'से' के बाद आने वाले प्रायः सभी सम्बन्धसूचक अव्यय 'के' के बाद भी आते हैं। (ग) **'की' के बाद**—अपेक्षा, तरह, भाँति, नाई, तरफ़, ओर, ख़ातिर, मारफ़त, ज़बानी तथा जगह आदि । जैसे—उनकी तरफ़ जाओ, राम की ओर देखो, तथा सीता की जगह कौन है, आदि ।

सर्वनामों में 'के' 'की' के स्थान पर 'रे', 'री', 'ने', 'नी' (मेरे, तुम्हारे, तुम्हारी, अपने, अपनी) आते हैं । उनके साथ भी 'के' और 'की' के ही नियम लागू होते हैं ।

समुच्चयबोधक

जो अव्यय दो शब्दों (पदों), पदबंधों (फ्रेज़) अथवा उपवाक्यों (क्लॉज़) को जोड़ते हैं', उन्हें समुच्चयबोधक कहते हैं। उदाहरण के लिए 'राजीव और गिरीश खेल रहे हैं, में 'और' समुच्चयबोधक है जो 'राजीव' और 'गिरीश' को जोड़ रहा है। समुच्चयबोधक दो प्रकार के होते हैं—(i) समानाधिकरण, (ii) व्यधिकरण।

समानाधिकरण—मुख्य शब्दों, पदबंधों (फ्रेज़ों) या उपवाक्यों को जोड़ने वाले शब्दों को समानाधिकरण समुच्चयबोधक अव्यय कहते हैं। ये चार प्रकार के होते हैं: (1) **संयोजक**—दो शब्दों, पदबंधों या वाक्यांशों आदि को, जो समुच्चयबोधक मिलाए या उनका संयोजन करे उसे समुच्चयबोधक संयोजक अव्यय कहते हैं। मुख्य समुच्चयबोधक संयोजक हैं—और, तथा, एवं, व। (2) **विकल्पबोधक**—जो दो या अधिक वस्तुओं में किसी एक का ग्रहण या दोनों का त्याग करता है, उसे विकल्पबोधक संयोजक अव्यय कहते हैं। मुख्य विकल्पबोधक हैं—या, अथवा, चाहे-चाहे, न कि, नहीं तो, या-या, क्या-क्या, न-न आदि। (3) **विरोधबोधक**—उन शब्दों को विरोधबोधक संयोजक अव्यय कहते हैं जो दो में, दूसरे को विरोधी कारण के रूप में रखकर प्रथम का निषेध करते हैं। जैसे—पर, परन्तु, किन्तु, लेकिन, मगर। ये सभी पर्याय हैं : वह आता मगर/पर/परन्तु/लेकिन ख़ाली नहीं था। (4) **कारणबोधक**—इसमें दो ऐसे वाक्यों को जोड़ते हैं, जिनमें एक का कारण दूसरे में दिया गया हो। कारणवाचक समुच्चयबोधक अतः, इसलिए, इसलिए कि, अतएव, चूँकि, कारण कि, क्योंकि, इस वास्ते, सो, इस कारण, के फलस्वरूप, परिणामतः, फलतः, नहीं तो आदि हैं। कुछ प्रयोग हैं : मैं अस्वस्थ हूँ, अतः आज नहीं जाऊँगा; मोहन कल नहीं आया, क्योंकि उसे कुछ काम था; छात्र पूरे वर्ष बीमार था, फलतः पास नहीं हो सका। कभी-कभी 'अस्तु' का भी इस अर्थ में प्रयोग करते हैं। बल देने के लिए 'इसलिए' का प्रयोग किया जाता है : वह हमेशा शैतानी करता है, इसलिए उसे कोई नहीं पसन्द करता।

व्यधिकरण—इससे आश्रित उपवाक्यों को जोड़ते हैं। इनके तीन भेद होते हैं : (1) **शर्तबोधक**—इसके अंतर्गत वे समुच्चयबोधक आते हैं, जो शर्त प्रकट करें। जो···तो, यदि···तो, अगर···तो। जैसे—यदि तुम परिश्रम करते तो अवश्य पास हो जाते, अगर वह आया तो मैं उसे तुम्हारे पास लाऊँगा। (2) **स्पष्टीकरणबोधक**—जैसा कि नाम से स्पष्ट है, ये समान अर्थ का बोध कराकर अथवा समानता द्वारा स्पष्टीकरण करते हैं : अर्थात्, यानी, मानो, जैसे, जैसे कि, यहाँ तक कि। उदाहरणार्थ वह बछिया का ताऊ है अर्थात् मूर्ख है; ओस क्या गिरी है मानो मोती बिछे हैं; बहुत मूर्ख है, यहाँ तक कि जिस डाली पर बैठा होता है, उसे भी काटने से नहीं हिचकता। (3) **उद्देश्यबोधक**—जो उद्देश्य का बोध कराएँ। मुख्य समुच्चयबोधक कि, ताकि, जिससे आदि हैं : तुम परिश्रम करो ताकि अच्छे अंकों से उत्तीर्ण हो सको।

विस्मयादिबोधक

इनसे हर्ष, शोक, विस्मय आदि मनोभाव व्यक्त होते हैं। जैसे वाह, हाय, अरे, उफ़ आदि। विस्मयादिबोधक प्रायः वाक्य के अंश नहीं होते। वे अपने आपमें आश्चर्य, घृणा, प्रशंसा, शोक आदि का बोध कराने वाली स्वतंत्र इकाई होते हैं।

अध्याय चार

वाक्य-संरचना

आधारभूत वाक्य

हर भाषा में कुछ आधारभूत (Basic) वाक्य होते हैं। उन्हीं से अन्य वाक्यों की रचना होती है। हिन्दी में आधारभूत वाक्य छः प्रकार के हैं—

(1) योजी (Copula) क्रिया-युक्त

इसके तीन भेद होते हैं—

(क) कर्ता+स्थैतिक (existential) क्रिया : ईश्वर है, कल सर्दी थी, आज गर्मी है।

(ख) कर्ता+पूरक+योजक (link) क्रिया : इसके तीन उपभेद होते हैं : (अ) **कर्ता+पूरक संज्ञा+योजक क्रिया**—दशरथ राजा थे, कृष्ण वकील है, मैं अध्यापक हूँ। (आ) **कर्ता+पूरक विशेषण+योजक क्रिया**—विद्यार्थी तेज़ है, मुकुल स्वस्थ है, घड़ी अच्छी थी। (इ) **कर्ता+पूरक क्रियाविशेषण+योजक क्रिया**—राजीव गाँव में है, सौरभ घोड़े पर है, श्वेता ऊपर है।

(ग) अधिकारी कर्ता+अधिकारित (possessed) पूरक+अधिकारद्योतक (possessive) क्रिया—इसके चार उपभेद हैं : (अ) **कर्ता+के** : इसके तीन उपभेद हैं : (1) **सम्बन्ध**—मोहन के दो पत्नियाँ हैं, दशरथ के तीन रानियाँ थीं, मुकुल के एक भाई है; (2) **अविभाज्य अंग**- बच्चे के तीन हाथ हैं, उसके एक आँख थी; (3)कमल के एक मित्र है, मेरे कई शत्रु हैं, राजा के एक मन्त्री था। अन्तिम में केवल ऐसे व्यक्ति आ सकते हैं, जो सम्बन्धी न हों तथा सामाजिक सम्बन्ध की दृष्टि से स्तर के हों। जैसे मित्र, शत्रु, मंत्री आदि। अर्थात् निम्नस्तरीय जैसे 'नौकर' आदि का प्रयोग 'के' के साथ नहीं हो सकता। कुछ लोग बोलते हैं : राम के एक नौकर है, किन्तु ऐसा प्रयोग मानक नहीं है। (आ) **कर्ता+के पास** : इस संरचना में या तो, (1)स्तर के नीचे का व्यक्ति आता है (जैसे राम के पास एक नौकर है), या (2) पशु-पक्षी (जैसे राम के पास एक तोता/घोड़ा/हाथी है), या (3) निर्जीव वस्तुएँ (राम के पास एक मेज़/पुस्तक/क़लम है)। (इ) **कर्ता+को**—इसमें प्रायः ऐसी चीज़ें आती हैं जो स्वभाव का अंग न हों। जैसे राम को ज्वर/खाँसी/क्रोध है। (ई) **कर्ता+में**—इसमें चारित्रिक

गुण आदि आते हैं : राम में दया/साहस/हिम्मत/करुणा है। 'ग' के अन्तर्गत संकेतित, इन सभी को अंग्रेज़ी में हैव, हैज़, हैड द्वारा व्यक्त करते हैं। जैसे Lord Ram had two children, one minister and many servents.

(2) अकर्मक क्रिया-युक्त

इसका साँचा हैं : कर्ता+अकर्मक क्रिया। इसके दो भेद हैं। (क) **ने+रहित** : लड़का उठता है, घोड़ा दौड़ता है। इसी का प्रयोग अधिक होता है। (ख) **ने+युक्त** : लड़के ने छींका, मोहन ने खाँसा। इनमें (क) वर्ग के वाक्य हिन्दी में कम ही हैं।

(3) सकर्मक क्रिया-युक्त

इसके, कर्म के एक या दो होने के आधार पर दो भेद होते हैं :

(क) **कर्ता+कर्म+एककर्मक क्रिया**—राजीव फल खरीदता है, गिरीश गीत गाता है। पूर्णकृदंत रूप में क्रिया के आने पर इसके दो भेद होने हैं : (1) **ने-युक्त** : राजीव ने फल खरीदा, गिरीश ने गीत गाया। इस वर्ग के प्रयोग ज्यादा होते हैं। (2) **ने-रहित** : विनोद फल लाया, लड़का कुछ नहीं बोला। इस वर्ग के वाक्य हिन्दी में थोड़े ही बनते हैं।

(ख) **कर्ता+गौण कर्म+मुख्य कर्म+द्विकर्मक क्रिया**—अशोक राजीव को पत्र लिखता है, विनोद प्रबोध को पुस्तक देता है। पूर्ण कृदन्त आने पर इसके कर्ता के साथ ने का प्रयोग अनिवार्यतः होता है : अशोक ने राजीव को पत्र लिखा, विनोद ने प्रबोध को पुस्तक दी। अन्यथा 'ने' नहीं आता। इस प्रकार इसके दो भेद होते हैं।

(4) अप्रत्यक्ष (indirect) क्रिया-युक्त

इसमें कर्ता के साथ 'को' आता है। इसका साँचा है : **कर्ता+को+कर्म+अप्रत्यक्ष क्रिया** : (क) **लगना**—नीलू को प्यास/भूख लगी है, मुझे शर्म लगती है। (ख) **आना**—नीरज को नींद आ रही है, तुम्हें शर्म आ रही है। (ग) **पसन्द/नापसन्द होना**—राम को यह पसन्द-नापसन्द है। (घ) **मालूम/ज्ञात होना**—अरुण को यह बात मालूम/ज्ञात है।

(5) बाध्यताबोधक क्रिया-युक्त

इसमें भी कर्ता के साथ 'को' आता है। इसका साँचा है : **कर्ता+को+क्रियार्थक संज्ञा+बाध्यताबोधक क्रिया** : (क) **पड़ना**—राजीव को जाना पड़ा : (ख) **होना**—राजीव को जाना होगा।

(6) औचित्यबोधक क्रिया-युक्त

इसमें भी कर्ता के साथ 'को' आता है : कर्ता+को+क्रियार्थक संज्ञा+**चाहिए**। राजीव को जाना चाहिए।

पदबंध (Phrase)

वाक्य पदों (जिन्हें सामान्य भाषा में शब्द कहते हैं) से बना होता है। जब

एक से अधिक पद, एक में बँधे हों, तथा वे सभी मिलकर या बँधकर एक व्याकरणिक इकाई (जैसे संज्ञा, विशेषण, क्रियाविशेषण आदि) का काम कर रहे हों, तो उस 'बँधी ईकाई' को पदबन्ध कहते हैं। उदाहरण के लिए दो वाक्य लें—(1) वहाँ पेड़-पौधे हैं। (2) **सुरेश के बंगले के चारों ओर** पेड़-पौधे हैं। पहले वाक्य में 'वहाँ' स्थान-वाचक क्रियाविशेषण है। दूसरे वाक्य में 'सुरेश के बंगले के चारों ओर' भी स्थान ही बता रहा है, अतः यह भी स्थानवाचक क्रियाविशेषण है। रचना की दृष्टि से स्पष्ट है कि 'वहाँ' एक पद है, किन्तु 'सुरेश के बंगले के चारों ओर' में कई पद हैं, यह कई पदों की एक इकाई है, अतः 'वहाँ' तो 'पद' है, किन्तु यह 'सुरेश के बंगले के चारों ओर' पदों का समूह अर्थात् 'पदबन्ध' है, 'वहाँ' यदि 'क्रियाविशेषण-पद' है, तो यह पदबन्ध 'क्रियाविशेषण-पदबन्ध' है।

'पदबन्ध' और 'उपवाक्य' दोनों ही वाक्य के अंग होते हैं। किन्तु दोनों में स्पष्ट अन्तर है। उपवाक्य में उद्देश्य-विधेय होते हैं, अर्थात् वाक्यात्मकता होती है, किन्तु पदबन्ध में ऐसा नहीं होता।

जितने प्रकार के पद होते हैं, उतने ही प्रकार के पदबन्ध भी हो सकते हैं। वाग्भाव (parts of speech) आठ हैं, अतः पदबन्ध भी कुल आठ प्रकार के हो सकते हैं—

(1) **संज्ञा-पदबन्ध**—जो पदबन्ध किसी संज्ञा का काम करे, उसे संज्ञा पदबन्ध कहते हैं। जैसे '**रात-रात भर जागकर और भूखे-प्यासे रहकर काम करने वाला** बीमार नहीं पड़ेगा तो क्या स्वस्थ रहेगा। इस वाक्य में काले टाइप का अंश 'पदों का समूह' है तथा 'संज्ञा' का काम कर रहा हैं, अतः यह 'संज्ञा पदबन्ध' है। संज्ञा पदबन्ध मुख्यतः तीन प्रकार के होते हैं : (क) जिसका अन्तिम शब्द 'विशेषण' हो। जैसे 'रात-रात भर जागकर और भूखे-प्यासे रहकर काम करने वाला।' इसमें 'करने वाला' विशेषण है। ऐसे संज्ञा-पदबन्ध प्रायः पूरी की पूरी एक इकाई होते हैं। (ख) दूसरे प्रकार का संज्ञा पदबन्ध वह होता है, जिसका अन्तिम शब्द संज्ञा होता है तथा उसके पहले के सारे शब्द उसी के विस्तार होते हैं, या उसी की विशेषता बतलाते हैं। जैसे 'ऊँचे-ऊँचे महलों में रहने वाले धनी-मानी व्यक्ति ग़रीबों का दुःख-दर्द क्या जानें?' यहाँ व्यक्ति संज्ञा है, और उसके पूर्व के सारे शब्द किसी न किसी रूप में 'व्यक्ति' की विशेषता से ही सम्बन्धित हैं। (ग) जिसका अन्तिम शब्द क्रियार्थक संज्ञा होता है। जैसे **रोज़-रोज़ आपस में लड़ना** कोई अच्छी बात थोड़े न है। इसमें भी, पहले के सारे शब्द किसी-न-किसी रूप में अन्तिम शब्द (यहाँ 'लड़ना') की विशेषता बतलाने वाले होते हैं। संज्ञा-पदबन्ध में संज्ञा के पूर्व विशेषण, संख्यावाचक शब्द, सम्बन्ध कारकीय रूप, संकेतवाचक सर्वनाम, समानाधिकरण (मोहन का बेटा राम), आदरार्थी शब्द (श्रीयुत रवीन्द्र) तथा केवल आदि आ सकते हैं, और उसके बाद विशेषण (उल्लू कहीं का, अकबर इलाहाबादी), विशेषण उपवाक्य, ही, मात्र, भर, तो क्या आदरार्थी

शब्द (···जी) आदि। संज्ञा आठों कारकों में आ सकती है, अतः संज्ञा-पदबन्ध भी आठों में आ सकता है।

(2) **सर्वनाम-पदबन्ध**—जो पदबन्ध सर्वनाम का काम करे उसे सर्वनाम-पदबन्ध कहते हैं। जैसे 'मौत से **इतनी बार जूझकर बच जाने वाला मैं** भला मर सकता हूँ ?' में काले टाइप का अंश सर्वनाम-पदबन्ध है। इसमें अन्त में या प्रारम्भ में प्रायः सर्वनाम आता है : **तकदीर का मारा** वह वहीं आ गया; **मुझ अभागे ने** भी वही गलती की। कभी-कभी सर्वनाम पद दो खण्ड में बँटकर आरम्भ तथा अन्त में आता है तथा बीच में विशेषता बताने वाले शब्द जो उस पदबन्ध के अंश होते हैं। **मुझ काम करने वाले को** भी तुम टल्लेबाज़ कहते हो। इसमें 'मुझ······को' सर्वनाम है। सर्वनाम पदबन्ध का प्रयोग अन्य पदबन्धों की तुलना में बहुत कम होता है।

(3) **विशेषण-पदबन्ध**—जो पदबन्ध प्रत्यक्षतः किसी संज्ञा की, अथवा किसी सर्वनाम के माध्यम से परोक्षतः किसी संज्ञा की विशेषता बतलाता है, उसे विशेषण-पदबन्ध कहते हैं। जैसे—**परिश्रम न करने वाले** लड़के अच्छे अंक नहीं पा सकते। यहाँ 'परिश्रम न करने वाले' विशेषण-पदबन्ध है। विशेषण की तरह ही विशेषण-पदबन्ध के भी स्वरूप, आकार, काल, स्थान, रंग, दशा, गुण, परिमाण, संख्या आदि की दृष्टि से अनेक भेदोपभेद हो सकते हैं। विशेषण-पदबन्ध का प्रयोग सभी भाषाओं की तरह हिन्दी में भी सबसे अधिक होता है। और यह प्रायः संज्ञा, सर्वनाम या क्रियाविशेषण पदबन्ध का अंग बनकर आता है।

(4) **क्रिया-पदबन्ध**—बहुत से लोग क्रिया-पदबन्ध की सत्ता स्वीकार नहीं करते। इसमें कोई सन्देह नहीं कि क्रिया-पदबन्ध अपनी संरचना में अन्य पदबन्धों की तरह नहीं होता, उसकी संरचना अन्यों से भिन्न होती है, किन्तु जब एक पद की भ। क्रिया होती है (जैसे 'राम गया') तो उसकी तुलना में एक से अधिक पदों की क्रिया (वह तो दिनों-दिन **फलता-फूलता चला जा रहा है**) को 'क्रिया-पदबन्ध' नाम देना उचित ही है। इसमें पहला पद तो मुख्य क्रिया का अर्थात् क्रिया-पदबन्ध का केन्द्र होता है तथा बाद वाले पद किसी-न-किसी रूप में उसी की सहायता करते हैं, और इस रूप में उसके विस्तार होते हैं। उदाहरणार्थ लड़का दौड़ रहा है. तितलियाँ पुष्परस पी रही होती हैं, उसका कहा मान लिया जा सकता है। हिन्दी में क्रिया-पदबन्ध दो, तीन, चार तथा पाँच पदों के होते हैं। इनमें पाँच का प्रयोग बहुत ही कम होता है।

(5) **क्रियाविशेषण-पदबन्ध**—जो पदबन्ध क्रियाविशेषण का कार्य करे। जैसे मोहन तो **गुस्से में बड़े जोरों पर से दाँत पीसता हुआ** आ रहा है। अर्थ (स्थान, दिशा, समय, अवधि, रीति आदि) के आधार पर इस पदबन्ध के भी कई भेद हो सकते हैं।

(6) **सम्बन्धबोधक पदबन्ध**—के बाहर की ओर, के भीतर से, में से।

(7) **समुच्चयबोधक-पदबन्ध**—इसलिए कि, क्योंकि।

(8) **विस्मयादिबोधक-पदबन्ध**—बाप रे बाप, दइया रे दइया, अरे बाप रे, हाय री क़िस्मत।

पदबन्ध की रचना के सम्बन्ध में कुछ बातें ऊपर आ चुकी हैं। सामान्य रूप से कुछ और बातें भी ध्यान देने की हैं : (1) किसी भी संज्ञा के पूर्व उसका विस्तार आ सकता है। संज्ञा का तिस्तार **विशेषण** (**जैसे अच्छा** लड़का), **सम्बन्ध कारकीय रूप** (**जैसे तुम्हारा** बेटा, राम **की माँ**), **अधिकरण कारकीय रूप** (**कमरे में शोर**, बोलने **में** तेज़ी, **सम्प्रदान कारकीय रूप** (**लुटाने के** लिए धन) आदि से होता है। (2) सर्वनाम के पूर्व उसका विस्तार आ सकता है। यह मुख्यत: विशेषण (बेचारा वह क्या करेगा) होता है। (3) किसी भी विशेषण के पूर्व उसका विस्तार आ सकता है। विशेषण का विस्तार **प्रविशेषण** (**बहुत** अच्छा मौक़ा), प्रविशेषण + ही (**बहुत** ही अच्छा), **तुलनात्मक प्रयुक्त** पद (**फूल** से कोमल, **सबसे** स्वार्थी), तथा **अधिकरण कारकीय रूप** (खाने **में** स्वादिष्ट) आदि हो सकते हैं। (4) किसी भी धातु-रूप के पूर्व उसका विस्तार आ सकता है। धातु का विस्तार **क्रियाविशेषण** (**धीरे-धीरे** बोलता है, **घर में** लड़ता है, **लाठी से** मारता है, **देर से** आता है), धातु के सकर्मक होने पर **कर्म** (**खाना** खाकर पत्र लिखेगा), धातु के अकर्मक होने पर पूरक रूप में **विशेषण** (**स्वस्थ** होने पर, **सफल** होकर) अथवा **संज्ञा** (**पुरुष** होकर ऐसी बातें करते हो) आदि होते हैं। (5) क्रियाविशेषण के पूर्व उसका विस्तार आ सकता है। क्रियाविशेषण का विस्तार **प्रक्रियाविशेषण** (**बहुत** धीरे-धीरे बोलता है) तथा **प्रक्रियाविशेषण + ही** (**बहुत ही** धीरे-धीरे लिख रहा है), एवं **तुलना** (**बीमार की तरह** धीरे-धीरे) आदि होते हैं। (6) जैसा कि कहा गया है, विस्तार प्राय: पूर्व होते हैं, किन्तु कुछ प्रकार के विस्तार बाद में भी आ सकते हैं : **वह बेचारा** क्या करे, **लड़का बेचारा** क्या करे, कहानी एक दीन की, शादी एक रात की। (7) क्रिया के विस्तार उसके पूर्व आते हैं। किन्तु क्रिया पदबंध में मुख्य क्रिया प्रारम्भ में आती है और अन्य सहायक क्रियाएँ उसके बाद।

पदबन्ध के प्रसंग में कुछ बातें और भी उल्लेख्य हैं। पहली तो यह कि आधुनिक भाषाविज्ञान में पद को भी पदबन्ध कहा जाने लगा है। उदाहरण के लिए आधुनिक दृष्टि से 'राम गया' में 'राम' संज्ञा-पदबंध है और 'गया' क्रिया-पदबन्ध। किन्तु यहाँ हमने पद और पदबन्ध में अन्तर किया है। दूसरे, वाक्य को मूलत: उद्देश्य-विधेय में विभक्त किया जाता है। अब उद्देश्य को मोटे रूप से 'संज्ञा-पदबन्ध' तथा विधेय को 'क्रिया-पदबन्ध' कहा जाता है। संज्ञा-पदबन्ध का केन्द्र 'संज्ञा' या 'संज्ञावत् प्रयुक्त विशेषण' होते हैं। कोई संज्ञा-पदबन्ध है, किन्तु यदि उसका केन्द्र कोई सर्वनाम है तो उसे सर्वनाम-पदबन्ध कहा जाता है। संज्ञा-पदबन्ध तथा सर्वनाम-पदबन्ध में केन्द्र को छोड़कर अन्य अंश उसी के विस्तार होते हैं। यह विस्तार ही यदि 'पद' है तो 'विशेषण-पद' तथा 'पदबन्ध' है तो विशेषण-पदबन्ध कहा जाता है। ऐसे ही विधेय में यदि एक क्रियापद है तो वह क्रिया-पद है तथा यदि क्रिया में एकाधिक पद हैं तो वह क्रिया-पदबन्ध है। उसे छोड़कर शेष क्रिया का विस्तार होता है। यह विस्तार 'क्रिया-विशेषण'-पद या 'क्रियाविशेषण'-पदबन्ध होता है। साथ ही कर्म, पूरक आदि के रूप में उसमें संज्ञा-पद या संज्ञा-पदबन्ध भी हो सकते हैं।

निकटस्थ अवयव-विश्लेषण

संरचनात्मक भाषाविज्ञान ने भाषा-विश्लेषण के लिए निकटस्थ अवयव-विश्लेषण-पद्धति का विकास किया था। इसके आधार पर, प्रायः किसी भाषा के वाक्यों का विश्लेषण करते हैं, किन्तु यह पद्धति रूपों का विश्लेषण करने में भी सक्षम है, और रूप और वाक्य दोनों स्तरों पर अलग-अलग या साथ-साथ विश्लेषण के लिए भी इसका प्रयोग किया गया है। इस विश्लेषण के अपेक्षाकृत कुछ विस्तृत सैद्धान्तिक विवेचन के लिए प्रस्तुत पंक्तियों के लेखक की पुस्तक 'भाषाविज्ञान' तथा 'आधुनिक भाषाविज्ञान' ('अमरीकी संरचनात्मक भाषाविज्ञान' शीर्षक अध्याय) देखी जा सकती है।

निकटस्थ अवयव (निअ)

'निअ-विश्लेषण' में भाषा का विश्लेषण निकटस्थ अवयवों के आधार पर किया जाता है। निअ के विषय में निम्नांकित बातें जानने की हैं : (1) भाषा की कोई भी यौगिक रचना एक से अधिक घटकों से बनी हो सकती है। उदाहरण के लिए 'अलौकिकता' 'अ + लोक + इक + ता' इन चार घटकों से बनी रचना है; या 'राम जा रहा है' एक वाक्यीय रचना है जो चार घटकों (राम, जा, है) से बनी है। इन घटकों को ही रचना का अवयव कहते हैं। यह ध्यान देने की बात है कि यदि रूप-रचना का विश्लेषण करना हो तो हर 'रूपिम' (भाषा की लघुतम सार्थक इकाई) एक अवयव होता है (जैसे अ + लोक + इक + ता), यदि रूप-रचना और वाक्य-रचना दोनों का साथ-साथ विश्लेषण करना हो (जैसे राम, जा, रह्, आ, ह्, ऐ) तब भी रूपिम ही अवयव होता है, किन्तु यदि केवल वाक्य-स्तर पर विश्लेषण करना है तो रूप-रचना को छोड़कर केवल वाक्य में प्रयुक्त पदों या अलग-अलग लिखे गए शब्दों को ही अवयव कहते हैं। इस दृष्टि से 'राम जा रहा है' में चार अवयव हैं, जो अलग-अलग शब्दों के रूप में दिख रहे हैं। तो हमने देखा कि यदि रूपिम को अवयव मानें तो 'राम जा रहा है' में छः अवयव हैं, किन्तु यदि शब्दों को मानें तो चार अवयव हैं। इस प्रकार विश्लेषक अपनी आवश्यकतानुसार पहले तय कर लेता है कि किसे घटक या अवयव मान कर वह चले। यों इसमें सन्देह नहीं कि वास्तविक रूप में मूलभूत अवयव रूपिम ही हैं, किन्तु यदि विश्लेषण को रूप के स्तर तक न ले जाकर वाक्य के स्तर तक ही ले जाना होता है तो वाक्य के शब्दों को ही अवयव मान लेते हैं। (2) **मूल अवयव** अर्थ की दृष्टि से सार्थक होता है, उसके और अधिक खण्ड नहीं हो सकते तथा वह अपने से बड़ी भाषिक इकाई या अवयव बनाने में समर्थ होता है। (3) कुछ निअ वाक्य का अंश होने के बावजूद आन्तरित संरचना में वाक्य होते हैं। उदाहरणार्थ 'सरिता के रेशमी बाल किसी ने काट लिए' वाक्य में 'रेशमी' और 'बाल' निकस्थ अवयव हैं, किन्तु 'रेशमी' आन्तरिक संरचना में एक पूरा वाक्य है : 'बाल रेशम जैसे थे।' यही वाक्य 'सरिता के बाल किसी ने काट लिए' वाक्य में जोड़ने से उपर्युत वाक्य

(सरिता के रेशमी बाल किसी ने काट लिए) बना है। (4) अवयव को स्पष्ट करने के बाद 'निकटस्थ' की बात लें। 'निकटस्थता' दो प्रकार की हो सकती है : (क) किसी रचना में पास-पास होने की। जैसे 'मैं सहर्ष आऊँगा' में 'सहर्ष' और 'आऊँगा' पास-पास हैं। (ख) निकटस्थता का दूसरा प्रकार रचना में ऊपर से पास-पास होने के स्तर पर न होकर, अर्थ के स्तर पर होता है। उदाहरण के लिए 'सहर्ष मैं आऊँगा' में रचना में बाह्य निकटस्थता के स्तर पर 'सहर्ष' और 'आऊँगा' एक दूसरे से दूर हैं, किन्तु अर्थ के स्तर पर वे पास-पास हैं। 'नि (कटस्थ) अ (वयव)' के प्रसंग में 'निकटस्थ' का अर्थ यह अर्थ की दृष्टि से निकटता ही है। अर्थात् किसी रचना के दो अवयव देखने में पास-पास हों, किन्तु रचना में सम्बन्ध अथवा अर्थ की दृष्टि से पास-पास न हों तो वे निअ नहीं हैं। उदाहरण के लिए 'सहर्ष मैं आऊँगा' में, 'सहर्ष' और 'मैं' पास-पास होकर भी निकटस्थ नहीं हैं। ऐसे ही 'सहर्ष घर का सारा सामान तुम्हें दे दूंगा' में 'सहर्ष' और 'घर' पास-पास होकर भी निअ नहीं हैं। इसके विपरीत 'सहर्ष' और 'दे दूंगा' या 'सहर्ष' और 'आऊँगा' ('सहर्ष मैं आऊँगा' में) दूर होकर भी अर्थ के स्तर पर पास-पास हैं, अतः निअ हैं।

निअ के प्रकार

(1) **अविच्छिन्नता-विछिन्नता की दृष्टि से निअ तीन प्रकार के होते हैं** : (क) **अविच्छिन्न निअ**—जो लगातार आएँ। जैसे राम घर जा रहा है। (ख) **विच्छिन्न निअ**—जो लगातार न आएँ। जैसे Is he going में Is और going लगातार न आकर अलग-अलग आए हैं, किन्तु निअ हैं। ऐसे ही 'उसने प्रसन्नतापूर्वक मेरा काम कर दिया' में 'प्रसन्नतापूर्वक' और 'कर दिया' निअ होकर भी विच्छिन्न हैं। (ग) **समकालिक निअ**—जो साथ-साथ आएँ। जैसे 'राम गया' के तीन अर्थ हैं, जो इन शब्दों के साथ-साथ चलने वाले अनुतान से स्पष्ट होते हैं—राम गया। राम गया ? राम गया ! इस प्रकार अनुतान भी निअ है। यह न अविच्छिन्न है, न विच्छिन्न बल्कि समकालिक है।

(2) **निअ के आन्तरिक निअ के आधार पर**—निअ के आन्तरिक निअ के आधार पर भी उसके भेद-विभेद किए जा सकते हैं। उदाहरण के लिए 'तन-मन-धन से देश-सेवा करो' के दो निअ हैं 'तन-मन-धन से' तथा 'देश-सेवा करो' फिर 'तन-मन-धन-से' के दो निअ हैं 'तन-मन-धन' और 'से' किन्तु 'तन-मन-धन' के तीन निअ हैं। तन, मन, धन। 'ब्रह्मा विष्णु महेश' की भी यही स्थिति है। ऐसे ही 'ज़र-जोरू-ज़मीन' में तीन निअ हैं तो 'यूरोप, अमेरिका, अफ्रीका, एशिया इन चारों ही में कहीं-न-कहीं तनाव है' में 'यूरोप अमेरिका अफ्रीका एशिया' में चार निअ हैं। ऐसों को क्रमशः **द्विअवयवी, त्रिअवयवी, चतुरवयवी** आदि रूपों में विभक्त कर सकते हैं। जिस निअ के भीतर एक ही अवयव हो उसे एकावयवी की संज्ञा दी जा सकती है। संक्षेप में इन्हें **द्विअवयवी** तथा **बहुअवयवी** भी कहा जा सकता है। और फिर बहुअवयवी के त्रि,

चतुर् आदि भेद किए जा सकते हैं। सामान्यत: रचना को दो-दो निअ में विभक्त करते हैं, अत: कुछ लोगों का ख्याल है कि किसी रचना में दो ही निअ होते हैं, किन्तु ऐसा होना आवश्यक नहीं है। जैसा कि ऊपर देखा गया वे तीन, चार या और भी अधिक हो सकते हैं।

निअ की केन्द्रिकता-अकेन्द्रिकता की दृष्टि से रचना

इस दृष्टि से रचना दो प्रकार की होती हैं : **अंत:केन्द्रिक** तथा **अकेन्द्रिक** (**बहिष्केन्द्रिक**)।

(क) **अंत:केन्द्रिक** (endocentric)—इस रचना में एक ऐसा निअ होता है, जो पूरी रचना के स्थान पर आ सकता है। उदाहरणार्थ 'अच्छा लड़का गया' में 'अच्छा' और 'लड़का' इन दोनों के स्थान पर 'लड़का' (लड़का गया) आ सकता है। जो पूरी रचना (यहाँ 'अच्छा लड़का') के स्थान पर आ सकता है वह (यहाँ 'लड़का') रचना का केन्द्र होता है, इसीलिए इसे अन्त:केन्द्रिक कहते हैं। 'गन्दा **आदमी**' (विशेषण + संज्ञा), 'बहुत **अच्छा**' (प्रविशेषण + विशेषण), 'तेज़ी से **दौड़ता है**' (क्रिया-विशेषण + क्रिया), 'बहुत **तेज़ी से**' (प्रक्रियाविशेषण + क्रियाविशेषण) भी ऐसी ही रचनाएँ हैं, जिनमें केन्द्र मोटे टाइस में हैं। अन्त:केन्द्रिक रचना दो प्रकार की होती है :

(1) **आश्रित** (subordinate)—इसमें एक केन्द्र होता है तथा दूसरा उसकी किसी-न-किसी प्रकार की विशेषता बतलाता है : लम्बा आदमी, भारी वज़न, खूब दौड़ा। वितरण की दृष्टि से इसके चार भेद होते हैं : (अ) **केन्द्र + विशेषक** (**गदहा** कहीं का) (आ) **विशेषक + केन्द्र** (छोटा घर, बड़ी **कुर्सी**, तेज़ **दौड़ा**); (इ) **केन्द्र + विशेषक + केन्द्र** ('**खा** नहीं **सका**')—इसमें एक ही शीर्ष दो में विभक्त होकर विशेषक के दोनों ओर आता है। यह 'नहीं खा सका' रूप में भी अर्थात् 'आ' (विशेषक + केन्द्र) की तरह आ सकता है; (ई) **विशेषक + केन्द्र + विशेषक** (काली **बिल्ली** जो मेज़ पर है)।

(2) **समानाधिकरण**—ये मुख्यत: दो प्रकार के होते हैं : (अ) योगज (additive) जो 'और', 'तथा', 'व' आदि संयोजकों से जुड़े हों : 'फल और सब्ज़ी', 'मर्द व औरत', 'राष्ट्रपति तथा उपराष्ट्रपति'। (आ) **व्याख्यायक** (appositive)—जो एक दूसरे की व्याख्या करें। जैसे पर्वतराज हिमालय, देवनगरी काशी, तीर्थराज प्रयाग।

(ख) **अकेन्द्रिक** (**बहिष्केन्द्रिक**)—ऐसी रचना जिसका कोई निअ पूरी रचना के स्थान पर न आ सके। इसके मुख्यत: तीन प्रकार हो सकते हैं : (अ) संज्ञा/**सर्व** + **परसर्ग** : राम ने, मोहन को, उस में। (आ) **विशेषण + संज्ञा** (जब ये दोनों मिलकर विशेष अर्थ दें) : दशानन, सहस्रबाहु, लाल पगड़ी, पीतांबर, नीलकंठ; (इ) **विधेयात्मक** : इसके तीन भेद हैं : (क) **कर्ता + कर्म** (**केवल मुख्य या मुख्य और गौण**) + सकर्मक क्रिया : लड़का आम खाता है, लड़का लड़की को आम देता है। (ख) **कर्ता—सकर्मक क्रिया** : लड़का सोता है, धावक दौड़ता है। (ग) **कर्ता + पूरक + योजी क्रिया** : लड़का सुन्दर है, अशोक डाक्टर है।

निअ-विशेषण

(क) निअ-विशेषण रेखीय विशेषण होता है, अर्थात् एक पंक्ति या रेखा में विश्लेषण करते हैं, रूपान्तरक प्रजनक व्याकरण की तरह बाह्य संरचना तथा आन्तरिक संरचना रूप में ऊपर-नीचे नहीं। उदाहरण के लिए 'राम अपना काम कर रहा है' को ।राम।अपना काम।कर रहा है। रूप में या और गहराई में उतार कर।अपना।काम।तथा। कर।रहा। तथा।कर।रहा है। आदि रूप में; रूपान्तरक प्रजनक व्याकरण की तरह 'राम काम कर रहा है' आधाश्री वाक्य तथा 'काम राम का है' आधायित वाक्य के रूप में नहीं।

(2) निअ-विश्लेषण किसी भी भाषिक इकाई की संरचना का उत्तराधर क्रम (हाइरार्किकल ऑर्डर) में विश्लेषण करता है, अर्थात् पहले कौन-सा अवयव जोड़ा गया और फिर कौन-सा जोड़ा गया। इस प्रकार निअ-विश्लेषण रचना का क्रम भी हमारे सामने प्रस्तुत करता है। उदाहरण के लिए 'परतन्त्रता' शब्द लें। इसमें तीन अवयव हैं पर+तन्त्र+ता, किन्तु तीनों एक साथ नहीं जोड़े गए हैं, और न 'तन्त्र' में 'ता' जोड़कर 'तन्त्रता' बनाया गया है, और फिर 'पर' जोड़ा गया है, बल्कि पर+तन्त्र से परतन्त्र' बना है, और फिर उसमें 'ता' जोड़ा गया है—

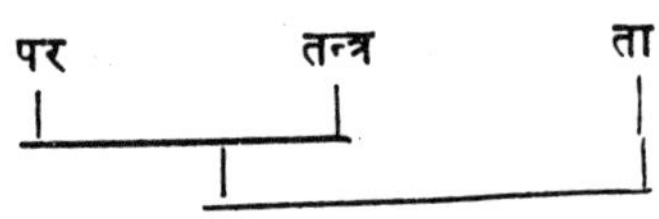

न कि

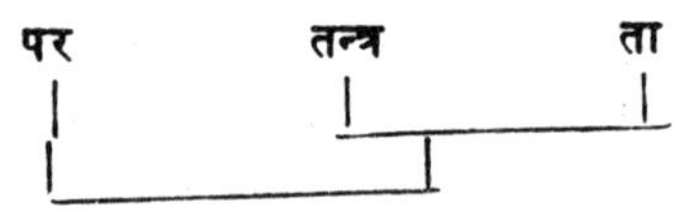

(3) इससे अर्थ के स्तर पर वास्तविक इकाइयों का पता चलता है। उदाहरण के लिए—

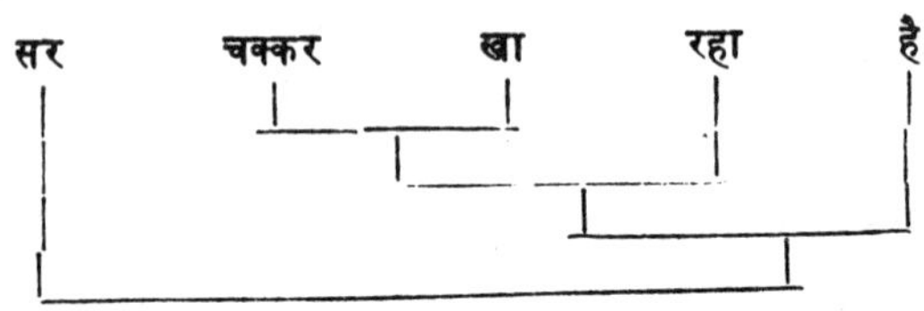

किन्तु

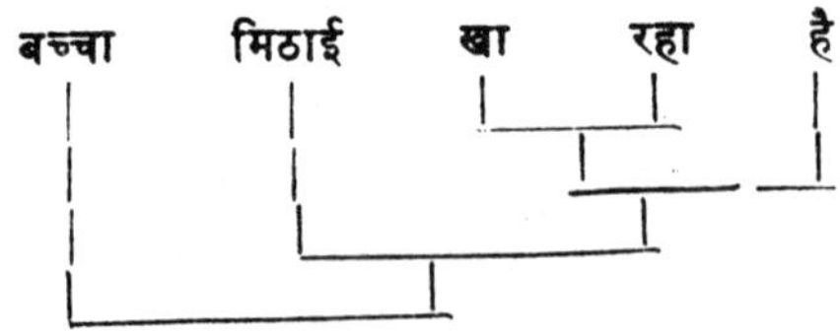

अर्थात् पहले में 'चक्कर खा' इकाई है, उसकी तुलना में दूसरे में 'खा' इकाई है। अनुवादक दूसरे में 'खा' का अनुवाद करेगा किन्तु पहले में उसे 'चक्कर खा' को इकाई मानकर अनुवाद करना पड़ेगा।

(4) निअ-विश्लेषण रेखीय स्तर पर वाक्य की कुछ प्रकार की बहुअर्थताओं को स्पष्ट करता है---

(क)

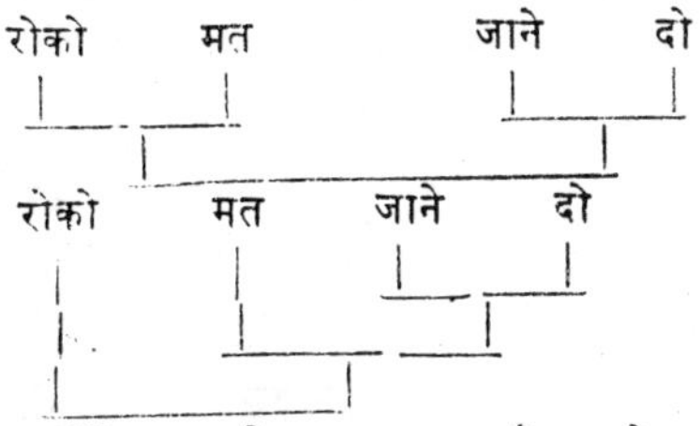

(ख)

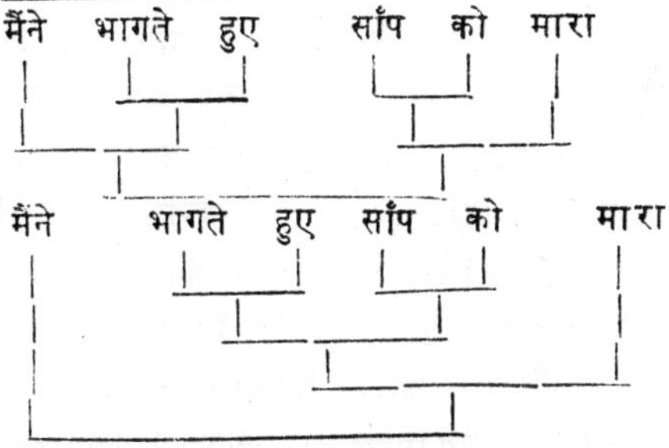

इस प्रकार निअ विश्लेषण भाषा की वास्तविक संरचना तथा अर्थ की दृष्टि से सार्थक होता है।

हिन्दी

निअ-विश्लेषण की दृष्टि से हिन्दी के सम्बन्ध में मुख्य रूप से निम्नांकित बातें कही जा सकती हैं---

(1) निअ-विश्लेषण के आधार पर पता चलता है कि संरचना में दो प्रकार की 'बहुअर्थता' या 'संदिग्धार्थता' (ambiguity) होती है। एक तो रेखीय होती है जिसे निअ-विश्लेषण के आधार पर स्पष्ट किया जा सकता है। जैसे---'सुन्दर लड़के और लड़कियाँ'---'सुन्दर लड़के और लड़कियाँ'। 'मीठे आम और सन्तरे', 'महँगी कुर्सियाँ और मेज़ें', 'सुन्दर पर्वत के दृश्य', 'ताज़ा फल और सब्ज़ी', 'मेरे लोहे के दरवाज़े', 'तुम्हारे सोने का कंगन', 'मैंने साइकल चलाते हुए चूहे देखे', 'क्या तुमने पाजामा-कुर्ता पहने हुए हाथी देखा है' आदि हिन्दी की अनेकानेक अभिव्यक्तियाँ इसी प्रकार की हैं।

दूसरी वह जिन्हें निअ-विश्लेषण के आधार पर स्पष्ट नहीं किया जा सकता और, जो रेखीय न होकर आन्तरिक संरचना से उद्भूत होती हैं। उदाहरणार्थ—

(क) मुझे तुम्हें बीस रुपये देने हैं (मैं दूंगा, तुम दोगे), (ख) तुम्हें राम का काम करना है (राम के लिए, राम के हिस्से का), (ग) यह कृष्ण का चित्र है (कृष्ण की आकृति का, कृष्ण का बनाया, कृष्ण जिसका मालिक है) आदि।

(2) हिन्दी के कई शब्द ऊपर से समान रचना वाले लगते हैं, किन्तु निअ-विश्लेषण से पता चलता है कि वास्तविक रूप में ऐसा नहीं है। उदाहरण के लिए 'स्वाधीनता' और 'स्वतन्त्रता' को लें। देखने में दोनों एक-जैसे हैं, किन्तु एक तरफ़ स्व+अधीन+ता को 'स्वाधीन+ता' और 'स्व+अधीनता' दोनों ही रूपों में रखा जा सकता है, किन्तु 'स्वतन्त्रता' को 'स्वतन्त्र+ता' रूप में ही विश्लेषित कर सकते हैं 'स्व+तन्त्रता' रूप में नहीं, क्योंकि 'तन्त्रता' का हिन्दी में अलग से प्रयोग नहीं होता अर्थात् स्वाधीनता की रचना स्व+अधीन=स्वाधीन, और फिर स्वाधीन+ता, या फिर आधीन+ता=आधीनता और फिर स्व+अधीनता—इन दोनों रूपों में मानी जा सकती है, किन्तु स्वतन्त्रता की स्व+तन्त्र=स्वतन्त्र और फिर 'ता' जोड़कर 'स्वतन्त्रता रूप में ही स्व+तन्त्रता रूप में ही नहीं। ऐसे ही 'अनहोनी' 'अन+होना'+ई भी हो सकता है और अन+'होना+ई', 'अन+देखा'+ई न कि अन+'देखा+ई'।

अर्थात् हिन्दी शब्दों की रचना तीन प्रकार से हुई है। कुछ में पहले उपसर्ग जोड़कर एक शब्द बना और फिर प्रत्यय जोड़कर दूसरा शब्द, तो कुछ में प्रत्यय जोड़-कर एक शब्द बना और फिर उपसर्ग जोड़कर दूसरा शब्द। तीसरे प्रकार के शब्दों में कोई भी (उपसर्ग या प्रत्यय) पहले जोड़ा गया और फिर दूसरा (उपसर्ग या प्रत्यय) बाद में।

(3) निअ-विश्लेषण से यह भी पता चलता है कि हिन्दी में कुछ शब्द ऐसे भी हैं जिनकी संरचना एक प्रकार से मानें तो उसका एक अर्थ होता है, तथा दूसरी प्रकार से मानें तो दूसरा अर्थ। उदाहरण के लिए अ+मानवीय=जो मानवीय या मानवो-चित न हो, जैसे 'अमानवीय व्यवहार' किन्तु अमानव+ईय=जो अमानव (अर्थात् दानव या देवता) सम्बन्धी हो, जैसे अमानवीय चमत्कार अर्थात् 'अलौकिक चमत्कार'। यहाँ 'अमानवीय' अतिमानवीय है। अर्थात् इसमें पहले प्रत्यय जोड़े तो एक अर्थ, उप-सर्ग जोड़ें तो दूसरा अर्थ। इस तरह निअ-विश्लेषण किसी शब्द के दो अर्थ स्पष्ट करने में समर्थ है।

(4) जहाँ तक अविच्छिन्नता-विच्छिन्नता के आधार पर निअ के प्रकारों का प्रश्न है, विश्लेषण से यह पता चलता है कि हिन्दी में अविच्छिन्न और समकालिक निअ ही मिलते हैं। विच्छिन्न निअ का प्रयोग प्रायः नहीं होता। 'सहर्ष मैं कर दूंगा' या 'धीरे-धीरे शाम भी हो जाएगी' जैसे कुछ प्रयोग जो मिलते हैं, तत्वतः 'मैं सहर्ष कर दूंगा' या 'शाम भी धीरे-धीरे हो जाएगी' के ही, बल के लिए पदक्रम-परिवर्तित रूप

हैं। अंग्रेज़ी के Is he going या Does he know आदि की तरह ये हिन्दी में सामान्य रूप से प्रयुक्त होने वाले वाक्य नहीं हैं।

(5) हिंदी में द्विअवयवी निअ ही सामान्यतः मिलते हैं; त्रि, चतुर, पंच आदि अपवाद हैं।

(6) हिन्दी भाषा में अंतःकेन्द्रिक रचनाओं विशेषक + केन्द्र (अच्छा लड़का, तेज़ी से दौड़ा) का ही सर्वाधिक प्रयोग होता है तथा केन्द्र + विशेषक (बेशर्म/उल्लू/गदहा/कहीं का) का सबसे कम। यों नामों में इसका प्रयोग अवश्य चलता है : फ़िराक़ गोरखपुरी, अकबर इलाहाबादी, बेढब बनारसी, बेखटक मिर्ज़ापुरी, हुल्लड़ मुरादाबादी, ·· देहलवी,···लखनवी,···गोंडवी···बाराबंकवी···आज़मी आदि। जहाँ तक समानाधिकरण रचनाओं का प्रश्न है, 'योगज' का प्रयोग (राम और मोहन) खूब होता है, किन्तु 'व्याख्यापक' (पर्वतराज हिमालय) का अपेक्षाकृत बहुत ही कम।

(7) अकेन्द्रिक रचनाओं में जैसा कि स्वाभाविक है, द्विकर्मक का प्रयोग कम होता है, शेष का काफ़ी होता है।

(8) निअ-विश्लेषण से पता चलता है कि हिन्दी में नामिक क्रिया का अपना अलग वर्ग है, जिसे एक इकाई के रूप में लिया जाना चाहिए। 'याद करना', 'काम करना' जैसा नहीं है, न 'दिखाई देना' 'मिठाई देना' जैसा है। ऐसी ही स्थिति मुहावरों (चक्कर खाना—मिठाई खाना) तथा संयुक्त क्रियाओं (दे देना—पुस्तक देना) की भी है। अनुवादक को इस ओर से विशेष रूप से सतर्क रहना चाहिए।

बाह्य संरचना—आन्तरिक संरचना

वाक्य या किसी भी भाषिक संरचना के जिस रूप का प्रयोग हम बोल या लिखकर करते हैं, उसे 'बाह्य संरचना' कहते हैं। वह बाहरी है। उसे सुना या पढ़ा जा सकता है। इसके विपरीत वह वाक्य या संरचना जिन वाक्यों या संरचनाओं से बनी होती है, उन्हें आंतरिक संरचना कहते हैं, क्योंकि वह संरचना उस बाह्य संरचना के भीतर होती है। 'राम और मोहन जा रहे हैं' बाह्य संरचना है तो उसके भीतर दो संरचनाएँ हैं, अर्थात् यह वाक्य मूलतः दो वाक्यों से मिलकर बना है : 'राम जा रहा है' + 'मोहन जा रहा है' = 'राम और मोहन जा रहे हैं'। ऐसे ही राम ने अपना काम किया – राम ने काम किया + काम राम का था।

यों तो आंतरिक संरचना में मूलतः अर्थीय तथा व्याकरणिक घटक ही होते हैं। जैसे 'लड़का दौड़ा' की आंतरिक संरचना में '+ मानव, + पुंल्लिग, — वयस्क', '+ भूतकाल, + गति, + तीव्रता, किंतु यदि उस गहराई में न जाएँ तो यह कहा जा सकता है कि आंतरिक संरचना में भाषाविशेष के आधारभूत वाक्य होते हैं, और उन्हीं में रूपांतरण करके तरह-तरह के वाक्य बाह्य संरचना के रूप में बनाए जाते हैं। पीछे हिन्दी के आधारभूत वाक्यों पर विचार किया गया है। कहना न होगा

कि उन्हीं के आधार पर विभिन्न प्रकार के रूपांतरणों द्वारा हिन्दी के सभी प्रकार के अन्य वाक्यों की रचना होती है।

आधात्री वाक्य-आधायित वाक्य

कभी-कभी एक वाक्य दूसरे वाक्य में अंतर्भुक्त कर दिया जाता है। ऐसी स्थिति के जिस वाक्य को अंतर्भुक्त करते हैं उसे आधायित वाक्य (Embeaded sentence) यथा जिस वाक्य में आधायित करते हैं, उसे आधात्री वाक्य (Matrix sentence) कहते हैं। उदाहरण के लिए, 'लड़का मोटी किताब पढ़ रहा है' में 'लड़का किताब पढ़ रहा है' आधात्री वाक्य है तथा 'किताब मोटी है' आधायित वाक्य है।

रूपांतरिक वाक्य

हिंदी में आधारभूत वाक्यों से विभिन्न प्रकार के रूपांतरणों (जैसे आधायन, प्रतिस्थापन, विलोपन, स्थानांतरण, योजन परिवर्तन आदि) द्वारा विभिन्न प्रकार के वाक्य बनते हैं। इनके लिए 'रूपांतरण नियम' होते हैं। यहाँ हिंदी के कुछ प्रमुख रूपांतरण तथा उनके नियम संक्षेप में दिए जा रहे हैं। रूपांतरण तथा उसके नियमों को देने में सामान्य पाठक को दृष्टि में रखा गया है, इसीलिए रूपांतरक प्रजनक व्याकरण की जटिलताओं से बचते हुए सामान्य भाषा में अपनी बात कही गई है। आं० सं० = आंतरिक संरचना; रू० नि० = रूपांतरण के नियम; बा० सं० = बाह्य संरचना।

संज्ञाकरण—आं० सं०—लता ने गीत गाया। मुझे अच्छा लगा।

रू० नि०—(1) कर्ता→संबंध : लता ने→लता का

(2) क्रिया→क्रियार्थक संज्ञा : गाया→गाना

बा० सं०—लता का गीत गाना मुझे अच्छा लगा।

सर्वनामीकरण—(Promominalization)—आं० सं०—राम[1] ने कहा। राम[2] जाएगा।

रू० नि०—(1) राम[2]→मैं

(2) जाएगा का मैं से अनुकूलन→जाऊँगा।

बा० सं०—राम ने कहा, मैं जाऊँगा।

रू० नि०—(1) राम→वह

(2) पूरक चिह्नक 'कि' का योजन

बा० सं०—राम ने कहा कि वह जाएगा।

निजवाचकीकरण—(reflexivization)—किसी संज्ञा अथवा सर्वनाम को निजवाचक सर्वनाम में परिवर्तित कर देना।

आ० सं०—सीता[1] समझती है[1]। सीता[2] सुंदर है[2]।

रू० नि०—(1) कर्ता→कर्म : सीता[2]→सीता को

(2) संज्ञा→निजवाचक सर्वनाम : सीता[2] को→ अपने आपको

(3) क्रिया→Ø : हैं^{2}→Ø

(4) 'अपने आपको सुंदर' का स्थानांतरण (कर्ता और क्रिया के बीच में)।

बा० सं०—सीता अपने आपको (अपने को, खुद को, स्वयं को) सुंदर समझती है।

विशेषणीकरण—आं० सं०—लड़का पुस्तक^{1} पढ़ रहा है^{1}। पुस्तक^{2} मोटी है^{2}।

रू० नि०—(1) सम संज्ञा→लोप : पुस्तक^{2}→Ø

(2) क्रिया→लोप : है^{2}→Ø

(3) मोटी का स्थानांतरण (पुस्तक^{1} के पूर्व)

बा० सं०—लड़का **मोटी** पुस्तक पढ़ रहा है।

यहाँ विधेय-विशेषण का विशेष्य-विशेषण हो गया है।

आं० सं०—लड़का पुस्तक^{1} पढ़ रहा है। पुस्तक^{2} मोटी है।

रू० नि०—(1) समसंज्ञा→सर्वनाम : पुस्तक^{2}→वह

(2) जो का प्रवेशन (पुस्तक^{1} के पूर्व)

बा० सं०—लड़का जो पुस्तक पढ़ रहा है, वह **मोटी है**। यह विशेषणउपवाक्यीकरण है।

आं० सं०—राम ने साँप^{1} को मारा। साँप भाग रहा था।

रू० नि०—(1) सम संज्ञा—लोप : साँप^{1}→Ø

(2) क्रिया→विशेषण : भाग रहा था→भागते हुए

बा० सं०—राम ने, **भागते हुए** साँप को मारा।

आं० सं०—किसी ने लड़के^{1} को मारा। लड़का^{2} शैतानी कर रहा था।

रू० नि०—(1) कर्ता→Ø : किसी ने→Ø

(2) सम संज्ञा लोप : लड़का^{2}→Ø

(3) क्रिया→विशेषण : शैतानी कर रहा था→शैतानी करने वाला

(4) 'शैतानी करने वाले' का स्थानांतरण (लड़का^{1} के पूर्व)

(5) मार→मार पड़

बा० सं०—**शैतानी करने वाले** लड़के को मार पड़ी।

आं० सं०—गुण्डों ने दुकानें जलाईं···

रू० नि०—(1) कर्ता→करण-गुण्डों ने→गुण्डों द्वारा

(2) क्रिया→पूर्ण कृदंत : जलाई→जलाई हुई

बा० सं०—गुण्डों द्वारा **जलाई हुई** दुकानें···

क्रियाविशेषणीकरण—आं० सं०—राम^{1} ने साँप को मारा। राम^{2} दौड़ रहा था

रू० नि० —(1) सम संज्ञा→लोप : राम² → ∅

(2) क्रिया→क्रियाविशेषण : भाग रहा था→भागते हुए

बा० सं०—राम ने **दौड़ते हुए**, साँप को मारा

कर्मवाच्यीकरण (passivization) – हिंदी में यह तीन प्रकार का होता है—

आ० सं०—मैं पेड़ देखता हूँ।

रू० नि०—(1) कर्म→कर्ता : पेड़→पेड़

(2) कर्ता→कर्म : मैं→मुझे

(3) सकर्मक→अकर्मक : देख→दिख

बा० सं०—पेड़ मुझे दिखता है

रू० नि०— (1) कर्म→कर्ता : पेड़→पेड़

(2) कर्ता→करण : मैं→मेरे द्वारा

(3) मुख्य क्रिया→पूर्ण कृदंत : देखता→देखा

(4) वाच्य-चिह्नक 'जा' का योजन तथा आं० सं० की क्रिया से अनुकूलन : जाता है

बा० सं०—पेड़ मेरे द्वारा देखा जाता है।

रू० नि०—(1) कर्म→कर्ता : पेड़→पेड़

(2) कर्ता→∅ : मैं→∅

(3) सकर्मक→अकर्मक : देख→दिख

बा० सं० —पेड़ दिखता है।

भाववाच्यीकरण : आं० सं०—राम पढ़ता है।

रू० नि०—(1) कर्ता→करण : राम→राम से

(2) मुख्य क्रिया→पूर्ण कृदंत : पढ़ता→पढ़ा

(3) वाच्यचिह्नक 'जा' का योजन तथा मूल क्रिया से अनुकूलन : जाता है

बा० सं०—राम से पढ़ा जाता है।

इसी तरह 'राम नहीं पढ़ता' से 'राम से पढ़ा नहीं जाता।'

पूरकीकरण (complementation)—यह हिंदी में कई प्रकार का होता है—

आं० सं०—राम¹ ने कहा। राम² जाएगा।

रू० नि०—(1) पूरक चिह्नक 'कि' का योजन

(2) कर्ता² का सर्वनामीकरण : राम²→वह

बा० सं०—राम ने कहा कि वह जाएगा।

आं० सं०—मोहन ने सोचा। राम चला गया।

रू० नि०—पूरक चिह्नक 'कि' का योजन

बा० सं०—मोहन ने सोचा कि राम चला गया ।

आं० सं०—मोहन समझता है । सोहन मूर्ख है ।

(क) रू० नि०—पूरक चिह्न 'कि' का योजन

बा० सं०—मोहन समझता है कि सोहन मूर्ख है ।

(ख) रू० नि०—(1) कर्ता → कर्म : सोहन → सोहन को

(2) क्रिया^{2} → ∅ : है^{2} → ∅

(3) 'सोहन को मूर्ख' का स्थानांतरण (कर्ता क्रिया के बीच में)

बा० सं०—मोहन सोहन को मूर्ख समझता है ।

आं० सं०—सीता^{1} समझती है^{1} । सीता^{2} सुंदर है^{2} ।

रू० नि०—(1) कर्ता^{2} → कर्म : सीता^{2} → सीता को

(2) 'सीता को' का निजवाचकीकरण : अपने को

(3) क्रिया^{2} → ∅ : है^{2} → ∅

(4) 'अपने को सुंदर' का स्थानांतरण (समझती के पूर्व)

समानाधिकरण—आं० सं०—राम गया। मोहन गया ।

रू० नि०—(1) राम + मोहन → राम और मोहन

(2) गया + गया → गए

बा० सं०—राम और मोहन गए।

यहाँ तक रूपांतरण नियम के साथ कुछ रूपांतरण दिए गए । अब बिना नियम के संक्षेप में कुछ रूपांतरण दिए जा रहे हैं ।

कारकीय रूपांतरण—हिंदी में ऐसे बहुत सारे वाक्य मिलते हैं, जिनमें आंतरिक संरचना का एक कारक बाह्य संरचना में किसी दूसरे कारक में बदल दिया जाता है । उदाहरण के लिए 'राम ने : पुस्तकें कमरे में भर दीं' तथा 'पुस्तकें राम की थीं' से 'राम ने अपनी पुस्तकों से कमरा भर दिया', यहाँ 'कर्म' (पुस्तकें) को 'करण' (पुस्तकों से) में बदल दिया गया है । ऐसे ही आंतरिक संरचना के कर्म, करण, संप्रदान, अपादान तथा अधिकरण प्रायः कर्ता बन जाते हैं : **कर्म का कर्ता**—हाय, ये मेरी आँखें अब यह दृश्य भी देखेंगी (हाय मुझे अपनी इन आँखों से यह दृश्य भी देखना पड़ेगा ।) **संप्रदान का कर्ता**—छात्रों ने सभापति से पुरस्कार ग्रहण किया । (सभापति ने छात्रों को पुरस्कार दिया ।) **अपादान का कर्ता**—पतझड़ में पेड़ों ने पुराने पत्ते गिरा दिए । (पतझड़ में पेड़ों से पुराने पत्ते गिर गए) । **संबंध का कर्ता**—हिंदी को बनारस ने भारतेंदु, प्रसाद, शुक्लजी और प्रेमचंद दिए । (······और प्रेमचंद, हिंदी को बनारस की देन थे ।) **अधिकरण का कर्ता**—गांधीजी जैसी महान् आत्मा को भारत ने ही पैदा किया था (गांधी जैसी महान् आत्मा भारत में ही पैदा हुई थी) । क्यारी भौंरों से गूंज रही है (क्यारी में भौंरे गूंज रहे हैं) । बर्तन पानी से भरा है (बर्तन में पानी भरा है) ।

विभक्त रूपांतरण (Cleft Transformation)—कभी-कभी आंतरिक संरचना के एक वाक्य को बाह्य में दो में विभक्त कर देते हैं—

आं० सं०—राम उपन्यास पढ़ रहा है।

बा० सं०—राम जो पढ़ रहा है, वह उपन्यास है।

'खूब लड़ी मर्दानी वह तो झाँसी वाली रानी थी।' (रानी खूब लड़ी। रानी झाँसी की थी। रानी मर्दानी थी)। यहाँ आंतरिक धरातल के तीन वाक्यों में अंतिम दो को बाह्य वाक्य में विशेषणीकरण प्रक्रिया से दो विशेषणों (मर्दानी, झाँसी वाली) में बदल दिया गया है तथा 'रानी खूब लड़ी' वाक्य का विभक्त रूपांतरण करके दो वाक्य बना दिए गए हैं: 'खूब लड़ी' 'वह तो रानी थी।'

प्रश्नवाचक वाक्य

(अ) प्रश्न की प्रकृति की दृष्टि से, हिंदी में अन्य अनेक भाषाओं की तरह प्रश्नवाचक वाक्य तीन प्रकार के होते हैं—

(क) **पदस्तरीय प्रश्नयुक्त**—इसमें प्रश्न वाक्य के केवल एक पद के स्तर पर होता है: **कल कौन-सी पुस्तक** ले गए ? परसों वे **किस समय** आए थे ? स्पष्ट ही इन वाक्यों में प्रश्न पुस्तक तथा समय के बिषय में है। ऐसे वाक्यों को **पदस्तरीय प्रश्नवाचक वाक्य** कहा जा सकता है।

(ख) **वाक्यस्तरीय प्रश्नयुक्त**—इसमें प्रश्न पूरे वाक्य के स्तर पर होता है, किसी एक पद के स्तर पर नहीं: राम गया गया ? कैसे आना हुआ ? तुम्हारा लड़का पास हो गया ? ऐसे वाक्यों को **वाक्यस्तरीय प्रश्नवाचक** वाक्य कहा जा सकता है।

(ग) **द्विस्तरीय प्रश्नयुक्त**—इसमें प्रश्न का संबंध बलाघात से होता है। यदि एक शब्द पर बल दें तो प्रश्न वाक्यस्तरीय होता है, किंतु दूसरे पर दें तो प्रश्न पदस्तरीय हो जाता है। उदाहरण के लिए 'क्या काम हो रहा है ?' वाक्य लें। यदि 'क्या' पर बल दें तो प्रश्न पदस्तरीय (काम से संबद्ध) है, किंतु यदि 'काम' पर बल दें तो वह वाक्यस्तरीय है।

यों यह सामान्य स्थिति है। विशिष्ट अनुतान और बलाघात द्वारा कई पदस्तरीय वाक्यों को वाक्यस्तरीय तथा कई वाक्यस्तरीय वाक्यों को पदस्तरीय प्रश्नवाचक वाक्यों में बदला जा सकता है।

(आ) संरचना की दृष्टि से हिन्दी के प्रश्नवाचक वाक्य कई प्रकार के होते हैं—

(क) **प्रश्नवाचक शब्दयुक्त**—हिंदी में मुख्य प्रश्नवाचक शब्द क्या, क्यों, कहाँ, कब, किधर, कैसे, किसलिए, किसको, किससे, किस पर, किसमें आदि हैं। इनका प्रयोग वाक्य के आदि, मध्य, अंत तीनों 'स्थितियों' में होता है: क्या राम जा रहा है—राम क्या जा रहा है—राम जा रहा है क्या ? यह ध्यान देने की बात है कि प्रश्नसूचक शब्दों के आदि, अध्य और अंत में प्रयोग से शब्द विशेष पर बल में अंतर पड़ता है। ऐसे वाक्यों में, प्रश्नवाचक शब्दों में 'क्या' तो केवल तीन स्थानों पर ही आ सकता

है जैसा कि ऊपर हमने देखा, किंतु, कहाँ, कब, किधर, क्यों, कैसे, किसलिए आदि चार स्थानों पर आ सकते हैं : कहाँ राम जा रहा है—राम कहाँ जा रहा है—राम जा कहाँ रहा है—राम जा रहा है कहाँ ? इनमें दूसरे तथा तीसरे का प्रयोग अधिक होता है।

कभी-कभी वाक्य में एकाधिक प्रश्नवाचक शब्दों का प्रयोग होता है। वस्तुतः वाक्य में जितने भी प्रश्नवाचक शब्द होते हैं, वह वाक्य मूलतः उतने ही प्रश्नवाचक वाक्यों को मिलाने से बना होता है। राम क्यों आया ? + राम कैसे आया ? = राम क्यों और कैसे आया ? इसी प्रकार राम क्यों, कैसे और कब आया ? राम क्यों, कैसे, कब और कहाँ से आया ? उसने किसे कहाँ, क्यों और कैसे मारा ?

(ख) **मात्र अनुतान**—ऐसे प्रश्नवाचक वाक्य, अप्रश्नवाचक वाक्य के अनुतान में परिवर्तन करके, अर्थात् उसका अनुतान प्रश्नवाचक करके बना लेते हैं। जैसे 'राम जा रहा है।' से 'राम जा रहा है ?' ऐसे वाक्यों में प्रश्नवाचकता क्या-वाली ही होती है। कब, कहाँ, कैसे, किधर आदि अन्य प्रश्नवाचक शब्दों वाली नहीं। इस वर्ग के वाक्यों में बलाघात भी महत्वपूर्ण है। यदि 'राम खाना खा रहा है' में 'राम' पर बल देंगे तो तो वाक्य का अर्थ होगा 'क्या राम खाना खा रहा है ?' किंतु यदि 'खाना' पर बल देंगे तो अर्थ होगा 'राम क्या खाना खा रहा है ?' इस प्रकार इस वर्ग के वाक्यों में बलाघात 'क्या' के समकक्ष है। इस वर्ग के प्रश्नवाचक वाक्य दो प्रकार के हो सकते हैं : (अ) **सामान्य प्रश्न वाले**—इसमें अप्रश्नवाचक वाक्य को अनुतान से प्रश्नवाचक वाक्य बना देते हैं : 'वह चला गया ?' माताजी की तबीयत ठीक है ? नहा लिया ! (आ) **वैकल्पिक प्रश्न वाले**—ये दो प्रकार के होते हैं : (i) **बिना क्रिया वाले**—'चाय या कॉफ़ी ?' 'दिल्ली या बंबई ?' 'आज या कल ?'। इनका प्रयोग बातचीत में किसी कथन के निश्चय के लिए होता है। राम—मोहन, कुछ पीने को मँगाओ। मोहन—चाय या काफ़ी ? (ii) **क्रिया वाले**—शाम को चलोगे या सुबह ? नौ बजे आऊँ या दस बजे ? लड़का हुआ या लड़की ?

(ग) **निषेधवाचक शब्दों से युक्त**—ये दो प्रकार के होते हैं : (अ) **वैकल्पिक प्रश्न तथा 'नहीं-युक्त'**—इनमें अंत में 'नहीं' आता है : चलोगे या नहीं, तू चलता है या नहीं, वह अभी गया या नहीं। इसमें **केवल क्रिया** (देगा या नहीं ?) भी आ सकती है तथा **अन्य शब्द** भी (तू पुस्तकें देगा या नहीं ?)। कभी-कभी बल देने के लिए क्रिया के दुबारा आ आने से 'नहीं' बीच में हो जाता है : तू पढ़ता है या नहीं पढ़ता है ? चलेगा भी या नहीं चलेगा ? (आ) **अन्त में न-युक्त**—ये प्रश्न भी दो प्रकार के होते हैं : सामान्य—तुमने उससे फिर पूछा था न ? राम ने तुम्हें फिर मारा था न ? वह तुम्हारा काम तो कर देगा न ? आग्रहयुक्त—इसमें प्रश्नकर्ता चाहता है कि उसे उत्तर 'हाँ' मिले : तो फिर तुम भी आओगे न ? उसे भी बुलाओ न ? मेरा साथ दोगे न ?

(घ) **विरोधी अभिव्यक्तियुक्त**—वह पढ़ता है या मज़ाक करता है ? तुम

काम करने जाते हो या मटरगश्ती करने ? मोहन कुछ करेगा या मक्खी ही मारता रहेगा ? यह भी वैकल्पिक प्रश्न है तथा विरोधी अभिव्यक्ति इ-क के 'नहीं' के समकक्ष होती है। यों ऐसे प्रश्न का कर्ता उत्तर का आकांक्षी नहीं होता। उसका विश्वास होता है कि पहला वाक्य सही नहीं है, दूसरा (विरोधी अभिव्यक्ति वाला) ही सही है। प्रायः व्यंग्य या डाँट के लिए ऐसे प्रश्न पूछे जाते हैं। इसमें दो वाक्य 'या' से जुड़े होते हैं।

(ङ) **आदरार्थ आज्ञा प्रार्थना रूप तथा अन्त में 'न'**—कल चलेंगे न ? आज आइएगा न ? इसका प्रयोग केवल बड़े के प्रति होता है तथा इसमें प्रश्नकर्ता का आग्रह ध्वनित होता है। वह चाहता है कि उसे उत्तर 'हाँ' मिले।

जहाँ तक इन प्रश्नवाचक वाक्यों की संरचना का प्रश्न है 'आ' में तो केवल 'प्रश्नवाचक अनुतान' का प्रयोग होता है किंतु अन्य सभी में भी अन्य बातों के साथ-साथ प्रश्नवाचक अनुतान अवश्य आता है। शेष में, 'अ' में प्रश्नवाचक शब्द आदि, मध्य अथवा अंत में जोड़ते हैं; आ-ख में विकल्पों को 'या' से जोड़ते हैं; इ-क में अंत में 'या नहीं' आता है, तथा इ-ख में 'न', ई में 'या' और 'विरोधी अभिव्यक्ति' तथा उ में आदरार्थ आज्ञा और अंत में 'न'

निषेधबोधक वाक्य

हिंदी में निषेधबोधक वाक्यों की निषेधबोधकता मूलतः दो प्रकार की होती है—

(क) **शब्दस्तरीय**—इसके दो भेद होते हैं : (अ) **उपसर्गीय** अन (वह पढ़ा-लिखा नहीं है—वह अनपढ़ है), अ (वह योग्य नहीं है—वह अयोग्य है), **ना** (नालायक), **ला** (लाइलाज), **बे** (बेक़ायदा), **निः** (निराकार), **वि** (विसंगति), **दुः** (दुर्बल)। (आ) **समासीय**—शून्य (मेधाशून्य), **विहीन** (क्रियाविहीन), हीन (बुद्धिहीन, धनहीन), रहित (साधन रहित), कम (कमज़ोर)। (ख) **वाक्यस्तरीय**—इसके मुख्यतः पाँच-छः भेद होते हैं (अ) **निषेधबोधक शब्दयुक्त**—इसके लिए आज्ञासूचक वाक्यों में **मत** (तू, तुम, थे, साथ—तू मत जा, तुम मत जाओ) तथा न ('आप' के साथ—आप न आएँ) आते हैं जबकि अन्यों में नहीं (राम नहीं आएगा)। यह प्रायः वाक्य के बीच में आता है, किंतु अंत में (वह आएगा नहीं) भी आ सकता है। (आ) **रहित-बोधक शब्दयुक्त**—वह इस क्षेत्र में **शून्य** है, वह सभी दृष्टियों से **हीन** है। (इ) **विशिष्ट अनुतानयुक्त**—वह आएगा ? = वह नहीं आएगा। (ई) **प्रश्नवाचक शब्द-युक्त**—विशिष्ट अनुतान के साथ क्या (अब वह क्या आएगा = नहीं आएगा), क्यों, क्योंकर, कौन, कौन सा, कहाँ, कैसे, कब आदि प्रश्नवाचक शब्दों से भी निबंध की अभिव्यक्ति हिंदी में होती है। (उ) **अन्य शब्दों से युक्त**—उपर्युक्त के अतिरिक्त थोड़े (मैंने थोड़े कहा था), भला (भला मैंने यह किया), चुक (वह तो जा चुका), बहुत (वह तो बहुत जाएगा), **खूब बड़ा** आदि से भी निषेध की अभिव्यक्ति की जाती है।

(ऊ) **मिश्रित**—कुछ अन्य प्रकार की भी निषेधात्मक अभिव्यक्तियाँ हिंदी में मिलती हैं : उसकी हिम्मत है कि जाएगा, उसे क्या पड़ी है जो जाए; उसे (काले) कुत्ते ने काटा है जो जाए, वहाँ क्या लड्डू,/रसगुल्ले बँट रहे हैं जो जाएगा; वहाँ कौन सी गठरी मिल रही है जो जाए/जो चला जाए; किसने कहा कि वह आएगा; आदि।

ऐसे वाक्यों की संरचना के सम्बन्ध में मुख्यत: तीन बातें उल्लेख्य हैं : (1) सामान्य और सातत्य वर्तमान के रूपों में 'नहीं' के आने पर कालद्योतक क्रिया लुप्त हो जाती है : वह पढ़ता है—वह नहीं पढ़ता, वह खेल रहा है—वह नहीं खेल रहा, (2) कई सहायक क्रियाओं का भी 'नहीं' के आने पर लोप हो जाता है : वह जा **चुका**—वह नहीं गया जाएगा उसने मार **डाला**—उसने नहीं मारा। (यह द्वि-अर्थी हो जाएगा), वह गिर **पड़ा**—वह नहीं गिरा; उसने फेंक **दिया**—उसने नहीं फेंका, उसने खा **लिया**—उसने नहीं खाया, वह चिल्ला **उठा**—वह नहीं चिल्लाया, वह आ **मरा**—वह नहीं आया, उसने लिख **मारा**—उसने नहीं लिखा। (3) ऊपर संकेतित सभी वाक्यस्तरीय अभिव्यक्तियाँ सभी कालों में नहीं आतीं : उदाहरणार्थ 'वह तो आ चुका' को 'आ चुकता है' या 'आ चुकेगा' में नहीं बदला जा सकता।

वाक्य में निषेधात्मकता दो प्रकार की होती हैं। (क) **पदस्तरीय**—राम ने **सन्तरे** नहीं खाए, **राम** ने पत्र नहीं पढ़ा, उसने **लाठी** से नहीं मारा। इन वाक्यों में सन्तरे, राम तथा लाठी पर बलाघात है और इन्हीं का निषेध किया गया है। (ख) **वाक्यस्तरीय**—मैं **नहीं** आऊँगा, वह लड़का पास **नहीं** हो सकता, तुम **मत** जाओ, आप **न** कहें। इनमें 'नहीं', 'मत', 'न' पर बल होता है। इस तरह बलाघात से इन दोनों स्तरों का बहुत कुछ सम्बन्ध होता है और हिन्दी में काफ़ी वाक्य इस तरह होते है जिन्हें बलाघात द्वारा आवश्यकतानुसार पदस्तरीय अथवा वाक्यस्तरीय निषेधात्मक बनाया जा सकता है।

आज्ञासूचक वाक्य

हिन्दी में आज्ञासूचक वाक्य की संरचना चार बातों पर निर्भर करती है—

(1) **'आज्ञा देने वाले' तथा 'आज्ञा जिसे दी जा रही हो' का तुलनात्मक स्तर और सम्बन्ध** : (क) अपने से छोटे, बहुत अभिन्न जिसमें सम्बन्ध बहुत अनौपचारिक हो, नौकर, माँ तथा भगवान के प्रति—तू···धातु : तू चल; हे भगवान, तू तो सुन ले, माँ, तू खाना परस दे (ख) अपने बराबर, माँ तथा भगवान के प्रति—तुम··· धातु + ओ (अपवाद दो, लो) : तुम उठो, माँ तुम बैठो, या ख़ुदा, अब तुम्हीं बचाओ। यों माँ और भगवान् के लिए 'तू' का प्रयोग भी ज्यादा चलता है, किन्तु 'तुम' का चलता ही न हो, ऐसा नहीं है। (ग) अपने से बड़े तथा वे जिनके साथ औपचारिक सम्बन्ध हों (i) आप······धातु + इए (अपवाद दीजिए, लीजिए, कीजिए, पीजिए) : आप बैठिए, आप एक काम कीजिए (ii) आप···धातु + एँ : आप बैठें, आप एक काम करें। (दे० नीचे 'र' भी)।

(2) **आज्ञा तुरत के लिए है या बाद के लिए**—यदि तुरत के लिए है तो ऊपर संकेतित 1-क, 1-ख, 1-ग प्रयुक्त होते हैं, किन्तु यदि बाद के लिए हो तो 1-क, 1-ख में 'धातु + ना' (तू कल आ जाना, तुम परसों चलना) तथा 1-ग में धातु + इएगा (अपवादतः दीजिएगा, लीजिएगा, कीजिएगा, पीजिएगा) : आप लाइएगा, आप चलिएगा।

(3) **आज्ञा सामान्य है या आग्रहपूर्ण**—सामान्य में तो उपर्युक्त का प्रयोग होता है, किन्तु आग्रहपूर्ण हो तो अन्त में 'न' आता है : तू चल न, तुम आओ न, आप चलिए न। 'तुम चलना न' तथा 'आप चलें न' का प्रयोग नहीं होता, अर्थात् 'धातु + ना' तथा 'धातु + एँ' से बनने वाले आज्ञा रूप के साथ 'न' जोड़कर आग्रहपूर्ण आज्ञा का प्रयोग नहीं होता। 'आप' के साथ 'धातु + इएगा न' का प्रयोग होता है, किन्तु वह 'आज्ञा' का वाक्य न होकर प्रश्नवाचक वाक्य हो जाता है : आप चलिएगा न ? कल आइएगा न ? अर्थात् आज्ञा में इसका भी प्रयोग नहीं होता।

(4) **आज्ञा कुछ करने के लिए या मना करने के लिए**—उपर्युक्त सारे वाक्य करणीय आज्ञा के हैं। अकरणीय में तू, तुम के साथ 'मत' आता है तथा 'आप' के साथ 'न' : तू मत जा जाना, तुम मत जाओ/जाना, आप न जाइए/जाएँ/जाइएगा। अधिक बल देने के लिए कभी-कभी 'न' के स्थान पर भी 'मत' का प्रयोग करते हैं : आप मत बोलिएगा। ऐसे ही कम बल देना हो तो तू, तुम के साथ 'न' का प्रयोग भी कर लेते हैं : तू न जा, तुम न रुको।

अनिश्चयवाचक तथा निश्चयवाचक अभिव्यक्ति

इनके लिए हिन्दी में मुख्य रूप से निम्नांकित पद्धतियों का प्रयोग होता है—

(1) **को** : मैंने साँप देखा। (a snake)
मैंने साँप को देखा। (the snake)

(2) **पद-क्रम** : तुमने पत्तियाँ तोड़ीं (leaves)
पत्तियाँ तुमने तोड़ीं। (the leaves)
राम ने साँप मारा। (a snake)
साँप राम ने मारा। (the snake)

(3) **निश्चयवाचक विशेषण का होना या न होना**

मैं पतंग उड़ा रहा था। (a kite)
मैं एक पतंग उड़ा रहा था। (a kite)
मैं यह/वह/अपनी/राम की/इसकी/उसकी//तुम्हारी पतंग उड़ा रहा था।
मैं जो पंतग उड़ा रही राम की/मेरी/अपनी/उसकी थी।

(4) **अनुतान और बलाघात में परिवर्तन**

मैंने शेर देखा। (a lion)

मैंने शेर देखा। (theo lion)

इसका प्रयोग अपेक्षाकृत कम होता है।

क्रियाविहीन वाक्य

हिन्दी में कुछ इस प्रकार के वाक्यों का भी प्रयोग होता है, जो क्रियाविहीन होते हैं : (1) **विशेषणांत**—ये दो-हीन तरह के होते हैं : (क) **वालांत**—अमरीका से अब वह कहाँ लौटने वाला; (ख) **'कहीं का' अंत**—उल्लू/गधा/बेवकूफ़/आवारा कहीं का; (ग) **'ने का' अंत**—अब वह नहीं लौटने का, मैं वहाँ नहीं जाने का; (2) **शीर्षक**—इनका प्रयोग समाचार-पत्रों, विज्ञापनों, निबन्धों तथा पुस्तक के नामों आदि में मिलता है—आज कलकत्ता बन्द, सुन्दर और सस्ते कपड़े, ट्रक और ट्रेन में टक्कर, नारेबाज़ी से सभा में गड़बड़ी, मंत्रिमंडल में खलबली (3) **भय, घबराहट, प्रशंसा, निन्दा तथा आश्चर्यद्योतक उक्ति**—बाप रे बाप रे ! दैया रे दैया ! साँप ! बिच्छू ! चोर ! वाह ! क्या खूब ! छिः ! धिक ! शर्म-शर्म (4) **प्रश्नसूचक वाक्यों के उत्तर** : प्रश्न—क्या करते हो ? उत्तर—नौकरी। कहाँ जा रहे हो ? घर। किससे मिलने आए हो ? तुमसे। यह कौन सा कालिज है ? डी०ए०वी०। तुम उसे जानते हो ? नहीं; (5) **संबोधन**—ओ बच्चे (=ओ बच्चे सुन) ऐ लड़के, मोहन, (6) कोई बात नहीं, कोई हर्ज नहीं।

वाक्य के प्रसंग मे **वाच्य, प्रयोग** तथा **प्रेरणार्थकता** भी विचारणीय हैं, किन्तु रूप-रचना के प्रसंग में इन पर विचार किया जा चुका है, अतः यहाँ इन्हें नहीं लिया जा रहा है।

अध्याय पाँच

अर्थ-संरचना

अर्थ के प्रकार

हिन्दी अपनी अभिव्यक्तियों में मुख्यत: आठ प्रकार के अर्थों का प्रयोग करती है : (1) **मुख्यार्थ कोशार्थ**—सभी अन्य भाषाओं की तरह हिंदी की आर्थी संरचना का भी मूल आधार मुख्यार्थ, वाच्यार्य अथवा अभिधार्थ है। हिंदी के सबसे अधिक शब्दों का यही अर्थ लिखा जाता है, तथा सबसे अधिक प्रयोग भी इसी अर्थ का होता है। मुख्यार्थ संज्ञा (पानी, गधा, गाय, हीरा), सर्वनाम (तू, मैं, मेरा, तेरा), विशेषण (कड़वा, टेड़ा), क्रिया (खींचना, दबाना) तथा क्रियाविशेषण (इधर, उधर, आज, कल) आदि सभी का होता है। बिंबात्मकता की दृष्टि से मुख्यार्थ स्थूल (गधा, गाय) तथा सूक्ष्म (दया, घृणा, क्रोध) दोनों प्रकार का हो सकता है। (2) **लक्ष्यार्थ**—मुख्यार्थ से ही यह विकसित होता है। इसके विकास के सादृश्य, आलंकारिक प्रयोग, विचलन आदि अनेक कारण होते हैं। ऊपर मुख्यार्थ के प्रसंग के लिए गए उदाहरणों की ही बात लें तो 'पानी' के 'चमक' और 'इज़्ज़त', 'गधा' का 'मूर्ख' 'गाय' का 'सीधा', 'हीरा' का 'बहुत अच्छा' (वह आदमी हीरा है), 'तूतू-मैंमैं' का 'कहा-सुनी', 'मेरा-तेरा' का 'अपना-पराया', 'कड़वा' का 'सुनने में बुरा' (कड़वी बात), 'टेढ़ा' का 'स्वभाव का कुटिल' (टेढ़ा आदमी), 'खींचना' का 'किसी आदमी की खिंचाई करना', 'दबाना' का 'पराभूत करना' (उसने अपने सभी प्रतिद्वन्द्वियों को दबा दिया), 'इधर-उधर' का 'गड़बड़' तथा 'आज-कल' या 'टाल-मटोल' आदि अर्थ लक्ष्यार्थ ही हैं। हिंदी लक्ष्यार्थ का भी बहुत अधिक प्रयोग करती है। इस दृष्टि से हिंदी के शब्द और वाक्य दो प्रकार के हैं। एक तो वे हैं जिनका कभी मुख्यार्थ के लिए प्रयोग होता है तो कभी लक्ष्यार्थ के लिए : लकड़ी **टेढ़ी** है—यह औरत **टेढ़ी** है, गिलास में **पानी** नहीं है—उसके चेहरे पर **पानी** नहीं है; **गाय** चर रही है—वह आदमी तो **गाय** है; दवा **कड़वी** है—उसने बहुत **कड़वी** बात कह दी; उसने आँखें बंद कर लीं (सचमुच बंद कर लीं—मर गया), तुम तो सब कुछ हज़म कर लेते हो (खाकर हज़म करना—रुपये-पैसे हज़म करना), तुम तो जब देखो घोड़े पर सवार रहते हो (सचमुच सवार— जल्दी में)। इस तरह हज़ारों प्रयोग हिंदी में चल रहे हैं। दूसरे प्रकार के वे हैं, जिनका प्रयोग केवल लक्ष्यार्थ में हो रहा है। हिंदी में मुहावरों की संख्या लगभग बीस हज़ार है। उनमें, हवा से बातें

करना, छठी का दूध याद आना, सूरज पर थूकना, धूल की रस्सी बनाना, आसमान से लड़ना आदि कई हज़ार इसी वर्ग के ही हैं। (3) **व्यंजनार्थ**—भारतीय काव्यशास्त्र की समृद्ध परंपरा ने भारतीय भाषाओं की आर्थी संरचना को लक्ष्यार्थ से अलग व्यंजनार्थ से भी युक्त कर दिया है। व्यंजनार्थ अपेक्षाकृत कम शब्दों और वाक्यों का होता है। व्यंजनार्थ का संबंध संस्कृति, परम्परा और संदर्भ आदि से होता है। 'गंगा-जल' और 'तुलसी' ('मैं तुलसी तेरे आँगन की' —एक हिंदी फिल्म का नाम) से व्यंजित 'पवित्रता', 'काँटा' से व्यंजित 'क्रूरता', 'कली' से व्यंजित 'निरीहता' तथा 'भेड़' से व्यंजित 'भेड़चाल' आदि ऐसे ही अर्थ हैं। 'वह तो बड़ा चालाक आदमी है, उसके साझे में फैक्टरी खोल रहे हो' जैसे वाक्यों की 'ऐसा मत करो' की व्यंजना तो प्रायः सार्वभाषिक है, जो हिंदी में भी है। यों व्यंजनार्थ के प्रयोगों से हिन्दी का मध्यकालीन तथा आधुनिक हिन्दी साहित्य भरा पड़ा है। निराला जी की 'विधवा' कविता की प्रसिद्ध पंक्ति है 'तुम इष्टदेव के मंदिर की पूजा-सी' अर्थात् कवि विधवा को 'इष्टदेव के मंदिर की पूजा' सी कह रहा है। व्यंजनार्थ है 'तुम अत्यंत पवित्र हो।' ऐसे ही 'विद्युत की इस चकाचौंध में देख दीप की लौ रोती है। अरी, हृदय को थाम महल के लिए झोंपड़ी बलि होती है।' इसमें 'महल' का वाच्यार्थ है 'भवन', लक्ष्यार्थ है 'महल के निवासी', किंतु यहाँ उसका व्यंजनार्थ है 'अतिशय विलासिता में डूबे लोग'। गुप्त जी की प्रसिद्ध पंक्तियाँ हैं 'अबला जीवन हाय तुम्हारी यही कहानी, आँचल में है दूध और आँखों में पानी', यहाँ 'आँचल' का वाच्यार्थ 'साड़ी का अंचल', लक्ष्यार्थ 'पयोधर' तथा व्यंजनार्थ है 'अतिशय वात्सल्य'। (4) **सामाजिक अर्थ**—भाषा का प्रयोग समाज में होता है, अतः भाषिक अभिव्यक्तियों के सामाजिक अर्थ भी होते हैं। जिस समाज की संरचना जितनी जटिल होती है, उसकी भाषा में सामाजिक अर्थ का विकास भी उतना ही ज्यादा होता है। अंग्रेज़ी में आज्ञा का रूप एक ही है you go अर्थात you शब्द में या you go वाक्य में मात्र सामान्य अर्थ है, सामाजिक अर्थ नहीं है, किंतु हिन्दी 'तू जा' 'तुम जाओ' 'आप जाइए' में आज्ञा का सामान्य अर्थ तो है ही, सामाजिक अर्थ भी है। 'तू' 'तुम' 'आप' या 'जा' 'जाओ' 'जाइए' अथवा 'तू जा' 'तुम जाओ' 'आप जाइए' का प्रयोग सामाजिक स्तर पर निर्भर करता है। yau go से वक्ता-श्रोता के सामाजिक स्तर तथा संबंध का पता नहीं चल सकता किंतु 'तू जा' 'तुम जाओ' 'आप जाइए' से खूब चलता है। इसी प्रकार 'चलना' और 'चलिएगा' के भी सामाजिक अर्थ हैं। सामाजिक अर्थ का क्रिया का एक दूसरे प्रकार का उदाहरण लें। 'स्वर्गवासी होना', 'अल्लाह को प्यारा होना', 'दिवंगत होना', 'ब्रह्मलीन होना' तथा 'कुत्ते की मौत मरना' इन चारों का अर्थ 'मरना' है, किंतु इनके सामाजिक अर्थ अलग-अलग हैं। 'स्वर्गवासी होना' का प्रयोग हिन्दू के लिए हो सकता है, किंतु मुसलमान के लिए नहीं, क्योंकि मरने के बाद क़यामत तक वह क़ब्र में माना जाता है, अतः धार्मिक दृष्टि से उसके लिए 'स्वर्गवासी होना' कहना अनुचित है। इसीलिए भारत के राष्ट्रपति फ़ख़रुद्दीन अली

अहमद जब मरे थे, तो हिन्दी समाचार तथा वार्ताओं में उनके लिए 'स्वर्गवासी' का प्रयोग न कर 'मरहूम का प्रयोग किया गया। 'अल्लाह को प्यारा होना' तथा 'दिवंगत होना' हिन्दू मुसलमान सभी के लिए आ सकता है, ब्रह्मलीन होना केवल हिंदू साधु-संतों के लिए आ सकता है, तो कुत्ते की मौत मरना केवल घृणित व्यक्तियों के लिए आता है। मोहन (नौकर) आ रहा है—मोहन जी आ रहे हैं; वह-वे (एक०)' इस-इन (एक०); उसका लड़का आया है—उनके लड़के आए हैं; बैठना-बिराजना; नाम-शुभनाम; गरीबखाना-दौलतखाना; आना-पधारना, बोलना-भाषण देना-प्रवचन देना; नमस्ते-नमस्कार-प्रणाम आदि इस प्रकार की हजारों भाषिक अभिव्यक्तियाँ हिन्दी में हैं, जो सामाजिक अर्थ से युक्त हैं। भारतीय और ईरानी संस्कृति से हिंदी ने सामाजिक अर्थ की परम्परा ली है तथा उसे न केवल सुरक्षित रखा है अपितु उसका विकास भी किया है। (5) **व्याकरणिक अर्थ**—यह अर्थ सभी भाषा के प्रकार्यपरक शब्दों का होता है तथा हिंदी भी इस दृष्टि से सम्पन्न है। उदाहरण के लिए 'ने' का कोई सामान्य या व्यावहारिक अर्थ नहीं है, केवल व्याकरणिक अर्थ है, जिसका पता प्रयोग से चलता है। तो, को आदि की भी प्रायः यही स्थिति है। (6) **बलात्मक अर्थ**—हिंदी बलात्मक अर्थ की अभिव्यक्ति मुख्यतः 'ही' (राम जाएगा—राम ही जाएगा), बलाघात (**राम** ने रोटी खाई—राम ने **रोटी** खाई), पदक्रम (**राम** रोटी खाएगा—**रोटी** राम खाएगा) तथा वाच्य (राम ने रावण को मारा—रावण राम द्वारा मारा गया) द्वारा करती है। कुछ अन्य उदाहरण हैं : राम कुर्सी पर बैठकर पुस्तक पढ़ रहा है—कुर्सी पर बैठकर राम पुस्तक पढ़ रहा है; **आज** मैं उपन्यास पढ़ूँगा—(आज पर बलाघात) —आज **मैं** उपन्यास पढ़ूँगा (मैं पर बलाघात)—आज मैं **उपन्यास** पढ़ूँगा (उपन्यास पर बलाघात), आज मैं उपन्यास **पढ़ूँगा** (पढ़ूँगा पर बलाघात), अलकें बिखरीं ज्यों तर्कजाल—बिखरीं अलकें ज्यों तर्कजाल। (7) **शैलीय अर्थ**—भाषा में शैलीय अर्थ भी होता है। हिंदी की तरह तीन शैलियाँ (हिंदुस्तानी, उर्दू, हिंदी) विश्व की शायद किसी भी भाषा में नहीं हैं। एक ही बात तीन प्रकार से कही जा सकती है : आप बैठिए—आप बिराजिए—आप तशरीफ़ रखिए; आपका नाम क्या है—आपकी इस्म शरीफ़ क्या है; आपका घर कहाँ है—आपका दौलतखाना कहाँ है—आपका शुभस्थान कहाँ है? हिंदी के तीन स्रोतों—संस्कृत, फ़ारसी, तथा अपना (तद्भव और देशज शब्दों का)—के कारण हिंदी एक ही अर्थ, भाव या बात को दो (नाटक-ड्रामा), तीन (चित्रपट-फ़िल्म-पिक्चर), और कभी-कभी चार (बाप-वालिद-पिताजी-पापा, माँ-वालिदा-माताजी-ममी) रूपों में कहने में सक्षम है। ऐसा लगता है कि शैलीय अर्थ हिंदी में जितने हैं, कम भाषाओं में होंगे। हिंदी क्षेत्र बहुत बड़ा है, अतः उसकी क्षेत्रीय शैलियाँ भी काफ़ी हैं। बिहार का व्यक्ति एक ही बात को एक प्रकार से कहेगा, तो ब्रज का दूसरी तरह से, और हरियाना का तीसरी तरह से। किसी के मुँह से वाक्य सुनकर (ध्वनि, शब्द या वाक्य-रचना की विशेषता से) श्रोता समझ जाता है कि वक्ता कहाँ का है। श्रोता को यह प्रतीति क्षेत्र शैलीय अर्थ ही कराता है। कुछ उदाहरण हैं काला—काळा (हरि०)—

करिया; तोरी—नेनुवाँ—घेंवड़ा; लौकी—घिया—कद्दू, काशीफल—कुम्हड़ा—पेठा, चिट्ठी डालना--चिट्ठी छोड़ना—चिट्ठी गेरना—चिट्ठी पोस्ट करना, आदि। (8) **व्यंग्यार्थ**—आप बड़े लायक़ हैं ! (नालायक़)।

लिंग और अर्थ

अन्य अनेक भाषाओं की तरह हिंदी की लिंग-व्यवस्था ने भी हिंदी में कुछ आर्थी विशेषताएँ ला दी हैं, जिनमें से मुख्य निम्नांकित हैं : (1) बहुत से शब्द जो व्याकरणिक दृष्टि से पु० अथवा स्त्री० होते हैं, प्राकृतिक लिंग की दृष्टि से वे दोनों लिंगों के सामूहिक रूप से द्योतक होते हैं। उदाहरण के लिए 'कौआ बड़ा सयाना होता है' और 'लोमड़ी बड़ी सीधी होती है' वाक्यों में 'कौवा' भाषिक लिंग की दृष्टि से पुल्लिग है तो 'लोमड़ी' स्त्रीलिंग, किंतु इन वाक्यों में वास्तविक रूप में 'कौवा' का अर्थ 'नर कौआ और मादा कौआ' दोनों है, तो लोमड़ी का अर्थ भी 'नर लोमड़ी और मादा लोमड़ी' दोनों है। चीता, खरगोश, बारहसिंहा, ज़ेब्रा आदि पुल्लिग तथा छिपकली, मक्खी, कोयल, चींटी, नीलगाय आदि स्त्रीलिंग शब्दों की भी यही स्थिति है। (2) इस प्रकार के पु० अथवा स्त्री० शब्द जब अलग सामान्य रूप से प्रयुक्त होते हैं तो उनका एक अर्थ होता है : +पु०, —स्त्री०; अथवा +स्त्री०,—पु०; किंतु जब 'नर' या 'मादा', उस शब्द के साथ प्रयुक्त होते हैं, तो उनका दूसरा अर्थ होता है पु०,—स्त्री०। उदाहरणार्थ 'कौआ सयाना होता है, में 'कौआ' शब्द नर और मादा दोनों 'कौआ' का अर्थ दे रहा है अर्थात् '+पु०+ स्त्री०' है; किंतु 'पेड़ पर नर कौआ और मादा कौआ बैठे हैं' में 'कौवा' का अर्थ न तो 'नर कौआ' है न 'मादा कौआ', बल्कि 'कौआ' का वह रूप जो निलिंग है, अर्थात् '—लिंग अथवा '—पु०—स्त्री०'। इनकी वही स्थिति है जो लड़क् (लड़का-लड़की) गदह् (गदहा-गदही), बच् (बच्चा-बच्ची) आदि की है। ये लड़कपन, गदहपन, बचपन में आते हैं। (3) निर्जीव वस्तुओं का प्राकृतिक् लिंग नहीं होता, प्रयोग में उनका मात्र भाषिक अथवा व्याकरणिक लिंग होता है, अतः उपर्युक्त बातें, उन पर लागू नहीं होतीं। जैसे कुर्सी, सोफ़ा, मेज़, स्टूल, दरवाज़ा, खिड़की आदि। इन निर्जीव वस्तुओं का लिंगत्व एक सीमा तक ध्वनि पर आधारित है, या यादृच्छिक है : रेल और स्टूल दोनों लकारांत हैं, किंतु पहला स्त्रीलिंग है तो दूसरा पुल्लिग। स्टूल और तिपाई प्रायः समानार्थी हैं, किंतु पहला पुल्लिग है तो दूसरा स्त्रीलिंग। (4) लिंग ने अर्थ की दृष्टि से हिंदी शब्दों के दो वर्ग बना दिए हैं : (क) वे शब्द जो केवल पुल्लिग अथवा स्त्रीलिंग रूप में प्रयुक्त होते हैं तथा उसका बोध कराते हैं : माँ-बाप, गाय-बैल। (ख) वे शब्द जो स्त्रीलिंग अथवा पुल्लिग रूप में (कोयल बोल रही है —कौआ बोल रहा है) हैं, किंतु जिनका अर्थ दोनों लिंगों के जीवों को समाहित कर लेता है (कौआ सयाना होता है), तथा नर-मादा शब्दों के साथ जो निलिंग (नर कौआ—मादा कौआ) हो जाते हैं।

वचन और अर्थ

'वचन' और 'संख्या' की दृष्टि से अर्थ में हमेशा तालमेल नहीं होता। हिंदी की इस दृष्टि से अर्थीय विशेषताएँ निम्नांकित हैं : (1) 'गणनीय संज्ञाओं का बहुवचन' तथा 'अगणनीय संज्ञाओं का बहुवचन' इन दोनों का एक अर्थ नहीं है। 'लड़का जा रहा है' में 'लड़का' का अर्थ है 'एक लड़का', किंतु 'दाल पक रही है' में 'दाल' का अर्थ 'दाल का एक दाना' नहीं है। उसके दो अर्थ हैं : (क) एक प्रकार की दाल के बहुत से दाने। जैसे 'अरहर की दाल पक रही है' (ख) कई प्रकार की दालों की एक मिश्रित इकाई। जैसे—'चना-उड़द की दाल पक रही है, मिली-जुली दाल (मूंग, मसूर, उड़द, अरहर आदि) पक रही है', या 'केवटी की दाल (चना+उर्द) पक रही है।' आदि। 'लड़के जा रहे हैं' में 'लड़के' का अर्थ है 'दो या अधिक' किंतु 'दालें पक रही हैं' में 'दालें' का अर्थ दाल के दो या अधिक दाने नहीं है। इसका अर्थ है 'अलग-अलग बर्तनों में एक प्रकार की या एकाधिक प्रकार की दालों की इकाइयाँ। (2) अगणनीय संज्ञाएं भी दो प्रकार की होती हैं : एक तो वे जो गिनी जा सकती हैं, किंतु जिनका गिनना कठिन है। जैसे चावल (बन रहा है), दाल (पक रही है, गेहूं (पिसाना है) आदि। ऊपर अगणनीय में इन्हीं को लिया गया। दूसरी अगणनीय संज्ञाएँ ऐसी हैं, जिनको गिना नहीं जा सकता। जैसे दूध, पानी घी, तेल आदि। हाँ यदि ये अलग-अलग इकाइयों में हों—अलग-अलग प्रकार के या अलग-अलग बरतनों में—तो अवश्य गिना जा सकता है। (3) संस्कृत, ग्रीक आदि में 'बहुवचन' का अर्थ है 'तीन या अधिक' किंतु हिंदी में बहु० का अर्थ है 'दो या अधिक'। कुछ भाषाओं में त्रिवचन का भी प्रयोग मिलता है। उनमें बहुवचन का अर्थ होता है 'चार या अधिक'। (4) हिंदी में बहुवचन के प्रयोगतः दो अर्थ होते हैं : (क) '—आदरणीय, +एकाधिक' (लड़के गए) (ख) '+आदरणीय,—एकाधिक' (प्रधानमंत्री गए)। अर्थात् हिंदी का आदरार्थ बहुवचन तत्वतः बहुवचन होता ही नहीं : उसे/उन्हें बुलाओ, नौकर गया—मालिक गए।

अनुतान और अर्थ

अनुतान और अर्थ का भी बड़ा घनिष्ठ संबंध होता है। हिंदी पर भी यह बात पूरी तरह लागू होती है। सामान्यतः, सरल वाक्य बिना अनुतान के निरर्थक-से होते हैं। 'सिपाही गया' अनुतान के आधार पर ही सामान्य सूचना (सिपाही गया।) प्रश्न (सिपाही गया ?), अथवा आश्चर्य (सिपाही गया !) का भाव व्यक्त करता है। खाना खाने के बाद कोई व्यक्ति खाने वाले से पूछे, 'खाना कैसा था' और उसका उत्तर हो, 'अच्छा था' तो वह विभिन्न अनुतानों के द्वारा 'बहुत अच्छा था' 'अच्छा था' 'ठीक था, न बहुत अच्छा न बहुत खराब' आदि अर्थ व्यक्त कर सकता है। हिंदी में अनुतान कभी-कभी शब्द के मूल अर्थ को बिल्कुल दबाकर एक नया अर्थ लाद देता है। कोई सूचित करे, 'मैं परीक्षा में उत्तीर्ण हो गया' और श्रोता आश्चर्य के स्वर में कहे, 'अच्छा !' तो इस 'अच्छा' का अर्थ 'भला' न होकर 'आश्चर्य है कि तुम पास हो गए ! मुझे तो आशा

थी कि तुम फ़ेल हो जाओगे' होगा। ऐसे ही अनुतान नकारात्मकता का अर्थ भी ला देता है—मैं जाऊँगा ! इसमें मैं पर आश्चर्यसूचक अनुतान है, तथा बाद में यह गिरता गया है। अनुतान और बलाघात के योग से वाक्य के शब्द-विशेष में बलार्थ भी लाते हैं : **मैं** आज संतरे खाऊँगा—मैं **आज** संतरे खाऊँगा—मैं आज **संतरे** खाऊँगा—मैं आज संतरे **खाऊँगा**।

पर्यायता (Synonymy)

(अ) **पर्याय शब्द**

किसी भाषा के समान अर्थ वाले शब्द 'पर्याय', 'समानार्थी,' अथवा 'पयार्यवाची' शब्द कहे जाते हैं। प्रश्न यह है कि 'पर्यायता' अथवा 'पर्यायवाचिता' की वास्तविक कसौटी क्या हो ? इस दिशा में बहुत विस्तार से विचार, मेरे देखने में नहीं आया। यों सभी दृष्टियों से देखने पर मुझे ऐसा लगता है कि इसके लिए पाँच कसौटियाँ मानी जा सकती हैं : (1) **समसन्दर्भता**—अर्थात् जो शब्द एक सन्दर्भ में प्रयुक्त हो सकें, उन्हें समानार्थी माना जा सकता है। यह सन्दर्भ भी दो प्रकार का हो सकता है : (क) **भाषिक सन्दर्भ**—अर्थात् उनके साथ समान शब्दों का समान वाक्यीय संरचना में प्रयोग सम्भव हो। उदाहरण के लिए 'जल' और 'पानी' की बात लें : आप पहले पानी तो पी लीजिए—पहले आप जल तो पी लीजिए। (ख) **भौतिक सन्दर्भ**—यह सन्दर्भ भाषिकेतर, अर्थात् भौतिक परिस्थितियों का होता है। मान लीजिए, गर्मी का मौसम है। दोपहर में कोई मेहमान आया। मेज़बान पूछेगा : पानी तो पीजिएगा—जल तो पीजिएगा (2) **समअवयवता**—शब्दों की संरचना में समान और समानार्थी अवयवों का प्रयोग हुआ हो। उदाहरण के लिए सुन्दरता—सौन्दर्य : सुन्दर + ता : सुन्दर + य, अथवा मधुरता-माधुरी : मधुर + ता : मधुर + ई। (3) **समउर्वरता**—पर्याय शब्दों में नई रचना का निर्माण करने की समान क्षमता हो, अर्थात् नव-निर्माण में वे समान रूप से उर्वर हों तथा उनसे बने शब्द समानार्थी हों। जैसे सहनशील—सहिष्णु। इन दोनों में 'अ' जोड़कर 'असहनशील' तथा 'असहिष्णु' विशेषण बनते हैं, जिनके समान अर्थ हैं। इन दोनों में 'ता' जोड़कर 'सहनशीलता' तथा 'सहिष्णुता' संज्ञाएँ बनती हैं और इन दोनों के भी अर्थ एक हैं, तथा 'अ' उपसर्ग एवं 'ता' प्रत्यय जोड़कर भी दोनों से ही समानार्थी संज्ञाएँ 'असहनशीलता' तथा 'असहिष्णुता' बनती हैं। इस प्रकार समउर्वरता की कसौटी पर ये दोनों शब्द (सहनशील और सहिष्णु) खरे उतरते हैं, अतः पर्याय हैं। (4) **समघटकता**—जिन शब्दों के अर्थीय घटक (semantic component) समान हों, वे पर्याय होते हैं। उदाहरण के लिए 'स्त्री' और 'औरत' शब्दों को लें। इन दोनों ही के अर्थीय घटक + मानव, + वयस्क, —पुरुष हैं, अतः ये पर्याय हैं। (5) **समविलोमता**—जिन शब्दों के विलोम शब्द आपस में पर्याय हों, वे पर्याय होते हैं। उदाहरण के लिए 'सहनशील' और 'सहिष्णु' का ही उदाहरण लें। 'असहनशील' तथा 'असहिष्णु' क्रमशः दोनों के विलोम हैं, तथा ये आपस में पर्याय हैं, अतः 'सहनशील' और 'सहिष्णु' पर्याय हैं।

तो ये थीं पाँच कसौटियाँ। यह निश्चित है कि हिन्दी में या किसी भी भाषा में ऐसे पर्याय बहुत ही कम होंगे, जो इन पाँचों कसौटियों पर खरे उतरें। तो क्या जो शब्द इन पाँचों पर खरे न उतरें, उन्हें पर्याय न मानें। उदाहरण के लिए 'जल' और 'सलिल' पर्याय माने जाते हैं, किन्तु इनमें **समसन्दर्भता** नहीं है। एक वाक्य है 'इस गिलास के पानी में मच्छर है।' इसमें 'पानी' के स्थान पर 'सलिल' का प्रयोग नहीं किया जा सकता; और न किसी के आने पर यह पूछा जा सकता है कि 'सलिल लाऊँ?' पूछा जायेगा—'पानी लाऊँ?' फिर क्या 'जल' और 'सलिल' को पर्याय न माना जाए? अब **समअवयवता** की बात लें। सबसे पहली बात तो यह है कि कुछ शब्द मूल होते हैं तथा कुछ 'यौगिक' होते हैं : खाली-बेकार, श्मशान-मरघट, तमग़ा-पदक, मूर्ख-बुद्धिहीन। तो क्या समअवयवता के अभाव में इन्हें आँख मूँदकर पर्याय की सूची से निकाल दिया जाए? ऐसे ही बहुत से पर्याय शब्दों में अवयव की दृष्टि से और भी अन्तर होते हैं: एक सउपसर्ग, तो दूसरा समस्त पद, : बेअक़्ल-बुद्धिहीन; एक सउपसर्ग तो दूसरा सप्रत्यय विरक्त-त्यागी, अभीष्ट-चाहा; एक मूल तो दूसरा समास : सुस्त-स्फूर्तिहीन आदि-इत्यादि। वास्तविकता यह है कि दयालु-कृपालु (संला + प्रत्यय), विभाग-अनुभाग (उपसर्ग + संज्ञा), विमलता-निर्मलता (उपसर्ग + शब्द + प्रत्यय) जैसे समअवयवी पर्याय शब्द भाषाओं में बहुत ही कम होते हैं। तो क्या इस शर्त पर खरे न उतरने वाले सारे शब्दों को पर्याय न माना जाए? **समउर्वरता** की कसौटी पर भी काफ़ी तथाकथित पर्याय खरे नहीं उतरते। 'पानी' और 'जल' की ही बात लें। 'पानी' से मुहावरा 'पानी-पानी होना' बनता है किन्तु 'जल' से 'जल-जल होना' नहीं बनता। दूसरी ओर 'जल' से 'जलपान' बनता है किन्तु 'पानीपान' नहीं बनता। ऐसे ही 'जलप्लावन' और 'जलसमाधि' शब्द बनते हैं, किन्तु 'पानीप्लावन' और 'पानीसमाधि' नहीं। दूसरी ओर पानी पी-पीकर कोसते हैं जल पी-पीकर नहीं, या सारे काम पर पानी फेर सकते हैं, जल नहीं फेर सकते। अर्थात् 'शब्दों' के निर्माण की उर्वरता जल में है, तो 'मुहावरों' के निर्माण की उर्वरता 'पानी' में। तो क्या इस विषमउर्वरता के कारण दोनों को एक दूसरे का पर्याय न मानें?

सच पूछा जाय तो ऊपर की पाँचों कसौटियों में से समसंदर्भता तो वितरण से सम्बन्धित है, तथा समअवयवता एवं समउर्वरता संरचना से सम्बन्धित हैं, और केवल शेष दो अर्थात् समघटकता, और समविलोमता ही अर्थ से सीधे सम्बद्ध हैं। कहना न होगा कि पर्यायता का सीधा सम्बन्ध अर्थ से ही है, वितरण अथवा संरचना से नहीं। ऐसी स्थिति में पर्यायता के लिए अन्तिम दो आर्थी कसौटियाँ ही पर्याप्त हैं। इनमें भी जो शब्द आर्थी दृष्टि से समघटक होंगे, वे साथ ही समविलोम भी होंगे। अतः समघटकता की कसौटी इनमें सबसे अधिक महत्वपूर्ण है।

पर्याय शब्दों के दो प्रकार : पूर्ण पर्याय—आंशिक पर्याय

गहराई से देखें तो अन्य भाषाओं की तरह हिन्दी में भी दो प्रकार के पर्याय शब्द हैं। एक को हम **पूर्ण पर्याय** अथवा **एकार्थी** कह सकते हैं, जिनके अर्थ एक होते हैं।

वे पर्याय प्रायः समसंदर्भी भी होते हैं; तथा समघटकी, समविलोमी तो होते ही हैं। जैसे : बारिश-वर्षा, सहिष्णु-सहनशील, बहुमूल्य-बेशक़ीमत, भोजन-खाना, तीक्ष्णबुद्धि-कुशाग्रबुद्धि-प्रखरबुद्धि, मूर्ख-बेवकूफ़, व्यक्तिगत-निजी, गपोड़ी-गप्पी, कुरूप-बदसूरत, सुन्दर-ख़ूबसूरत आदि। **आंशिक पर्याय या समानार्थी**—उन पर्यायों को यह नाम दिया गया है जिनके अर्थ एक नहीं होते। बल्कि समान होते हैं। इनमें पर्यायता आंशिक होती है। ये न तो पूरी तरह समसन्दर्भी होते हैं, न समविलोमी; इनके अर्थीय घटकों में भी प्रायः कहीं-न-कहीं थोड़ा-बहुत अन्तर होता है। इस अन्तर का सम्बन्ध इनके असमसन्दर्भिता से होता है। ऐसे कुछ शब्द हैं : दया-कृपा, बड़ा-लंबा-छोटा-नाटा, सुन्दर-अच्छा, कठोर-सख़्त, बुरा-ख़राब, सौभाग्य-ख़ुशक़िस्मती, बढ़िया-स्वादिष्ट, अधिक-बहुत, भारी-वज़नी, उग्र-प्रचंड, भयानक-विकराल, रुचि-पसन्द, विज्ञापन-इश्तहार, अमूल्य-बहुमूल्य, अनुमति-आज्ञा-आदेश, अभिमान-अहंकार, असंभव-असंभाव्य, तटस्थ-निष्पक्ष, घर-मकान, भीगा-गीला, खोज-आविष्कार, नमस्कार-प्रणाम, दुष्प्राप्य-दुर्लभ, ठंड-ठंडक, द्रष्टव्य-दर्शनीय आदि। विश्व की लगभग सभी भाषाओं में—हिन्दी में भी—आंशिक पर्याय ही अधिक होते हैं, पूर्ण पर्याय तो बहुत ही कम होते हैं। इस प्रकार के दोनों ही प्रकार के शब्द, पर्याय नाम के अधिकारी हैं। यद्यपि पूर्ण अथवा एकार्थी पर्यायों में प्रायः अन्तर नहीं होता, जबकि आंशिक या समानार्थी में सूक्ष्म, या कभी-कभी स्पष्ट अन्तर होता है।

पर्यायता और वाग्भाग

प्रायः सभी प्रकार के शब्दों के हिन्दी में पर्याय मिलते हैं : **संज्ञा** : व्यक्तिवाचक : राम-रामचन्द्र-दशरथसुत-सीतापति, भारतवर्ष-हिन्द-हिन्दुस्तान; जातिवाचक : आदमी-मनुष्य-मानव-इन्सान; भाववाचक : सुन्दरता-सौन्दर्य-ख़ूबसूरती; सर्वनाम: तू-तुम-आप (इनमें अन्तर आदर-अनादर का है); स्वयं-अपने आप-आप-से-आप; विशेषण : सुन्दर-ख़ूबसूरत-अच्छा-बढ़िया-सुघड़; क्रिया : घूमना-टहलना, भागना-दौड़ना; गिरना-पड़ना; क्रियाविशेषण : ऐसे-यों-इस तरह, कैसे-किस तरह, आदि।

हिंदी के पर्याय शब्द

पर्याय शब्दों में हिन्दी काफ़ी सम्पन्न है। इसका ऐतिहासिक कारण है। अपभ्रंश से हिंदी का विकास हुआ तो काफ़ी शब्द उसे रिक्थ रूप में अपभ्रंश से मिले। ये शब्द हिन्दी के अपने शब्द हैं, तथा इनकी संख्या लगभग पचहत्तर हज़ार है। हिन्दी का प्रारम्भिक या आदिकालीन शब्द-भंडार इन्हीं का था। हिन्दी का जन्म १००० ई० के लगभग हुआ। तब से अब तक लगभग १००० वर्ष बीते हैं। इस बीच हिन्दी ने कुछ शब्द अन्य भाषाओं से लिए हैं, जिन्हें आगत या गृहीत शब्द कहा जाता है। इनकी संख्या दस हज़ार से ऊपर है। इनमें मुख्यतः फ़ारसी, अरबी, तुर्की, अंग्रेजी शब्द हैं, तथा कुछ पुर्तगाली, फ्रांसीसी, रूसी, चीनी, जापानी, पंजाबी, द्रविड़, गुजराती, बंगला, आदि के हैं। कुछ शब्द हिन्दी प्रदेश में देशज के रूप में जनमे हैं, जिनकी संख्या एक-डेढ़ हज़ार से

अधिक नहीं होंगी। हिन्दी भाषा के पूरे जीवन-काल में भक्ति काल में भक्ति आन्दोलन, 19वीं सदी में आर्यसमाज के प्रचार, छायावादी काल में बंगला तथा संस्कृत के प्रभाव, तथा बाद में, मुख्यतः आज़ादी के बाद, पारिभाषिक शब्दों की कमी पूरा करने की माँग आदि के कारण हिन्दी ने या संस्कृत से शब्द लिए हैं, या संस्कृत व्याकरण के आधार पर नए शब्द बनाए हैं। ऐसे शब्द तत्सम नाम से पुकारे जाते हैं। इस वर्ग के शब्दों की संख्या एक लाख से ऊपर है।

तो हमने देखा कि परम्परागत (अर्थात् तद्भव), अन्य भाषाओं से (अर्थात् गृहीत), देशज तथा संस्कृत से (अर्थात् तत्सम)—इन चार स्रोतों से हिन्दी के शब्द-भंडार का विकास हुआ है। ऐसे में यह सर्वथा स्वाभाविक है कि एक या मिलते-जुलते अर्थों में एकाधिक स्रोतों से शब्द आ गए हैं: बाप-पिता-अब्बा-वालिद-पापा-डैडी, माँ-माता-अम्मा-वालिदा-मम्मी; चित्रपट-पिक्चर-फ़िल्म, टहलुआ-सेवक-नौकर; पाहुना-अतिथि-मेहमान, खेतिहर-किसान-कृषक-काश्तकार, कचहरी-न्यायालय-अदालत-कोर्ट, भंगी-चूड़ा-जमादार-मेहतर-हलखोर, कपड़ा-वस्त्र-लिबास, घर-मकान, कलम-लेखनी-पेन अख़बार-समाचार-पत्र-(न्यूज़) पेपर, हाट-बाज़ार-मारकिट, शहर-नगर-सिटी, मदिरा-शराब-वाइन, यात्री-मुसाफ़िर-पैसिंजर, नाच-नृत्य-रक़्स-डांस, नाटक-ड्रामा, वकील-ऐडवोकेट, पाप-गुनाह, जुर्म-अपराध, नाता-रिश्ता-सम्बन्ध, वैद्य-हकीम-डाक्टर, औषधालय-शफ़ाखाना-अस्पताल, औषधि-दवा, ईनाम-पुरस्कार, पाँत-पंक्ति-क़तार-लाइन, सेना-फ़ौज-मिलिट्री, छात्रवृत्ति-वज़ीफ़ा-स्कालरशिप, सिंचाई-आबपाशी, दफ़्तर-कार्यालय-आफ़िस, धर्म-मज़हब तथा डाकघर-डाकख़ाना-पोस्ट आफ़िस आदि।

जहाँ तक साहित्यिक हिन्दी का प्रश्न है संस्कृत का पूरा शब्द-भंडार उसके लिए खुला है, और संस्कृत भाषा अपनी समृद्ध साहित्यिक परम्परा तथा द्रविड़, मुण्डा आदि भाषाओं से मुक्त रूप से शब्द ग्रहण करने के कारण पर्याय शब्दों की दृष्टि से बहुत ही सम्पन्न है, अतः उससे गृहीत पर्याय-माला ने भी हिन्दी को पर्यायों की दृष्टि से बहुत अधिक सम्पन्न बना दिया है, उदाहरणार्थ-पूजा-अर्चना-आराधना-उपासना, मन्दिर-देवालय-देवस्थान, माननीय-पूजनीय-पूज्य-मान्य-सम्मान्य, तप-तपस्या-तपश्चर्या, ईश्वर-भगवान-ईश-परमेश्वर-ब्रह्म-प्रभु, स्वर्ग-अमरलोक-वैकुंठ-गोलोक-देवलोक, सूर्य-भानु-अर्क-आदित्य-रवि-दिनकर-दिनेश-दिवाकर-प्रभाकर-भास्कर-मार्तण्ड-मित्र, चन्द्रमा-चन्द्र-शशि-निशाकर-उडुपति-कलाधर-क्षपाकर-मृगांक-रजनीश-राकेश-शशांक-सुधाकर-सोम-हिमांशु, अग्नि-पावक-कृशानु-वैश्वानर-जातवेद, पवन-वायु-गंधवह-मरुत-समीर-प्रभंजन-वात, श्वेत-उज्ज्वल-अवदात-धवल, राजा-नृप-क्षितीश-धराधीश-नरपति-नृपति-नराधिप-नरेन्द्र-नरेश-भूपाल-महीप, दरिद्र-धनहीन-निर्धन-रंक, मोक्ष-मुक्ति-निर्वाण, चक्षु-दृग-लोचन-अक्षि-नयन, मृत्यु-स्वर्गवास-निधन-प्राणांत-देहांत-गंगालाभ-देहावसान, गो-सुरभि-धेनु-अधन्या, विटप-वृक्ष-पादप, रात्रि-रजनी-निशा-विभावरी-क्षपा-यामिनी, समुद्र-सिन्धु-उदधि-सागर-रत्नाकर-जलधि-जलनिधि-अंबुधि-नदीश, पुत्री-सुता-आत्मजा-दुहिता, कमल-पद्म-पुष्कर-अरविंद-नीरज-पंकज-अंबुज-इन्दीवर-पुंडरीक-शतदल- सरोज-सरसिज,

आदि। इसमें सन्देह नहीं कि संस्कृत भाषा एक खास तरह की धर्मप्रवण और प्रकृति-प्रधान संस्कृति में पनपी थी, और उससे सम्बन्धित शब्द ही उसमें अधिक हैं, और हिन्दी ने ऐसे शब्दों की ही पर्याय-शृंखला संस्कृत से ली है। 'विष्णु सहस्र नाम' नामक संस्कृत पुस्तिका से संस्कृत की पर्याय सम्पन्नता का सहज ही अनुमान लगाया जा सकता है, जिसमें विष्णु के हज़ार नाम संगृहीत हैं।

यों हिन्दी के अपने तद्भव शब्दों (भरोसा-आसरा; काठ-लकड़ी, टहलना-घूमना, हाथ-बाँह, पैर-गोड़, रोटी-फुलका, चावल-भात, साग-भाजी); अरबी-फ़ारसी आदि (आदमी-इन्सान, नौकरी-चाकरी, मामूली-अदना, वाजिब-जायज़, लायक़-क़ाबिल, ज़िम्मेदार-जवाबदेह, काहिल-सुस्त) तथा यूरोप से आगत शब्दों (फ़िल्म-पिक्चर, पैंट-पतलून, पावरोटी-डबल रोटी, पापा-डैडी, बस-लारी-मोटर, फ्रेंच-फ्रांसीसी) एवं देशज शब्दों (घपला-गड़बड़) ने भी हिन्दी पर्याय-शृंखला के विकास में अपना योगदान दिया है। इनमें समस्रोत पर्यायों की दृष्टि से, तद्भव सबसे अधिक, अरबी-फ़ारसी उससे कम, यूरोपीय और भी कम तथा देशज सबसे कम हैं।

(आ) पर्याय पद

ऊपर पर्याय शब्दों की चर्चा थी। हिन्दी में पर्याय पद भी काफ़ी हैं, जिनमें कुछ तो पूर्ण पर्याय (चलें-चलिए, बैठें-बैठिए, खाएँ-खाइए, करिए-कीजिए, मुझे-मुझको, उन्हें-उनको आदि) तथा कुछ आंशिक पर्याय (चल-चलो, बैठ-बैठो, खा-खाओ; चलना-चलिएगा, बैठना-बैठिएगा, खाना-खाइएगा) हैं। पद-पर्याय विश्व की कम भाषाओं में मिलते हैं, तथा संख्या में भी बहुत कम होते हैं, किन्तु हिन्दी में काफ़ी हैं। इनमें मुख्यतः आज्ञा तथा सर्वनाम के रूप आते हैं। नई पीढ़ी की भाषा को भी समाहित कर ले (मुझको-मुझे-मेरे को, तुझको-तुझे-तेरे को, हमको-हमें-हमारे को, तुमको-तुम्हें-तुम्हारे को आदि) तो हिन्दी के पर्याय पदों की संख्या और भी बढ़ जाती है।

(इ) पर्याय वाक्य

यों तो पदबन्ध पर्याय को भी अलग लिया जा सकता है, किन्तु यहाँ उसे भी वाक्य में ही समाहित किया जा रहा है। हिन्दी के वाक्य-पर्याय निम्नांकित आधार पर बनते हैं: (1) **शब्द-पर्याय**—ऐसा अपशब्द कहते तुम्हें लज्जा नहीं लगती? ऐसी गाली देते तुम्हें शर्म नहीं आती? (2) **मुहावरा-पर्याय**—तुम क्यों कबाब में हड्डी बन रहे हो? तुम क्यों दाल-भात में मूसरचन्द बन रहे हो। सबके रास्ते में रोड़े अटकाना ही तुम्हारा काम है—सबके रास्ते में काँटे बिखेरना ही तुम्हारा काम है। (3) **मुहावरा और सामान्य अभिव्यक्ति पर्याय**—देखो न, क्या घोड़े बेचकर सो रहा है—देखो न, कितनी निश्चिंतता से सो रहा है। (4) **लोकोक्ति-पर्याय**—का बरसा जब कृषी सुखानी—अब पछताए होत क्या जब चिड़िया चुग गईं खेत। (5) **प्रश्न-पर्याय**—हिन्दी में प्रश्नवाचक वाक्य कई प्रकार से बनते हैं। वे सभी प्रकार के वाक्य आपस में पर्याय होते हैं: क्या तुम

जा रहे हो ? तुम क्या जा रहे हो ?—तुम जा रहे हो क्या ? तुम जा रहे हो न ?—तुम जा रहे हो ? तुम तो जा रहे हो ? आदि। (6) **निषेध-पर्याय**—हिन्दी में निषेधवाचक वाक्यों की संरचना भी अनेक प्रकार से होती है, और इस तरह एक ही निषेधवाचक बात कई प्रकार से कही जा सकती है : वह नहीं जा रहा है—वह जा नहीं रहा है—वह कहाँ जा रहा है—वह जा कहाँ रहा है—भला वह कहाँ जा रहा है—वह थोड़े जा रहा है; मैं तो जा चुका—मैं नहीं जाऊँगा—मैं नहीं जाने वाला—मैं नहीं जाने का। (7) **वाच्य-पर्याय**—एक ही बात को अलग-अलग वाच्यों में कहने से भी हिन्दी में पर्याय वाक्य बन जाते हैं। इस प्रकार के पर्याय वाक्य कभी तो दो होते हैं (मैंने रोटी खाई—रोटी मेरे द्वारा लाई गई; मोहन चल नहीं सकता—मोहन से चला नहीं जाता), और कभी तीन (मज़दूरों ने यह पेड़ काटा है—मज़दूरों द्वारा यह पेड़ काटा गया है—यह पेड़ मज़दूरों से कटा है)। कभी-कभी हिंदी में वाच्य-परिवर्तन से अर्थ परिवर्तन भी हो जाता है : बहुत-से लोग कुछ ही पुस्तकें पढ़ते हैं—कुछ ही पुस्तकें बहुत से लोगों द्वारा पढ़ी जाती हैं। ऐसे वाक्यों को पर्याय नहीं माना जा सकता। (8) **कृदंत-पर्याय**—हिन्दी में कुछ वाक्यों की पर्याप्तता कृदंती रूपों की पर्यायता पर निर्भर करती है : राम दौड़ता आया—रामा दौड़ता हुआ आया; राम दौड़ा आया—राम दौड़ा हुआ आया। (9) **क्रम-पर्याय**—वाक्य में पदक्रम बदलने से भी हिन्दी में वाक्य-पर्याय बनते हैं : आज राम रोटी नहीं खाएगा—राम आज रोटी नहीं खाएगा, हम लोग ताजमहल देखने आज आएँगे—आज ताजमहल देखने हम लोग जाएँगे। इस तरह क्रम-परिवर्तन के आधार पर अनेक प्रकार के पर्याय वाक्य हिन्दी में हो सकते हैं। (10) **संयुक्त क्रिया पर्याय**—संयुक्त क्रिया और सामान्य क्रिया अथवा अलग-अलग संयुक्त क्रियाओं के पर्याय भी हिन्दी में होते हैं : राम गया—राम चला गया : कल मोहन बड़े जोर से गिरा—कल मोहन बड़े जोर से गिर पड़ा—कल मोहन बड़े जोर से गिर गया। उसने काम किया—उसने काम कर दिया—उसने काम कर डाला—उसने काम कर लिया, आदि। (11) **वृत्तिक** (modal) **क्रिया-पर्याय**—हिन्दी में 'पाना' और 'सकना' तथा 'होना' और 'पड़ना' समानार्थी वृत्तिक क्रियाएँ हैं। इनसे भी पर्याय वाक्य बनते हैं : राम नहीं जा सका—राम नहीं जा पाया, तुम्हें जाना होगा—तुम्हें जाना पड़ेगा।

हिन्दी के पर्यायों में अन्तर

हिन्दी के आंशिक पर्यायों में मुख्यतः निम्नांकित प्रकार के अन्तर मिलते हैं : (1) **क्षेत्रीय पर्याय**—कुछ पर्यायों में क्षेत्रीय अन्तर मिलते हैं : अर्थात् एक पर्याय का प्रयोग एक क्षेत्र में होता है, तो दूसरे का दूसरे में। उदाहरण के लिए भैंस के बच्चे के लिए 'पाड़ा' (भोजपुरी क्षेत्र), 'पड्डा' (अलीगढ़), 'पड़रा' (फ़र्रुख़ाबाद), 'लेलुवा' या 'पढ़वा' (हमीरपुर), 'काटड़ा' (गुड़गाँवा), 'कटरा' (बुलन्दशहर)। ऐसे ही दही मथने की मथानी (हमीरपुर) को 'मथनी' (भोजपुरी) या 'रई' (ब्रजक्षेत्र); अथवा आटा गूँधना, आटा माँड़ना, आटा सानना, आटा गलाना; या तोरी (पश्चिमी क्षेत्र)—तरोई (मध्यक्षेत्र)

नेनुवाँ (पूर्वी क्षेत्र)—घेंवड़ा (बलिया)। इस प्रकार क्षेत्रीय पर्याय हिन्दी में भरे पड़े हैं। वाक्य-स्तर पर 'राम को जाना है'—'राम ने जाना है' भी क्षेत्रीय पर्याय ही हैं। (2) **शैलीय पर्याय**—हिन्दी की तीन शैलियों के बहुत से शब्दों के अलग-अलग पर्याय हैं : बैठना-विराजना-तशरीफ़ रखना, नाम-शुभनाम-इस्मशरीफ़, मरना-स्वर्गवास होना, अल्ला को प्यारा होना, घर-शुभस्थान-दौलतखाना, बाप-पिवा-वालिद, माँ-माताजी-वालिदा, चिट्ठी-पत्र-खत। सामान्य भाषा और शास्त्रीय भाषा की शैलियों के भी पर्याय होते हैं : नमक-लवण, पानी-जल। (3) **मूल्यान्तरी पर्याय**--ऐसे पर्यायों में अच्छाई-बुराई का अन्तर होता है : होशियार (अच्छे अर्थ में), चालाक (कुछ बुरे अर्थ में)। चलता-पुरज़ा' पश्चिमी हिन्दी क्षेत्र में कुछ बुरे अर्थ में, आता है तो पूर्वी हिन्दी क्षेत्र में उसमें बुरा अर्थ नहीं होता। बहुप्रयुक्त-घिसापिटा, पिछलग्गू-अनुयायी, गुट्ट-दल, अनुभवी-खेलाखाया। कभी-कभी यह अन्तर वस्तुपरक (objective) न होकर व्यक्तिपरक (subjective) भी होता है। (4) **सहप्रयोगीय अन्तर**—हिन्दी के कुछ पर्यायों में सह-प्रयोग की दृष्टि से अन्तर होता है। जैसे गंदा-गँदला। 'गंदा' किसी के भी साथ (गन्दा आदमी, गन्दी जगह, गन्दा काम, गन्दा पानी) आ सकता है, किन्तु 'गँदला' केवल पानी के साथ। ऐसे ही 'जंगली' किसी भी उपयुक्त संज्ञा के साथ (जंगली भैंसा, जंगली आदमी. जंगली घास) आ सकता है, किन्तु 'बनैला' केवल 'सुअर' के साथ। 'काला' किसी के साथ भी आ सकता है (काला आदमी/धन्धा/धन/करतूत), किन्तु 'कलूटा' प्रायः 'काला-कलूटा' रूप में 'काला' के साथ। सौदा-सुल्फ़, देखना-भालना, पूछना-ताछना, बनिया-बक्काल तथा गाली-गुफ़्ता आदि में दूसरा शब्द समानार्थी होता हुआ भी पहले शब्द की तरह मुक्तरूप से नहीं प्रयुक्त होगा। (5) **परस्पर छादी** (overlapping) **पर्याय**—ये एक सीमा तक एक-दूसरे के पर्याय होते हैं, किन्तु कुछ अंशों में अलग होते हैं। जैसे भारी-बज़नी। यह चीज भारी/वज़नी है, किन्तु 'यह भारी बात है' और 'यह वज़नी बात है' में अन्तर है। बड़ा लंबा : यह बाँस बहुत बड़ा/लम्बा है; किन्तु 'बड़ा लड़का' और 'लंबा लड़का' में अन्तर है। (6) **सूक्ष्मान्तरी पर्याय**—कुछ पर्यायों का सामान्य अर्थ तो एक होता है, किन्तु उनके अर्थ में ध्वनि की दृष्टि से या यों ही सूक्ष्म अन्तर होता है : स्त्री-अबला, शूकर-सूअर, साथ रहना-सहवास, कृष्ण, गोपीवल्लभ-मुरारी, ठीक-सही, अमूल्य-बहुमूल्य, अस्त्र-शस्त्र, आहट-टोह, आज्ञा-आदेश, कृश-दुर्बल, क्रोधी-क्रुद्ध, घमंड-गर्व, चिंतनीय-चिंत्य। (7) **बलान्तर**—पर्याय वाक्यों में क्रम तथा वाच्य के कारण बल का अन्तर पड़ता है : राम आज ही गया—आज ही राम गया। (8) **आदरान्तर**—हिन्दी में कुछ पर्याय रूपों तथा पर्याय वाक्यों में आदर का भी अन्तर मिलता है : तू-तुम-आप; वह—वे (एक०) यह—ये (एक०) इस—इन (एक०) जा-जाओ-जाइए/जाएँ; जाना-जाइएगा; तू जा—तुम जाओ—आप जाइए; तथा तू/तुम जाना—आप जाइएगा, आदि।

विलोमता (Antonymy)

विलोम शब्द

किसी भाषा के आपस में विरोधी या एक दूसरे के उलटे अर्थ वाले शब्द भिन्नार्थी, विपरीतार्थी विलोम अथवा विपर्याय कहलाते हैं। उदाहरण के लिए 'काला' का विलाम है 'सफेद' तो 'अंधकार' का 'प्रकाश'। प्रश्न यह है कि विलोमता का निर्णय कैसे करें। इस विषय पर विस्तार से किसी ने विचार किया हो तो मुझे पता नहीं। यों मेरे देखने में नहीं आया। मेरे विचार में इसकी अधिक-से-अधिक निम्नांकित कसौटियाँ हो सकती हैं : (1) **विषमसंदर्भता**—अर्थात् जो शब्द विरोधी संदर्भों में प्रयुक्त हों वे विलोम हैं। संदर्भ भाषिक भी हो सकता है, भाषिकेतर भी : (क) **भाषिक संदर्भ**—दिन में उजाला रहता है, तथा रात में अँधेरा। यहाँ दिन के प्रसंग में 'उजाला' आया है, तथा रात के प्रसंग में 'अँधेरा', अतः उजेला-अँधेरा एक-दूसरे के विलोम हैं। (ख) **भौतिक संदर्भ**—किसी सरकस में दो जोकर आते हैं। एक सात फ़ुट का है और दूसरा तीन फ़ुट का। एक लड़का उन्हें देखकर अपने पिता से कह उठता है : पिताजी, देखिए, यह जोकर कितना लम्बा है और दूसरा कितना नाटा। स्पष्ट ही 'लंबा' और 'नाटा' विलोम हैं। (2) **विषम-संरचनात्मकता**—जिनकी संरचना में विरोधी तत्त्व हों। जैसे सपूत-कपूत; सकारण-अकारण लायक़-नालायक़, स्पष्ट-अस्पष्ट, राग-विराग, सुगम-दुर्गम, सबल-निर्बल तथा साधन-संपन्न-साधनहीन आदि। (3) **विषमघटकता**—जिनके अर्थीय घटकों में कहीं स्पष्ट विरोध हो। जैसे मर्दः +मानव, +वयस्क, +पुरुष; औरतः +मानव, +वयस्क, —पुरुष; लड़का +मानव, —वयस्क, +पुरुष; लड़कीः + मानव, —वयस्क, —पुरुष। यहाँ मर्द-औरत तथा लड़का-लड़की में···, —से विरोध या विषमघटकता स्पष्ट है।

विलोम और वाग्भाग

विलोम प्रायः सभी वाग्भागों के होते हैं : **संज्ञा : व्यक्तिवाचक :** राम-सीता, राम-रावण। यों बहुत कम ही व्यक्तिवाचक संज्ञाओं के विलोम संभव हैं। साथ ही राम-सीता विलोम होना भी सर्वसम्मत नहीं माना जा सकता। **जातिवाचक** : आदमी-औरत, आदमी-जानवर, मानव-दानव, जल-थल; **भाववाचक :** यश-अपयश, उन्नति-अवनति; **विशेषण :** अच्छा-बुरा, काला-गोरा, उचित-अनुचित; **क्रिया :** आना-जाना, उठना-बैठना, चलना-रुकना, लेना-देना, उखाड़ना-रोपना, उखाड़ना-लगाना, हँसना-रोना, रोना-गाना, बोलना-चुप रहना, चढ़ना-उतरना, बनाना-बिगाड़ना, **क्रियाविशेषण**: दायें-बायें, आगे-पीछे, ऊपर-नीचे।

विलोमता का आधार

हिंदी में जिन विपरीतार्थी अथवा विलोम शब्दों का प्रयोग होता है उनके आधार **होना-न-होना** (अभ्यास-अनभ्यास, खंड्य-अखंड्य, हाज़िर-ग़ैरहाज़िर, सबल-निर्बल आदि); **होना-कम होना** (सबल-दुर्बल, अक़लमंद-कमअक़्ल, बुद्धिमान-अल्पबुद्धि); **अच्छा-बुरा**

(सपूत-कपूत, ख्यात-कुख्यात, सच्चरित्र-दुश्चरित्र), **सरल-कठिन** (सुकर-दुष्कर, सुगम-दुर्गम), **स्व-पर** (अपना-पराया, स्वकीय, स्वकीय-परकीय), **ऊपर-नीचे** (चढ़ना-उतरना, इहलोक-परलोक, आकाश-पाताल, उत्कर्ष-अपकर्ष, ऊँचा-नीचा), **बाहर-भीतर** (आंतरिक-बाह्य, अंतरंग-बहिरंग, बाहरी-भीतरी), **आदि-अंत** (शुरू-आखिर, आदि-अंत आरंभ-अंत), **अधिक-कम** (ज्यादा-कम, अधिकता-कमी), **आकार** (सीधा-टेढ़ा, सरल-कुटिल, संक्षिप्त-विस्तृत, विराट्-वामन, बड़ा-छोटा, लंबा-नाटा), **रंग** (उज्ज्वल-धूमिल, काला-गोरा, स्याह-सफ़ेद, प्रकाश-अंधकार), **व्यापकता** (व्यष्टि-समष्टि, एकभाषिक-सार्वभाषिक, एककालिक-सार्वकालिक, एकदेशीय-सर्वदेशीय), **काल** (नया-पुराना, प्राचीन-नवीन, बड़ा-छोटा (उम्र में), ज्येष्ठ-कनिष्ठ, नूतन-पुरातन), **गति** (स्थावर-जंगम), **पद** (वरिष्ठ-अवर), **स्थिति** (संधि-विग्रह, खड़ा-बैठा, काल्पनिक-वास्तविक), **लिंग** (राजा-रानी, भाई-बहिन, चाचा-चाची), **योनि** (आदमी-जानवर, मानव-दानव, मानवीय-पाशविक) आदि हैं। इनमें ज्यादातर दो अंतिम सीमाएँ (extremes) हैं, और इसीलिए विरोधी हैं। ऐसी स्थिति में विलोमता का मूलभूत आधार किसी-न-किसी प्रकार का 'अंतिम सीमापन' माना जा सकता है। यों 'होना-कम होना' अपवाद है। सामान्य प्रयोग में कुछ मान्यता तो है, किंतु लिंग के आधार पर विलोमता बहुत तर्कपूर्ण नहीं लगती। ऐसे तो वचन, पूर्ण-अपूर्ण पक्ष, आदि अन्य आधारों पर भी विलोम माने जा सकते हैं, किंतु वे भी बहुत स्वीकार्य नहीं लगते।

हिंदी में विलोम शब्दों की संरचना

हिंदी में विलोम शब्द दो प्रकार के होते हैं : (1) **मूल**—राग-द्वेष, जड़-चेतन, अथ-इति, मुख्य-गौण, सुख-दुःख, राजा-रंक, चतुर-मूर्ख, प्रेम-घृणा, सरल-कुटिल, निंदा-स्तुति, पुण्य-पाप, अमृत-विष, स्थिर-चंचल, आदि-अंत, स्वर्ग-नरक, दिन-रात। (2) **यौगिक**—यौगिक विलोम भी दो प्रकार के होते हैं : (क) **जो आपस में** संरचना के स्तर पर संबद्ध नहीं हैं : जैसे प्रकाश-अंधकार, बुद्धिमान-कमअक़्ल, ग्राह्य-त्याज्य, पालतू-जंगली, (ख) **जो आपस में संरचना के स्तर पर संबद्ध हैं**। ये विभिन्न प्रकार के हो सकते हैं :

(अ) उपसर्ग : शून्य—अ : सत्य-असत्य, स्वीकार-अस्वीकार, स्वस्थ-अस्वस्थ, हिंसा-अहिंसा, शुभ-अशुभ, पूर्ण-अपूर्ण। **शून्य-अन** : उचित-अनुचित, चाहा-अनचाहा, अर्थ-अनर्थ, आदर-अनादर, इच्छा-अनिच्छा, आवश्यक-अनावश्यक। **शून्य-अप** : मान-अपमान, कीर्ति-अपकीर्ति, यश-अपयश, शकुन-अपशकुन। **शून्य-अव** : गुण-अवगुण। **शून्य-कु** : पात्र-कुपात्र, ढंग-कुढंग, पुत्र-कुपुत्र। **शून्य-दुर्** : आग्रह-दुराग्रह, साहस-दुस्साहस, उपयोग-दुरुपयोग, गुण-दुर्गुण, आशा-दुराशा। **शून्य-न** : आस्तिक-नास्तिक। **शून्य-ना** : पसंद-नापसंद, मुमकिन-नामुमकिन, खुश-नाखुश, लायक़-नालायक़। **शून्य-निर्** : आदर-निरादर, आशा-निराशा। **शून्य-वि** : क्रय-विक्रय, राग-विराग। **अंतः-बहि** : अंतरंग-बहिरंग। **अ-अन** : अभिज्ञ-अनभिज्ञ (तत्वतः शब्द 'अभिज्ञ'—'अ+भिज्ञ' न होकर

'अभि+ज्ञ' है तथा इसका अर्थ है 'जानकार')। **अ-वि :** अज्ञ-विज्ञ। **अ-स :** अनाथ-सनाथ, असीम-ससीम, अकाम-सकाम, अक्षम-सक्षम। **अ-सु :** अगम-सुगम। **अनु-प्रति :** अनुकूल-प्रतिकूल। **अनु-वि :** अनुरक्ति-विरक्ति; अनुराग-विराग। **आ-वि :** आकर्षण-विकर्षण। **आविः-तिर :** आविर्भाव-तिरोभाव। **उत्-अव :** उन्नति-अवनति, उन्नत-अवनत। **उत्-नि :** उत्कृष्ट-निकृष्ट। **उप-अप :** उपकार-अपकार, उत्कर्ष-अपकर्ष। **निः-स :** निष्काम-सकाम। **बे-बा :** बेइज़्ज़त-बाइज़्ज़त, बेअदब-बाअदब, बेशऊर-बाशऊर। **वि-परा :** विजय-पराजय। **सं-वि :** संयोग-वियोग, संश्लेषण-विश्लेषण, संपन्न-विपन्न। **स-निः** सामिष-निरामिष, सदोष-निर्दोष, सगुण-निर्गुण, सजीव-निर्जीव, सजल-निर्जल। **सत्-तिर :** सत्कार-तिरस्कार। **सत्-दु :** सदुपयोग-दुरुपयोग, सत्कर्म-दुष्कर्म, सदाचार-दुराचार, सच्चरित्र-दुश्चरित्र। **सु-कु :** सुपुत्र-कुपुत्र, सुपथ-कुपथ, सुपात्र-कुपात्र, सुबुद्धि-कुबुद्धि। **सु-दुर् :** सुगंध-दुर्गंध, सुगम-दुर्गम, सुबुद्धि-दुर्बुद्धि, सुलभ-दुर्लभ, सुलभ, सुकर-दुष्कर, सुपरिणाम-दुष्परिणाम।

(आ) **प्रत्यय : ज्ञ-घ्न :** कृतज्ञ-कृतघ्न।

(इ) **समास : शून्य-बद :** दुआ-बददुआ। शून्य-ग़ैर : हाज़िर-ग़ैरहाज़िर, वाजिब-ग़ैरवाजिब, क़ानूनी-ग़ैरक़ानूनी, मुनासिब-ग़ैरमुनासिब, **खुश-बद :** खुशबू-बदबू, खुश-मिज़ाज-बदमिज़ाज। **खूब-बद :** खूबसूरत-बदसूरत। **नेक-बद :** नेकनाम-बदनाम, नेकनामी-बदनामी। **संपन्न-शून्य :** साधनसंपन्न-साधनशून्य। **संपन्न-हीन :** साधनसंपन्न-साधनहीन। **स्व-पर :** स्वदेश-परदेश, स्वतंत्र-परतंत्र, स्वावलंबी-परावलम्बी, स्वतंत्रता-परतंत्रता, स्वाधीन-पराधीन। **स्व-परम :** स्वार्थ-परमार्थ।

(ई) **उपसर्ग-समास : मान-हीन :** बुद्धिमान-बुद्धिहीन। **स-शून्य :** ससाधन-साधन-शून्य। **स्व-वि :** स्वदेश-विदेशी-स्वदेशी-विदेशी।

(उ) **प्रत्यक्ष-समास : ई-शून्य :** विवेकी-विवेकशून्य। **ई-रहित :** विवेकी विवेक-रहित। **ई-हीन :** विवेकी-विवेकहीन। **मान-हीन :** बुद्धिमान-बुद्धिहीन। **वान-हीन :** चरित्र-वान-चरित्रहीन।

हिंदी में एक शब्द के एकाधिक विलोम

हिंदी में कभी-कभी एक शब्द के एकाधिक विलोम मिलते हैं। इसके मुख्यतः पाँच आधार हैं : (क) जब किसी शब्द के एकाधिक अर्थ हों तो प्रत्येक अर्थ में उसका एक विलोम होगा। जैसे 'सूखा' का एक विलोम 'गीला' होगा (सूखा कपड़ा-गीला कपड़ा), एक 'हरा' अथवा 'हरा-भरा' होगा (इस वर्ष तो तुम्हारा बगीचा बिल्कुल सूखा है; पिछले वर्ष हरा-भरा था), तथा एक 'बिना सब्ज़ी दाल या सालन आदि का' (सूखी रोटी खा रहे हो, क्या घर में दाल-सब्ज़ी, कुछ भी नहीं है)। ऐसे ही 'रूखा' का एक विलोम 'रसिक या 'सरस' होगा (तुम तो रसिक हो, किंतु तुम्हारा मित्र बहुत रूखा आदमी है), और दूसरा 'चुपड़ा' होगा (वज़न घटाना चाहते हो तो रूखी रोटी खाओ, चुपड़ी रोटी खाने से वज़न और भी बढ़ेगा)। ऐसे ही मानवीय; अमानवीय पाशविक; रोना-गाना, हँसना।

(ख) कभी-कभी सहप्रयोग के आधार पर भी एकाधिक विलोम होते हैं। उदाहरण के लिए 'काला' का प्रयोग कपड़े के साथ हो तो उसका विलोम 'सफ़ेद' होगा तथा किसी धातु की चीज़ के लिए हो तो 'चमकता' होगा और किसी आदमी के साथ हो तो गोरा होगा : काला कपड़ा-सफ़ेद कपड़ा, काला आदमी-गोरा आदमी, देखो तो यह बर्तन मैल से काला हो रहा है और यह कितना चमक रहा है। (ग) कभी-कभी शब्द के अर्थ के कई पक्ष होते हैं। अलग-अलग पक्षों की दृष्टि से भी अलग-अलग विलोम हो सकते हैं। राजा-रानी, राजा-प्रजा, राजा-रंक, चाचा-चाची, चाचा-भतीजा, बाप-माँ, बाप-बेटा, माँ-बाप, माँ-बेटी, साला-साली, साला-सलहज, भाई-भाभी, भाई-बहिन (यहाँ स्त्रीलिंग-पुल्लिंग को विलोम मानकर भी उदाहरण दिए गए हैं, हालाँकि यह मान्यता चिंत्य हो सकती है)। (घ) कभी-कभी केवल संरचना के स्तर पर भी एकाधिक विलोम होते हैं : जड़बुद्धि, मंदबुद्धि-प्रखरबुद्धि, तीक्ष्णबुद्धि, कुशाग्रबुद्धि; आदर-निरादर, अनादर; दुरुपयोग-उपयोग, सदुपयोग; सुपरिणाम-कुपरिणाम, दुष्परिणाम ('परिणाम' तटस्थ है); गुण-अवगुण, दुर्गुण; आशा-दुराशा, निराशा; दुश्चरित्र, चरित्रहीन-चरित्रवान, सच्चरित्र। (ङ) कभी-कभी संरचना के आधार पर तथा स्वतंत्र पर्यायों के कारण भी एकाधिक विलोम होते हैं : मूर्ख, कमअक्ल, बुद्धिहीन-बुद्धिमान, अक़्लमंद, होशियार, चतुर; राग-विराग, द्वेष; लाभ-अलाभ, हानि। (च) हिंदी में सबसे अधिक विलोम, संरचना के स्तर पर असंबद्ध, तथा पर्याय रूप में स्वतंत्र शब्द हैं। जैसे रात, रजनी, निशा-दिन, दिवस, वासर, वार; स्वर्ग, बैकुंठ, बहिश्त, जन्नत-नरक, दोज़ख़, रसातल; आदमी, मानव, मनुष्य-जानवर, पशु; आदमी, मर्द, पुरुष-औरत, स्त्री, नारी आदि।

हिन्दी के शब्देतर विलोम

पदों (हँसता-रोता, दुख में-सुख में), पदबंधों, (चुपचाप खड़ा लड़का-उछलता-कूदता लड़का), मुहावरों (फूलों की सेज-काँटों की सेज, फूल से कोमल-पत्थर से कठोर) और लोकोक्तियों (जैसा नास वैसा गुण, आँख के अंधे नाम नयन सुख) के भी विलोम मिलते हैं। कुछ लोकोक्तियाँ तो विलोमों पर ही आधारित होती हैं (कहाँ राजा भोज कहाँ भोजवा/गंगू तेली; कहाँ गंगा-कहाँ कर्मनाशा (वाक्य-स्तर पर विलोमों का प्रयोग बहुत अधिक होता है। इसके लिए निषेधबोधक अभिव्यक्तियों अथवा विरोधी अभि-व्यक्तियों की सहायता ली जाती है : राम जाता है-राम नहीं जाता। पीछे वाक्य-संरचना के अध्याय में निषेधबोधक वाक्यों के प्रसंग में निषेधबोधकता-विषयक सामग्री विलोम की दृष्टि से भी देखी जा सकती है।

हिंदी की एक शैली कभी-कभी विरोधी समानांतरता का प्रयोग करके अपने कथ्य को उभारती या रेखांकित करती है। उदाहरण के लिए तुलसी की 'विनयपत्रिका' के प्रसिद्ध पद की 'हौं प्रसिद्ध पातकी तू पाप पुंज हारी' आदि पंक्तियाँ या निराला की 'तुम और मैं' शीर्षक रचना के अधिकांश वाक्य (जैसे 'तुम तुंग हिमालय शृंग और मैं चंचल गति सुरसरिता,) इसके अच्छे उदाहरण हैं। (कुछ और सामग्री के लिए प्रस्तुत

पंक्तियों के लेखक की 'शैलीविज्ञान' पुस्तक का 'समानांतरता' शीर्षक अध्याय द्रष्टव्य है।)

निर्विलोम शब्द तथा अन्य भाषिक इकाइयाँ

हिंदी में सबसे अधिक विलोम भाववाचक संज्ञा तथा विशेषण के होते हैं। जातिवाचक संज्ञा के अपेक्षाकृत कम होते हैं। क्रिया और क्रियाविशेषण के और भी कम होते हैं। व्यक्तिवाचक संज्ञाओं, सर्वनामों, संख्यावाचक शब्दों, अधिकांश क्रियाओं तथा बहुत से क्रियाविशेषणों के विलोम नहीं होते। तात्विक बात यह है कि विलोम भाव, गुण, धर्म, पद्धति, क्रिया, स्थिति आदि के निषेध या अभाव आदि के द्योतक होते हैं, और सभी के निषेध या अभाव का मिलना संभव नहीं है। यही स्थिति पद, पदबंध वाक्य आदि की भी है।

छद्म विलोम

हिंदी में बहुत से शब्द ऐसे हैं जो विरोधमूलक संरचना के कारण विलोम लगते हैं, तथा अनेक पुस्तकों में उन्हें विलोम माना भी गया है, किंतु वास्तविकता यह है कि वे संरचना के स्तर पर एक-दूसरे के विलोम हैं, किंतु अर्थ के स्तर पर विलोम नहीं माना जा सकता। उदाहरणार्थ : गंध-दुर्गंध (विलोम सुगंध है), कर्म-कुकर्म (सुकर्म कुकर्म, दुष्कर्म), हक़-नाहक़ (संज्ञा-क्रियाविशेषण), दोप-निर्दोष (संज्ञा-विशे०) चीज़-नाचीज़ (संज्ञा-विशे०), गुण-निर्गुण (सगुण-निर्गुण), भय-निर्भय (संज्ञा-विशे०) दोष-निर्दोष (संज्ञा-विशे०), अपराध-निरपराध (संज्ञा-विशे०), रहम-बेरहम (संज्ञा-विशे०), इज्ज़त-बेइज्ज़त (संज्ञा-विशे०), कुसूर-बेकुसूर (संज्ञा-विशे०), बुद्धि-दुर्बुद्धि (संज्ञा-विशे०), परिणाम-दुष्परिणाम (सुपरिणाम-कुपरिणाम, दुष्परिणाम) आमिष-निरामिष (सामिष-निरामिष) आदि।

अनेकार्थता

किसी भाषा में एक शब्द, पद, पदबंध या वाक्य के एकाधिक अर्थ हों तो उसे अनेकार्थक कहते हैं। जैसे 'पानी' का अर्थ 'जल', 'इज्ज़त' तथा 'चमक' है, अतः पानी अनेकार्थक या अनेकार्थी शब्द (Polysemic word) है, तथा इस तरह एकाधिक अर्थ होना अनेकार्थता (Polysemy) है। अनेकार्थता सामान्य तथा शास्त्रीय भाषा का अवगुण है किंतु साहित्यिक भाषा का गुण है। हिंदी में अनेकार्थता शब्द, पद, पदबंध तथा वाक्य—इन चारों स्तरों पर मिलती हैं।

शब्द-स्तर

हिंदी में शब्द-स्तर पर अनेकार्थता चार प्रकार के शब्दों से आती है—

(1) **अनेकार्थी शब्द** (Polysemic word)—वह शब्द जो मूलतः एक ही

शब्द हो, किंतु जिसके लक्षणा, व्यंजना अथवा सादृश्य अथवा अन्य कारणों से एकाधिक अर्थों का विकास हो गया हो। उदाहरण के लिए हिंदी में **टीका** (1. माथे का टीका, 2. सिर का एक आभूषण, 3. चेचक का टीका); **तिलक** (1. माथे का टीका, 2. विवाह के पहले की एक रस्म, जिसमें टीका लगाते हैं); **दाई** (1. बच्चा पैदा कराने वाली; 2. बच्चे की धाय; 3. घर में काम करने वाली नौकरानी); **आम** (1. आम का पेड़, 2. आम का फल); **पानी** (1. जल; 2. इज़्ज़त, 3. कांति, चमक); **घोड़ी** (1. घोड़े की स्त्री०, 2. चार पैर वाली सीढ़ी या बड़ा स्टूल जिस पर चढ़कर काम करते हैं), **घोडा** (1. एक जानवर, 2. बंदूक का एक खटका, जिसे दबाने से बंदूक चलती है, 3. शतरंज का एक मोहरा); **चमचा** (1. चम्मच, 2. खुशामदी, 3. पिछलग्गू); **चरण** (1. पैर, 2. छंद का चरण, 3. किसी काम का चरण) आदि सैकड़ों शब्द इस प्रकार के हैं। इससे लिखित और बोलित, भाषा के दोनों रूपों में अनेकार्थता आती है : रहिमन **पानी** राखिए बिन **पानी** सब सून। अनेकार्थक शब्द की अनेकार्थता कई प्रकार की हो सकती है : (अ) **संदर्भ से विकसित—पीना** : चाय पीना (चुस्की लेकर), कड़वी दवा (अनिच्छा से), शर्बत पीना (स्वाद लेकर), सिगरेट पीना (धुआँ भीतर ले जाकर बाहर निकालना); **खाना** : टॉफ़ी खाना (चूस-चूस कर), गन्ना खाना (चूसकर बाहर फेंकना), जेली खाना (बिना कूँचे), रसगुल्ले खाना (थोड़ा कूँच कर), रोटी खाना (कूँचकर), कच्चे चने खाना (बहुत ज़ोर लगाते हुए कूँचकर) दवा का कड़वा पाउडर खाना (अनिच्छा से), क़सम खाना, खसम खाना, रिश्वत खाना, रुपए खा जाना; **चलना** : नाव चलना (पानी पर), गाड़ी चलना (पटरी पर), कार चलना (सड़क पर), हवाई ज़हाज़ चलना (हवा पर), घोड़ा चलना (चार पैर से), आदमी चलना (दो पैर से), लँगड़े का लाठी टेककर चलना (लँगड़ाते हुए), बच्चे का (दो हाथ-दो पैर) से चलना, कोल्हू के बैल का चलना (चक्कर में), घड़ी चलना, दूकान चलना, हुक्म चलना, शतरंज में मोहरे चलना; **बड़ा** : बड़ा बाँस (लंबा), बड़ा खेत (लंबा-चौड़ा), बड़ा मकान (लंबा-चौड़ा-ऊँचा), बड़ा घर ('बड़े घर की बेटी' —प्रेमचंद), बड़ा बेटा (उम्र में), बड़ा आदमी (धन तथा प्रसिद्धि में), बड़ा पद (बड़ा अधिकार वाला), **गाय** : गाय चर रही है, वे गाय खाते हैं (गाय का गोश्त); (आ) **सादृश्य से विकसित—घोड़ी** (ऊपर देखिए), **हरि**—मूल अर्थ पीला ('हरिद्रा' इसीलिए), फिर हरा, फिर नीला अतः कई पीली, हरी, नीली संज्ञाओं के लिए प्रयुक्त : विष्णु, पानी साँप, मेंढक—हरि बोले **हरि** ही सुने **हरि** गए **हरि** के पास, **हरि** कूदे **हरि** में गए, **हरि** मन भए उदास; **पानी** : (चमक, इज़्ज़त)। **(इ) लक्षणा से विकसित—गाय**—सीधा, **सुअर**—गंदा, **गधा**—मूर्ख, **उल्लू**—मूर्ख, **शेर**—बहादुर, **बनिया**—पैसा ख़र्च करने में कंजूस; (ई) **व्यंजना से विकसित—महल**—धनी-मानी लोग, **झोंपड़ी**—ग़रीब लोग, **गंगा**—पवित्र, **तुलसी**—पवित्र (इनकी व्याख्या के लिए पीछे देखिए 'अर्थ-भेद')। (उ) **प्रभाव से**—संस्कृत 'कुंचिका' का विकसित रूप 'कुंजी' अर्थ हिंदी में 'चाभी' के लिए आता है। अंग्रेज़ी के भारत में आने के बाद, हमने देखा कि अंग्रेज़ी 'की' (key) का अर्थ 'चाभी' होने के साथ 'भाष्य' या 'टीका' भी है। उसके प्रभाव से हिंदी 'कुंजी' में 'भाष्य'

या 'टीका' का एक नया अर्थ जुड़ गया। 'कुंजी' ताले को खोलती है तथा 'टीका' या 'भाष्य' किसी कविता आदि को खोलता है, अतः दोनों अर्थों में साम्य है। इस तरह इन दोनों (चाभी, टीका) अर्थों वाला 'कुजी' शब्द हिंदी में एक ही शब्द है, जिसके दो अर्थ हैं। इनमें केन्द्रीय अर्थ तो 'चाभी' है, तथा अंग्रेज़ी की तरह ही परिधीय अर्थ भाष्य है। यदि इन अर्थों का संबंध केन्द्रीय और परिधीय का न होता, तथा वे संबद्ध न लगते, तो एक व्युत्पत्ति होने के बावजूद, चाभी को दो शब्द मानना पड़ता।

अनेकार्थक शब्द की पहचान है : (क) या तो उसका एक केन्द्रीय अर्थ हो तथा लक्षणा, व्यंजना आदि के कारण उस केन्द्रीय अर्थ से ही अन्य अलग विकसित अर्थ हों। उदाहरण के लिए 'गधा' (एक जानवर, मूर्ख), उल्लू (एक पक्षी, मूर्ख), सुअर (एक जानवर, गंदा रहने वाला), गाय (एक जानवर, बहुत सीधा-सादा व्यक्ति), पानी (जल, कांति, इज़्ज़त) आदि, या फिर केन्द्रीय-परिधीय का संबंध न होने पर भी सभी अर्थ में संबद्ध हों। जैसे 'तनाव' का अर्थ है 'तनने का भाव' या 'क्रिया' तथा 'शामियाना आदि तानने की रस्सी'। (ख) इन अलग-अलग अर्थों के आधार पर अनेकार्थी शब्द के अलग पर्याय होते हैं। उदाहरण के लिए 'गधा' के पर्याय एक तरफ़ तो गर्दभ', 'खर' या 'रासभ' हैं, दूसरी तरफ़ 'मूर्ख' 'वेअकल', 'बुद्धिहीन'। ऐसे ही 'पानी' का एक तरफ़ तो पर्याय 'जल',।'सलिल', अंबु' हैं, और दूसरी तरफ़ 'प्रतिष्ठा', 'इज़्ज़त' और तीसरी तरफ़ 'कांति', 'चमक'। (ग) अलग-अलग अर्थों के आधार पर अनेकार्थी शब्दों के अलग-अलग विलोम भी होते हैं। जैसे 'पानी' का 'भूमि' 'फीकापन' तथा 'अप्रतिष्ठा' आदि।

(2) **समलेख शब्द**—कुछ ऐसे शब्द भी होते हैं, जो मूलतः दो प्रकार से लिखे जाने चाहिए, किंतु बहुत से लोग उन्हें एक प्रकार से लिखने लगते हैं, किन्तु उच्चारण प्रायः लोग ठीक और अलग-अलग करते हैं। इस तरह बोलने के स्तर पर तो वे कई शब्द (काफ़ी-कॉफ़ी, हाल-हॉल, बाल-बॉल, राज-राज़, जरा-ज़रा, बाग-बाग़, खैर-ख़ैर,, फन-फ़न), होते हैं, किंतु लेखन के स्तर पर एक (काफ़ी, हाल, बाल, राज, जरा, बाग, खैर, फन) होते हैं : इस प्रकार समलेख होने से इन कई शब्दों को एक शब्द मान लिया जाता है, तथ हर एक के अलग-अलग अर्थ होने से अनेकार्थक मान लिये जाते हैं। लिखित भाषा में ही समलेख शब्दों से अनेकार्थकता आती है, बोलित भाषा में नहीं।

(3) **समध्वनि शब्द**—कुछ शब्द ऐसे भी होते हैं जो लिखे तो अलग-अलग ढंग से जाते हैं, किंतु उनका उच्चारण एक होता है, अतः बोलित भाषा में वे एक शब्द लगते हैं, किंतु उनके अर्थ एकाधिक होते हैं। उदाहरण के लिए हिंदी के दो शब्द 'कोश' और 'कोष' लें। आज दोनों का उच्चारण 'कोश' है, किंतु पहले का अर्थ 'शब्दकोश' है तथा दूसरे का अर्थ 'ख़ज़ाना' है। ऐसे ही हिंदी में एक 'दायी' (देने वाला) तथा 'दाई' (धाय, बच्चा जनने वाली) दोनों का उच्चारण 'दाई' होता है। पहले शब्द का संबंध सं० 'दायक-दायिका' से है, तो दूसरे का सं० 'धात्री' या फ़ा० 'दायः' से। इस तरह समध्वनि शब्दों से बोलित भाषा में ही अनेकार्थता आती है। (4) **समरूप शब्द**—कुछ शब्द ऐसे होते हैं, जिनका रूप एक होता है, अर्थात् एक वर्तनी होती है तथा एक उच्चारण होता है,

अत: वे एक शब्द लगते हैं, किंतु वस्तुत: वे एक शब्द न होकर एकाधिक शब्द होते हैं, और समरूपता के कारण एक शब्द लगते हैं। उदाहरण के लिए संज्ञा 'आम' (एक फल तथा उसका वृक्ष) तथा विशेषण 'आम' (सामान्य, अविशिष्ट, साधारण)। ऐसे ही 'माता' (माँ) और 'माता' (माता हुआ, मत्त)। इस प्रकार के शब्दों को समरूप शब्द कहते हैं। हिंदी में समरूप शब्द काफ़ी हैं। कुछ और उदाहरण हैं : पतंग[1] (सं०)—गुड्डी, कनकौवा, शलभ; **पतंग**[2] (सं० पत्रंग)—लाल चंदन; **टीका**[1] (सं०)—व्याख्या, कुंजी; **टीका**[2] (सं० तिलक)—माथे का टीका, सिर का ज़ेवर, चेचक का टीका; **तिलक**[1] (सं०)—माथे का टीका, विवाह के पूर्व की रस्म जिसमें टीका करते हैं; **तिलक**[2] (सं०)—व्याख्या, टीका; **तिलक**[3] (तुर्की तिरलोक)—एक प्रकार का ज़नाना कुर्ता; **दाग**[1] (सं० दग्ध) दाह, संस्कार, मुर्दा जलाना; **दाग**[2] (फा० दाग़)—धब्बा, कलंक; **दाना**[1] फा० दान:)—अनाज का दाना, मोती का दाना, फुंसी; **दाना**[2] (फा० दाना), बुद्धिमान; **दाम**[1] (सं०)—रस्सी, माला; **दाम**[2] (फा०)—जाल, फंदा; **दाम**[3] (यूनानी द्राख़्मे, सं० द्रम्य) —क़ीमत, पैसा।

निष्कर्षत: अनेकार्थता के स्रोत हैं--

(1) **अनेकार्थी शब्द**—एक शब्द, एकाधिक अर्थ (अनेकार्थता लिखित और बोलित स्तर पर)।

(2) **समस्वन शब्द**—एक उच्चारण, एकाधिक वर्तनी, एकाधिक शब्द, एकाधिक अर्थ (अनेकार्थता बोलित स्तर पर)।

(3) **समलेख शब्द**—एक वर्तनी, एकाधिक उच्चारण, एकाधिक शब्द, एकाधिक अर्थ (अनेकार्थता लिखित स्तर पर)।

(4) **समरूप शब्द**—एक वर्तनी, एक उच्चारण, एकाधिक शब्द, एकाधिक अर्थ (अनेकार्थता लिखित और बोलित स्तर पर)।

अनेकार्थता और समरूपता

यहाँ एक यह प्रश्न विचारणीय है कि इस बात का निर्णय कैसे किया जाए, कि अमुक शब्द एक है तथा उसी के अनेक अर्थ हैं या फिर वह एक शब्द नहीं है, अपितु समरूप एकाधिक शब्द, एक शब्द के रूप में हैं, इसीलिए अनेकार्थता है। मेरे विचार में एकशब्दता के तीन आधार हो सकते हैं : (1) **समव्युत्पत्तिता**—अर्थात् यदि कोई शब्द अपने विभिन्न अर्थों में किसी एक ही शब्द से व्युत्पन्न या विकसित हो तो उसे सामान्यत: एक शब्द माना जाना चाहिए। इसके विपरीत यदि अलग-अलग शब्दों से व्युत्पन्न या विकसित है तो उसे समरूप माना जाना चाहिए। उदाहरण के लिए 'जल', 'इज़्ज़त' तथा 'कांति' इन तीन अर्थों वाला 'पानी' शब्द सं० पानीय से ही विकसित है, अत: 'पानी' अनेकार्थ शब्द है, समरूप नहीं। इसके विपरीत आम (फल तथा उसका वृक्ष) संज्ञा रूप में संस्कृत 'आम्र' से आया है तथा विशेषण रूप में (सामान्य, साधारण) अरबी 'आम'

से अतः अनेकार्थ शब्द न होकर समरूप है। ऐसे ही 'माता' सज्ञा रूप में संस्कृत का तत्सम शब्द है, और विशेषण रूप में संस्कृत 'मत्त' का तद्भव है। किंतु क्या वर्तनी किसी शब्द के एक होने के लिए पूर्णतः संपुष्ट आधार है? शायद नहीं। हिंदी में पत्ता, पत्रा (तिथियों), पतरा (भोजपुरी में सरसों का पत्ता), पत्तर (धातु क़ा), पत्तल (पत्ते का), पतला (बारीक), पत्र (चिट्ठी)—ये सात शब्द अलग-अलग हैं, यद्यपि इनकी व्युत्पत्ति एक ही संस्कृत शब्द 'पत्र' से है। दूसरी तरफ़, हिंदी में मध्यकाल में प्रयुक्त एक शब्द 'बदन' है जिसका अर्थ 'शरीर' (इस अर्थ में आज भी प्रयुक्त) तथा 'मुख' (जोहत बदन जसोदा-सूर) है। यद्यपि 'बदन' हिंदी में एक शब्द माना जाता है, किंतु इन दोनों अर्थों में इसका संबंध अलग-अलग शब्दों से है। 'मूर्ख' अर्थ में यह मूलतः संस्कृत का 'वदन' है तो 'शरीर' अर्थ में फ़ारसी का 'बदन' है। ऐसे ही हिंदी का शब्द है 'तनाव', जिसके दो अर्थ हैं: 1. तानने की क्रिया या भाव, 2. खेमा तानने की रस्सी। ये दोनों अर्थ मूलतः दो व्युत्पत्तियों से संबद्ध हैं। पहले अर्थ का संबंध हिंदी 'तनना' से है, तथा दूसरा शब्द मूलतः अरबी 'तिनाव' है। अरबी में 'तिनाव' ख़ेमा-तंबू तानने की रस्सी को कहते हैं। हिंदी का 'तन्नी' शब्द भी इसी से संबद्ध है। इस तरह दो व्युत्पत्तियों के बावजूद यह एक शब्द है। इस प्रकार एक व्युत्पत्ति के भी कई शब्द हो सकते हैं तथा एकाधिक व्युत्पत्तियों का एक शब्द। ऐसी स्थिति में व्युत्पत्ति एक आधार तो है, किंतु बहुत निर्णायक आधार नहीं। 2. **केन्द्रीयार्थता**—यदि किसी शब्द का कोई एक केन्द्रीय अर्थ हो, तथा अन्य सभी अर्थ उसी से विकसित हों, तो वह एक शब्द है, अनेकार्थी शब्द; समरूप शब्द नहीं। उदाहरण के लिए 'पानी' का केन्द्रीय अर्थ 'जल' है तथा उसी से सादृश्य के आधार पर 'क्रांति', 'इज़्ज़त' आदि अर्थ विकसित हुए हैं। ऐसे ही 'घोड़ी' का केन्द्रीय अर्थ 'घोड़ा' का स्त्रीलिंग, है, तथा सादृश्य के आधार पर उसी शब्द का प्रयोग 'चार बाँसों की सीढ़ी' या 'चार पैर के बड़े स्टूल' के लिए होने लगा है। ये दोनों (सीढ़ी तथा स्टूल) चार पैर के होते हैं, तथा चढ़ने के काम आते हैं। टीका[1] का हिंदी में केन्द्रीय अर्थ माथे का टीका है, उसी से सिर का आभूषण-विशेष या चेचक का टीका आदि अर्थों का विकास हुआ है। अतः इन तीन अर्थों वाला 'टीका' शब्द अनेकार्थ है। किंतु भाष्य या कुंजी अर्थ के 'टीका'[2] शब्द का अर्थ हिंदी टीका[1] के अर्थ से विकसित नहीं है, अतः टीका[1] तथा टीका[2] को मिला लें तो 'टीका' अनेकार्थ शब्द न होकर समरूप शब्द है, क्योंकि इन अर्थों में कोई केन्द्रीय नहीं है। टीका[2] 'भाष्य' अर्थ में सं० तत्सम है, जबकि टीका[1] सं० तिलक से विकसित है।[1] 'तिलक' का उदाहरण भी इस प्रसंग में उपयोगी होगा। 'तिलक' का अर्थ संस्कृत में 'माथे का टीका' है। इसी अर्थ से विकसित होकर इस शब्द का अर्थ 'विवाह के पूर्व की एक रस्म' हो गया, जिससे टीका लगाते हैं। इस तरह इन दोनों अर्थों वाला तिलक शब्द अनेकार्थ है। यह ध्यान देने की बात है कि इसी 'तिलक' से हिंदी में 'टीका' शब्द का विकास हुआ जिसका अर्थ 'माथे का टीका' है। इस तरह 'तिलक' और 'टीका' माथे के टीका के अर्थ में समानार्थी हो गए। इस तद्भव शब्द 'टीका' के अतिरिक्त 'टीका' एक तत्सम शब्द भी है, जिसका संस्कृत में अर्थ व्याख्या या कुंजी है। 'तिलक' और 'टीका'

को ग़लती से एक मानने से 'टीका' का यह भाषा वाला अर्थ लोगों ने 'तिलक' के अर्थों में भी समाहित कर दिया, और इस प्रकार 'तिलक' का एक अर्थ 'भाष्य' या 'कुंजी' भी हो गया। इस भाष्य वाले अर्थ को मिला लें तो टीका समरूप शब्द है, तथा इसे न मिलाएँ तो 'माथे का टीका' तथा 'एक रस्म' आदि अर्थों वाला 'तिलक' अनेकार्थ शब्द है। खाना (भोजन करना, रिश्वत लेना, किसी के रुपए हज़म कर लेना) भी अनेकार्थ ही शब्द है, समरूप नहीं। (3) **अर्थसंबद्धता**—कभी-कभी अर्थसंबद्धता भी एकशब्दता की कसौटी होती है। उदाहरण के लिए 'तनाव' शब्द दो व्युत्पत्तियों के बावजूद संबद्धअर्थता (तनने का भाव, तानने की रस्सी) के कारण ही एक शब्द माना जाता है। मध्यकालीन शब्द 'बदन' की भी ठीक वही स्थिति है।

इन तीनों कसौटियों में सबसे अधिक महत्वपूर्ण केन्द्रीयार्थता है, उसके बाद संबद्धार्थता और फिर समव्युत्पत्तिता। यदि तीनों बातें हों तो क्या कहना? तब तो निश्चित रूप से वह अनेकार्थ शब्द है। यों यह बात वर्णनात्मक भाषाविज्ञान की दृष्टि से की गई। ऐतिहासिक भाषाविज्ञान की दृष्टि से व्युत्पत्ति ही विशेष महत्वपूर्ण है।

पद-स्तर

(1) हिंदी में पद-स्तर की अनेकार्थता प्रायः तो शब्द-स्तर की अनेकार्थता पर निर्भर करती है। होता यह है कि अनेकार्थ, समरूप, समस्वन तथा समलेख शब्दों से जो पद बनते हैं, उनमें भी मूलभूत अनेकार्थता अक्षुण्ण रहती है। जैसे घोड़ियों, चमचे आदि। (2) कभी-कभी व्याकरणिक रूपांतरण में नई तरह की अनेकार्थता का विकास हो जाता है, जो तत्वतः समरूपता ही होती है। जैसे 'खिलाना' के दो अर्थ हैं। एक 'खा' से संबद्ध है तो दूसरा 'खेल' से। (3) कभी-कभी किसी प्रत्यय में सन्निहित एकाधिकार्थता से भी अनेकार्थता आ जाती है। जैसे नाचने वाली—(क) नाचने वाली; (ख) आसन्नभविष्य में नाच करने वाली : राधा नाचने वाली है।

पदबंध-स्तर

(1) इस स्तर की अनेकार्थता एक तो पद की अनेकार्थता पर निर्भर करती है : बाल लेकर (केश लेकर, बाली लेकर), (2) दूसरे रेखीय संबंधों पर : **सुंदर फूल और पत्ते**—'सुंदर फूल, और पत्ते' या 'सुंदर फूल और पत्ते। (3) आंतरिक संरचना पर : **राम का चित्र**—राम का बनाया चित्र, राम के चेहरे का चित्र, वह चित्र जिसका मालिक राम है। (4) कभी-कमी अनेकार्थता पद-पदबंध के स्तर पर संगम के कारण आती है, जिसका हिंदी के कवियों ने खूब प्रयोग किया है : तेरी बरछी ने बर छीने···; तू मोहन के उर बसी ह्वै उर बसी समान।

वाक्य-स्तर पर

(1) **अनेकार्थी शब्द के कारण**—अपना पानी बचाओ (जल, इज्जत); रहिमन **पानी** राखिए बिन **पानी** सब सून, **पानी** गए न ऊबरे मोती मानुस चून। (2) **अनेकार्थी पद के कारण**—अभी राम को भी **खिलाना** है। (3) **अनेकार्थी पदबन्ध के कारण**—सुंदर फूल और पत्ते, राम का चित्र। (4) **वाक्यस्तरीय संरचना में निहित अनेकार्थता के कारण जो आंतरिक संरचना से आती है**—**तुम्हें मुझे दो रुपये देने हैं।**

अध्याय छह

नागरी लिपि : लेखिमिक विश्लेषण

स्वनिमिक तथा रूपिमिक विश्लेषण की तरह ही लेखिमिक विश्लेषण का मुख्य आधार वितरण है। वितरण के आधार पर इसमें किसी लिपि के लेखिमों (Grapheme) तथा उपलेखों (allograph) का निर्धारण किया जाता है। 'लेखिम' तो किसी 'अक्षर' (letter) या 'लिपि-चिह्न' को कहते हैं तथा वास्तविक प्रयोग या उसके जितने रूप या रूपांतर आते हैं उन्हें उसका 'उपलेख' कहते हैं। उदाहरण के लिए यदि हम 'र' अक्षर को लें तो उसका लेखिमिक विश्लेषण यह है—

लेखिम	उपलेख	वितरण
र	(1) ˚	व्यंजन के उपर (जैसे कर्म)
	(2) ‸	ट, ठ, ड, ढ, द आदि कुछ व्यंजनों के नीचे (जैसे ट्रेन, ड्रामा, कृच्छ, द्रोह आदि में)
	(3) λ	ह (ह्रास) के बाद
	(4) ɹ	अन्य पाई वाले व्यंजनों के बाद (ग्राम, प्राण, प्रेम)
	(5) र	अन्यत्र : (क) आदि में स्वर के पूर्व (राम); (ख) मध्य में स्वर के पूर्व (आराम); (ग) अन्त में स्वर के बाद (सार)

अर्थात् हिन्दी लेखन में 'र' एक लेखिम है, जिसके ये पाँच उपलेख हैं, जो वितरण में संकेतित स्थितियों में ही प्रयुक्त होते हैं। इस प्रकार—

(क) लेखिम आपस में व्यतिरेकी होते हैं।

(ख) उपलेख (अपवादों को छोड़कर) आपस में परिपूरक वितरण में होते हैं। र के उपलेखों की परिपूरक वितरणता यों दिखाई जा सकती है—

	व्यंजन के ऊपर	ट,ठ,ड,ढ,द,छ के नीचे	ह के नीचे	अण्य व्यंजनों के बाद	अन्यत्र
˙	√	×	×	×	×
‸	×	√	×	×	×
λ	×	×	√	×	×
ɹ	×	×	×	√	×
र	×	×	×	×	√

किसी लिपि के लेखिमिक विश्लेषण में इसी प्रकार मूल अक्षर, उसके विभिन्न रूपों तथा उनके प्रयोगों की स्थिति का लेखा-जोखा प्रस्तुत करते हैं।

नागरी लिपि का लेखिमिक विश्लेषण अभी तक मेरे देखने में नहीं आया, शायद हुआ भी नहीं है। इस प्रकार यह प्रयास है। इसीलिए इस सम्बन्ध में मतभेद की पूरी गुंजाइश है।

लेखिमिक विश्लेषण पर आने के पूर्व निम्नांकित बातें ध्यान देने की हैं—

(1) नागरी लिपि के ऐतिहासिक तथा क्षेत्रीय दृष्टि से एकाधिक रूप हो सकते हैं। यहाँ सभी को न लेकर प्रायः उस रूप को लिया जा रहा है, जो हिन्दी लेखन में सामान्यतः प्रयुक्त होता है। उदाहरण के लिए, इ, ई, उ, ऊ, ए, ऐ, को कुछ लोग अि, अी, अु, अू, अे, अै रूप में भी लिखते रहे हैं। इन्हे यहाँ नहीं लिया जा रहा है।

(2) नागरी लिपि के अंकों को यहाँ नहीं लिया गया है, क्योंकि उनमें कुछ के (1, 5, 8, 9 के) मुक्त परिवर्त तो हैं, किन्तु रूपान्तर नहीं हैं।

(3) नागरी लिपि में अ, आ, ओ, औ, झ, ण, ध, भ, श, ल, क्ष के दो-दो रूप प्रचलित हैं। यहाँ इनके प्रायः अपेक्षाकृत अधिक प्रचलित रूप ही लिए गए हैं। जो रूप छोड़ दिए गए हैं, वे मुक्त परिवर्त (Free variant) हैं। अर्थात् उनका प्रयोग बिना किसी प्रतिबन्ध के इनके स्थान पर हो सकता है—(जैसे ण या ण), साथ ही उनके भी अपने-अपने उपलेख भी हो सकते हैं।

(4) लिपि ध्वनि का लेखन के स्तर पर प्रतिनिधित्व करती है। इसीलिए ध्वनि का भी ध्यान रखना पड़ा है। यों कदाचित् उससे अलगाकर भी लिपि का विश्लेषण किया जा सकता है।

(5) किसी लिपि का विश्लेषण भाषा-निरपेक्ष तथा भाषा-सापेक्ष दोनों ही रूपों में हो सकता है। यहाँ नागरी के उसी रूप का विश्लेषण है, जो हिन्दी में प्रयुक्त होती है, अतः यह विश्लेषण काफ़ी हद तक हिन्दी भाषा-सापेक्ष है।

(6) कुछ अक्षरों और उसके संयुक्त रूपों के विश्लेषण के बारे में मतभेद की काफ़ी गुंजाइश है। यहाँ ऐसे कुछ मुख्य अक्षरों को अलग-अलग लिया जा रहा है—

क—ऐसा लगता है कि 'क्र' में क्र में/ मिलाया गया है, किन्तु वास्तविकता यह है कि नागरी में संयुक्त व्यंजनों के लेखन में पहला अक्षर प्रायः आधा तथा दूसरा पूरा (जैसे त्स, न्द, च्छ, ज्झ, त्थ, ग्व आदि) होता है। इसीलिए यहाँ क का उपलेख ∞ मानना पड़ेगा, जिसमें ा नहीं है, तथा र के उपलेख ्र को ∞ में मिलाने से क्र बना है, जिसमें प्रायः पूरे क और आधे र का भ्रम होता है, जबकि आधा क और पूरा र है। ऐसे ही क्त में त पूरा है तथा क शेष रूप में है।

त—'उत्तर' में दूसरा त तो पूरा है किन्तु पहला त पड़ी पाई—रूप में है, अतः यह त का एक उपलेख है।

द—मुद्ग, श्रद्धा, अद्भुत, द्रोह, द्वेष आदि में सामान्यतः लगता है कि द पूरा है और ध, भ, र, व आधे हैं, किन्तु जैसा कि पीछे संकेत किया गया है, नागरी लिपि में संयुक्त व्यंजन में पहला व्यंजन आधा होता है तथा दूसरा पूरा, जो कदाचित् पहले व्यंजन के स्वर-विहीन तथा दूसरे के स्वर-युक्त होने का संकेत है, अतः उपर्युक्त शब्दों में 'द' को पूरा मानना उपयुक्त न होगा। इसीलिए मैंने इनमें द को ढ रूप में आधा माना है जिसमें ग, ध, भ, र, व के उपरूपों को जोड़ने से द्ग, द्ध, द्भ, द्र, द्व बने हैं। ऐसे ही विद्यार्थी में ट रूप में द है।

ध—द के बाद ध का रूप विशेष प्रकार का (द्ध) होता है, जो मूल ध के बहुत कुछ समान होता हुआ भी थोड़ा तिरछा होता है।

य—'य्हाँ' जैसे शब्द परिनिष्ठित हिन्दी में तो नहीं हैं किन्तु दक्खिनी हिन्दी में हैं, इसीलिए ट को उपलेख रूप में रखना अनुचित न होगा। यों किसी व्यंजन के पूर्व य के इसी रूप की संभावना हो सकती है।

र—र के ̍ ̗ उपलेख तो बहुत स्पष्ट हैं। ग्राम, घ्राण; प्राण, व्रत, ब्राह्मण, आदि में जैसा कि अन्यत्र मैं कह चुका हूँ, ्र को र का उपलेख मानना दो दृष्टियों से उपयुक्त है : (क) प्राचीन काल में र का यह रूप प्रयुक्त होता था और कदाचित इसी के आधार पर ऐसे संयुक्त व्यंजन प्रारम्भ में प्रचलित हुए। (ख) दूसरे, संयुक्त व्यंजन के प्रथम व्यंजन के आधा मानने पर (जैसे 'ग्र' में 'ग') सहज ही यही अंश बचता है। क्र, ख्र, घ्र, प्र, ब्र, भ्र, म्र, आदि को ध्यान से देखने पर यह बात स्पष्ट हो जाती है। 'ह्र' में ह तो आधा है जो 'ह्' हो सकता है, अतः शेष र है जो λ रूप में है, अतः उसी को मैंने उपलेख माना है।

श—श्र जैसे प्रयोगों में श का ̗ उपलेख स्पष्ट है। यों पहले इस रूप का प्रयोग होता भी था। शृ में भी ऋ की मात्रा निकालने से यही शेष बचता है, अतः यही श का एक उपलेख है।

ह—इसकी मुख्य समस्या ह्र, ह्व, ह्म, ह्न, ह्ल आदि में ह के स्वरूप की है। मेरे विचार में इन सभी में 'ह' को आधा मानना चाहिए, अतः इनमें ह् है जिसमें र, व, म, भ, ल विभिन्न रूपों में मिलकर संयुक्त व्यंजन का निर्माण कर रहे हैं।

—संस्कृत परम्परा के बहुत से लोग शिरोरेखा के ऊपर मात्रा होने पर भी चंद्रबिन्दु के लिए चन्द्रबिन्दु ही लिखते हैं (जैसे मेँ, मैँ आदि), किंतु सामान्यतः ऐसा नहीं किया जाता, इसीलिए प्रस्तुत विश्लेषण में सामान्य प्रयोग को ही दृष्टि में रखा गया है।

हलंत रूप—सभी व्यंजनों के हलंत चिह्न वाले रूपों का प्रयोग भी आधे अक्षर के स्थान पर होता है, अतः ये दोनों मुक्त परिवर्तन हैं। जैसे प्=प्‍ अथवा थ्‍=थ्।

वितरण को स्पष्ट करने के लिए दिए गए उदाहरण प्रायः हिन्दी के हैं, किन्तु कुछ पुरानी हिन्दी तथा बोलियों से भी लेने पड़े हैं, जो आधुनिक मानक हिन्दी में प्रायः नहीं मिलते।

उपर्युक्त बातों की पृष्ठभूमि में निम्नांकित रूप में नागरी लिपि का लेखमिक विश्लेषण किया जा सकता है—

लेखिम	उपलेख	वितरण
अ	(1) शून्य	व्यंजन के बाद[1] (कमल)
	(2) अ	अन्यत्र[2] : (1) आदि में (अपना), (2) मध्य तथा अन्त में स्वर के बाद (सुअवसर, रहिअ)
आ	(1) ा	व्यंजन के बाद (काम, माया)
	(2) आ	अन्यत्र (आप, पुआल, कुँआरा, कौआ, सूआ)

ऑ (कॉलिज) के उपलेख भी 'आ' की तरह ही होते हैं। अन्तर केवल चंद्र-चिह्न का होता है।

लेखिम	उपलेख	वितरण
इ	(1) ि	व्यंजन के पूर्व[3] (पिता, पतित, गति)
	(2) इ	अन्यत्र (इस, आइए, खाइ)
ई	(1) ी	व्यंजन के बाद (जीत, अतीत, जाती)
	(2) ई	अन्यत्र (ईश्वर, रईस, कई)
उ	(1) ु	र के बाद[4] (रुपया)
	(2) ु	अन्य व्यंजनों के नीचे (चुप, अतुल, साधु)

1. वस्तुतः क्+अ=क या म्+अ=म है। इसी प्रकार 'अ' स्वर का अस्तित्व हल् चिह्न के लोप से व्यक्त होता है, और अन्य स्वरो की तरह उसकी कोई मात्रा नहीं है, इसीलिए इसे यहाँ शून्य रूप में माना जा रहा है।

2 सभी स्वर में अन्यत्र का अर्थ यही दो होगा। आगे उन दोनों को अलग-अलग न देकर उनका उदाहरण ही प्रायः दिया जाएगा।

3. ध्वनि रूप में यह व्यंजन के बाद है, किन्तु लिखने में व्यंजन पहले आता है: कि, कान्ति चन्द्रिका।

4 उ, ऊ, ऋ के जो रूप व्यंजनों के बाद प्रयुक्त कहे जाते हैं, वे व्यंजनों के बाद उच्चारित होते हैं, किन्तु वास्तविक लेखन में नीचे आते हैं।

	(3) उ	अन्यत्र (उस, पाउडर, तउ)
ऊ	(1) 2	र के बाद (रूप)
	(2) ू	अन्य व्यंजनों के नीचे (दूसरा, अनूप, बालू)
	(3) ऊ	अन्यत्र (ऊसर, तख़्तताऊस, शऊर, गऊ, जनेऊ)
ऋ	(1) ृ	श से इतर व्यंजनों के नीचे (कृष्ण, भ्रातृ, शृंगार)
	(2) ऋ	अन्यत्र (ऋण, उऋण, ऋ)
	(3) ृ	श के साथ (शृंगार)
ए	(1) े	व्यंजन के ऊपर[1] (मेल, अकेला, सवेरे)
	(2) ए	अन्यत्र (एक, जाएगा, गए)
ऐ	(1) ै	व्यंजन के ऊपर (कैसा, सुनैना, जै)
	(2) ऐ	अन्यत्र (ऐसा, ऐनक, ऐ)
ओ	(1) ो	व्यंजन के बाद (कोस, कपोल, रासो, जो)
	(2) ओ	अन्यत्र (ओस, सोओगे, लाओस, आओ)
औ	(1) ौ	व्यंजन के बाद (गौर, सुडौल, सौ, नौ)
	(2) औ	अन्यत्र (और, हरिऔध, औ)

'अं' स्वर नहीं है, यह स्तुतः 'अ' स्वर तथा नासिक्य व्यंजन (ङ, ञ, ण, न, म आदि) का योग है : अंकुर = अङ्कुर, चंचल = चञ्चल, पंडित = पण्डित, अंब = अम्ब। किन्तु इसका लेखिमिक विश्लेषण इस प्रकार किया जा सकता है—

अं	(1) ं	(1) व्यंजन के ऊपर (शंका); (2) अंत में (स्वयं)
	(2) अं	अन्यत्र : (क) आदि में (अंत); (ख) मध्य तथा अंत में (सुअंब, अं)

ं (अनुस्वार) सभी नासिक्य व्यंजनों का उपलेख है, अतः उन स्थानों (हर नासिका व्यंजन के साथ) पर भी उसे दिया गया है किन्तु अनुस्वार के प्रयोगों के पूरे विवरण के लिए इस अध्याय का अन्तिम भाग देखा जा सकता है।

'अः' भी स्वर नहीं है। यह वस्तुतः 'अ' स्वर तथा 'ह' के संस्कृतकालीन अघोष रूप 'निसर्ग' का योग है—

अः	(1) :	व्यंजन के बाद के अ के बाद (छः, अंतःकरण, प्रायः)
	(2) अः	अन्यत्र (हिन्दी शब्दों में यह स्थिति नहीं आती, अः)
क	(1) ∽	र के पूर्व[2] (∽ + ्र = क्र : क्रम)
	(2)]	त के पूर्व (+ त = क्त : वक्ता)
	(3) क्	अन्य व्यंजनों के पूर्व (इक्का, वाक्य, रक्खा)

1 ए, ऐ के जो रूप व्यंजनों के बाद प्रयुक्त कहे जाते हैं वे उच्चारण में तो बाद में आते हैं किन्तु लेखन में ऊपर आते हैं।

2. यहाँ पूर्व उच्चारण की दृष्टि से कहे जाते हैं, स्थान की दृष्टि से वे आगे-पीछे दोनों ओर हैं।

	(4) क	अन्यत्र[1] : (क) आदि में स्वर के पूर्व (कम, काम), (ख) मध्य में स्वर या संगम के पूर्व (नाकाम, बल्कल, रुकना), (ग) अन्त में स्वर या व्यंजन के बाद (रोक, (शुष्क)

पक्का, धक्का आदि रूप में अब एक-दूसरे के ऊपर 'क' नहीं लिखा जाता। यदि उसे भी लें तो 'क' का एक पाँचवाँ उपलेख भी माना जा सकता है। 'क्ष' के स्थान पर 'क्ष' का प्रयोग होता है, जिसके बारे में आगे विचार किया गया है।

ख	(1) ख्‍	व्यंजन के पूर्व (ख्याति, व्याख्या, सख्य)
	(2) ख	अन्यत्र (खुला, अनोखा, भुक्खड़, रखना, राख, मूर्ख)
ग	(1) ग्‍	व्यंजन के पूर्व (ग्राम, ग्यारह, योग्यता, योग्य)
	(2) ग	अन्यत्र (गाली, आगार, स्वर्गीय, रोग, स्वर्ग)
घ	(1) घ्‍	व्यंजन के पूर्व (घ्राण, विघ्न)
	(2) घ	अन्यत्र (घास, व्याघात, दीर्घायु, बाघ, दीर्घ)
ङ	(1) ं/ङ्	मध्य में क, ख, ग, घ के पूर्व (शंका-शङ्का, पंखा-पङ्खा, गंगा-गङ्गा, जंघा-जङ्घा)
	(2) ङ्	मध्य में अपवादतः वाङ्मय, पराङ्मुख आदि कुछ शब्दों में।
	(3) ङ	गणना में
च	(1) च्‍	व्यंजन के पूर्व (च्युत, वाच्यार्थ, वाच्य)
	(2) च	अन्यत्र (चाय, वर्चस्वी, प्राचीन, सच, खर्च)
छ	(1) छ्	अन्यत्र (छाता, मछुआ, वाञ्छा, बर्छी, रीछ, मगरमच्छ)
	(2) छ	कृच्छ्र में
ज	(1) ज्‍	व्यंजन के पूर्व (ज्योंही, झज्झर, वज्र, राज्य)
	(2) ज	अन्यत्र (जल, बजाना, अब्ज, ताज, दर्ज)
झ	(1) झ्	व्यंजन के पूर्व (हिन्दी में प्रयोग नहीं होता)
	(2) झ	अन्यत्र (झूला, झज्झर, उलझन, साँझ)
ञ	(1) ं/ञ्‍	मध्य में च, छ, ज, झ के पूर्व (चंचल/चञ्चल, वांछा-वाञ्छा आदि)
	(2) ञ	अन्यत्र (हिन्दी में इसका प्रयोग वर्णमाला मात्र में मिलता है।)
ट	(1) ट्	र-इतर व्यंजनों के पूर्व (ट्वीड, मट्टी, पुट्ठा, नाट्य)

1. व्यंजनों में 'अन्यत्र' का जहाँ भी उल्लेख है तीन स्थितियाँ संकेतित हैं। आगे केवल उदाहरण दिए जाएँगे। नासिक्य तथा वे व्यंजन अपवाद हैं जहाँ अन्यत्र के अन्तर्गत आने वाली स्थितियाँ स्पष्ट की गई हैं।

(2) ट — अन्यत्र (1) र के ऊपर (ट्रेन, ट्राम); (2) अन्यत्र (टाट, आटा, बाल्टी, स्टेशन, लिफ़्ट)

ट्ट का ऊपर-नीचे रखकर प्रयोग अब प्रायः नहीं होता। यदि इन्हें भी लेना चाहें तो एक तीसरा उपलेख शिरोरेखा-विहीन ट का माना जा सकता है, जो ट के नीचे आता है।

ठ (1) ठ् — व्यंजन के पूर्व (पठ्य, पाठ्य)

(2) ठ — अन्यत्र (ठीक, कठोर, पुट्ठा, काठ, लट्ठ)

'ट्ठ' का ऊपर नीचे प्रयोग अब प्रायः नहीं होता। यदि इसे भी लें तो एक उपलेख शिरोरेखा-विहीन ठ भी मानना पड़ेगा जो ट-जैसे व्यंजनों के नीचे आता है।

ड (1) ड् — र-इतर व्यंजनों के पूर्व (जाड्य, कबड्डी, चड्ढी, ड्योढ़ा, कुड्मल, खड्ग)

(2) ड — अन्यत्र : (क) र के ऊपर (ड्रामा, ड्राइवर), (ख) आदि में (डाल); (ग) मध्य तथा अंत में व्यंजन के बाद (पण्डित, पोस्टकार्ड, रोल्डगोल्ड), (घ) मध्य में दो स्वरों के बीच केवल रूपिम सीमा पर (आडंबर, अडिग, निडर); या अंग्रेज़ी शब्दों में (रेडियो, सोडा) (ङ) अंत में अंग्रेज़ी शब्दों में (रोड, कोड) या द्वित्व (दीर्घ) के अन्तिम सदस्य रूप में (खड्ड)।

ड-ड अब ऊपर-नीचे प्रायः नहीं लिखे जाते। यदि लिखे जायें तो एक उपलेख शिरोरेखा-विहीन ड माना जा सकता है।

ड़ ड़ — आदि को छोड़कर अन्यत्र (घोड़ा, पड़ना, पहाड़)

ढ (1) ढ् — र-इतर व्यंजनों के ऊ (धनाढ्य)

(2) ढ — अन्यत्र : (क) र के पूर्व (ढ्र, हिन्दी में उदाहरण नहीं है); (ख) आदि में (ढाल), (ग) मध्य तथा अंत में व्यंजन के बाद (गड्ढा, ठण्ढ), (घ) मध्य में दो स्वरों या संगम के बीच केवल रूपिम सीमा पर (निढाल, बेढंगा, औढरदानी)।

ड-ढ अब ऊपर-नीचे नहीं लिखे जाते। यदि लिखा जाए तो एक उपलेख शिरोरेखा-विहीन ढ भी हो सकता है।

ढ़ ढ़ — आदि को छोड़कर अन्यत्र (पढ़ाई, पढ़ना, गढ़)

ण (1) ण/ं-ए — मध्य में ट, ठ, ड, ढ, के पूर्व (पंडित-पण्डित आदि)

(2) ण/ए — अन्य व्यंजनों के पूर्व (विषण्ण, मृण्डय, पुण्य, कण्व)

(3) ण — आदि स्थिति को छोड़कर : (क) कृष्ण के बाद (कृष्ण, विषण्ण) (ख) स्वर के बाद तथा स्वर (प्रणाम) या संगम (अक्षुण्ण) के पूर्व।

त	(1) -	मध्य में र, त के पूर्व (पुत्र, उत्तर, सत्ता, मत्त)
	(2) त्	अन्य व्यंजनों के पूर्व (त्याग, उत्कट, उत्खन, उत्स)
	(3) त	अन्यत्र (तला, आता, बस्ता, रात, व्यस्त)
थ	(1) थ्	व्यंजन के पूर्व (मिथ्या, तथ्य)
	(2) थ	अन्यत्र (था, व्यथा, कत्था, नाथ, ग्रन्थ)
द	(1) द	ग (मुद्ग), ध (श्रद्धा), भ (अद्भुत), व (द्वेष), र (द्रोह) के पूर्व
	(2) ट	य (विद्या) के पूर्व। द-द ऊपर-नीचे लिखें तो द के पूर्व भी।
	(3) द्	अन्य व्यंजनों के पूर्व (खद्दर)
	(4) द	अन्यत्र (दाह, अदा, जल्दी, याद, वल्द) द-द ऊपर-नीचे लिखें तो एक उपलेख शिरोरेखा-विहीन दभी मान सकते हैं।
ध	(1) ध्	व्यंजनों के पूर्व (ध्यान, ध्रुव, ध्वजा, व्याघ्र)
	(2) तिरछा ध	द व्यंजन के नीचे (श्रद्धा)
	(3) ध	अन्यत्र (धारा, विधाता, उपलब्धि, लब्ध, वाध)
न	(1) न्/ं	मध्य में न, थ, द, ध व्यंजन के पूर्व (आनंद-आनन्द आदि)
	(2) न्	अन्य व्यंजनों के पूर्व (न्याय, अन्वय, उन्माद, अन्न)
	(3) 'ह्न' में 'ह'	को छोड़कर : ह के बाद (चिह्न)
	(4) न	अन्यत्र (नहीं, अनार, पानी, अग्नि, नग्न, कान)
प	(1) प्	व्यंजनों के पूर्व (प्लुत, प्रकाश, गुप्त, टॉप्स)
	(2) प	अन्यत्र (परम, कल्पित, अपार, आय, अल्प)
फ	(1) फ्	व्यंजनों के पूर्व (बनफ़्शा, लफ़्ज़)
	(2) ~	'र' के पूर्व (फ़्रांस, फ़्रेम)
	(3) फ	अन्यत्र (फन, फूल, फुफ्फुस, सफलता, रेफ, गुल्फ)
ब	(1) ब्	व्यंजनों के पूर्व (ब्लेड, ब्राह्मण, अब्ज)
	(2) ब	अन्यत्र (बल, कम्बल, बाबा, बर्बाद, बल्ब, रोब)
भ	(1) भ्	व्यंजनों के पूर्व (भ्रम, सभ्य, अभ्यास)
	(2) तिरछा भ	द के नीचे (अद्भुत)
	(3) भ	अन्यत्र (भला, खम्भा, गर्भ, दम्भ, लोभ)
मँ	(1) म्/ं	मध्य, प, फ, ब, भ, म, व व्यंजनों के पूर्व (पम्प, पंप, संवेदना, गुंफ, दम्भ)
	(2) म्	त, द, न, म, य, र, ल के पूर्व (सिम्त, उम्र)

	(3)	एक ओर कटा म	ह् के बाद (ब्राह्मण) निम्न, अम्ल, उम्दा, सम्मान. म्यान)
	(4)	म्	अंत में (अहम्, स्वयम्, एवम् आदि कुछ शब्दों में)
	(5)	म	अन्यत्र (मान, अमानव, आत्मा, आम, ख़त्म)
य	(1)	₹	व्यंजनों के पूर्व (अय्यर, नय्यर)
	(2)	ऊपर कटा य	द के बाद (विद्या)
	(3)	य	अन्यत्र (यहाँ, आया, अत्यंत, राय, कार्य)
र		इसके उपलेख दिए जा चुके हैं।	
ल	(1)	ल्	व्यंजन के पूर्व (कल्पना, उल्था, शुल्क)
	(2)	ल	ह् के नीचे (आह्लाद)
	(3)	तिरछा ल	अन्यत्र (लाना, सलाद, दुर्लभ, अम्ल, क़त्ल, बाल)
व	(1)	व्	व्यंजनों के पूर्व (व्याल, व्रत, काव्य)
	(2)	व	द के नीचे (द्वेष)
	(3)	ऊपर कटा व	ह् के नीचे (ह्वेल)
	(4)	व	अन्यत्र (वेश, आवारा, सम्वेदना, अन्वय, ध्वजा, पर्व)
श	(1)	श्	र व्यंजन के पूर्व (श्रेष्ठ)
	(2)	श्	अन्य व्यंजनों के पूर्व (श्लाघा, चश्मा, विश्व)
	(3)	श	ऋ के पूर्व (शृंगार)
	(4)	श	अन्यत्र (शायद, आशा, निराशा, हब्शी, रिक्शा)
ष	(1)	ष्	व्यंजनों के पूर्व (पुष्प, निष्फल, ओष्ठ)
	(2)	ष	अन्यत्र (षट्, ऋषि, शेष)
स	(1)	स्	व्यंजनों के पूर्व (स्नेह, स्रोत, स्लेट)
	(2)	स	अन्यत्र (साल, असर, नरस, टाप्स, उत्स)
ह	(1)	ह/ह्	र, व, न, ल, म आदि व्यंजनों के पूर्व (ह्रास, ह्वेल, चिह्न, ब्रह्मा, आह्लाद)
	(2)	ह	अन्यत्र (हाथ, वह, बहार)

क़, ख़, ग़, ज़, फ़ के उपलेख क, ख, ग, ज, फ की तरह होते हैं। अंतर मात्र बिंदु का होता है।

क्ष	(1)	क्ष्	व्यंजन के पूर्व (लक्ष्मी, तीक्ष्ण)
	(2)	क्ष	अन्यत्र (क्षेत्र, कक्षा, वक्ष)
त्र	(1)	त्र्	व्यंजन के पूर्व (स्वातंत्र्य)
	(2)	त्र	अन्यत्र (त्रास, पत्र, स्त्री)
ज्ञ		ज्ञ	सर्वज्ञ

कुछ अन्य चिह्नों के उपलेख

(1) यदि शिरोरेखा पर मात्रा हों (मैं, हैं, ईंधन)

(2)	अन्यत्र (हाँ, सँवारना, उँगली, पूँछ)
(1) ं/ङ्	क, ख, ग, घ के पूर्व
(2) ं/ञ्	च, छ, ज, झ के पूर्व
(3) ं/ण्	ट, ठ, ड, ढ के पूर्व
(4) ं/न्	त, थ, द, ध के पूर्व
(5) ं/म्	प, फ, ब, भ, व के पूर्व
(6)	(1) य, र, ल, स, श, ह के पूर्व; (2) अंत में स्वर के बाद (ऊपर) (स्वयं, अहं)
	मध्य (अंत:करण दु:ख) या अंत (प्राय:, शतश:) में तत्सम शब्दों में तथा दो तद्भव (छि:, छ:) शब्दों में स्वर के बाद।

संयुक्त व्यंजन के सदस्य रूप में नासिक्य व्यंजनों तथा अनुस्वार के मध्य स्थिति में प्रयोग (समेकित रूप में)

यों तो अपने-अपने स्थान पर ये बातें आ चुकी हैं, किंतु समेकित रूप में इन्हें यहाँ एक स्थान पर देख लेना उपयोगी होगा—

विकल्प	मात्र नासिक्य	मात्र अनुस्वार
ङ्/ं + क ख ग घ	वाङ्मय पराङ्मुख दिङ्नाग आदि कुछ शब्दों में	+ ह (संहार)
ञ्/ं + च छ ज झ	—	+ य (संयम), श (वंश)
ण्/ं + ट, ठ, ड, ढ	+ ण (अक्षुण्ण) + म (मृण्मय) + य (पुण्य) + व (कण्व)	—
न्/ं + त, थ, द, ध	+ न (अन्न) + म (जन्म) + य (कन्या) + व (अन्वेषण) + ह (नन्हा)	+ स (संसार) + र (संरचना) + ल (संलग्न)
म्/ं + प, फ, ब, भ, ब, व	+ न (निम्न) + म (सम्मान) + य (साम्य) + र (विनम्र) + ल (अम्ल) + ह (तुम्हें)	

'संन्यास' और 'संन्यासी' में अनुस्वार और न दोनों होते हैं तथा अंत्य स्थिति में एवं, अहं, स्वयं जैसे शब्द में अनुस्वार और म् में विकल्प है।